# La
# Gloire
## démystifiée

# JOSÉLITO MICHAUD

# La Gloire
## démystifiée

31 DESTINS ET 200 CLICHÉS VOLÉS

Libre Expression

Une société de Québecor Média

**CATALOGAGE AVANT PUBLICATION DE BIBLIOTHÈQUE ET ARCHIVES NATIONALES DU QUÉBEC ET BIBLIOTHÈQUE ET ARCHIVES CANADA**

Michaud, Josélito, 1965-
La gloire démystifiée : 31 destins et 200 clichés volés
ISBN 978-2-7648-0941-9
1. Célébrités - Québec (Province) - Biographies. 2. Célébrités - Québec (Province) - Entretiens. I. Titre.

FC2905.M52 2014      920.0714      C2014-940263-5

Édition : André Bastien
Direction littéraire : Pascale Jeanpierre
Conception, coordination et direction artistique : Josélito Michaud
Conception graphique et mise en pages : Sébastien Toupin
Révision linguistique : Marie Pigeon Labrecque, Pascale Jeanpierre
Correction d'épreuves : Isabelle Taleyssat, Catherine Fournier
Transcription des entrevues : Shantal Bourdelais
Photographies : Josélito Michaud
Infographie : Clémence Beaudoin

## REMERCIEMENTS

Nous reconnaissons l'aide financière du gouvernement du Canada par l'entremise du Fonds du livre du Canada pour nos activités d'édition.
Nous remercions la Société de développement des entreprises culturelles du Québec (SODEC) du soutien accordé à notre programme de publication.
Gouvernement du Québec – Programme de crédit d'impôt pour l'édition de livres – gestion SODEC.

Les Éditions Libre Expression
Groupe Librex inc.
Une société de Québecor Média
La Tourelle
1055, boul. René-Lévesque Est
Bureau 300
Montréal (Québec)  H2L 4S5
Tél. : 514 849-5259
Téléc. : 514 849-1388
www.edlibreexpression.com

Dépôt légal – Bibliothèque et Archives nationales du Québec et Bibliothèque et Archives Canada, 2014

ISBN : 978-2-7648-0941-9

**DISTRIBUTION AU CANADA**

Messageries ADP
2315, rue de la Province
Longueuil (Québec)  J4G 1G4
Tél. : 450 640-1234
Sans frais : 1 800 771-3022
www.messageries-adp.com

**DIFFUSION HORS CANADA**

Interforum
Immeuble Paryseine
3, allée de la Seine
F-94854 Ivry-sur-Seine Cedex
Tél. : 33 (0)1 49 59 10 10
www.interforum.fr

**GLOIRE** n. f. (lat. *gloria*) **1.** Grande renommée répandue dans un très vaste public et tenant à des mérites, des actions ou des œuvres jugés remarquables.

*Le Petit Robert*

# SOMMAIRE

# LÀ OÙ TOUT A COMMENCÉ...

D'aussi loin que je me souvienne, j'ai eu une fascination pour le monde de la télévision. Enfant, je regardais le téléviseur de dix-sept pouces dans le salon chez mes parents, et j'étais subjugué par tout ce que je voyais et entendais. Je voulais trouver une façon d'y entrer pour m'extirper de mon monde et rejoindre tous ceux qui occupaient le petit écran. J'idéalisais la vie des gens qui y défilaient. Je crois que c'est la raison pour laquelle j'ai toujours caressé l'idée de travailler dans les médias. J'avais l'impression que ça justifierait ma présence sur terre. Assez tôt, j'ai voulu jouer un rôle dans la vie des autres pour légitimer mon droit d'exister. Je ne savais pas trop comment m'y prendre pour y parvenir.

J'étais plein d'espérance, dans mon Matane, petite ville bien jolie mais loin des grands centres, au bord du golfe du Saint-Laurent. Et pourtant, si j'avais osé affirmer mes intentions, ça aurait sans nul doute fait sourire les gens et été perçu comme une forme d'arrogance. Chose que je ne me suis jamais permis de faire par peur d'être réprimandé par ma mère, qui prônait l'humilité, la sainte humilité. Penser grand, c'était manquer d'humilité. Nous étions nés pour un petit pain. Cette croyance avait fait son chemin au fil des générations et s'était rendue jusqu'à elle, et bientôt jusqu'à moi. Impossible d'y échapper. La route était tracée. Sauf si nous nous dressions contre cette idée préconçue, ce que j'ai fait assez tôt, sans faire de bruit pour éviter qu'on me surprenne en flagrant délit de désirs, d'ambitions et d'envies. Mais en attendant que mes rêves deviennent réalité, je devais me fondre dans la foule et suivre le troupeau.

J'ai souvenir encore de ces gens qui s'agglutinaient dans les églises pour déposer leurs peines au pied de l'autel et raconter leurs péchés mignons ou horribles au confessionnal avec la conviction profonde que tout irait mieux après. Le mot « espérance » existait juste pour ces croyants pratiquants. Ma mère, ma pauvre mère n'était pas différente des femmes de sa génération, qui ont passé leur vie à ne jamais penser à elles et à vivre en fonction des besoins des autres. Elles ne se sont jamais demandé de quoi elles avaient envie. Un trop grand luxe. Elles n'avaient pas même le loisir d'y réfléchir. Elles ont donné sans compter. Une vie faite de sacrifices. Elles étaient conditionnées par leurs aînées à servir avec obéissance et à aimer sans rien exiger en retour. Ces mères vivaient par procuration. Elles trouvaient leurs gloires personnelles dans celles des autres. J'ai tellement aimé cette femme. J'ai toujours cherché son regard approbateur. Aujourd'hui, elle n'est plus et je le cherche encore.

J'ai donc attendu longtemps, trop longtemps peut-être, avant de confier à ma sœur bien-aimée, Line, vers mes dix ans, mes souhaits pour l'avenir, qui ne ressemblaient en rien à ce que l'on pouvait envisager à l'époque dans mon coin de pays. J'avais des idées de grandeur, me disait-elle en riant. En fait, je lui permettais de rêver à travers mes fantasmes de lendemains meilleurs. Mais elle s'est tout de même laissé prendre au jeu, par amour pour moi et par solidarité. Dorénavant, nous étions deux à y croire.

Elle et moi, nous pouvions passer de longues heures à faire tourner, sur le vieux *pick-up* en bois adossé au mur du couloir de la maison de mon enfance, les chansons préférées de ma sœur : *Oh Lady Mary*, par Jean Nichol, *Ma casquette*, par Dany Aubé, ou bien *Un amour qui ne veut pas mourir*, de Renée Martel. Nous les mettions en boucle pour en profiter le plus possible. Le temps n'existait plus, nous l'avions suspendu. Fous rires assurés.

L'un des plaisirs de Line était de me faire présenter les chansons. Je m'exécutais avec un bonheur sans pareil. D'un titre à l'autre, j'essayais de moduler mon intonation en fonction de mes émotions, afin de varier mes interventions et de l'ébahir chaque fois. Quand le *pick-up* commençait à montrer des signes d'essoufflement, après que nous avions chanté à tue-tête inlassablement les dix mêmes chansons, je me dépêchais de l'éteindre par peur qu'il rende l'âme. Pendant cette pause, nous allions nous étendre sur le grand lit moelleux de ma sœur. Nous feuilletions des magazines de vedettes jusqu'à ce que nous tombions sur un sujet qui méritait notre attention. Alors, je parcourais les pages comme s'il s'agissait d'une merveilleuse expédition, dont ma sœur était la guide. J'étais complètement médusé. Ce monde me paraissait bien grand à côté de mon petit monde à moi. Secrètement, je rêvais d'en faire partie un jour. Mais je me demandais vraiment de quelle façon j'allais y arriver.

À l'époque, rêver était un luxe que je ne pouvais pas me payer. Il a donc fallu que je taise mes ambitions, jusqu'à l'aube de la majorité. C'est alors que j'ai recommencé discrètement à nourrir l'impossible espoir, celui de faire le métier d'interviewer, comme mon idole, Michel Jasmin. Je regardais ses émissions en lui soufflant les questions une à une, m'imaginant innocemment qu'il allait m'entendre et les poser à son tour. À force de le regarder soir après soir, j'avais fini par croire que je pourrais faire comme lui. Je voulais savoir de quoi était faite la vie des autres pour m'évader de la mienne.

Un jour, après de nombreuses tentatives, j'ai eu ma première chance comme animateur, à la radio CHRM 1290 AM, à Matane. Du haut de mes seize ans, le torse bombé de fierté, malgré ma puberté bourgeonneuse, «je m'voyais déjà en haut de l'affiche», comme le chante Aznavour.

Soir de première. Ma voix venait à peine de muer. J'avais répété mon entrée en ondes toute la journée. J'attendais dans l'antichambre, confiant et tranquille, le moment suprême où j'allais parler «dans la radio». Minuit pile. C'est l'horaire de nuit que l'on donne aux débutants. C'était à mon tour. Le trac me figeait sur place. J'avais le souffle court. Mon cœur battait trop vite. Mon corps transpirait à grosses gouttes. Une vision de cauchemar. J'ai finalement appuyé de toutes mes forces sur le bouton noir de mise en ondes. La lumière rouge s'est allumée. Je me suis éteint. J'étais sans voix. Je ne pouvais pas dissimuler mon embarras, moi qui avais tant visualisé cet instant. Les secondes s'égrenaient à une vitesse folle. Je n'arrivais pas à les rattraper. J'allais gâcher une occasion de me faire entendre.

Après cette minute de silence, une parcelle de lucidité m'est revenue. J'ai puisé quelque part en moi la force de faire ce qui devait être fait : parler. J'ai repris un semblant de courage ou de témérité, je ne saurais dire. Je me suis efforcé de garder une certaine contenance, pour éviter de perdre le peu de crédibilité qui me restait. Les mots se sont enfin frayé un chemin à travers ma gorge nouée par l'émotion. Ma voix s'est peu à peu posée. Maladroitement, j'ai tenté de dire des paroles sensées, celles que j'avais imaginées et répétées une grande partie de la journée. Puis j'ai appuyé sur l'autre bouton de la console. Le tourne-disque s'est mis en marche. Michael Jackson a commencé à chanter *Billie Jean* juste au moment où j'avais fini de le présenter. J'étais sauvé de la débâcle.

J'ai profité de cette nuit-là pour m'interroger : est-ce que je voulais faire ce métier malgré les embûches qui se dresseraient sur mon chemin ? D'emblée, ma réponse a été oui. J'aimais la sensation que me procurait le fait de parler à un public invisible. L'idée que je partirais un jour pour la grande ville me séduisait aussi.

En septembre 1991, j'atteins mon objectif : me voilà aux commandes du magazine *Le Lundi*. Pierre Péladeau m'a pris au sérieux quand je lui ai dit, d'un air convaincu malgré l'innocence de ma jeune vingtaine, que je pouvais diriger son magazine. Je ne me suis jamais arrêté pour prendre conscience de ce qui m'arrivait. Je devais travailler à être meilleur de semaine en semaine et être à la hauteur de la confiance qui m'était accordée.

D'autres défis m'attendaient, dont un qui correspondait bien davantage aux désirs de ma jeunesse. À force de ténacité, je gravis la plus haute marche de ma jeune carrière. On me confia la barre du talk-show de fin de soirée à TVA à titre d'animateur. Même dans mes rêves les plus fous, celui-là n'y était pas. Il était trop gros pour que je puisse bien l'imaginer. Mais quand une occasion comme celle-là passe dans une vie, il faut la saisir parce qu'elle ne se présentera peut-être plus jamais. Je me suis préparé comme un marathonien jusqu'au jour J. J'avais un trac fou. Je me souviens de m'être dit en plein parcours : « C'est donc ça, animer une émission de fin de soirée ! » Je découvrais qu'il y a un tel travail lié à la fonction qu'il est impossible d'être dans un autre état que celui de devoir performer. D'autant plus que je faisais aussi l'émission du midi à la radio de Rock Détente.

Pour faire la promotion de ma deuxième année à la radio, j'ai tourné une publicité télévisée dans laquelle je dansais. Ça m'a exposé à une parodie de Marc Labrèche. Avec raison. Dans ma tête, je me suis dit : « C'est ça, le prix à payer pour être là ? » Moi qui avais passé une grande partie de ma carrière à mettre les autres dans la lumière avec un réel bonheur, par mon métier d'agent et de producteur, je me retrouvais maintenant dans le faisceau lumineux, j'étais vulnérable et terrifié à l'idée de décevoir. Je ne me reconnaissais plus. Cette popularité instantanée causée par ma participation comme directeur à *Star Académie* m'avait fragilisé. J'étais encore sous le choc de l'impact que ça avait eu dans ma vie.

La première fois que je me suis vu parodié, l'effet a été terrible, presque dévastateur. Ça m'a replongé dans mon adolescence, à l'époque où je longeais la rangée de cases dans les couloirs de l'école pour ne pas croiser ceux qui m'intimidaient. C'était peine perdue. Ils savaient où me trouver et ils étaient encore plus méchants.

À partir du moment où j'ai cru ressentir l'effet pervers de cette parodie dans la rue et dans mon entourage, je me suis mis à marcher le dos courbé et la tête basse pour qu'on ne me reconnaisse plus. Je me sentais honteux comme si j'avais commis un crime horrible. Et pourtant, ce n'était qu'une parodie. Intérieurement, j'étais convaincu que je décevais ma mère et que cette popularité et ses effets néfastes allaient jeter une ombre sur sa vie. Elle n'avait pas choisi cette vie publique. Ce sentiment n'a duré que quelques semaines. Après, j'ai ri de tout ça. Ça fait partie du jeu de la célébrité. Il faut s'y prêter. J'ai même participé à des parodies de mon émission dans le train, et ça m'a beaucoup amusé.

Était-ce le prix de la gloire ? De fait, je n'ai jamais eu l'impression de vivre la gloire. À certains moments dans ma vie, il y avait bien des regards braqués sur moi, à cause de mes émissions de télévision, mais celui qui m'importait le plus était celui de ma mère. Elle n'a jamais osé le poser bien longtemps sur moi par peur que j'y prenne goût et que l'accoutumance s'installe. Elle ne voulait pas que ça me change et que ça change quelque chose dans ma vie. Pourtant, elle parlait à tous ceux qu'elle rencontrait en ville de la fierté qu'elle ressentait après chacune de mes prestations. D'une réalisation à l'autre, je doutais toujours que ce soit suffisant

pour attirer son attention. Pour la première fois de ma vie, en observant le parcours des autres dans ce livre, qui est une quête en soi, j'ai été en mesure de constater que le regard le plus vrai et le plus bienveillant qu'on cherche tant à obtenir devrait être le nôtre. J'ai passé la plus grande partie de ma vie à refuser de savourer une réussite pour m'assurer de ne pas trop m'y complaire. On m'a longtemps laissé croire que c'était mal, toute cette reconnaissance sociale que les gens vivent parce que, inévitablement, il y a un prix très élevé à payer pour la conserver. Je crois plutôt que le vrai prix à payer pour connaître toute forme de réussite est d'y mettre de la rigueur, de la constance dans l'effort, et d'avoir le respect d'autrui, comme dans n'importe quel métier. Je me pose toujours la même question quand vient le temps de lancer un nouveau projet ou d'en renouveler un : pourquoi est-ce que je veux le faire ?

Le problème est d'actualité. Un jour, j'ai demandé à ma fille ce qu'elle voulait faire comme métier dans la vie. « Je veux être une star, papa. » Estomaqué par sa réponse, je suis allé voir la définition du mot « star » dans le dictionnaire : « Personne très en vue. » Il ne s'agissait pas d'un métier, c'était plutôt un statut. Mais Yasmeena fait partie de cette nouvelle génération qui se montre en vitrine, par l'entremise de Facebook, d'Instagram et de Twitter. Le besoin d'être vu et entendu est devenu l'obsession des jeunes. Chacun veut ses quinze minutes de gloire, peu importe les moyens pour les vivre.

Il y a cinq ans, j'ai commencé à prendre des notes sur ce phénomène de société. Je me suis mis à lire de nombreuses biographies pour comprendre quelles étaient les motivations profondes de certaines grandes personnalités de ce monde avant qu'elles atteignent la consécration, donc la gloire. Plus j'avançais dans mes recherches, plus je voyais des similitudes entre elles. Je suis devenu boulimique de lecture. Je voulais tout lire. Le recoupement de centaines de témoignages m'a permis de tirer certaines conclusions. Il y a un profil d'individus qui se hissent au sommet. Il y a un autre profil de gens qui réussissent à franchir un plus haut point et qui parviennent à y rester. Rares sont ceux qui peuvent s'en sortir totalement indemnes parce que, comme les alpinistes quand ils atteignent les sommets, l'air se raréfie et l'effort à fournir est plus grand.

Dans un premier temps, chacun cherche le regard approbateur d'un des deux parents. Dans une forte majorité, c'est le père qui est en cause. L'individu veut prouver sa valeur auprès de son parent. Parfois, c'est pour manifester sa rébellion quant à une injustice ou tout simplement pour prolonger l'œuvre du parent en cherchant à lui plaire. C'est la motivation de départ. Elle est suffisante pour lancer la quête. Mais en chemin, elle doit se transformer en obsession pour que la personne puisse combattre les obstacles qui vont se dresser devant elle. Si l'envie du dépassement et la volonté de gagner s'ajoutent, il y a plus de chance que l'ascension se fasse. Mais il ne faut jamais sous-estimer le travail et l'effort de plus à fournir qui peut faire toute la différence. Le facteur chance joue dans l'équation de la réussite. Il existe des conditions gagnantes et des occasions à saisir.

Arrive un moment où tout conspire pour que la réussite ait lieu. On doit rester aux aguets. Et puis brusquement survient un événement appelé la « dernière étape du conquérant », celle où tout peut basculer. Il faut prendre une décision, emprunter un chemin plutôt qu'un autre. Le fameux embranchement en Y. Cette étape est cruciale. C'est elle qui détermine la suite des choses. Souvent, il faut faire preuve de lâcher-prise. C'est propre à chacun des témoignages que j'ai lus. Souvent, on pense alors que tout est fini. Ce pourquoi on se battait n'arrivera pas. Et c'est là que ça arrive. La gloire s'annonce avec son lustre et ses ombres cachées. La vigilance est de mise parce que cette nouvelle lumière, qui au début réchauffe, peut vite devenir aveuglante si on la regarde de trop près. Elle exige une grande humilité et beaucoup de gratitude si l'on veut éviter de tomber dans les pièges de l'ego, qui a besoin constamment d'être nourri. Il est très gourmand. Mais l'ego est nécessaire pour se rendre jusqu'à la scène, pour performer au maximum de ses capacités et de son potentiel. Personne ne peut aller jusqu'au bout du processus s'il ne croit pas en ses moyens et en ses forces. Le dosage de l'ego est capital dans l'équilibre mental. Et pour rester en contact avec la réalité, il faut avoir le bon entourage.

Après avoir parlé du deuil pendant huit ans, j'avais envie encore d'en parler, mais à travers le prisme de la gloire. Atteindre les hauts sommets oblige à faire de petits et de grands deuils, dont celui de l'anonymat, de l'amitié, d'une partie de l'intimité, des objectifs qui ne pourront pas être réalisés.

Malgré les apparences trompeuses, la gloire est un sujet profondément humain parce qu'elle prend racine dans le besoin de reconnaissance, qui est fondamental chez chacun d'entre nous.

À quatre ans, dans le foyer d'accueil où je dois vivre, le téléviseur est mon compagnon de tous les instants.

*LINE, MA SŒUR*, à chacune des questions que j'ai posées pour ce livre à tes «vedettes», comme tu les appelais affectueusement, j'ai eu l'impression que tu étais à mes côtés pour me les souffler une à une à l'oreille. Il t'est arrivé d'imaginer vivre leur vie pour sortir de la tienne, comme bien des gens en rêvent en silence. Comme leur «gloire» t'a toujours fascinée et que leur monde te paraissait hors de portée, je me suis immiscé pour toi dans leur intimité afin de mieux les connaître et de saisir leur singularité, qui a fait d'eux ce qu'ils sont et ce qu'ils sont devenus dans l'œil du public. Et j'ai rencontré des gens exceptionnels à bien des égards.

Line, un jour, pas si lointain, tu nous as quittés. Ton absence est difficile à vivre, mais ta «présence» m'est réconfortante.

Éric Lapointe, ton idole, va ouvrir le bal des entrevues. Mon ange, *ce livre est le tien.*

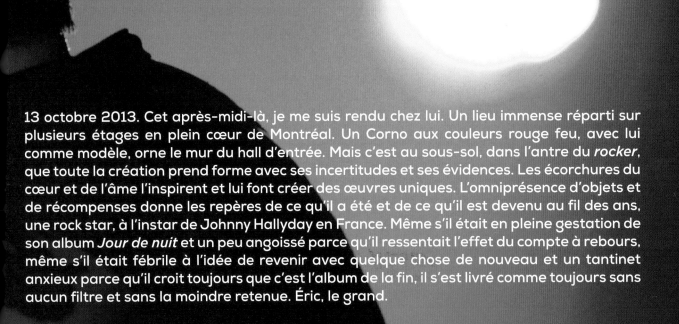

13 octobre 2013. Cet après-midi-là, je me suis rendu chez lui. Un lieu immense réparti sur plusieurs étages en plein cœur de Montréal. Un Corno aux couleurs rouge feu, avec lui comme modèle, orne le mur du hall d'entrée. Mais c'est au sous-sol, dans l'antre du *rocker*, que toute la création prend forme avec ses incertitudes et ses évidences. Les écorchures du cœur et de l'âme l'inspirent et lui font créer des œuvres uniques. L'omniprésence d'objets et de récompenses donne les repères de ce qu'il a été et de ce qu'il est devenu au fil des ans, une rock star, à l'instar de Johnny Hallyday en France. Même s'il était en pleine gestation de son album *Jour de nuit* et un peu angoissé parce qu'il ressentait l'effet du compte à rebours, même s'il était fébrile à l'idée de revenir avec quelque chose de nouveau et un tantinet anxieux parce qu'il croit toujours que c'est l'album de la fin, il s'est livré comme toujours sans aucun filtre et sans la moindre retenue. Éric, le grand.

# ÉRIC LAPOINTE
## LA GLOIRE ENIVRANTE

### ROIS-TU QUE TU CONNAIS LA GLOIRE?

D'une certaine façon, oui. Mais si on se rapporte évidemment à la relation avec le bassin de population du Québec, c'est différent d'ailleurs. Ici, c'est le meilleur des deux mondes. Le concept de star n'existe pas vraiment. J'emploierais plutôt les termes « personnalité publique ». Tu vis bien de ton art, mais tu peux continuer à faire ton épicerie et à te promener dans la rue normalement, tout en étant connu et reconnu.

*Pourtant, tu fais souvent appel à des* bodyguards *pour assurer ta sécurité.*
Quand je vais jouer en région et qu'après le spectacle je veux sortir dans un bar, j'en ai besoin. Pas parce que le monde veut m'attaquer, mais plutôt pour rester dans ma bulle.

*Tu es au faîte de ta gloire au Québec. Tu as vendu plus d'un million de disques, tu as fait des milliers de concerts, qui soulèvent les foules et les passions, tu as défrayé la chronique à plusieurs occasions pour de bonnes et moins bonnes raisons. C'est ça, être une star. Au fil des ans, tu es devenu LAPOINTE.*
Sais-tu que c'était mon but au départ? Il n'y a jamais eu mon prénom sur aucun album. Je voulais que, Lapointe, ce soit moi. Je n'ai jamais mis Éric en avant.

*D'aussi loin que tu te souviennes, rêvais-tu d'être une star du rock?*
Comme tous les flos. J'étais tout jeune, je faisais mon *lip-sync* dans ma chambre. Tout enfant rêve d'être sur une grosse scène et de chanter. Quand tu es enfant, c'est un peu un jeu, tout ça. Je me souviens qu'à la petite école ils nous ont fait faire un dessin pour illustrer ce qu'on voulait faire dans la vie. Je me suis dessiné sur une scène comme un comédien, pas comme un chanteur. Beaucoup plus tard, je voulais m'en aller en théâtre, et c'est mon père qui m'a découragé en me disant: « Tu veux-tu vraiment manger de la misère toute ta vie? »

*Tu voulais vraiment être un acteur?*
Je voulais m'en aller dans quelque chose qui avait un rapport avec l'art et la création. Tu sais, c'est peut-être une bonne chose que mon père m'ait découragé parce que j'aurais peut-être fini comédien au lieu de chanteur.

*Mais le jour où tu as entendu cette voix-là sortir de toi, trouvais-tu que tu avais un potentiel pour faire le métier de chanteur?*
Non, je ne pensais pas avoir le talent requis pour en faire une carrière.

*Comment en es-tu venu à la chanson?*
C'est arrivé comme un accident. Je jouais de la musique pour arrondir mes fins de mois dans les clubs et dans les restaurants. Je jouais les tounes des autres. Pendant ce temps, j'écrivais des chansons par besoin, pour m'épanouir, jusqu'à ce qu'Yves-François Blanchet, qui est devenu mon gérant par la suite, me propose de monter un show avec mes tounes.

*Visiblement, tu l'as écouté. Tu as fait un premier show. Tu avais dans la jeune vingtaine et tu t'es lancé dans l'arène…*
J'avais vingt et un ans à mon premier show. Tout le monde était debout. Même les gars que j'avais engagés pour monter le show. Et ils m'ont dit: « T'arrêtes pas ça là! As-tu vu la *crowd*? »

*En 1994, tu sors ton premier album,* Obsession. *Ta chanson* Terre promise *se hisse au sommet des palmarès radio. Le nom d'Éric Lapointe est sur toutes les lèvres. Un nouveau rocker est né. Il est dans la lignée de Gerry. Il suscite beaucoup, beaucoup l'intérêt des médias et du public. Le Québec veut un morceau de lui. Du jour au lendemain, quand cette gloire s'annonce avec une telle intensité, aimes-tu la sensation qu'elle provoque chez toi? Les alpinistes appellent ça « l'ivresse des sommets ».*
Ça m'est tombé dessus. J'ai été comme dans un tourbillon, je suis parti sur un nuage. Les deux pieds m'ont décollé. Après la sortie de mon album, je savais que je passais à la radio, mais je ne pouvais pas savoir combien d'albums j'avais vendus et l'impact que ça avait vraiment. Le premier show que j'ai fait à Montréal, je m'en souviens encore; je suis arrivé sur scène, il y avait à peu près trente mille personnes. Trente mille personnes qui chantaient toutes mes tounes, ostie, par cœur! On se regardait tous sur le *stage*, et personne ne comprenait ce qui se passait.

*Quand un public chante avec toi tes chansons, ça te fait quoi? Qu'est-ce que tu ressens?*
Ça, c'est la paye. C'est ça qui donne un sens. Le but n'est pas tant que je m'exprime à travers les autres, le but, c'est que les gens s'expriment à travers ce que je fais. Quand je vois quelqu'un qui chante les yeux fermés, comme si c'était lui qui était sur scène, ça, c'est ma paye. C'est comme si j'avais réussi à exprimer sa vie. Il chante avec moi, on vit la même chose, il y a une connexion. Si tu chantes pour toi tout seul… ben là, chante dans ta cave, ostie! Fais-en pas un métier si t'as pas envie que les gens s'expriment à travers ce que tu fais.

*Quand le succès frappe à ta porte pour la toute première fois, c'est bon ou ça donne le vertige?*
C'est bon, mais il y a une période d'adaptation. Tu plonges dans le tourbillon, tu vires fou. C'est merveilleux. Tu trippes comme un enfant, évidemment. Moi, je trippe encore comme un enfant, tu sais…

*Qu'est-ce qui était le plus difficile à gérer dans cette célébrité si soudaine et si intense?*
Les entrevues. Même encore aujourd'hui, ça me fait toujours peur. J'ai l'impression que j'ai déjà dit dans les chansons tout

ce que j'avais à dire. Est-ce que ma vie est si intéressante ? Pour moi, faire des entrevues, c'est un mal nécessaire. En entrevue, je suis comme désarmé totalement. C'est peut-être pour ça que j'ai ressenti le besoin de faire des tounes, parce que, au quotidien, il y a des choses que j'ai plus de difficulté à exprimer.

*Après ton premier album, il y a eu des problèmes légaux avec ta maison de disques de l'époque. On est venu te causer certains torts au moment où tu étais en pleine ascension et que tu commençais à toucher véritablement à la gloire.*

À la sortie du deuxième album, il y a eu des problèmes légaux. Il a été retiré du marché. Du jour au lendemain, je suis passé de salles pleines au bouchon à des salles aux deux tiers vides. Là, c'est la descente. Pire que ça, c'est la chute. J'ai atterri. Pendant cette période, il y a eu un soir où ça a mal été. C'est comme si tout mon *high* et toute la pression tombaient… Ce soir-là, j'ai complètement cassé en deux.

*Tu te souviens de ce moment précis où le ciel t'est tombé dessus comme la gloire l'avait fait des mois auparavant ? C'était l'envers et le revers de la consécration.*

Ce soir-là, je me suis enfermé dans ma chambre d'hôtel avec une bouteille de cognac. J'ai braillé toute la nuit. C'est mon gérant de l'époque et mes musiciens qui sont venus me flatter les cheveux.

*As-tu eu peur que tout s'arrête ?*

Il faut avoir peur. C'est peut-être pour ça qu'on aime ce métier. Ce soir-là, c'était comme si j'avais pris conscience qu'il faut travailler et que c'est toujours à recommencer. Il n'y a jamais rien d'acquis. Tu dois te battre tout le temps, t'as pas le choix. Au début, quand j'ai embarqué dans ce tourbillon-là, tout était le fun, tout était beau. T'as l'impression que ça va être éternel…

*Tu avais vingt ans et la vie devant toi. C'était une éternité pour toi.*

Tu penses que tu vas rouler sur la même chanson pendant trente ans, mais c'est pas ça, la réalité. Le succès peut durer une fraction de seconde. Les gens ont des attentes. T'as pas le droit de *caller* malade. *The show must go on.* Ils n'ont pas inventé cette expression pour rien. Tu sais, j'aime avoir peur. J'aime avoir peur en char, j'aime avoir peur en ski-doo.

*Tu es à la recherche de sensations fortes. Tu aimes marcher sur la corde raide sans savoir si tu vas perdre pied ?*

Oui. Il faut aimer ça pour faire cette job-là. T'as pas le choix et tu le sais ! Si tu fais une promenade dans le parc, où est l'intérêt ? Non, il faut avoir peur. C'est ça qui fait la beauté de la chose. C'est ça qui fait que c'est tellement intense comme métier. C'est ça qui fait que, la scène, c'est si exaltant. Tu sors de là, t'es vidé, mais t'es rempli aussi.

*Dans tes rêves les plus fous et souvent inavoués, est-ce que tu imaginais connaître un succès d'une telle ampleur ?*

Ça n'a rien à voir parce que je ne l'avais jamais vraiment imaginé.

*Tu n'osais pas le faire ?*

Tous les enfants s'inventent un monde. Mais l'envisager comme une réalité possible, ça ne m'était pas arrivé. Ça m'est tombé dessus avant que je l'aie imaginé.

*Mais tu es resté le même, n'en déplaise à certains. À prendre ou à laisser. Pas de compromis possible pour Lapointe ?*

Je suis content de ma réalité. Mon jeu de la franchise avec le monde m'a joué des tours à un certain moment, mais ç'a peut-être été payant à long terme. Je peux continuer à être moi-même. J'ai jamais joué de *game*. J'ai une relation particulière avec le public. Souvent, on me donne une claque dans le dos comme si je faisais partie de la famille. Les gens n'ont pas de gêne avec moi, c'est comme s'ils me connaissaient, un vieux chum. J'adore ça. Parfois, ça devient paniquant quand tu arrives dans la vie de tous les jours. Tu ne peux pas sortir. Tu ne peux pas *puncher out*. Tu restes la personnalité publique qu'ils connaissent. Tu leur appartiens d'une certaine façon.

> ❝ Je pense que pour tous les artistes qui vivent un succès instantané, **les pieds te lèvent et tu as l'impression que tu vas être éternel.** ❞

*Est-ce que, dans ta carrière, tu t'es déjà pris pour un autre ? Est-ce qu'il y a un moment où tu t'es cru ? Parce que, quand tu dois te croire un peu pour monter seul sur scène devant mille personnes qui t'acclament et qui scandent ton nom, le grand défi est de ne plus se croire après la tombée du rideau…*

C'est inévitable au début. Je pense que pour tous les artistes qui vivent un succès instantané, les pieds te lèvent et tu as l'impression que tu vas être éternel…

*Jusqu'à ce que tu casses…*

… jusqu'à ce que tu réalises que le succès dure une fraction de seconde. C'est toujours à recommencer. Les artistes, c'est jetable. Tu le sais. Le but, c'est de former un noyau de personnes qui t'aiment pour ce que tu fais et pour ce que tu es. Des gens qui vont te suivre indépendamment de ce qui se passe dans ta vie ou de ce que t'écris et qui ne t'aiment pas seulement

pour une toune, mais pour l'ensemble de ton œuvre. Des gens qui vont te suivre parce que tu fais partie de leur vie.

*As-tu eu peur que la passion te fasse perdre l'essentiel de ta vie ? As-tu peur que cette gloire, celle qui te nourrit et dont tu as tant besoin, puisse avoir des effets négatifs sur ce que tu es ?*

C'est sûr que ça m'est arrivé.

*Parfois, t'arrive-t-il d'imaginer que c'est la fin, que ta carrière s'arrête brusquement, que le public te déserte ?*

Si je passe deux semaines sans jouer, j'ai l'impression que je suis un artiste fini ! On dirait toujours que mon monde va s'écrouler demain matin. C'est un rêve récurrent. Je rêve que je suis dans le show puis qu'il n'y a pas de monde et que ça ne lève pas. Je suis torturé, angoissé. Je me trouve tout le temps mauvais. On n'a jamais le talent qu'on aimerait avoir. J'ai besoin de monter sur un *stage* pour me rassurer, pour avoir ma dose d'amour !

*Pour faire ce métier public, ne faut-il pas être constamment en quête de reconnaissance ? En quelque sorte, vouloir combler un vide affectif, parfois trop grand pour que tu te sentes totalement assouvi ?*

Il faut être malade émotivement pour faire cette job-là. Il faut vraiment être malade, avoir un problème affectif profond. Il y a des soirs où tu as l'impression que tu t'en vas à la job, mais une fois le premier accord parti, t'es plus sur la job. Il y a d'autres soirs, dans des shows plus stressants, avant de monter sur la scène tu as le trac. Le trac, ça ne te quitte jamais. Ces soirs-là, tu te dis : « Qu'est-ce que je fais là ? Pourquoi je me suis embarqué là-dedans, ostie ? » Mais dès que tu es sur la scène, ça décolle.

> ## « Il faut que tu joues. Il faut que tu sois Dieu. **Sur scène, c'est toi le boss.** »

*Les heures qui précèdent le moment où tu auras à performer, comment es-tu ?*

Quand j'ai un show à faire, je pense que toutes les femmes qui ont partagé ma vie vont te le confirmer, je ne suis pas parlable. J'ai peur, j'ai la mèche courte en crisse ! Il faut marcher sur des œufs avec moi. Je n'ai pas le trac encore, j'ai juste peur. Je suis sur les nerfs, j'ai peur de ne pas faire la job même si je suis content d'y aller.

*Et à quelques minutes de te lancer sur la scène comme un taureau dans l'arène, dans quel état es-tu ? Qu'est-ce que tu fais juste avant le compte à rebours qui te mènera jusqu'à l'ultime pour toi, la scène ?*

Avant le show, je suis relativement calme. On est souvent séparé du *band*. On a notre loge. Tu entends la foule au loin qui crie. T'es tout seul dans ton petit monde. Tout seul dans ta petite câlisse de bulle. J'essaie de me concentrer pendant que, dans la loge juste à côté, le *band* fait des *jokes*. Moi, j'arrive juste avant le show. J'aime pas ça, cultiver les papillons. Dix minutes avant le show, j'ouvre ma voix et, à un moment donné, on ouvre la porte de ma loge et on me dit : « Cinq minutes. » Là, tu sors. Tu passes à côté de la loge des *boys* et tu dis : « *Go !* On y va ! » T'avances et t'entends de plus en plus la foule qui gueule…

*Comme dans un match de boxe ?*

Pareil. Là, l'adrénaline commence à monter jusque dans le bout des cheveux ! Tu t'en vas à la guerre. C'est en montant les escaliers que l'attitude change et que tu te transformes. Tu deviens quelqu'un d'autre, tu deviens une star. C'est un ring. C'est un combat. T'étais le petit gars tout seul qui a peur du monde. Là, tu deviens plus grand que nature. C'est Plume qui disait : « Je mets mon *suit* de vedette… » Non, lui, il disait : « Je mets mon *suit* de gars soûl. » C'est un peu la même affaire. Mais si tu mets pas ton *suit*, ostie…

*Impossible de te pousser jusqu'au micro devant la foule qui scande ton nom à tue-tête…*

Oui. C'est le *suit* qui rentre dans toi. Tu montes les escaliers, l'adrénaline te prend. Dieu sait que toutes les dopes possibles et imaginables je les ai essayées, et il n'y a rien qui bat ça. Ça te guérit de tous les maux !

*Entre la loge et la scène, dans le long couloir qui sépare les deux, souvent dans l'obscurité à peine éclairée par une lampe de poche, t'arrive-t-il de vouloir faire marche arrière parce que le trac se confond avec la montée d'adrénaline juste avant la transformation ?*

Rendu là, t'as plus le choix. C'est comme sauter en parachute. L'avion est parti, tu ne peux plus y retourner. Quand tu montes vers la scène, que la foule gueule, que les lumières sont sur le *stage* et que l'animateur t'a annoncé, tu ne peux plus reculer, ostie. L'avion est parti. Toi, t'es en chute libre. Tu entres sur la scène. Tu donnes tout ce que t'as. Sur scène, je suis quelqu'un d'autre. Quand j'ai recommencé à faire des shows sobre, j'ai eu de la misère à me remettre dans cette peau-là parce que je me sentais clown. Je me sentais imposteur, d'une certaine façon. Ça m'a pris peut-être une douzaine de shows à me remettre…

*… dans le personnage de Lapointe…*

Oui. Parce que sur scène…

*… tu dois jouer quelqu'un d'autre ?*

Il faut que tu joues. Il faut que tu sois Dieu. Sur scène, c'est toi le boss. Si tu leur demandes quelque chose en manquant d'assurance, ils ne le feront pas. Si tu leur imposes quelque chose, ils vont le faire. Ils vont faire tout ce que tu veux si tu as la bonne attitude. La foule ne veut pas quelqu'un qui quémande. Il faut que tu t'assumes !

*Tu sentais que, sobre, tu n'arrivais pas à camper le personnage de Lapointe dans sa pleine dimension? Tu n'assumais pas pleinement qui tu étais sur scène?*

Ça m'a pris plusieurs shows d'adaptation parce que, juste de se lancer à genoux et de tendre le bras… Les gens qui te touchent… On est tous du monde ordinaire, ça fait que de jouer à Dieu ou à la rock star…

*… ça avait l'air théâtral?*

Oui. Là, tu te mets à genoux, à jeun, tu tends la main vers la foule. Tu te dis: «Je suis un clown, moi? Qu'est-ce que je suis en train de faire là?» C'est peut-être un peu pour ça que les entrevues me font aussi peur, parce que j'ai peur de démystifier le personnage. Les gens t'inventent une personnalité à travers les chansons, à travers ce qu'ils perçoivent de ce qu'est une rock star.

*Éric, ce n'est pas précisément ce que tu aimes faire, créer le mythe? Nourrir la bête Lapointe? Monter sur scène et t'emparer d'elle pendant deux heures d'affilée?*

Le but est de faire rêver le monde. Nous autres, on vend de l'émotion. On vend du rêve.

*Sur scène, tu vis un high d'une intensité indescriptible, m'as-tu déjà confié. Tu t'es cru Dieu pendant deux pleines heures. Tu connais le triomphe. Tu as conquis la foule. Quand le rideau tombe, que se passe-t-il? Quand la vie reprend son cours normal, parce qu'elle va le faire inévitablement…*

Il n'y a rien de plus triste que…

*… que la solitude après?*

Il n'y a rien de plus triste que la magie qui s'éteint. Quand tu viens de vivre un gros *high* dans un aréna bondé, que c'est l'hystérie totale, que tu es sur le *stage* et que le monde crie. Le monde a du fun, le monde trippe, tu as un gros *high* d'adrénaline puis après ça… PAF! Les lumières s'allument!

*Combien de temps ça prend pour que le grand Lapointe redevienne le petit Éric?*

Toute une nuit. C'est tellement triste, un *stage* qui se démonte. Tu as l'impression que c'est ta vie qui se démonte. Ils sont en train de démonter ta vie.

*Back to reality. C'est brutal comme réveil?*

Oui, tu te retrouves devant un aréna avec juste des verres de plastique vides. Les gars qui démontent les éclairages et le *stage*. Ton rêve est en train de se démonter dans ta face avec des techniciens qui ne te regardent pas nécessairement. Ils sont occupés à pousser les *roadcases* et à remplir un *truck*. Ils sont en train de paqueter ta vie dans un *truck*. Il faut vider la salle.

*Est-ce chaque fois terriblement éprouvant à vivre ou, avec le temps, on finit par s'y habituer et on appréhende mieux le choc afin d'en amortir l'impact?*

On ne s'habitue jamais. Une heure après le show, tu regardes ta salle vide. Ton rêve s'est éteint. Pire encore, tu t'en vas à l'hôtel, dans ta chambre, tu allumes la télé et là tu te dis: «Il y a une heure et demie j'étais Dieu, pis là je suis un ostie de *loser* tout seul dans ma chambre d'hôtel à trouver le temps long pis à regarder la TV…»

*C'est la raison pour laquelle tu es si entouré? Pour que le rêve se poursuive un peu même après l'euphorie? C'est pour ça qu'il y a tant de monde dans ta vie? Des gens qui entrent chez toi, comme dans le film L'Auberge espagnole, sans s'annoncer?*

C'est peut-être pour ça que je fais ce métier-là. J'ai besoin de ça. J'ai une peur atroce de la solitude. C'est pour ça que je ne suis pas capable de passer trop de semaines sans jouer parce que je deviens complètement dépressif! J'ai besoin de me faire rassurer.

*As-tu l'impression que tu fais ce métier pour montrer quelque chose à quelqu'un? À l'un de tes deux parents?*

J'aurais tendance à dire que c'est moi, face à moi-même. Je fais de la musique par besoin de m'exprimer. Quand je me lance sur une scène, je m'en vais défendre mes chansons. Je m'en vais défendre ma vie. Mais c'est sûr que, quand ton père et ta mère sont fiers de toi, tu le sens dans leurs yeux, c'est une paye. Peut-être que je leur ai donné peu de chances d'être fiers de moi quand j'étais jeune et que, là, je me reprends en faisant ce métier.

*Ta mère, Doris, assiste à la plupart de tes spectacles. Son opinion compte?*

L'opinion de ma mère est bien importante. Quand je finis un show, je sais que je vais avoir l'heure juste. Mon père, lui, il est tout le temps fier. Il est fier d'être dans la *crowd* et de voir que le monde trippe sur son fils.

*Pour cette rencontre, tu m'as convié dans ton studio, qui est dans le sous-sol de ta maison. Elvis Presley y est omniprésent. Plein de choses te le rappellent. C'est l'une de tes idoles?*

Ah, quand j'étais enfant, oui! J'ai une collection de disques d'Elvis.

*Elvis a beaucoup vécu dans la solitude, je dirais même dans l'isolement, à cause de sa notoriété et de ses effets ravageurs. D'ailleurs, c'est ce qui l'a entraîné dans une certaine déchéance jusqu'à sa mort, le 16 août 1977, à l'âge de quarante-deux ans.*

Elvis était l'homme le plus seul que l'histoire ait connu. C'est lui, le symbole de *Alone at the top*, ostie. Lui, il n'avait personne avec qui partager son succès.

*Mais il avait un entourage.*

Il avait un entourage, mais il n'avait personne qui était Elvis. Moi, j'ai mes chums et j'ai aussi plein de personnalités connues qui vivent à peu près la même chose que moi et avec qui je peux échanger sur ce que je vis.

*Mais lui, il n'échangeait avec personne.*
Crisse, quand les Beatles sont impressionnés par toi, t'as un problème, là ! (*Il rit.*) Avec qui tu partages ce que tu vis ?

*Est-ce que c'est pour ça que tu t'entoures autant, pour ne jamais être* lonely at the top ?
Je ne sais pas si c'est pour ça. Si je n'étais pas vedette, je serais peut-être pareil. C'est sûr que j'ai besoin d'être entouré constamment.

*Tu as besoin d'être dans ta bulle et en même temps tu as besoin d'avoir du monde autour de toi.*
J'ai besoin d'avoir du bruit. Je ne suis pas vraiment capable de rester seul. Un peu plus en vieillissant, de temps en temps, je réussis à passer une soirée tout seul, mais même là. Il y a des soirs où je me dis que j'ai quelque chose d'important à faire, qu'il faut que je reste à la maison, que je m'enchaîne à mon divan, mais… je me sens tout seul !

*Tu la vis quand même, la solitude des sommets ? On la vit forcément quand on est à ton niveau de popularité, non ?*
Oui, mais j'ai des amis de longue date qui ne me voient pas comme une vedette.

*Avec la popularité, est-ce que la méfiance s'installe inévitablement ?*
Tu apprends à trier, mais tu ne peux jamais être sûr à cent pour cent. Il y a toujours, toujours la raison sociale qui est au-dessus de ta tête. Ma phrase préférée pour désamorcer une situation quand je suis tanné, c'est : « Écoute, Lapointe est couché, c'est juste Éric qui est icitte. Lapointe n'existe plus. »

*Mais en même temps, Éric, le personnage de Lapointe est tellement fort. Il existe. Il est réel…*
Oui.

*Et tu l'as créé de toutes pièces. Il se peut que les gens aient de la difficulté à faire la part des choses et oublient totalement Éric.*
J'avoue, je l'ai créé. J'en ai fait une caricature, je me suis baigné dedans. D'ailleurs, il y a bien du monde qui m'a aidé à créer cette espèce de personnage plus grand que nature. (*Il rit.*) Dans le fond, il est moins pire que ce qu'il est dans la réalité, dans le sens où le personnage du gars qui vit à cent milles à l'heure et qui se défonce n'est pas loin de la réalité. Mais il y a aussi la solitude, il y a souvent du désespoir. C'est le fond du trou. C'est ça qui nourrit ma création. Tu peux pas chanter quelque chose et vivre autre chose.

*Tu as constamment un regard posé sur toi dès que tu sors de chez toi. Ça vient avec la renommée. Quel est ton rapport avec cette attention qu'on te donne depuis vingt ans ?*
Tu es toujours confronté aux jugements qu'on porte sur toi. Il faut essayer d'être fin même quand t'as pas envie de faire des sourires. T'es obligé vu que, d'une certaine façon, tu leur appartiens. Mais c'est un mal nécessaire parce que, la popu-

larité, j'aurais de la misère à m'en passer. Des fois, je vais à l'étranger et je prends des *breaks* psychologiques…

*Tu vas aux îles Turquoises, entre autres ?*
Là-bas, j'ai plein d'amis, mais je suis Éric, je ne suis pas une star. Ils ne savent pas que je suis une star, ils s'en foutent.

*Éric, ça te fait du bien de prendre un* break *de temps à autre de Lapointe ?*
Oui, tu t'en aperçois quand tu arrives là-bas. On dirait qu'il y a quelque chose que tu portes sur tes épaules tout le temps. Tu ne t'en rends pas compte, mais c'est un poids psychologique constant. Quand tu vas au dépanneur, quand tu marches dans la rue, les chars klaxonnent. Les gens te courent après sur les trottoirs. Tout le monde te parle. J'aime ça, jaser avec le monde, mais quand je vais à l'étranger, j'ai l'impression de me délester de quelque chose.

*Les regards braqués sur toi, ça ne te manque pas après un certain temps ? L'ego n'a pas besoin de s'enorgueillir un peu ?*
Pour être franc, pour flatter mon ego, je suis bien content de rentrer chez nous, de mettre mes lunettes fumées dans l'aéroport et de voir les têtes se tourner. « *I'm back home*, ostie, je suis redevenu une vedette ! »

*Quand tu as vu le regard qui était posé sur toi, après les événements où tu es passé tout près de la mort, est-ce que tu sentais une certaine pression sociale, une obligation supplémentaire de ne pas échouer dans tes combats contre la dépendance ?*
Là, on parle d'un combat que je suis loin d'être le seul à livrer. C'est un combat que tu ne veux pas livrer en public, ça ajoute à la pression. Déjà que c'est difficile à vivre pour n'importe qui, alors livrer ce combat publiquement et être *checké*… Quand j'ai rechuté, j'en ai eu pour un an à me cacher. Je retombais dans mon *suit* de gars soûl juste par ma gestuelle. Je suis habitué à avoir une gestuelle de gars chaud. Le fait d'avoir une bouteille à la main, on a réinséré ça dans le show. C'était de la 0,05, et quand j'ai rechuté après, j'avais le regard du monde sur moi. J'ai joué l'hypocrite pendant un an, à faire vider des vraies bières dans des bouteilles de 0,05. À un moment donné, j'ai dit : « On va arrêter de jouer, il y a des limites. C'est ma vie, là. »

*C'est de ça qu'elle parle, la chanson* Jusqu'au bout ? *« Jusqu'au bout j'ai choisi le ciel de mes combats. Et quel qu'en soit le prix. Quitte à payer de ma vie. Jusqu'au bout, je serai moi. »*
C'est le soir où j'ai rechuté la première fois que j'ai écrit ça. Le pire, c'est que je me suis caché de ma blonde. Je me suis ouvert une bouteille de vin. Je suis allé avec ma guitare dans mon gym. J'ai fait cette toune-là. Ma blonde m'a pogné et elle m'a dit : « Qu'est-ce que tu fais là avec une bouteille de vin ?
— DE LA MUSIQUE, SACRAMENT ! » J'ai besoin d'être malheureux. « La mélancolie, c'est le bonheur d'être triste »,

comme disait Victor Hugo. J'ai besoin de me rapprocher de mes émotions…

*… Inévitablement, pour extirper les mots des maux ?*
J'ai besoin de ça. Je ne me souviens pas d'avoir vraiment créé quelque chose qui me faisait vibrer autrement. D'abord et avant tout, quand tu crées une chanson, c'est pour te la chanter à toi-même, c'est une thérapie. Moi, je veux vivre ce que je chante, malheureusement. Il y en a plein qui vont me dire : « C'est pas l'alcool qui écrit, c'est toi. » Moi, ça passe par là. Performer, c'est une autre histoire, créer, c'est différent.

*Tes idoles ont souvent connu des destins tragiques. Leur vie s'est terminée tôt. Même toi, pendant longtemps, tu as prétendu que tu n'allais pas dépasser le cap de la jeune trentaine, à l'instar des monstres sacrés de la musique rock.*
Y aller à cent milles à l'heure tout le temps de même, la pédale dans le fond, c'est un suicide calculé. J'avais pas peur.

*Aujourd'hui, tu as dépassé l'âge fatidique de vingt-sept ans. Jimi Hendrix, Janis Joplin, Kurt Cobain, Jim Morrison et récemment Amy Winehouse sont tous décédés à vingt-sept ans. Toi, tu as même franchi le cap de la quarantaine. Tu t'en vas allègrement vers la cinquantaine et tu es père de jeunes enfants…*
Oui, mais je ne pensais jamais passer trente ans !

*Mais tu es encore là !*
C'est peut-être pour ça. Je mets plus la pédale douce. C'est sûr que, les enfants, ça change tout. D'un point de vue financier, avant les enfants, je « flaubais » tout à mesure. Je n'ai jamais mis d'argent de côté, vu que j'avais l'intention de mourir jeune, inconsciemment, mais maintenant je travaille pour eux. Je veux que mes enfants soient fiers de moi. Qu'est-ce qu'ils vont penser de leur père quand il ne sera plus là ?

*Qu'est-ce que tu veux qu'ils retiennent de toi ?*
Ce qui est merveilleux de ce métier-là, c'est que…

*… tu peux laisser des traces justement avec tes chansons, avec tes vidéos et avec tes performances enregistrées.*
C'est que tu fais partie de la vie des gens. Chaque chanson est toujours associée à des odeurs, à des moments.

*Est-ce qu'il t'arrive de regarder ton parcours dans le rétroviseur ? Il est jalonné de chansons marquantes. Est-ce que tu le regardes de temps en temps pour reconnaître le chemin parcouru ?*
Je ne le regarde pas. Comme tu vois, je n'ai pas d'album de moi chez nous. Mais ça m'arrive d'en revisiter un. Je ne regarde pas la gloire parce que, mes albums, c'est une autobiographie et ça me replonge…

*… directement dans l'état dans lequel tu étais…*
Oui. L'année passée, j'étais dans le Sud, quelqu'un avait mon album *Ma peau* dans son lecteur et je l'ai écouté au bord de la piscine. J'ai fait cet album en plein divorce. Je me déprimais moi-même. (*Il rit.*) J'étais donc ben malheureux, tabarnak !

*Mais quand tu fais ces chansons en spectacle, tu ne revis pas cet état ?*
Je suis capable en les chantant de me replonger dans l'émotion, jusqu'à un certain point, mais jamais autant que quand je l'ai vécu. Je ne veux pas…

*Tu ne veux pas y retourner…*
Non. Je ne veux pas être malheureux dans la vie.

*Regardes-tu ton parcours avec fierté ? C'était ça, le sens de la question.*
Je suis fier. Je suis fier du travail qu'on a fait parce que, évidemment, je n'aurais pas pu le faire seul, et en même temps je n'ai pas accompli le dixième de ce que j'aurais voulu accomplir dans la vie !

*Qu'est-ce que tu voulais accomplir ? Tu aurais aimé conquérir un autre territoire ?*
Ce n'est pas une question de marché. Non, je pense que c'est moi, avec mon orgueil de créateur, qui n'ai pas réussi à écrire – et probablement que je ne l'écrirai jamais et que je vais passer ma vie à essayer – la chanson qui va me faire dire : « Là, je peux prendre ma retraite, je suis fier ! »

*Dans ton vaste répertoire, qui compte des dizaines de hits radio, tu n'es pas encore totalement satisfait de ce que tu as créé ?*
Non. Il n'y a pas LA chanson. Je pourrais te dire que oui, mais elle n'est pas à la hauteur de ce que j'aurais aimé accomplir. Je vais passer ma vie à courir après cette ostie de toune-là…

*Ce sera la motivation pour poursuivre ta route. Ce sera ton obsession…*
Probablement que je ne la ferai jamais, mais je fais mon possible. Je n'ai pas le talent que j'aimerais avoir, qu'est-ce que tu veux y faire ?

*Quel talent voudrais-tu avoir de plus ?*
Lequel ? J'aimerais être Léo Ferré, câlisse !

*Autour de nous, il y a plein de trophées, de récompenses et de distinctions qui témoignent de ta réussite… Ce n'est pas banal.*
C'est sûr que si, bien déprimé, je m'assois sur une chaise devant mes treize Félix, je me dis : « Câlisse ! » Je me souviens encore de la première fois que je suis allé au Gala de l'ADISQ, j'étais assis au balcon, je regardais et je me disais : « Si un jour je me rends là… »

*Est-ce que tu conseillerais à n'importe qui de vivre la célébrité ?*
Je souhaite ça à tout le monde, mais…

*Mais il y a un prix à payer ?*
Oui, le prix à payer est émotif.

*Est-ce que tu penses que tout le monde peut vivre ça ? Selon toi, les gens qui vivent la gloire sont-ils des élus ?*
Des élus ou des condamnés, je ne le sais pas.

*Quelle belle nuance ! Toi, tu te sens comme un élu ou comme un condamné ?*
(*Long silence.*) C'est exaltant, mais en même temps c'est pesant et c'est pénible. Tu te condamnes à être un *poster*, à être jugé. Il faut que tu te formes une carapace. Il faut que tu trouves la force de faire abstraction de ce qui se dit. Pour chaque personne qui t'aime, il y en a une qui te hait. C'est un métier où, l'important, c'est de ne laisser personne indifférent. Si tu es «insécure» ou malade émotivement, tu te concentres sur ceux qui te haïssent. Des fois, ça fait mal, mais il faut que tu passes par-dessus.

*Tu te verrais faire autre chose dans la vie ?*
Non, plus maintenant. Si je ne fais plus ce métier-là, c'est une dépression profonde qui m'attend. Moi, je veux faire ça jusqu'à ce que je crève, je ne veux pas m'arrêter.

*Es-tu étonné que ça dure encore après tant d'années ? Une des grandes préoccupations de quelqu'un qui chante, c'est de durer.*
J'ai toujours peur que ça arrête. En même temps, le temps file tellement vite. Je n'ai pas vu les années passer. D'une certaine façon, j'ai encore parfois l'impression de faire partie de la relève et de faire mon trou. J'ai assisté à une scène incroyable au parc Maisonneuve pour la Saint-Jean-Baptiste. René Richard Cyr faisait la mise en scène. J'ai vu Gilles Vigneault demander à René Richard Cyr : «Est-ce que les gens vont me reconnaître ?» Il a fallu que René le rassure : «Tout le monde vous connaît, monsieur Vigneault.» Vigneault était «insécure», à son âge. Il n'a pas conscience que, si on avait notre propre monnaie, c'est sa face qui serait dessus ! On est toujours les plus mal placés…

*… pour évaluer qui on est vraiment ?*
… pour savoir la perception que les gens ont de nous autres. Cette insécurité est celle…

… *qui te permet de te pousser dans tes derniers retranchements pour voir tes limites.*
La minute où tu te trouves bon et où tu t'assois sur tes lauriers, c'est là que tu es fini.

*As-tu l'impression, grâce au succès énorme et enviable que tu connais – un million d'albums vendus, des salles combles, un statut de rock star et un public fidèle –, que ton vide a été comblé et que tu es totalement rassasié par toute cette gloire obtenue ?*
Je ne peux pas être rassasié. Avec les années, je suis rendu *addict* à la popularité et à la reconnaissance du monde pour le travail que je fais. Comme tu passes ta vie, ta carrière à vivre avec la peur que tout s'écroule, tu finis par en faire une fixation. Tu finis par rêver que tout s'effondre. Il y a du monde qui peut essayer de me rassurer et de me dire : «Éric, ton trou est fait, tes racines sont plantées. Il n'y a personne qui va pouvoir crisser l'arbre à terre…» Mais ça…

*Ça ne suffit pas à te rassurer ?*
Non. Il n'y a personne qui peut me convaincre de ça. Je continue à vivre avec cette peur-là. En ce moment, je suis en création. Je griffonne toutes les nuits jusqu'à neuf, dix heures du matin. Je n'en dors plus.

*Tu es obsédé par la peur de ne plus avoir l'inspiration ?*
Obsédé ! Mon premier album s'appelait *Obsession*. C'était prémonitoire en crisse ! Ça n'en était peut-être pas une à l'époque parce que je lançais les dés, mais quand c'est parti, tu ne veux plus que ça s'arrête. Ça devient une obsession. Tu ne veux pas que ce trip-là arrête. C'est le plus beau métier du monde.

*Tu le penses encore aujourd'hui, malgré tout ce que tu as vécu d'heureux et de malheureux ? Comme ta vie privée étalée au grand jour, avec tout ce que ça comporte ?*
C'est un privilège de faire ce métier. Il y a tellement peu de gens qui peuvent dire qu'ils vivent de ce qu'ils aiment le plus faire dans la vie. Je n'ai jamais l'impression de vraiment travailler, sauf quand je fais des entrevues. Je m'amuse. Même si je ne gagnais pas ma vie avec ça, je le ferais pareil. J'ai la chance de travailler avec du monde de talent qui me fait grandir tout le temps. C'est un métier où tu n'arrêtes jamais d'apprendre.

---

**Au nom de la gloire, j'ai dû faire les sacrifices suivants…**
(*Long silence*) Ma santé.

**Au nom de la gloire, j'ai perdu…**
(*Long silence*) Le droit d'être faible.

**Au nom de la gloire, j'ai gagné…**
Le respect de moi-même !

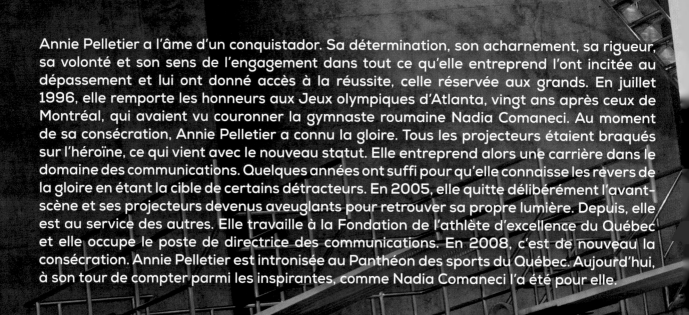

Annie Pelletier a l'âme d'un conquistador. Sa détermination, son acharnement, sa rigueur, sa volonté et son sens de l'engagement dans tout ce qu'elle entreprend l'ont incitée au dépassement et lui ont donné accès à la réussite, celle réservée aux grands. En juillet 1996, elle remporte les honneurs aux Jeux olympiques d'Atlanta, vingt ans après ceux de Montréal, qui avaient vu couronner la gymnaste roumaine Nadia Comaneci. Au moment de sa consécration, Annie Pelletier a connu la gloire. Tous les projecteurs étaient braqués sur l'héroïne, ce qui vient avec le nouveau statut. Elle entreprend alors une carrière dans le domaine des communications. Quelques années ont suffi pour qu'elle connaisse les revers de la gloire en étant la cible de certains détracteurs. En 2005, elle quitte délibérément l'avant-scène et ses projecteurs devenus aveuglants pour retrouver sa propre lumière. Depuis, elle est au service des autres. Elle travaille à la Fondation de l'athlète d'excellence du Québec et elle occupe le poste de directrice des communications. En 2008, c'est de nouveau la consécration. Annie Pelletier est intronisée au Panthéon des sports du Québec. Aujourd'hui, à son tour de compter parmi les inspirantes, comme Nadia Comaneci l'a été pour elle.

# ANNIE PELLETIER
## LA GLOIRE OLYMPIQUE

**N 1996, TU AS VINGT-DEUX ANS.** *Tu remportes la médaille de bronze aux Jeux olympiques d'Atlanta en plongeon au tremplin trois mètres alors que, vingt-quatre heures avant, rien ne laissait présager que tu pourrais monter sur le podium parce que tu partais de trop loin. Est-ce que cette victoire, tu la voyais comme une première étape vers la gloire?*

Je n'avais pas quatorze ans, comme Nadia Comaneci lorsqu'elle a remporté ses médailles aux Jeux olympiques de Montréal en 1976. À vingt-deux ans, j'avais vu d'autres Jeux olympiques, où Jean-Luc Brassard en 1994 a reçu sa médaille d'or, où Myriam Bédard a gagné deux médailles d'or. J'avais vu ce que ça faisait de recevoir une médaille olympique pour un athlète. Donc oui, je savais que ma vie venait de changer pour toujours.

*Qu'est-ce que ça fait quand on remporte une médaille aux Jeux olympiques?*

Les regards sont tournés vers nous. Il y a plusieurs entrevues à faire à la télé, à la radio et dans les journaux. On se fait accueillir à l'aéroport. On se fait demander des autographes et on se fait prendre en photo. On devient une coqueluche, un modèle et une idole pour certains.

*Comment t'es-tu sentie au moment où tu es revenue dans ta chambre au village olympique, quand tu t'es posée après l'effervescence entourant ta réussite et les dizaines d'entrevues réalisées pour commenter l'événement?*

Je me suis couchée habillée dans mon lit à deux étages, complètement exténuée. J'étais incapable de dormir. Je me sentais comme sur un tapis volant. Je ne touchais pas mon matelas! J'avais tant rêvé de ce moment. Tout me revenait en mémoire: quand j'étais petite et que je voulais faire les Olympiques, quand mes parents n'allaient pas en vacances pendant l'été parce que je m'entraînais.

*Ce soir-là, tu partais de loin. Tu n'étais plus dans le radar, pour certains. C'était presque impossible que tu aies une place sur le podium. La remontée était de l'ordre du miracle. Mais toi, tu y croyais. Tu as eu raison puisque ça t'a valu la troisième place.*

J'ai remporté ma médaille à l'arraché. Peu de gens y croyaient. J'étais tellement convaincue que je pouvais l'obtenir. Les autres filles qui concouraient contre moi étaient très gentilles, croyant que je n'étais plus une menace pour elles. Elles pensaient vraiment que j'étais hors compétition. Je partais de tellement loin: de la dix-septième position. Je crois que ma tête de cochon m'a aidée à croire en mon rêve. J'y croyais depuis que j'avais cinq ans. Soudainement, je n'allais pas cesser d'y croire. J'avais la certitude que je pouvais remonter la pente. C'était difficile d'aller chercher des points parce que nous faisions toutes les mêmes plongeons en demi-finales. Cependant, j'étais la fille qui faisait les plongeons les plus difficiles de la planète en finales. C'était ma force, l'une de mes fiertés. J'étais la fille la plus forte physiquement. C'est sur ce point que mon entraîneur et moi avons misé pour gagner. J'étais spécialiste du tremplin trois mètres. J'avais juste une chance d'aller aux Jeux olympiques, une seule chance de gagner une médaille. J'avais quatre ans pour essayer de faire les plongeons les plus difficiles du monde, les mêmes plongeons que les garçons. Je savais que j'avais la force pour le faire.

*Quand tu as remporté les honneurs à Atlanta, est-ce que tu célébrais entre autres le fait d'avoir eu raison de faire du trois mètres ta nouvelle spécialité et d'avoir misé sur ta force et sur ta différence?*

Oui, mais aussi d'avoir changé d'entraîneur dix-huit mois avant les Olympiques et d'avoir remporté une médaille avec celui-là.

*Est-ce que la décision de changer d'entraîneur en cours de carrière pour augmenter tes chances d'accéder aux honneurs a été difficile à prendre?*

Tout à fait. J'étais convaincue qu'il fallait que je le fasse. Ça a été difficile pendant cette année et demie qui nous a menés jusqu'aux Jeux olympiques. Je devais plonger dans la même piscine qu'avant, avec l'adversité que ça crée. Mon ancien entraîneur était là avec mes anciens coéquipiers. Durant l'entraînement, je sentais leurs regards. Je sentais la pression de bien faire pour prouver que j'avais eu raison de changer.

*Dans ta conquête, cherchais-tu l'harmonie et le bonheur afin d'adoucir les exigences qui viennent avec un entraînement de haut niveau?*

Je voulais être heureuse à nouveau. Je crois que, pour qu'un athlète réussisse, il faut qu'il soit profondément heureux. Plonger, performer, pour moi c'était un mode de vie. C'est une obsession. Je n'étais plus heureuse dans la dynamique qui existait avec l'autre entraîneur. Il n'y avait plus de chimie entre nous. Cependant, je ne lui jette pas la pierre. La chimie, ça se fait à deux. Mon nouvel entraîneur, Donald Dion, avait été le premier à me transmettre sa passion quand j'avais treize ans. Mais il était parti à la retraite après m'avoir coachée un an. C'était son projet de vie. Moi, j'avais le mien. À l'intérieur de moi, je savais qu'il n'y avait que Donald qui pouvait physiquement et techniquement m'amener sur le podium olympique. Il est revenu avec moi à quelques mois des Jeux. Nous avons remporté ensemble cette médaille.

*Avais-tu certaines appréhensions quant à cette célébrité que tu avais observée chez les autres athlètes qui revenaient couronnés de succès et de gloire à la suite de leurs performances aux Jeux olympiques?*

Non. Dès mon jeune âge, je rêvais d'aller aux Jeux olympiques. J'étais obsédée par cette idée. On disait «Qu'est-ce que tu veux faire plus tard?» et je répondais: «Je veux aller aux Jeux olympiques.» Je faisais des dessins de cette victoire. J'étais sur le podium avec des anneaux olympiques dans le coin de la page. Mes parents ont même gardé ces dessins.

**"** Plonger, performer, pour moi c'était un mode de vie. **C'est une obsession. "**

*Qu'est-ce que ce monde avait de si attirant pour que tu veuilles en faire partie?*

Les images que j'avais vues de Nadia Comaneci quand elle triomphe aux Jeux olympiques de Montréal en 1976 me fascinaient. Je n'arrêtais pas de les regarder.

*Pour toi, à cet âge, était-ce facile de rêver et d'avoir ces grandes aspirations? Est-ce que ton milieu familial était propice à ça?*

Rêver est dans ma nature profonde. Quand j'étais toute jeune, je voulais tout le temps faire plein de choses. J'avais ce sentiment que ce n'était jamais assez. Je voulais jouer du violon, faire du théâtre, mais il y a une affaire qui revenait tout le temps: la gymnastique artistique, comme mon idole, Nadia Comaneci. Je voulais être dans un vrai gymnase comme j'avais vu à la télévision. Je voulais toujours que le professeur me regarde. Je voulais passer tout de suite, je ne voulais pas attendre mon tour.

*La plupart du temps, dans le désir de réussir, il y a chez l'individu en pleine ascension une réelle volonté de prouver quelque chose à l'un des deux parents ou aux deux. Est-ce que c'est ton cas? Éprouvais-tu le besoin ou la nécessité de les épater avec tes performances?*

Ce n'était pas pour les épater, mais pour les remercier d'avoir autant sacrifié leur vie pour moi. Pas de vacances pour eux. Tout l'argent était utilisé pour que j'aille en Chine, au Mexique et en Russie. Eux, ils allaient à Québec en vacances au Motel Réjean. (*Elle éclate de rire.*) J'ai toujours réalisé ce que mes parents ont fait pour moi. Ils ont cru en moi dès le jour où je leur ai dit que je voulais aller aux Jeux olympiques. Ils ne connaissaient pas ça du tout, mais ils croyaient en moi. Ils m'ont donné les outils nécessaires pour y parvenir. Quand je m'entraînais, vers l'âge de treize ans, il y avait des filles dans mon groupe qui étaient aussi talentueuses, sinon meilleures, que moi. Leurs parents allaient au chalet les fins de semaine faire de la voile. Elles ne s'entraînaient pas le samedi et le dimanche deux fois par jour comme moi. Moi, je restais à Tétreaultville et je m'entraînais. Il est certain que tu progresses plus vite à ce rythme. Mes parents ont fait le choix de s'engager. C'est la plus belle preuve d'amour.

*Sans jamais te mettre de la pression pour que tu «performes»?*

Jamais. Un jour, je me suis même fâchée quand ils m'ont dit que c'était trop. J'avais les yeux cernés. Les professeurs l'avaient remarqué et ils l'ont dit au directeur. Il a appelé mes parents pour leur demander ce qui se passait avec moi. À huit ans, j'étais toujours fatiguée. Je m'entraînais tout le temps. Il m'arrivait d'être anxieuse. J'avais parfois de la difficulté à m'endormir. Je voulais que la nuit passe vite. Je regardais le réveil faire tic-tac… J'avais trop hâte de m'entraîner.

*À plus d'une occasion, tu as remercié en public ton frère Michel, qui vit avec une déficience intellectuelle, de t'avoir inspirée à te redresser et à te battre devant l'adversité.*

Lui, il se bat pour réaliser de petits défis qui ont l'air anodins pour nous. Je me souviens d'un jour en particulier où j'avais fait un mauvais entraînement. Je mangeais mon souper. Mes larmes tombaient dans l'assiette. J'étais découragée. Ça ne me tentait plus de continuer, j'étais écœurée. J'étais une ado. Michel sortait toujours de sa chambre quand j'arrivais de l'entraînement. Il ne parlait pas beaucoup, mais il me demandait toujours comment ça avait été. Ce jour-là, je ne faisais que pleurer. Il s'est levé. Il est allé chercher un mouchoir et me l'a donné. Je me suis mise à pleurer encore plus fort. Il s'est levé de nouveau et est allé chercher un rouleau de Scott Towels. Il devait se dire qu'il fallait que ça absorbe tout. J'ai cessé de pleurer et je me suis mise à rire. J'ai eu un moment de lucidité. Je me suis calmée. J'ai pensé à lui, qui se bat pour vivre, pour se faire accepter, pour avoir une estime de lui, pour se rappeler son trajet, pour se souvenir de bien se brosser les dents, alors que moi, j'ai tout. Je tenais tout pour acquis. J'avais tout mon corps et toute ma tête. J'avais un talent indéniable en plongeon, alors que lui, il devait toujours se battre pour quelque chose. Michel est une grande source d'inspiration.

*Pourquoi as-tu pris ta retraite? Pourquoi as-tu décidé d'arrêter juste après cette victoire que tu avais tant espérée? Tu aurais pu poursuivre ton entraînement quatre autres années en vue des prochains Jeux olympiques.*

D'abord, le *deal* avec mon entraîneur était qu'il ne revenait que dix-huit mois et qu'après il retournerait à sa vie. Je n'avais plus d'entraîneur. En plus, mon rêve avait été réalisé. J'étais impliquée dans le sport depuis que j'avais cinq ans. Il est certain que, sur mes dessins d'enfant, je ne me mettais pas en troisième position, mais j'étais allée sur le podium. Même si je n'avais pas eu la médaille d'or, j'avais fait la meilleure remontée de toute ma vie. Ça, c'est ma médaille d'or.

*Du jour au lendemain, tu deviens une vedette. On t'acclame. Ta présence est sollicitée partout. Ta vie bascule. Elle change. Tout est possible. Les offres s'accumulent. Tu peux choisir. C'est la consécration. C'est la gloire…*

À cette époque, j'avais vingt-deux ans. J'avais des opportunités de faire autre chose et d'avoir une carrière dans le monde des communications. Entre autres, de faire l'émission *Les Ailes de la mode* avec France Beaudoin. De faire des séances photo chaque mois pour le magazine *Les Ailes* à titre de mannequin. D'être porte-parole publicitaire pour Les Ailes de la mode et les jus FBI. J'avais déjà McDonald's comme commanditaire. Il ne s'agissait plus de mettre un logo sur un maillot de bain, mais plutôt de faire partie de l'entreprise en participant aux décisions de marketing avec les responsables.

*Avais-tu déjà rêvé de faire un métier public autre que le sport de compétition?*

Oui, je voulais faire de la télévision. Je rêvais d'être mannequin, mais je mesure cinq pieds quatre. On m'offrait de faire des photos pour des magazines. Je trouvais ça super cool de faire de la télévision. J'adorais la mode à l'époque.

**❝ Dès mon jeune âge, je rêvais
d'aller aux Jeux olympiques.
J'étais obsédée par cette idée...**
Je faisais des dessins de cette
victoire. ❞

*Rêvais-tu de gloire?*

Je rêvais d'être connue depuis que j'étais toute jeune. Quand j'étais au secondaire, je pratiquais déjà la signature que j'allais faire pour mes autographes. Dans ma tête d'enfant, même si je suis une fille humble, je rêvais d'être une vedette. En fait, je rêvais d'être comme Michael Jackson. J'étais tellement amoureuse de Michael Jackson! Je rêvais d'être aussi populaire que lui. Qu'on me remarque… pour que Michael Jackson me remarque.

*Il y a un problème récurrent chez des athlètes. Quand arrive «l'après-carrière», souvent rien n'a été planifié pour la suite des choses. Envisager tout simplement leur seconde vie s'avère parfois un véritable casse-tête.*

Tout à fait. Apprendre un nouveau métier, c'est apprendre la vie. Quand on est un athlète, on est vraiment centré sur soi. On devient égocentrique. Tout le monde travaille pour nous, un psychologue sportif, un physiothérapeute, un prof de ballet, un ostéopathe. C'est difficile de penser à nous et à ce qu'on voudrait faire de notre vie quand tout le monde le fait pour nous.

*As-tu un jour connu certains regrets quant à ta décision de te retirer du monde des performances sportives?*

Jamais. Le seul moment où j'ai eu de la nostalgie, c'est quand j'ai analysé à la télévision les compétitions olympiques lors des Jeux. Je rêvais de plongeon pendant quelques semaines. Avant, pendant et après les Jeux olympiques. Les seules fois où j'ai douté de ma décision d'avoir quitté ce monde, c'est lors de moments très difficiles dans ma carrière à la télévision. Pour moi, c'était plus facile de regarder en arrière que de regarder en avant parce que l'avenir me semblait très sombre. Ma zone de confort était de regarder en arrière, de me dire que je m'ennuyais de mon tremplin. Dans mon sport, les seuls juges de mon travail étaient les neuf officiels qui m'octroyaient leurs notes. Quand on passe de l'autre côté, celui des médias, une population tout entière a droit à son opinion sur toi. C'est toute une adaptation.

*D'ailleurs, quand tu commentais les Olympiques, tu étais impeccable. Ton expérience d'athlète était au service de ton animation. C'était beau à entendre et à voir.*

Merci! J'ai eu plein de commentaires positifs. Ça m'a fait chaud au cœur. Je me suis réconciliée avec la télévision grâce à ce travail d'analyste en 2000 et en 2004. J'étais meilleure en 2008 et en 2012. Comme quoi le travail, la rigueur et l'expérience finissent par payer.

*Tu parles de réconciliation avec le médium de la télé. Est-ce que tu en étais venue à le maudire parce qu'il t'avait tant fait souffrir?*

J'en étais venue à maudire le concept de la personnalité connue, mais pas celui des médias comme tels.

*Tu n'es pas restée longtemps en ondes de façon hebdomadaire, mais tu es restée dans l'œil du public depuis dix-sept ans. Tu as décidé de te retirer complètement des feux de la rampe...*

Je ne sentais pas que je faisais une réelle différence dans la vie des gens. *La vie est un sport dangereux*, c'était un divertissement. J'aurais davantage aimé que ce soit éducatif. J'aurais souhaité qu'on parle du trajet et du pays visité pour en apprendre plus. C'était: «*La vie est un sport dangereux*, action!» Je voulais que mon bagage d'athlète puisse servir à quelqu'un ou à quelque chose.

*Pendant toute cette tourmente, t'es-tu déjà dit que tu aimerais connaître une vie normale, loin des projecteurs et de leurs effets parfois dévastateurs?*

Certainement.

*Es-tu plus heureuse en n'étant plus sous les projecteurs?*

Parfaitement. Dans mon nouveau travail à la Fondation de l'athlète d'excellence, où j'agis à titre de directrice des communications, j'ai trouvé un bel équilibre. J'anime tous les événements de la Fondation, alors je suis encore devant. C'est moi qui suis au micro. C'est moi qui fais le show!

*Est-ce que ça te comble autant?*

Ça me comble encore plus parce que je maîtrise mon travail. Je suis passionnée du sport de haute performance et de ses athlètes. J'en parle avec conviction. C'est important de soutenir ces étudiants athlètes qui préparent parallèlement leur après-carrière sportive et qui sont nos leaders de demain.

*As-tu l'impression d'être maintenant utile?*

Je suis utile. On fait une petite, une moyenne ou une grande différence selon les cas dans la vie de ces athlètes.

*Qu'est-ce qui te manque de la gloire?*

Josélito, la gloire, je l'ai dans ce que je fais. C'est valorisant. J'ai le respect des jeunes et de leurs parents.

*Après ton retrait de la vie publique, qu'est-ce que tu recherchais davantage?*

À être incognito. J'ai cherché l'ombre, alors que j'avais cherché la lumière depuis mon enfance. On ne m'a pas vue lors de premières de spectacles pendant des années. Je ne voulais pas être obligée de faire les tapis rouges en étant mal dans ma peau. J'ai été à terre longtemps. Ça allait par périodes. J'étais neuf mois à terre, deux mois où ça allait mieux, et après j'étais de nouveau six mois à terre. Ma confiance était à zéro. Mon estime de moi aussi. C'est important d'avoir une bonne estime de soi quand on est athlète. Pour un athlète, c'est une chose à laquelle nous devons faire face, l'identification de ce que nous sommes réellement. Je me suis définie jusqu'à l'âge de vingt-deux ans comme athlète. Après, qui es-tu? Une ex-athlète? Une ex-animatrice? J'étais une fille qui avait vendu son image, et certains frappaient fort pour détruire cette image.

**❝** Dans mon sport, les seuls juges
de mon travail étaient les neuf officiels
qui m'octroyaient leurs notes.
**Quand on passe de l'autre côté,
celui des médias, une population tout
entière a droit à son opinion sur toi.
C'est toute une adaptation. ❞**

*As-tu eu peur que tout soit fini pour toi? As-tu eu peur de ne jamais remonter la pente?*

Je n'ai pas pensé que ma vie professionnelle était finie. J'avais la même conviction que quand j'étais petite ou quand j'étais aux Olympiques avant l'obtention de ma médaille de bronze.

*La conviction qui t'a menée à la gloire, est-ce la même conviction qui t'a permis de te sortir de la détresse et de voir la vie autrement?*

C'est sûr et certain. Depuis que j'ai gagné ma médaille olympique, quand je signe un autographe, je ne signe jamais uniquement mon nom. J'ajoute : « Crois toujours en Toi » avec un T majuscule, « toujours en Toi et en tes rêves ». J'ai commencé à signer ça parce que je pense que j'ai compris que jusqu'à la dernière seconde j'avais cru en moi, jusqu'à la dernière seconde de mon dernier plongeon, jusqu'à ce que la pointe de mes pieds soit dans l'eau. C'est la raison pour laquelle j'avais gagné ma médaille. Il faut croire en soi, mais il faut s'engager. S'engager à cent pour cent dans un projet, dans un rêve à court, à moyen ou à long terme. S'il y a cinquante pour cent de toi qui ne s'est pas engagé, tu enlèves cinquante pour cent de chances de réussir. Vise la lune et, si tu n'y arrives pas, tu atterriras sur les étoiles, comme l'expression le dit. Peu importe le résultat, tu ne peux qu'être fier d'avoir fait tout ce que tu pouvais. Tu as la tête tranquille. Les échecs sont plus faciles à digérer. Tu l'as fait avec dignité et intégrité. Tu n'as marché sur personne. Tu as fait ton chemin, tu es resté fort, tu as fait les bons choix et certains sacrifices. Tu as raison d'être fier.

*Si tu n'avais pas connu ce que tu as connu, tu ne pourrais pas dire ça aujourd'hui et en avoir la certitude.*

Ce que j'ai appris, c'est qu'il n'y a rien de plus faux que le regard que les gens te renvoient, ce qu'ils croient que tu es et que tu vaux. Ce n'est pas le regard des gens, ce n'est pas le nombre d'articles de journaux qui parlent de toi, ce n'est pas le nombre de reportages qui te sont consacrés le soir à la télé et ce n'est pas le nombre de clics sur Google qui donnent de la valeur à ce que tu es… C'est ce que tu ressens profondément dans tes tripes qui est plus près de ce que tu es véritablement.

*Pour beaucoup, tu es une inspiration, un exemple à suivre. Qu'est-ce que tu dirais à un jeune athlète qui veut vivre l'ivresse des sommets? Vivre l'expérience olympique et vivre la gloire?*

(*Long silence*) Je lui dirais : « Essaie. Savoure. Vis pleinement chaque moment. Garde tes deux pieds sur terre. Reste *groundé*. Souviens-toi d'où tu viens. Souviens-toi de tes racines. Souviens-toi de tes parents. Ne perds pas de vue tes valeurs fondamentales. Tu as juste une vie à vivre, vis-la. Ça fait du bien à l'ego et au cœur. » C'est un privilège de pouvoir inspirer quelqu'un d'autre. Quand Roseline Filion a remporté sa médaille à Londres le 31 juillet 2012, alors que moi c'était en 1996 à la même date, ça m'a fait chaud au cœur. Seize ans plus tôt, elle regardait la télévision à neuf ans et elle a dit à son père, le jour où j'ai gagné ma médaille : « Je veux faire du plongeon. » Seize ans plus tard, elle s'en va aux Jeux olympiques et elle remporte les honneurs. Toute cette gloire, tous ces moments difficiles, ça valait la peine pour cette petite puce. Si j'ai pu inspirer un autre être humain, si j'ai pu faire en sorte qu'il réalise ses rêves, ça aura valu la peine d'en baver. Le plus beau cadeau que tu peux faire à quelqu'un que tu ne connais pas, c'est de l'influencer indirectement, sans même lui avoir parlé, par ce que tu as fait et ce en quoi tu as cru.

*Qu'est-ce que les quinze dernières années ont changé fondamentalement chez toi?*

L'expérience m'a approfondie comme être humain. Je ne crois pas qu'il faille se péter la gueule pour comprendre des choses, mais en même temps ça aide beaucoup à évoluer. C'est vraiment les épreuves qui ont fait que j'ai rebondi et que j'ai réussi à faire face à l'adversité. Mon plus grand accomplissement, ce ne fut pas la médaille olympique comme telle. Ce fut plutôt ma capacité à me relever d'épreuves vécues pendant et après la gloire olympique. Je ne souhaite à personne de tomber dans le coma comme moi pendant tant d'années pour comprendre la vie. J'ai été engourdie, lunatique, contemplative pendant tout ce temps. Je ne sais pas exactement combien de journées, de semaines, de mois j'ai perdus toute seule chez moi à être engourdie.

*Tu remercies la vie d'avoir mis des épreuves sur ton parcours parce que tu n'aurais pas été la même personne autrement? Crois-tu que ça a modifié à ce point l'être que tu es devenue?*

Je trouve que c'est cher payé pour des leçons, mais ça a été des cadeaux quand même. C'était le prix à payer. J'en ai bavé, mais aujourd'hui je me sens plus forte. Je me sens plus *groundée*, plus empathique. La gloire peut amener l'égocentrisme, le narcissisme, parce que tu n'es connecté que sur ton nombril. Quand quelqu'un à côté de toi souffre, tu ne le vois peut-être pas. Moi, j'aime mieux donner un sens positif aux événements difficiles que j'ai vécus parce que ça met un baume sur le cœur. Grâce à eux, je suis devenue une meilleure personne. Je ne veux pas jouer le rôle de la victime parce que je n'en suis pas une. Il faut écouter les histoires des autres pour comprendre qu'il y a beaucoup de gens qui souffrent. C'est ça, la vie. Il y en a qui souffrent moins que d'autres.

*Crois-tu qu'un jour tu vas revenir dans la lumière des projecteurs?*

Jamais. J'en suis convaincue.

**"Mon plus grand accomplissement,** ce ne fut pas la médaille olympique comme telle. **Ce fut plutôt ma capacité à me relever d'épreuves vécues pendant et après la gloire olympique. "**

Il a parodié les autres. Il écrit des histoires drôles et émouvantes. Il campe des personnages. Il chante à l'occasion. Il joue au poker. Il anime des émissions. Il exporte ses idées dans des dizaines de pays. L'acteur Jean Dujardin lui doit beaucoup parce que *Un gars, une fille*, série dans laquelle il campait le rôle de Guy A., lui a valu le statut de star en France. Guy A. Lepage connaît la gloire depuis des lustres. Il est l'homme aux plus de cent trophées récoltés autant avec la formation humoristique RBO qu'en duo avec *Un gars, une fille* ou en solo comme animateur. Il est l'homme aux millions de téléspectateurs. Il est l'homme aux mille et un projets. Il est l'homme d'opinion qui n'a pas peur de dire et de nommer. Il est l'homme qui préconise la liberté. Mais qui est cet homme? D'où vient-il?

# GUY A. LEPAGE
## UN GARS, UNE GLOIRE

**C**'EST DANS L'EST DE MONTRÉAL, DANS LE QUARTIER HOCHELAGA-MAISONNEUVE, *que tu as grandi. Est-ce qu'il a forgé l'être que tu es devenu?*
Oui. Je suis un parvenu. Je ne pourrais jamais être un aristocrate. Je ne pourrais pas jouer à ça. J'ai des racines roturières bien implantées.

*Quand tu étais jeune, rêvais-tu de faire un métier public? Rêvais-tu d'être dans la lumière?*
Quand j'étais petit, je n'ai jamais rêvé d'être sur une scène, de chanter, de parler, de danser, et que les gens aiment ça. Jamais. Ma carrière est un accident de parcours. J'étais certain que je serais un auteur, un écrivain ou un journaliste.

*Qu'est-ce qui te faisait croire que tu allais t'exprimer par l'écriture?*
Sans prétention de ma part, j'ai toujours bien écrit. Écrire est ce que je fais le mieux dans la vie. Je suis capable d'écrire de toutes sortes de façons et je peux facilement m'adapter. Je peux écrire des poèmes, des nouvelles, des chansons ou des articles.

*Rêvais-tu d'avoir plus d'argent?*
Ce n'était pas difficile parce que je ne viens pas d'une famille fortunée.

*La notion du travail et du devoir s'inscrit assez tôt dans ton parcours de vie.*
Je travaille depuis que j'ai sept ans. Tous les jours, je distribuais le journal chez les marchands. J'ai travaillé dans une pharmacie de douze ans à quinze ans comme livreur le soir. J'ai tout le temps gagné ma vie.

> **" Ma carrière est un accident de parcours.** J'étais certain que je serais un auteur, un écrivain ou un journaliste. **"**

*Ta grand-mère a joué un rôle prédominant dans ta vie. Elle te donnait le droit de rêver. De rêver grand. D'avoir un regard vaste sur la vie. Elle t'a donné une grande partie de la confiance que tu as. Tu m'as déjà avoué que, pour ta grand-mère, il y avait Jésus et toi. Je pense même que Jésus était en seconde position.*
Moi aussi je me mets avant Jésus-Christ dans ma vie parce que je ne suis pas croyant. Les auteurs qui ont travaillé sur cette histoire auraient dû se mettre d'accord et lire mutuellement leurs évangiles. Ce n'est pas une histoire laide, mais selon moi, ce n'est qu'une histoire.

*Es-tu athée?*
Je suis athée. J'adore l'histoire, mais la religion me fait peur. Je pense à ce que les croyants prêtent à Dieu comme intention : «Il est immensément bon... Tout ce qui nous arrive, c'est une leçon pour la vie.» Ah oui? On a des choses à apprendre de quatre gars qui entrent dans un centre commercial et qui descendent deux cents personnes? On a quelque chose à apprendre de ça? On a quelque chose à apprendre du petit bébé juif garroché dans un trou l'hiver par des nazis? Ah oui, c'est une leçon que Dieu veut nous transmettre? Il veut nous montrer quelque chose? L'homme est un loup pour l'homme. L'homme est méchant. L'homme a vu à travers les structures religieuses, de la même manière qu'il voit les structures business ou les structures politiques, une façon de monter en haut de la pyramide et d'aller chercher du pouvoir, de l'influence et de l'argent. Les trois ensemble. Cela dit, si tu as la foi et que tu crois en quelque chose, c'est très légitime.

*À qui dis-tu merci de t'avoir inculqué cette indépendance d'esprit qui t'a permis d'être ce que tu es? Qui a forgé l'homme que tu es devenu aujourd'hui?*
Je remercie ma grand-mère de m'avoir autant aimé. C'est elle qui m'a élevé. Elle m'a donné la confiance qu'apporte l'amour. Tu sais, il y a des gens qui, toute leur vie, sont à la recherche de l'amour. Ils n'ont jamais été aimés à leur goût.

*Elle t'adorait!*
Totalement. Donc, ça, je l'ai accepté. Évidemment, j'étais un enfant. Mais j'ai tenu pour acquis que je pouvais être aimé par une ou plusieurs personnes, si on parle de popularité sans virer fou. Je remercie aussi mon père – que pourtant je ne remercie jamais, car je ne l'aime pas vraiment –, qui était très indépendant d'esprit. Ce n'est pas parce que le monde disait que c'était bon qu'il disait que c'était bon. Il se faisait sa propre opinion, qui était souvent en réaction à celle des autres, juste pour s'obstiner. C'était un obstiné, un polémiste. Être capable de me faire ma propre opinion, je tiens ça de lui. Ça ne me dérange pas que mes jugements soient en accord ou non avec les tiens. En vieillissant, j'ai appris que ce n'est pas parce que tu ne penses pas comme moi que tu as tort; au contraire, ça m'attire davantage maintenant. J'apprends beaucoup plus de mes adversaires idéologiques que des gens qui pensent comme moi.

*Il est très rare que tu parles de ton père.*
Mon père était un rabat-joie. C'est un homme qui avait des talents, entre autres en écriture, pour le chant et dans la création. Il était de la génération des hommes qui devaient travailler dans des bureaux, la génération *Mad Men*. Je pense qu'il a regretté ses choix. Il n'a pas réussi à adoucir son amertume dans le parcours de ses enfants. Mon père ne s'est pas occupé de moi. À différents moments et pour différentes raisons. Et honnêtement, c'est tant pis pour lui.

*Il y a plusieurs façons de transformer ce que nous avons reçu. Toi, qu'as-tu fait avec ce que tu n'as pas reçu de lui?*

Il y a des gens qui vont dire au hasard d'une entrevue ou à la suite d'une thérapie : « Moi, ça m'a pris quarante ans avant de réaliser que j'avais juste une vie à vivre, pis que c'était la mienne. » Moi, j'avais quatre ans. Tout à coup, j'ai réalisé qu'il y avait des adultes qui étaient moins intelligents que moi. Donc, j'ai arrêté de leur accorder ma confiance. Quand j'étais jeune, j'étais un drôle de révolté. Adolescent, je m'énervais et j'envoyais chier le monde. C'est là que j'ai commencé! J'étais très poli, sauf que si je ne t'accordais pas ma confiance ou mon attachement, tu n'existais plus. Je pense que ça paraissait dans mes yeux.

*Ça paraît encore dans ton regard, quand il y a quelqu'un ou quelque chose que tu n'aimes pas. Aujourd'hui, ça n'a pas vraiment changé.*

Non, mais je suis redevenu poli. Pour moi, une carte d'affaires où il est écrit « Patron », ça ne veut rien dire. Si tu n'as pas du charisme, du leadership et du respect envers les gens avec qui tu travailles, je te *flushe* de ma vie. Dès que je vois que quelqu'un a une mauvaise attitude et a des *power trips*, je le *flushe* de ma vie.

*C'est ce qu'on appelle le mépris.*

Le mépris ou la condescendance… Je débarque instantanément.

*Est-ce que l'environnement dans lequel tu as évolué t'a aidé à ne pas perdre l'équilibre quand sont apparus les premiers signes de notoriété?*

Quand j'étais à l'université, j'étais un étudiant très populaire. J'étais aussi très contesté. Plein de monde ne m'aimait pas. Je m'en câlissais autant qu'aujourd'hui. Il y a des gens qui m'ont donné une tribune pour que je puisse m'exprimer. Mes professeurs, dont Pierre Bourgault, le journal étudiant, dont j'étais le rédacteur en chef… Alors, quand RBO a commencé à être populaire à la radio CIBL et à avoir des détracteurs, dans mon microcosme, je savais déjà comment *dealer* avec la popularité.

*La première fois que tu as touché à la gloire, à son rayonnement et à ses bienfaits, as-tu trouvé ça enivrant, grisant, rassurant?*

Avec RBO, on a eu des petites gloires avant d'en connaître des grosses. Première petite gloire, c'est quand on a gagné au Festival de la radio FM à La Rochelle en 1983. Les premiers articles qu'on a eus, autres que des bas de vignette, c'était dans le journal *Le Monde* et dans le journal *Libération*. On est revenus au Québec et on s'est fait offrir une job à CKOI alors qu'ils n'avaient même pas voulu considérer notre pilote avant qu'on ait connu cette réussite en France. Très rapidement, je me suis rendu compte que c'était à ça que servait la gloire : à ouvrir des portes. Après, on est devenus « Révélation de l'année » au Gala de l'ADISQ. L'année d'après, on a gagné genre huit Gémeaux. Huit Gémeaux pour la première saison de RBO à la télé. Là, je suis resté bête parce que je me suis dit : « Ça, c'est véritablement une consécration. »

*Tu avais dans la jeune vingtaine. Vivais-tu bien avec ça?*

Évidemment, mais on s'est dit qu'il ne fallait pas se faire récupérer. On était tout le temps entre nous. Ç'a dû prendre dix ans avant que je commence à me faire des amis autres que mes amis humoristes. Les seuls autres artistes que je connaissais, c'étaient les amis de Loulou, ma blonde de cette époque : Claude Meunier, Serge Thériault, Paul Piché…

*Tu étais en pleine gloire avec RBO quand ta grand-mère est décédée. Qu'est-ce que tu as ressenti à l'annonce de son départ?*

Une larme de tristesse. Le lendemain, j'étais fonctionnel. À preuve du contraire, c'est pas mal le plus loin que tu peux te rendre. Elle est morte à quatre-vingt-huit ans alors que j'en avais trente-deux. Mes deux grands-parents, Antonio et Annette, se sont rendus au bout de leur vie. Respect, chapeau! Toute ma vie, on m'a dit : « Fais attention à tes grands-parents, ils pourraient mourir bientôt. » Tout le monde est mort avant elle. Ma mère est morte quand elle avait quarante ans, j'avais vingt ans; mon frère s'est suicidé à trente-trois ans; mon père est mort relativement jeune, après avoir été paralysé pendant sept ou huit ans… Ça, c'est pas mal plus *heavy*. Ça rentre plus dans le corps que les gens qui se rendent au bout de leur vie. Je sais que le temps est précieux, je sais que le temps nous est compté.

*Qui voulais-tu séduire après le départ de ta grand-mère?*

J'avais déjà un public. J'étais rassasié. Je vais citer Élise Guilbault, qui a dit un jour : « Mon ego a été suffisamment rassasié. » J'aime beaucoup cette phrase-là. Ça fait très longtemps que je suis rassasié. J'ai reçu tellement de bouquets de fleurs en forme de trophées ou de récompenses dans ma vie. Oui, mon ego est rassasié. Après *Tout le monde en parle*, s'il n'y a aucun projet qui m'allume, tu ne me verras pas me précipiter sur n'importe quel emploi qui donne de la visibilité. Je n'ai pas besoin de ça. Vraiment pas. Je n'en ai pas besoin financièrement, mais je n'en ai pas besoin non plus sur le plan de la lumière. Depuis plusieurs années, je travaille uniquement par plaisir.

*Est-ce qu'il t'arrive de regarder tout ce que tu as accompli jusqu'à maintenant et de te dire : « J'ai réussi »?*

C'est grâce à RBO si je suis dans le milieu artistique. Pour nous tous, ça va être le plus beau souvenir de notre vie. Si j'avais quelque chose à me faire tatouer – ce que je ne ferai jamais parce que je trouve ça franchement laid –, ce ne

> **" C'est grâce à RBO si je suis dans le milieu artistique. Pour nous tous, ça va être le plus beau souvenir de notre vie. "**

serait pas le nom de mes enfants ou de ma blonde, ça serait « RBO », parce que tout part de là. Si j'arrêtais aujourd'hui ou si on m'arrêtait aujourd'hui, je le ferais sans amertume. Je remercierais tout le monde. J'ai fait plus que ce que je pensais et espérais faire. On a tous un certain besoin de se faire applaudir. Mais ce n'est pas ça que je voulais faire dans la vie, ce n'est pas ça qui me motive. Moi, je fonctionne sur des moteurs de création. Si tu me disais : « À partir de maintenant, tu vas faire trois entrevues par année et tu vas écrire des livres », je serais heureux. C'est ça que j'ai le goût de faire. Je ne dirais pas que la télé ou le cinéma me manquent ou je ne me demanderais pas quand je vais chanter de nouveau. En d'autres mots, ce n'est pas pour la gloire que je le fais, ce métier. Mon moteur est extrêmement égocentrique. Dès que ça ne m'intéresse plus, je n'ai plus le goût de le faire.

*Jusqu'à ce jour, tu n'as publié que des nouvelles.*
J'ai publié quatre nouvelles dans quatre livres différents. Écrire un livre de plusieurs centaines de pages, ce n'est pas exclu. En fait, je ne comprends pas pourquoi je ne l'ai pas fait, d'ailleurs. Je suis tout le temps occupé.

*As-tu peur de ne pas faire tout ce que tu as à faire avant de mourir ?*
Probablement qu'on a tous peur de ça, puisqu'on va mourir avant la fin de notre dernier projet. Janette Bertrand va mourir à la fin de son dernier projet. Elle a tout le temps un projet, alors nécessairement…

*Ça la tient en vie… Elle se sent plus vivante ainsi.*
Un jour, mais je ne le lui souhaite pas parce que je l'aime tellement, cette charmante dame, elle va décéder avec un texte, un livre ou quelque chose en chantier. J'espère mourir de la même façon.

*As-tu planifié ton ascension vers les hauts sommets ?*
Non. Quand j'ai l'impression que je suis en haut de la montagne et que la seule affaire qui puisse m'arriver, c'est de redescendre, je change de montagne, je change de projet. J'ai deux ou trois critères très simples pour prendre ma décision : est-ce que j'ai le goût de continuer ? Est-ce que j'ai encore quelque chose à apprendre ? Comme mon travail dépend de la réception du public, est-ce que le public veut encore de moi ? Et si la réponse à ces questions est « oui », je continue. Si j'ai l'impression qu'un des deux est tanné, le public ou moi, j'arrête instantanément. Ça fait trente-deux ans que je suis dans ce métier, et je n'ai jamais signé un contrat de plus d'un an. Je refuse toute entente à long terme et même à moyen terme.

*Qu'est-ce que l'argent a changé chez toi ?*
L'argent n'a jamais été mon moteur. J'étais comme ça à vingt ans.

*Si tu n'étais pas indépendant financièrement, aurais-tu la même indépendance intellectuelle ?*
Rock et Belles Oreilles n'a jamais été payant du temps où le groupe était actif. On était trop nombreux. On a eu quelques années fastes, mais lorsque tu divises ça par cinq ou six, ça donne moins que ce que gagne n'importe quel animateur de radio moyennement connu. Alors, le jour où on a mis fin à RBO, moi, après deux mois, il fallait que je recommence à travailler. J'allais devoir travailler pour de vrai. J'avais trente et un ans, et Loulou, ma blonde de l'époque, est tombée enceinte. Je me suis acheté une maison qui coûtait trop cher pour mes moyens. Je voulais que mon fils soit élevé dans une belle maison. Ça m'a obligé à accepter un projet d'émission de radio quotidienne que je n'ai pas vraiment aimé faire. Je n'ai pas haï ça, et ce n'est pas la faute des gens qui y travaillaient, mais moi ça ne m'intéressait pas vraiment. La paye était très bonne. Je me suis rendu compte, entre trente et un et trente-cinq ans, que j'avais besoin d'engranger de l'argent parce que je m'étais acheté une maison trop chère.

*Tu as même dit l'avoir regretté un peu.*
J'ai regretté ça. Quand *Un gars, une fille* est arrivé, au bout de deux ou trois ans, et que c'est devenu un succès à travers le monde, j'ai voulu payer ma maison. J'ai pu me libérer. Je me disais que mon sac à dos était vide, je ne traînais plus une roche. Je me suis retrouvé comme à vingt ans avec un *pack-sack*. J'ai calculé combien j'aurais besoin par année pour continuer à faire vivre ma famille, et, à l'époque, ça donnait un montant du genre vingt-sept mille dollars. Je me suis dit : « Personne va m'avoir. » C'est le plus gros achat que j'ai fait dans ma vie, et il est derrière moi. Jamais je ne vais me remettre dans une situation de faillibilité comme celle-là. Ça fait qu'à partir de là je me suis dit que je serais prêt toute ma vie, même à baisser mon rythme de vie, pour ne plus jamais me retrouver dans une situation de fragilité économique ou de corruptibilité. Jamais.

*Visiblement, l'argent n'a rien changé à tes choix… Est-ce que ça a déjà retardé tes projets ? Une année, tu peux te dire : « Je n'ai pas besoin de travailler, je vais attendre avant de faire d'autres projets. »*
Il y a toujours le fameux cliché… Quand tu es jeune, tu te dis : « Un jour, je vais avoir de l'argent, puis je vais faire ce que je veux. » Puis, quand tu es plus vieux, tu te dis : « Un jour, je vais avoir du temps et je vais faire ce que je veux. »

*C'est ce qui te manque, le temps ?*
Oui, tu as rarement les deux en même temps !

> « Quand j'ai l'impression que je suis en haut de la montagne et que la seule affaire qui puisse m'arriver, c'est de redescendre, **je change de montagne, je change de projet.** »

*Crois-tu qu'on fait sa chance dans la vie?*

J'ai une théorie à cinq cennes. Dans ta vie, si tu veux avoir du pouvoir, du succès, de l'argent, de la sexualité débridée ou je ne sais pas trop, soit tu y penses à chaque seconde, et c'est ton but, tout le temps…

*Et ça devient une obsession…*

… soit tu n'y penses jamais. Tu laisses arriver les choses. Par paresse et peut-être par désintérêt, j'ai décidé de laisser arriver les choses. Je ne veux pas y aller à fond parce que ce n'est pas mon genre de dynamique. Très jeune, à dix-sept, dix-huit ans, je me suis dit que la seule affaire que j'ai, c'est la conviction que dans ce que je vais faire il y aura au moins une personne qui va avoir du fun, et c'est moi. Il faut le mettre en application.

*Il y a aussi des gens qui choisissent l'autre option. Ils misent le tout pour le tout. L'obsession comme moteur, ça fonctionne à merveille pour eux. Ils réussissent à atteindre les sommets, eux aussi.*

C'est l'un ou l'autre. Je suis convaincu que, si tu es entre les deux, tu es toujours un coup en retard sur ce que tu aurais dû faire avant.

*Tu n'as jamais été stratégique en vue de profiter d'un avancement dans ta carrière.*

Dans la vie, je ne suis pas stratégique. Cependant, je suis capable de t'expliquer avec des belles phrases pourquoi j'ai fait ça. Mais la raison en général pour laquelle je l'ai fait, c'est juste parce que j'avais le goût de l'essayer.

*Tu as toujours le même monde autour de toi. Tu es d'une grande loyauté envers tes proches, qui te le rendent bien.*

Mais ce n'est pas toujours le même monde. Pour moi, une équipe parfaite est composée à moitié de vieux routiers, de vieux complices, et à moitié de nouveaux venus.

*André Ducharme est un vieux complice, qui est avec toi depuis les premiers instants… Vous êtes presque indissociables.*

Oui, mais je ne voudrais pas travailler avec huit personnes que je connais depuis aussi longtemps qu'André parce qu'on tournerait en rond. André, c'est mon pilier. Il est plus intelligent et plus calme que moi. Quand je suis indigné, quand je pogne les nerfs, quand on m'agresse, quand il y a un drame, quand une affaire *heavy* se passe, j'ai les bonnes réactions. Mon instinct est très, très fort. Quand c'est la vie normale, honnêtement, je me considère comme dans la moyenne pour mes réactions, mes opinions ou la façon dont je devrais agir. André Ducharme est plus réservé et plus réfléchi que moi. Il m'a sauvé le cul à plusieurs reprises. Il m'a souvent répété : « Ce que tu dis là depuis tantôt, avec trois, quatre "câlisse", c'est de l'énervement. Dans le fond, ce que tu veux dire, c'est ça. Merci de me le dire de façon civilisée. » Je lui réponds que oui. C'est exactement ça que je voulais dire.

*Irais-tu jusqu'à dire que tu es plus dysfonctionnel dans le quotidien, alors que dans ton travail tu es plus organisé?*

Ma plus grande victoire, c'est d'être capable depuis dix ans de gérer le quotidien sans haïr ça, sans virer fou ou sans me tromper. Si je pogne un *flat* entre Saint-Sauveur et Morin-Heights, ça se peut que je meure de froid ou que je sorte de l'auto en attendant qu'une dépanneuse arrive. C'est en plein mon genre. Je ne sais pas quoi faire dans ce temps-là, à part vendre l'auto ou fesser dessus à coups de *wrench*!

*Jean Bissonnette, grand homme de la télévision, réalisateur, producteur, qui a travaillé avec Dodo, Patrice L'Écuyer, est comme ton second père et un mentor pour toi. T'a-t-il déjà mis en garde contre les effets éblouissants de la gloire?*

Jean dit souvent que je suis son fils spirituel ; moi, je dis qu'il est mon père spirituel. Finalement, Jean et moi, nous avons une relation spirituelle. Lui aussi, avec générosité, sans aucun calcul, il est là pour moi, et je suis là pour lui. Il est bien tombé dans ma vie. À l'époque, j'avais trente-cinq ans passés et, tu vois, lui, après *Besoin d'amour*, il m'est resté fidèle. Il voulait continuer à travailler avec moi, alors il a dû voir quelque chose en moi. Il était là, à mes côtés, au moment de la création d'*Un gars, une fille*. Il m'a dit souvent : « N'oublie pas que, cette émission-là, elle porte ton nom. Si ce n'est pas bon, c'est l'artiste qui écope. Nous autres, on va tous travailler après. T'es en haut de la pyramide, mais si tu tombes, tu tombes tout seul. »

*Pierre Bourgault, un homme de communication et de convictions, un homme flamboyant qui a marqué à sa façon l'histoire du Québec, a lui aussi été un père spirituel au début de ta carrière. Il t'a enseigné à l'université. Quand tu penses à Bourgault, de quoi te souviens-tu?*

(*Il prend un temps pour réfléchir.*) Lui, il recherchait la lumière. Il a été le plus grand tribun du Québec. Il voulait être écouté, flasher, donner son avis, etc. Et, étonnamment, il avait une très grande écoute pour ses amis et pour les jeunes étudiants. Il apprenait de tout le monde. J'étais à son chevet quelques heures avant qu'il meure. Quand je suis sorti de la pièce, je ne savais pas qu'il allait mourir ce jour-là. Je savais que ça arriverait bientôt, mais j'avais l'impression que je le reverrais le surlendemain. Quand je suis parti, je lui ai dit : « C'était un honneur, monsieur Bourgault. » Et il m'a répondu : « Ç'a été un honneur, monsieur Lepage. » Alors là, en sortant, je me suis dit : « Ouin, je pense que c'est la fin. »

*Que dirait Bourgault de la gloire, selon toi? Quelle en serait sa définition à lui?*

Ce dont il se glorifiait, c'est des discours qu'il faisait devant une foule. Il disait : « Tu sais, quand tu es sur une scène, que tu parles devant une salle comble, qu'il y a des gens qui t'écoutent et qui crient et qui applaudissent au moment où tu veux qu'ils applaudissent, c'est un *kick* infini. » C'est ce qu'il faisait le mieux au monde. Dès qu'on a essayé de le récupérer, il a arrêté. Alors, selon moi, pour lui, son talent n'était pas monnayable ni « trafiquable ». C'est comme si Céline Dion disait : « À partir d'aujourd'hui, si on ne m'offre pas exactement la chanson que je veux chanter, je ne chante plus. »

*Elle pourrait dire ça, d'ailleurs!*
Elle pourrait dire ça. Lui, à son niveau, il a fait ça.

*La gloire peut amplifier certains de nos défauts. Beaucoup de personnes ne réussissent pas à tenir quand elles obtiennent la consécration, à bien des égards.*
Le plus difficile à gérer dans tous les milieux, c'est le pouvoir que le travail procure. Tu dis à quelqu'un qu'il est le patron ou qu'il est responsable de telle chose, et certains veulent faire comme à l'école : le plus vite possible et le plus *straight* possible. D'autres veulent révolutionner l'affaire. D'autres encore vont en profiter pour choisir leur équipe. Quand il y a du pouvoir, il y a souvent du *power trip*. Tu as la gloire d'être le patron. Vient avec ça le pouvoir, le pouvoir discrétionnaire. Il y a des gens qui ne savent pas gérer ça, qui ne savent pas affirmer leur autorité. Il y en a d'autres qui ne sont pas capables de dire : « Je m'excuse, mais ce que tu demandes, ça va contre mes valeurs et je ne le ferai pas. » Il y a des rapports abusifs. Pourquoi ? Parce qu'il y en a qui abusent et qui ont du pouvoir pour le faire, et il y a des « abusés » aussi parce que, d'une certaine façon, ils se laissent faire.

*À partir du moment où tu as atteint cette notoriété, il y a forcément un pouvoir qui vient avec. Souvent, gloire rime avec pouvoir. Des gens t'ont reproché d'avoir un pouvoir ultime en acceptant ou pas un invité à ton émission* Tout le monde en parle (TLMEP). *Tu as le droit de vie et de mort sur la carrière de quelqu'un. Voici la question qui tue : as-tu abusé à certaines occasions de ton pouvoir ultime ?*
Je suis sûr que je n'en ai pas abusé. Je déteste toute forme d'abus de pouvoir. Moi, j'utilise le pouvoir éditorial que j'ai pour parler au mieux de ma connaissance. J'ai confiance en l'équipe très compétente qui m'entoure. Je ne veux pas avoir une cenne par livre qui est vendu. Même si on me l'offrait, je refuserais. Je ne vais pas parler de ton livre pour faire de l'argent avec toi, je vais parler de ton livre parce qu'il nous a touchés. Et à partir de là, utiliser cette formidable tribune qu'est *TLMEP*, qui fait vendre le plus de disques, le plus de billets au Québec.

*Donc, tu as une réelle influence sur le succès ou non de certains événements ?*
Gregory Charles m'a dit qu'il avait vendu vingt-cinq mille billets après son passage à l'émission. Tant mieux. Mais c'est son succès à lui. Le succès de l'auteur, le succès du chanteur, ça leur appartient. Au début de *TLMEP*, on m'a donné des disques d'or, et je les ai retournés.

*Mais n'y a-t-il pas eu un moment où tu avais une réelle influence et où tu devais faire attention à ce que tu disais ? Tu m'as déjà dit : « Je me suis ramolli un peu*

avec le temps. Cependant, j'ai les mêmes convictions, mais je fais plus attention pour ne pas blesser les autres inutilement. »*
*Tout le monde en parle* est arrivé à un bon moment dans ma vie, parce que je pense que mon indignation et mon côté rebelle, à trente ans, auraient été beaucoup plus maladroitement exprimés. Mais à cet âge-là, c'est très bien tombé, comme *Un gars, une fille* était très bien tombé à l'âge où je l'ai écrit. Ça m'a toujours fasciné, le rapport homme-femme. Si j'avais fait ça à vingt-deux ans, ça aurait été aussi drôle, mais juste niaiseux. Zéro profondeur, zéro recherche pseudo-sociologique.

*Y a-t-il une responsabilité qui vient avec le fait de porter le nom Guy A. Lepage ?*
Je ne pense pas. Ma blonde, Mélanie, travaille dans le milieu du cinéma et de la télé. Elle est très *corporate* et très soucieuse de mon image. Des fois, elle me demande : « Pourquoi tu as accepté de participer à ça ? Qu'est-ce que ça t'apporte ? » Je lui réponds : « Ben, je les trouve fins, j'ai le goût de m'amuser avec eux autres. » Et elle me dit : « Oui, mais si ça ne marche pas ? » « Ben, si ça ne marche pas, c'est leur problème. » Mais elle me répond : « Non, ça va devenir le tien, parce que tu es connu. »

*Es-tu d'accord avec la théorie de ta blonde ?*
Je suis d'accord avec ça, mais j'ai le goût de la contredire. Si j'avais eu cette réflexion à tous les projets que l'on m'a offerts, je les aurais probablement tous refusés. Mon moteur à moi, c'est justement de me lancer dans le vide. J'aime ça. Je trouve ça grisant.

*Es-tu sensible au fait qu'il y a des gens qui ne t'aiment pas ?*
Mon émission, 1,3 million de personnes la regardent. Il y a dix ans, on a fait un sondage qui révélait que j'étais connu par quatre-vingt-seize pour cent de la population. Il y a dix ans... Supposons que c'est un ou deux de plus aujourd'hui. Ça veut dire que presque huit millions de personnes me connaissent d'une façon ou d'une autre, bien ou mal, mais elles me connaissent. Là-dessus, il y en a juste 1,3 sur 8 millions qui me suivent. Si j'étais parano, je dirais qu'il y a 6,7 millions de Québécois qui ne m'aiment pas, qui s'en foutent ou qui choisissent de ne pas me regarder.

*Es-tu capable de vivre avec ça ?*
Je ne suis pas un politicien. Je n'ai pas à défendre quoi que ce soit. Il y a peut-être cent mille personnes qui m'haïssent pour me tuer, à tort ou à raison.

*Ça n'a pas l'air de te déranger outre mesure.*
Je n'ai pas besoin d'avoir quelqu'un qui va dire la même chose que moi. Je n'ai pas besoin d'avoir une garde rapprochée.

*Y a-t-il eu un moment où tu t'es dit : « Sortez-moi de moi », comme le chante Daniel Bélanger ?*
Oui, il y en a eu deux ou trois. Il y a eu différentes choses. De vingt-cinq ans à trente ans, c'était RBO *power*. On était des

vedettes et, en plus, on le savait à peine parce qu'on travaillait tellement. Maintenant, l'impact de RBO, je suis capable de l'évaluer parce qu'il y a des gens qui m'en ont parlé. Quand j'ai eu un enfant, j'avais trente et un ans, et je me suis rendu compte instantanément que ma vie ne serait plus jamais pareille.

*Le succès, c'est grisant. Est-ce que le succès t'a mis en état de déséquilibre?*
Je fonctionne beaucoup à l'adrénaline de la pression. Je gère ça très bien. J'ai appris en vieillissant à aimer le confort de la vie normale. C'est ça, mon apprentissage. Et, un jour, après avoir passé plusieurs années à réfléchir là-dessus, je me suis rendu compte que j'étais capable de dire, la veille d'une émission de *Tout le monde en parle*, même s'il nous manque deux invités: «Il est dix heures moins le quart du soir. On appellera demain matin avant huit heures.» Quand mon travail est terminé, je suis mieux d'aller me coucher. Je suis mieux d'aller me vider la tête en regardant une série, en me collant sur ma blonde pour être en forme le lendemain. Je suis capable de dire ça aujourd'hui. Ça m'a pris vingt-cinq ans avant de comprendre ça.

*Dans la croyance populaire, la gloire rend ses sujets imperméables aux différents drames de la vie. Qu'en penses-tu?*
Pour faire face à la maladie, aux problèmes conjugaux, aux faillites, ça ne te donne pas un avantage d'être une personnalité connue. C'est le même drame que pour tout le monde. C'est le même drame de regarder ta mère mourir, d'avoir vu ta blonde partir. En plus, tu as la pression du jugement et du regard des autres parce que tu es connu.

*Quand tu vois en l'espace de quelques mois Michael Jackson, Amy Winehouse et, plus récemment, Whitney Houston mourir des suites d'une surdose de médicaments, d'alcool, etc., qu'est-ce que ça te dit sur le star-système?*
C'est l'éloignement de la base. Ils n'étaient pas «connectés» avec le vrai monde. Ces trois personnes-là, juste le fait de réussir ce qu'elles aimaient le mieux, c'est-à-dire chanter, aurait dû être suffisant pour leur permettre de rester amoureuses de la vie. Si ce n'était pas le cas, c'est parce que leur drame et leur mal de vivre étaient bien plus grands que ça.

*Penses-tu que tout le monde est outillé pour vivre la gloire?*
C'est très dur à gérer quand tu n'as pas les outils pour ça. Cette perfection absolue t'est prêtée et elle te sera retirée, à un moment que tu n'auras pas choisi. Si on parlait de relation de couple, on dirait: «Une belle fille t'a choisi et elle peut te jeter comme un malpropre…» Alors, si tu n'es pas préparé à ça, tu auras une méchante peine d'amour et une méchante crise d'estime personnelle. Même chose avec le succès. C'est pour ça que n'importe quelle personne qui connaît un peu de succès, quand elle m'appelle et qu'elle me demande mon avis, je lui dis: «Mets-toi de l'argent de côté, achète-toi des beaux meubles qui vont durer longtemps. Achète-toi une maison

que tu vas aimer et que tu vas être capable de payer même s'il y a des temps durs à vivre.» Un artiste, c'est comme un joueur de la Ligue nationale qui a joué quatre ou cinq ans. Il y en a un, Wayne Gretzky, dans la Ligue. Il y a beaucoup de joueurs qui ont travaillé fort juste pour se rendre là et, leur moment de gloire, c'est quand ils ont compté deux buts dans une *game* contre les Maple Leafs. Il y a plein d'excellents comédiens dont le moment de gloire aura été quand ils ont joué dans tel épisode d'une série.

*Chacun son Everest… «Chacun a sa montagne à gravir», disait l'alpiniste Bernard Voyer dans une entrevue.*
Alors, si ton but, c'est d'être Wayne Gretzky, tu vas tout le temps être malheureux. Si jamais tu es Wayne Gretzky, probablement que tu vas avoir l'attitude de Wayne Gretzky, c'est-à-dire travailler fort tous les jours, pour rester Wayne Gretzky.

*Est-ce que tu te dis: «Il me semble que je suis plus humain qu'avant»?*
Ah oui. Quand tu as fait à peu près mille trois cents rencontres à *TLMEP*, ça ne peut pas te laisser pareil. C'est impossible. Tu sais, j'ai tendance à être un peu égocentrique, comme bien des gens de ce milieu-là, mais quand je touche à l'âme, au drame, au bonheur, à la vie utile des autres, ça me donne de la perspective et probablement que ça me sert dans bien d'autres affaires par la suite.

*Ça te donne une distance suffisamment grande pour être parfois moins intransigeant dans certaines situations.*
Ça, c'est clair. Maintenant, depuis dix ans, je suis d'une tolérance et d'une compréhension envers les gens en général que je n'avais pas avant parce que j'étais dans le «je, me, moi».

*Considères-tu que tu connais la gloire?*
Je te retournerais la question, parce que j'essaie de ne pas avoir de regard sociologique sur les affaires que je fais au quotidien. J'ai l'impression que ça me paralyserait ou que ça me ferait jouer un personnage que je ne suis pas. Moi, chaque matin, j'ai quelque chose à faire, et j'essaie en me couchant le soir de me dire: «Belle job, le grand.» Ça n'arrive pas tout le temps, mais c'est mon but.

*Tu ne te lèves peut-être pas le matin en disant «Je suis Guy A. Lepage», mais es-tu quand même conscient de ce que tu es devenu socialement?*
Oui, mais tu ne peux pas entretenir tout ça avec une mémoire que les gens n'ont pas. Je veux dire, tous les succès et les prix que j'ai eus avant, ça ne m'aide pas pour la job que je vais faire cette semaine.

*Ça ne te donne pas plus confiance en ce que tu es et en ce que tu fais?*
Je pense humblement que je vais me faire offrir des emplois toute ma vie parce que, des créateurs, c'est ça qui manque le plus cruellement dans notre milieu. Dans la vie, c'est le fun

de gagner un trophée. C'est le fun dans le cadre de n'importe quelle job. Tu ne fais pas ça pour ça, mais ça veut dire que les gens autour de toi ont constaté l'importance que tu as dans leur milieu. Chaque fois que je vais dans des galas et que je vois quelqu'un gagner un prix pour la première fois, je suis très ému pour lui, parce que ça va lui donner un petit *boost*. Mais s'il se soûle la gueule le soir parce qu'il a gagné une statue, et que le lendemain matin il fait une mauvaise entrevue ou qu'il *scrappe* toute la journée de tournage parce qu'il est soûl, moi, si j'étais producteur, j'irais le voir et je lui dirais : « Heille, ti-clin, on s'en câlisse de ton trophée ! Là, tu viens de retarder le travail de quatre-vingt-deux personnes. Tu n'es pas professionnel. »

*Te sens-tu redevable envers la vie ?*
Pas nécessairement envers la vie, mais j'ai le goût de faire profiter les autres. De leur transmettre mes quelques rares enseignements. J'ai le goût de faire profiter les gens que j'aime du bonheur que je peux leur apporter à toutes sortes de niveaux. J'ai toujours été comme ça. Tu ne deviens pas généreux à quarante-huit ans. Moi, j'étais généreux à cinq ans, six ans.

**Au nom de la gloire, j'ai dû faire les sacrifices suivants...**
Ce n'est pas un gros sacrifice, mais c'en est un : je m'empêche parfois de faire des choses. Prendre le métro à Montréal, c'est une mauvaise idée. Je reviens de Londres ; j'ai passé une semaine dans le métro.

**Au nom de la gloire, j'ai perdu...**
Des amis et des amours, par manque de temps à leur accorder ou en étant incapable de voir dans les petites choses de la vie combien elles peuvent être importantes. J'ai des regrets. Maintenant, je suis plus sensible à ça. Mais je ne pense pas que les regrets permettent de revenir en arrière.

**Au nom de la gloire, j'ai gagné...**
Mon indépendance d'esprit. C'est le public qui me le permet. Ce n'est même pas mon patron. Le jour où on m'enlève ça, ça va être terminé.

Vietnamienne d'origine, Kim Thúy doit quitter un jour son pays avec les *boat people* à l'âge de dix ans. Sa patrie d'élection sera Granby. Elle ne parle pas notre langue. Elle va l'apprendre avec appétit pour en découvrir toutes les subtilités et les élégances. Avant de connaître le succès, elle fera mille et un métiers. Couturière, interprète, avocate, restauratrice. Pudique, réservée et humble, elle hésite longtemps avant de jeter ses mots sur le papier. Ce sont des amis, des clients réguliers de son restaurant qui l'encouragent à le faire. À quarante ans, elle ose. Elle fait paraître son premier livre, *Ru*. Best-seller au Québec et en France, *Ru* a vu ses droits vendus dans vingt pays, en plus de valoir à son auteure de nombreux honneurs et prix un peu partout dans le monde. Son plus récent roman – *mãn* – connaît le même destin. Rencontrer Kim Thúy, c'est recevoir une grande bouffée de fraîcheur. Ce jour-là, sa mère et elle m'invitent à partager un repas vietnamien. Un pur délice. Elle accepte de regarder avec moi le chemin parcouru, ce qu'elle ne fait jamais, en s'assurant qu'aucun superlatif n'accompagne ses mots ni les miens lorsqu'il est question du succès, parce qu'il n'y a que la vie qui compte et rien d'autre.

# KIM THÚY
## LA VIE ET RIEN D'AUTRE

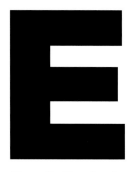**ST-CE QUE LE MOT « GLOIRE » EXISTE DANS LA LANGUE VIETNAMIENNE ?**

C'est *thành* (devenir) *công* (travail, travailler). Plus clairement, c'est « travailler pour devenir ». Ces deux mots ensemble donnent le mot « succès ». Ça veut dire « un travail accompli ».

*Quelle est la traduction en vietnamien du mot* fame, *qui signifie « gloire » en anglais ?*

C'est *nổi tiếng*. Ces deux mots se rapprochent plus du mot « célèbre » que de « succès ». *Tiếng*, c'est la voix, *nổi*, c'est flotter. Donc, c'est la combinaison de deux mots : ta voix existe et flotte au-dessus de… Ce n'est pas « succès ». Ce sont deux mots que j'utilise rarement.

*C'est rare que tu les utilises, ces mots, parce que, au Vietnam, vous n'êtes pas conditionnés très jeunes à chercher la célébrité. Te souviens-tu que l'on ait parlé de célébrité dans la première partie de ton enfance, jusqu'à ton exil pour le Québec alors que tu avais dix ans ?*

Non, on en parlait rarement même si j'étais dans une famille où mon oncle était assez connu, parce qu'il était député, le plus jeune député de l'histoire à ce moment-là, qu'il était super beau et qu'il était coureur de jupons !

## « Je n'ai jamais rêvé **d'être dans la lumière.** »

*C'est une forme de gloire ?*
Tout à fait. La première fois que j'ai entendu le mot « célébrité », c'est à lui que j'ai pensé. C'était lui, la célébrité dans la famille. Il avait un charisme tel que tout le monde tombait sous son charme dans la famille, avant même qu'il sorte de chez lui. Il avait déjà cette aura. On disait qu'il était né pour briller.

*Toi, tu ne te destinais pas au métier d'écrivain. Même aujourd'hui, après la parution de trois livres, tu as de la difficulté avec ce nouveau statut.*
Ce matin encore, j'ai *choké* quand on m'a présentée comme écrivain dans une émission de télé. Quand j'ai entendu ça, le premier son qui est sorti de ma bouche, ç'a été : « Hein ? »

*Qu'est-ce que tu inscris sur la ligne « profession » de la petite carte des douanes quand tu débarques à l'aéroport de Paris ?*
Les douaniers demandent souvent mon métier. Pendant longtemps, c'était « femme au foyer ». Maintenant, je dis « auteur » pour faciliter « l'interrogatoire ». Mais je suis encore très mal à l'aise. Récemment, le journal *Libération* m'a invitée à écrire, et mon premier réflexe a été de dire :

« Ils se sont trompés. » Je suis encore surprise que les gens m'invitent pour écrire.

*Est-ce qu'il y a une partie de toi qui a de la difficulté à accepter la réussite ?*
C'est moi avec mon « moi-même ». Je n'ai jamais rêvé d'être dans la lumière. J'ai l'impression que je n'ai rien fait pour y être. Je ne sais pas si la lumière s'est détournée et si elle est arrivée sur moi par hasard. Je n'ai jamais cherché ça. Je n'ai jamais rêvé d'être sur la scène et de chanter, par exemple. J'ai une petite cousine qui aimait ça, être *cheerleader*. Je me souviens, la veille d'une opération au cœur, son vœu, c'était d'avoir des pompons. On était ahuris. « Comment ça ? » J'ai des tantes qui aiment ça, être sur scène, se mettre en avant. Pas moi. J'ai toujours été celle qui préfère être sur le banc, être la dernière choisie pour l'équipe de basket-ball. Je ne crois pas en avoir souffert, j'ai plutôt aimé ne pas être choisie.

*Il a suffi de quelques écrits sur l'histoire troublante qui est la tienne et celle de milliers de Vietnamiens, ces* boat people *qui ont dû fuir leur pays au risque de leur vie. Des écrits que des amis t'encourageaient à publier. Trois ans plus tard, tu as présenté* Ru *au grand public. Aujourd'hui, il a été traduit dans des dizaines de langues. Il a reçu de nombreuses distinctions. C'est une gloire inattendue. Ton troisième livre,* mãn, *semble vouloir suivre ses traces. La première fois que tu es publiée et que tu vois ton nom en grosses lettres sur la couverture, est-ce qu'il y a un sentiment de fierté qui t'envahit ?*
Zéro. J'étais même un peu embarrassée. J'étais gênée. Je ne regardais pas trop. Le jour où est arrivé le carton avec mes livres, tu lis sur Facebook que les auteurs jubilent à cette étape, moi, j'ai vu ça comme le moment où le livre ne m'appartenait plus. Il devenait un objet que je portais.

*Qu'est-ce que le succès t'a apporté ?*
Si ce succès m'a donné quelque chose, c'est le pouvoir de parler à ceux à qui normalement je n'aurais pas accès, par exemple l'école, où il y a plein d'immigrants. Je voulais leur dire : « Écoutez, il y a toutes sortes de possibilités, il faut apprendre à les identifier et les faire nôtres. » Et c'est grâce à *Ru* que j'ai eu la chance de rencontrer ces étudiants. C'est la même chose pour les écoles en alphabétisation, les petits groupes de dix, quinze personnes. Personne ne me donnerait accès à ça. C'est grâce à ce qui est arrivé à *Ru* que j'ai pu le faire. Je t'avoue, je n'ai jamais compris la raison de ce qui est arrivé à ces livres…

*… de cet engouement du public et de cette attention médiatique pour tes livres.*
Je me dis que j'ai peut-être écrit ces livres pour avoir accès à ces élèves et à ces adultes qui sont déterminés à apprendre. Ce sont eux qui ont donné un sens à tout ça. J'espère que j'ai bien fait mon travail quand je les ai rencontrés. J'essaie toujours d'être à la hauteur des invitations.

*Les bouddhistes disent : « Honore ce que la vie te donne. »*
C'est un beau mot, ça. Ma responsabilité est justement d'honorer les invitations qui me sont adressées.

*Crois-tu, Kim, que si tu avais eu le même succès sans avoir eu un enfant autiste, qui demande une attention particulière, tu l'aurais vécu différemment ?*
Peut-être. Mais en même temps, je pense que, une fois qu'on est parent, déjà on vit différemment. On ne voit pas les choses de la même manière. On relativise énormément. Je suis lente à comprendre les émotions. « Es-tu contente ? Es-tu triste ? » Je ne me pose que très rarement, pour ne pas dire jamais, ce genre de questions.

*Comment expliques-tu cette façon de réagir ?*
C'est peut-être culturel. On exprime moins nos sentiments. Il y a aussi mon rôle. J'ai toujours été celle qui est sur le banc et qui regarde. Je suis celle dont on oublie la présence. J'ai eu la chance d'être née faible physiquement. Je pesais cinq livres à la naissance. J'étais vraiment un petit bébé. Donc tu n'as pas d'attentes dans la vie. Tout ce qui t'arrive, c'est comme un bonus. Je pense que j'ai toujours été sereine avec la vie. Cependant, je n'aime pas l'expression « être né pour un petit pain ». Ce qui m'arrive, c'est toujours extraordinaire. Je suis toujours émerveillée.

*Mais qu'arrive-t-il quand il y a des événements plus difficiles que d'autres ? Quand on annonce que ton enfant est autiste, c'est un événement difficile à accepter.*
Je me suis dit : « C'est une mission. » Cet enfant m'a été donné parce que je suis capable de gérer la situation. Je suis capable de m'occuper de lui. Ils ont dit : « Toi, prends-le. Prends soin de lui. Tu as l'enfant que tu as. Tu fais le mieux que tu peux avec l'enfant que tu as. Tu l'aimes le plus que tu peux. » C'est tout. Pour moi, ce n'est pas un événement. Il n'y avait pas de choix non plus… Ce que je sais, c'est que, si j'avais été une mère de famille monoparentale, cela aurait été plus difficile.

*Quand la vie offre quelque chose de nouveau, on doit l'accepter avec humilité.*
C'est comme quand on reçoit un cadeau, on doit remercier la personne qui nous l'a offert. C'est comme en amour, tu ne peux pas demander que quelqu'un t'aime. Si quelqu'un t'aime, tu es mieux de le reconnaître et d'avoir de la gratitude. Ce n'est pas un acquis. Il faut que tu le mérites, cet amour-là.

*Toute cette lumière soudaine sur toi, qui provient de nombreux pays du monde, est-ce que tu la vois ? En ressens-tu la chaleur ?*
Je ne la vois pas, cette lumière. J'observe les autres encore plus quand je suis en avant. Je peux presque te dire quels étaient les visages dans le public. Qui a ri et à quel moment. Qui a bougé. Je suis hyper attentive.

*Est-ce que ça donne un meilleur point de vue de la situation ?*
Probablement. Je ne suis pas en train de livrer quelque chose. Je suis en observation des réactions des gens par rapport à ce que je dis. Qu'est-ce que je peux raconter parce qu'ils se sont déplacés pour venir jusqu'à moi ? J'ai très peur de cette responsabilité, de ne pas être à la hauteur de cette responsabilité.

*Plus la gloire est grande, plus la responsabilité est grande ?*
Tout à fait. J'ai très peur des responsabilités en général. Je ne veux pas être celle qui a le pouvoir. J'ai peur parce que, quand tu as le pouvoir, tu affectes la vie des autres. Là, tu ne décides plus juste pour toi. Quand tu es parent, tu dois décider pour les enfants. Mon Dieu ! Je suis responsable de deux vies. C'est apeurant, non ?

*Y compris la tienne…*
La mienne, ce n'est pas très important. Je me dis que je peux me débrouiller toute seule, alors qu'eux sont encore petits. Les décisions que tu prends pour eux ont une conséquence.

*On dit que les Vietnamiens, dans leur culture, sont des gens qui ont une grande retenue par rapport à l'expression de leurs sentiments véritables. Lors d'une célébration qui te concerne ou de l'obtention d'un prix, as-tu cette retenue ?*
C'est naturel. Je ne fais pas exprès pour ne pas être contente. C'est comme ça. Un prix, ça vient avec une responsabilité. Je me souviens de quand j'étais finaliste pour le prix Giller. Ma mère était aux États-Unis avec Valmond, mon fils autiste. Je l'appelle pour lui annoncer la nouvelle, et elle dit : « Ah bon… En tout cas, hier ton fils a mangé deux portions au lieu d'une. C'est un vrai ambassadeur ; il est vraiment gentil avec tout le monde à New York. Il est heureux avec moi et tes cousins. Alors, c'est ça, on revient dimanche comme prévu. » Elle ne m'a rien dit de plus. Pas de : « Oh ! Bravo, tu es une vraie championne. » Ça n'existe pas, ça.

*Est-ce qu'un jour tu vas te reconnaître, toi, dans tout ce qui t'arrive et savourer les bienfaits de la réussite ?*
Non, je suis rendue trop vieille. J'ai quarante-cinq ans. Il y a un équilibre qui a été trouvé. Un certain sentiment de plénitude m'habite déjà. À cet âge, tu n'as plus peur de ne pas savoir où tu t'en vas. Tu y vas, c'est tout. Tu avances et tu te dis qu'il y a toujours quelque chose qui va arriver. Bref, je crois que je savoure la vie plus que je ne savoure la réussite en tant que telle. La vie a beaucoup plus de saveurs, de toute manière.

> **" Je crois que je savoure la vie plus que je ne savoure la réussite en tant que telle. "**

*Est-ce que la gloire t'a rendue plus heureuse ?*
Pour avoir une vie de plénitude, ça ne prend pas la gloire. J'en suis certaine. J'ai toujours été heureuse, même dans le temps où je lavais la vaisselle dans mon restaurant. C'est

difficile de séparer la vie de la réussite. Cependant, je me dis que, grâce à ça, j'ai un destin. Je peux faire toutes sortes de choses. Je peux aider. Je peux donner. Pour donner, il faut avoir beaucoup plus que l'autre ou avoir quelque chose que l'autre n'a pas forcément ou avoir le pouvoir de faire plaisir à l'autre. Avoir et donner vont de pair.

*Est-ce que ç'a ajouté au bonheur?*
Je ne sais pas. Je suis toujours au maximum. C'est déjà saturé. Pas saturé dans le sens péjoratif du terme, mais la bouteille est remplie. J'ai l'impression que je ne vois pas que quelqu'un remplit mon verre tout le temps.

*Pourquoi les gens sont-ils à la recherche de cette reconnaissance ultime?*
Parce qu'on veut toujours laisser une trace. Un jour, j'ai rencontré un écrivain qui a gagné un prix prestigieux. Il m'a demandé: «Pourquoi tu écris?» Je lui ai répondu: «Je ne sais pas. Pour le plaisir de l'écriture. Et vous?» Il m'a dit: «Pour la pérennité, pour devenir immortel.» Je lui ai répondu: «Avec un livre, vous l'êtes déjà. Pas besoin d'en écrire dix.» Il est déjà reconnu. Si on écrit pour ça, pourquoi continuer? Le discours d'aujourd'hui, de notre époque, c'est qu'il faut être connu. Il faut être belle. Il faut prendre sa place. Mais non. Pourquoi on ne nous enseigne pas comment apprécier la beauté d'abord? J'ai l'impression que, quand on absorbe assez de beauté, on devient beaux nous-mêmes. C'est pour ça que, quand on sort d'une belle exposition ou que l'on entend une belle chanson, on se sent plus belle, plus beau après. Pour pouvoir apprécier la beauté du monde, il faut beaucoup de temps. Il faut de la patience. C'est beaucoup plus agréable de regarder la beauté que d'être belle soi-même. À moins de se promener avec un miroir tout le temps, on ne se voit pas. Alors, je crois que c'est plus simple d'apprécier la beauté qui se trouve devant nous.
Je pense que, dans la société en général, on est tous des *underdogs* parce qu'il y a seulement quelques élus. La plupart d'entre nous, on n'a pas cette voix, on n'a pas ce pouvoir-là, de transporter notre voix plus loin que ce qui est là. Je ne suis pas plus intelligente que la voisine d'à côté, c'est juste que j'ai eu la chance d'être à la bonne place au bon moment, comme gagner à la loterie.

*Est-ce que tu pourrais vivre en n'ayant pas le regard des autres toujours posé sur toi?*
Oh, mon Dieu, sans aucun problème! Dans ma vie, je ne pense jamais à ça. Si je ne pensais qu'à ça, ça ferait longtemps que ça se serait arrêté. Je suis certaine que, la vie, ce sont des vagues. Ça va et ça vient. Une vague est nécessairement remplacée par une autre. Il y a toujours autre chose qui vient.

*Est-ce que quelqu'un a déjà fait un commentaire sur la célébrité qui t'a fait réfléchir au sens véritable de la chose publique?*
Un jour, mon père a apporté mon premier livre, *Ru*, à son grand frère qui vit aux États-Unis. Il lit le français. C'est un médecin de quatre-vingt-cinq ans qui est tout lucide. Il me connaît depuis que je suis née. Il a lu mon livre. Il a entendu parler de la vague de *Ru*. La fois suivante, quand mon père est allé le visiter, mon oncle lui a dit: «J'ai très peur pour elle, parce que ce succès-là annonce nécessairement un malheur.» Josélito, je t'en parle et j'ai des frissons...

*Est-ce qu'il a identifié le malheur en question?*
Non. Il a juste dit ça comme ça. Cette phrase me hante.

*Et tu n'as jamais cherché à savoir de quoi il parlait? À quoi il faisait référence?*
Non, parce que c'est un commentaire qui correspond parfaitement aux croyances vietnamiennes.

*Selon lui, le succès connaît toujours une mauvaise fin?*
C'est comme les histoires d'amour, je suppose...

*Ton succès est arrivé sur le tard. Tu venais d'avoir quarante ans. Si tu l'avais connu à vingt ans?*
Peut-être que je n'aurais pas absorbé assez de beauté pour pouvoir transmettre cette beauté-là, je te dirais. C'est que, durant toutes ces années, les quarante ans que j'ai vécus avant la parution de *Ru*, j'ai appris beaucoup de la beauté, j'ai eu la chance de l'observer, et là, à quarante ans, je ne sais pas ce qui est arrivé, j'ai eu la chance de transmettre ça. Maintenant, j'ai le plaisir de donner. Maintenant, je peux donner. Maintenant, je sais comment donner ou plutôt partager ce que je reçois et ce que j'ai reçu.

**Au nom de la gloire, j'ai perdu...**
Rien!

**Au nom de la gloire, j'ai gagné...**
J'ai pu devenir une courroie de transmission de la beauté des choses. Pas seulement des mots, mais des choses. Aujourd'hui, de pouvoir présenter la nourriture vietnamienne à la télé, par exemple, et la beauté de ses ingrédients, c'est transmettre aux autres ce que je vois ou ce que je considère comme beau. C'est un privilège pour moi.

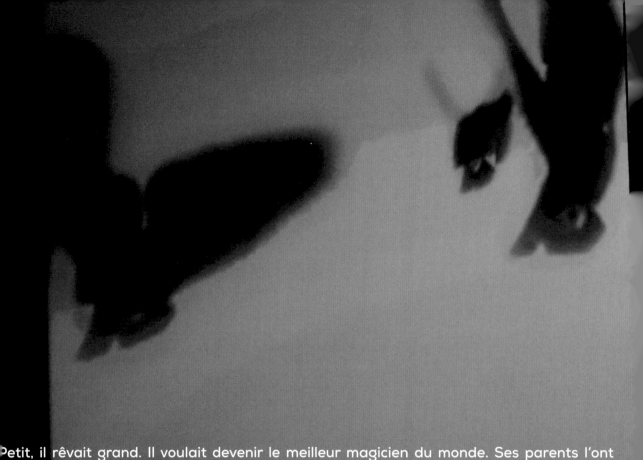

Petit, il rêvait grand. Il voulait devenir le meilleur magicien du monde. Ses parents l'ont entendu. Très tôt, ils lui ont offert un coffret de magie. Solitaire, timide, il se faisait un monde rempli d'illusions. Il fignolait chacun de ses tours pour les rendre encore plus vrais. Il s'appliquait avec sérieux pour se rapprocher de la perfection. Avec sa cape, son chapeau et son bâton magique, il a commencé à donner des spectacles. Quelques années plus tard, il est devenu titulaire d'un bac en génie physique et d'une maîtrise en optique sans jamais perdre de vue son objectif. À vingt-six ans, il anime sa propre émission sur les ondes d'ARTV, *Comme par magie*, qui le révèle au grand public. Il connaîtra ses premières gloires. À trente ans, il présente son premier grand spectacle, *Réellement sur scène*, et il fait mouche. Ses études en sciences lui ont permis d'assouvir sa curiosité mais aussi de donner une approche singulière à ses numéros, qui le différencie des autres. Ce n'est pas une illusion : Luc Langevin peut réellement devenir le plus grand magicien du monde.

# LUC LANGEVIN
## LA GRANDE ILLUSION

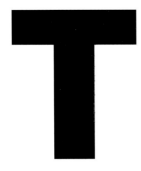

**T**U M'AS DÉJÀ DIT *que, en sortant de l'audition pour* Comme par magie, *tu croyais vraiment avoir échoué. Tu as même dit à ta conjointe que ton rêve n'allait peut-être pas se réaliser, et ça t'allait comme réalité. Pendant un certain temps, tu as perdu espoir. Penses-tu qu'il faille parfois faire preuve de lâcher-prise pour que les choses arrivent ?*

J'ai l'impression que oui, mais je ne suis pas capable d'expliquer pourquoi. Je ne sais pas ce qui a tout fait débloquer dans ce lâcher-prise. Je me souviens qu'il y avait une grande sérénité en moi après avoir pris cette décision. J'anticipais trop l'audition. J'étais certain que, en cas d'échec, je serais démoli, en pleurs, mais au contraire une partie de moi était résignée. Après l'audition, je m'étais dit que je ne serais pas magicien, mais j'avais fait tout ce que je pouvais, donc je ne devais pas m'en vouloir. C'est que la vie ne voulait pas que les choses arrivent. Quand je te le raconte, j'ai les larmes aux yeux. Je ne pouvais pas croire que j'allais faire autre chose que de la magie. Malgré cela, j'étais serein. Je ne sais pas jusqu'à quel point cette sérénité était visible pendant l'audition parce qu'elle s'est manifestée pendant ma performance. J'essayais de ne pas laisser paraître quoi que ce soit, mais soudainement j'ai lâché prise. S'il y a eu une aisance ou une attitude qui est venue avec ça, c'est peut-être ce qui a fait débloquer les choses. Je ne sais pas.

> **"Ce qui était illusoire dans ma perception, c'est tout le travail qu'il y a derrière la réussite."**

*Finalement, tu as réussi l'audition de* Comme par magie *et par surcroît tu as connu la réussite avec ce premier projet télévisé. Du haut de tes six ans, dans ton village de Saint-Augustin-de-Desmaures, tu rêvais de devenir le plus grand magicien du monde. Maintenant que tu as franchi la première étape de ton objectif – le succès au Québec –, est-ce que ça ressemble à l'image que tu en avais ?*

Ça correspond pas mal à l'image que j'avais de la gloire à plusieurs égards. Les bons côtés de la gloire sont comme je le pensais. Celui que je préfère, c'est la dose d'amour que tu reçois au quotidien. Les gens t'aiment, ils t'arrêtent dans la rue, ils te complimentent. Je sens vraiment leur admiration par rapport à ce que je fais. Ça vient combler une espèce de désir de plaire ou d'insécurité que tous les artistes doivent avoir. Pour moi, c'est vraiment venu combler ce besoin.

*Et dans ce que tu n'avais pas imaginé de la célébrité, y a-t-il un aspect qui t'a étonné ?*

On parle souvent de l'image du canard, qui a l'air tout gracieux alors que les deux petites pattes sous l'eau pédalent fort. Ce qui était illusoire dans ma perception, c'est tout le travail qu'il y a derrière la réussite. Je savais qu'on n'avait rien pour rien dans la vie et qu'il fallait travailler pour obtenir les choses, mais je ne pensais pas que c'était à ce point-là. Ça a tellement l'air facile quand tu regardes les stars de l'extérieur. Je ne m'attendais pas à ce que ce soit un travail continu et que le dépassement soit une norme. Il faut se dépasser chaque jour. Ce n'est pas un plus, c'est normal.

*Est-ce que ça a changé quelque chose dans ta volonté de parvenir au sommet ?*

Avant, j'étais convaincu d'avoir ce qu'il fallait pour devenir ce dont je rêvais. Avec le temps, je me suis rendu compte que c'est davantage qu'être quelqu'un, ce sont les actions que tu fais, ce sont les efforts que tu mets qui font la différence. Maintenant, je crois que, le succès, c'est cinq pour cent de talent et quatre-vingt-quinze pour cent de travail. Auparavant, je croyais que c'était peut-être cinquante-cinquante. N'importe qui peut finalement atteindre ses rêves s'il y met les efforts nécessaires. Je trouve ça plus juste et plus louable. J'aime beaucoup plus l'idée que c'est celui qui veut vraiment, celui qui est prêt à mettre les efforts, qui va réussir à connaître la gloire.

*Luc, tu connais d'autres magiciens qui mettent les efforts nécessaires, qui font des sacrifices et qui n'obtiennent pas de résultats et aucune gloire. Il y a beaucoup d'appelés et peu d'élus, comme dit la maxime. En quelque sorte, tu es un élu parmi beaucoup d'appelés.*

Peut-être qu'il y a des élus, mais pour avoir cette flamme, il faut avoir un manque à combler. C'est ce manque qui déclenche cette motivation inébranlable qui devient une obsession. Ce qui fait toute la différence, c'est la motivation, le petit quelque chose en toi qui fait que tu es prêt à mettre autant d'efforts dans ton travail pour que ça réussisse.

*Sauf que la maladie, la myélite, cette inflammation de la moelle osseuse qui aurait pu te causer une paralysie, est arrivée soudainement dans ta vie il y a quelques années, au moment de ton ascension. Elle est venue ébranler ta motivation inébranlable… C'est très grave, mais tu as survécu et tu n'en as pas gardé de séquelles.*

J'étais l'élu, c'est moi qu'ils ont choisi. Dans ma tête, jusque-là, c'était impossible que je tombe malade. Ça marchait, la vie ne pouvait pas me faire ça. J'avais l'impression que c'était moi qui devais me rendre au top, donc impossible que les choses s'arrêtent. Quand j'ai vu la maladie se présenter sur mon chemin et que je suis passé à un cheveu de mourir, j'ai compris alors qu'il n'y avait rien de gagné, que je devais continuer à faire des efforts.

*Qu'est-ce que la maladie t'a appris sur toi ? On dit que, après chaque épreuve, il y a une leçon à comprendre…*

La maladie a été un déclic dans ma vie. Elle m'a obligé à changer ma façon de voir les choses. La maladie m'a forcé à faire un pas en arrière et à prendre du recul. Ça m'a permis de constater que j'allais devoir toujours travailler pour conserver ce que j'ai et pour continuer d'avancer sur le chemin de la réussite. Je suis content que ce soit arrivé tôt dans ma carrière, parce que, sinon, ça aurait pu faire beaucoup plus de ravages. C'était dans mes débuts. Ma carrière commençait à peine à prendre son envol.

*Est-ce que tu sentais que la maladie te guettait au tournant si tu ne modifiais pas ta façon de faire et de voir les choses?*

Comme je travaillais énormément, je croyais que le plaisir s'en venait, que si je faisais beaucoup d'efforts ça roulerait tout seul après. Je continuais à travailler même si j'étais épuisé. Je pensais que j'allais pouvoir me reposer quand ça marcherait tout seul. Je ne pouvais pas continuer longtemps sans que quelque chose arrive à ma santé. Force est de constater que je devais changer des choses.

*Ironie ou simple coïncidence, ta maladie aurait pu te paralyser. Tu as besoin de dextérité, de tes mains pour faire tes illusions. On touchait le nerf de la guerre, puisque tu risquais de ne plus faire ce pour quoi tu t'étais conditionné depuis des années. Trouvais-tu que cette nouvelle réalité était injuste?*

(*Long silence*) Je n'ai pas trouvé ça injuste. En fait, peut-être que c'était tellement injuste que je n'y croyais pas. La vie ne pouvait pas me faire ça. J'allais m'en sortir. Je m'accrochais beaucoup à cette idée. C'était peut-être une forme de déni. Le fait que la maladie m'ait attaqué de cette façon, ça devait vouloir dire quelque chose.

*Est-ce que ç'a freiné tes élans dans cette quête de devenir le plus grand magicien du monde?*

Même quand j'étais à l'hôpital et que j'ignorais encore si j'allais rester paralysé, si mes deux mains resteraient elles aussi paralysées, je savais que je continuerais à faire de la magie. J'aime l'idée qu'on n'a pas de limites et qu'il n'y a rien d'impossible. Je me disais même que, si on attaquait ce que j'ai de plus précieux, j'étais capable de réussir malgré tout. J'aime croire que ça aurait pu être possible.

*Tu veux croire à cette théorie parce qu'elle te motive à aller un peu plus haut, un peu plus loin, comme l'a écrit Jean-Pierre Ferland, et à ne pas perdre de vue ton objectif?*

Je ne supporte pas l'impuissance dans une situation. Quand on veut quelque chose qui semble impossible de prime abord, ça peut être possible. Je trouve cette idée très rassurante parce qu'elle donne de l'espoir. Tu as toujours une raison de t'accrocher à l'espoir pour continuer à avancer. C'est une conviction puissante qui peut sortir quelqu'un de la maladie, entre autres… Cette croyance peut aussi donner l'illusion que tu as plus d'énergie que tu en as réellement pour faire ta journée de seize heures. Il y a le danger de ne pas s'écouter vraiment et d'arriver à un moment où l'on perd pied parce qu'on ne

peut plus avancer comme on le souhaitait, faute d'énergie. C'est le danger d'avoir un mental puissant. Ton mental est tellement puissant qu'il passe par-dessus ton corps. Une fois qu'on est conscient de cette réalité, on est capable de doser ça. Il faut un déclic comme la maladie pour s'en rendre vraiment compte. Maintenant, je le sais.

*Est-ce que la maladie t'a rendu plus vulnérable?*

Émotivement, oui. J'ai toujours peur de retourner à l'hôpital. Je suis peut-être un peu plus fragile, mais ça fait en sorte que je suis plus vigilant aussi. Je fais beaucoup plus attention qu'avant.

*Selon toi, qu'est-ce qu'il faut pour devenir le plus grand magicien du monde? Un côté cartésien ou un côté émotif? Ou les deux aspects de ta personnalité doivent-ils cohabiter et au fil du temps trouver leur équilibre?*

Je pense qu'une bonne partie de mon succès est attribuable à mon côté scientifique. Il n'y a pas beaucoup de magiciens scientifiques. Ce qui vient avec le côté cartésien, c'est une organisation de la pensée et des méthodes très efficaces pour réussir ce qu'on veut. Dans un art comme la magie, tout est dans le détail. Être cartésien et avoir un esprit scientifique, c'est un atout considérable. Dans mon cas, le côté cartésien et le côté émotif cohabitent.

*Qu'est-ce qu'une bonne illusion?*

C'est la parfaite fusion entre l'ingéniosité, le côté artistique et les émotions que peuvent aller chercher les formes artistiques. La meilleure union de ces éléments, c'est ça qui fait une bonne illusion. Plus ils forment une seule et même entité, plus l'illusion est convaincante. Dans une illusion, ce que ça génère chez les gens, c'est l'émotion. Comment tu réussis à provoquer ces émotions-là, c'est la science. C'est un peu un problème d'ingénierie. C'est là où il faut calculer, dire le bon mot au bon moment et faire le bon geste. Tout ça est très méthodique et très scientifique. C'est vraiment le public qui est mon thermomètre par rapport à ça. Si le public réagit, c'est que ça fonctionne. Il y a des numéros auxquels le public ne réagit pas, mais qui sont des chefs-d'œuvre d'ingénierie.

> **" Même quand j'étais à l'hôpital et que j'ignorais encore si j'allais rester paralysé, si mes deux mains resteraient elles aussi paralysées, je savais que je continuerais à faire de la magie. "**

*J'imagine que ça doit être décevant de voir que tout ce travail investi ne provoque pas l'adhésion du public au numéro déployé.*

C'est décevant, mais si ça ne fonctionne pas, je dois soit essayer d'utiliser la même ingéniosité en tournant ça autrement avec une autre émotion qui colle mieux au numéro, soit jeter le numéro et repartir à zéro avec autre chose. Malheureusement, c'est arrivé à plusieurs reprises.

*Quand on passe une grande partie de son temps dans le monde de l'illusion, comment fait-on pour démêler le vrai du faux dans sa vie de tous les jours?*

Je ne sais pas si je les distingue vraiment. Je n'ai pas le goût de les distinguer. Je suis bien comme ça. C'est encore plus difficile dans mon cas parce que, de plus en plus, mes rêves deviennent réalité. La ligne entre l'illusion et la réalité est très mince. Je suis souvent dans mes pensées. Je réfléchis à mon prochain numéro.

*Le magicien et illusionniste reconnu mondialement David Copperfield a longtemps donné une dizaine de spectacles par semaine, un peu partout sur la planète. Lui aussi, dès son jeune âge, a cru qu'il serait le plus grand du monde dans sa discipline. Il a eu raison d'y croire, il l'est devenu à force de persévérance. Son rêve a été exaucé. Aujourd'hui, il est multimillionnaire et il est au sommet de son art. Il a déjà confié à Oprah qu'il croyait avoir tout sacrifié au nom de la gloire et qu'il avait l'impression d'être passé à côté de quelque chose de plus essentiel. Toute sa vie a été consacrée à son art. Il faut être obsessif pour parvenir au sommet. As-tu peur aussi qu'il n'y ait que ça dans ta vie?*

Un peu, mais la maladie m'a fait changer les choses. Même avant de tomber malade, je sentais qu'il y avait quelque chose qui ne tournait pas rond. Peut-être que, si je n'avais pas été malade, je me serais retrouvé dans la même situation que lui.

*Avant la maladie, qu'est-ce que tu sentais qui n'allait pas? Qu'est-ce qui ne tournait pas rond, pour reprendre ton expression?*

Je reportais toujours mon plaisir et le plaisir n'arrivait jamais. C'était comme un mirage qui s'éloigne à mesure que tu t'avances. J'étais toujours en train de me dire que je n'avais pas vraiment de fun parce que je travaillais trop, mais qu'il s'en venait. Ç'a été ça pendant des années et des années. Combien de temps j'aurais pu vivre comme ça? Une fois que tu entres dans le tourbillon, il devient normal de voir l'oasis s'éloigner. Aujourd'hui encore, Copperfield fait beaucoup de spectacles par

semaine. Il va établir un record qui ne sera jamais égalable. Maintenant, je n'ai pas le goût nécessairement de vivre sa vie.

*Qu'est-ce que tu ne veux pas vivre comme lui?*

David Copperfield est quelqu'un qui a beaucoup fait avancer l'art de la magie. Il a changé le regard des gens sur la magie. Ses numéros ont apporté quelque chose aux gens, ils les ont fait rêver. C'est probablement l'une des personnes qui a le mieux compris cet art. J'aimerais avoir cette compréhension-là. J'aimerais apporter à l'art de la magie ce que lui y a apporté. C'est sûr que j'envie son succès. Je ne peux pas m'en empêcher, mais en même temps ce n'est plus la même obsession. Il y a quelques années, je voulais être le plus grand magicien du monde. Tant mieux si ça arrive. Maintenant, je mets des nuances à mon rêve. Ce qui est important pour moi, c'est de devenir unique. Je veux faire une magie qui est la mienne. Je veux être un artiste unique. Je veux apporter quelque chose au monde que je suis le seul à pouvoir faire. Si demain matin je meurs, ça n'existe plus. Je veux être à l'origine d'un truc qui n'existe pas. En fait, c'est là que je sens que j'aurai servi à quelque chose. Il y a plein de gens qui travaillent dans l'ombre et apportent quelque chose avec ce qu'ils font. Le grand public ne les considère pas nécessairement comme les plus grands du monde, alors que leur contribution est immense.

*Le succès que tu remportes, est-il grisant?*

Il n'est pas encore suffisamment grisant. Je réussis à garder les pieds sur terre. Comme je connais bien le monde de l'illusion, je sais que, même si on perçoit quelque chose et qu'on est convaincu de ce qu'on voit, ça peut être complètement faux. Malgré le succès des dernières années, je doute encore. Chaque fois que quelqu'un me fait un compliment, je doute de sa véracité. Il y a toujours une petite voix en moi qui me dit : «Oui, mais t'as pas vu tous les magiciens, je ne suis pas si bon que ça.» Il y a toujours quelque chose qui vient doser les compliments que je reçois, qui met une distance par rapport à ça, qui me fait penser que tous ces gens-là, qui me trouvent si bon, n'ont peut-être pas une bonne perception de moi.

*Cette réaction par rapport à la gloire et à ses effets positifs est-elle intimement liée à nos racines canadiennes-françaises et aux valeurs judéo-chrétiennes, qui nous poussent à nous taire et à faire preuve d'une grande humilité, sinon ça devient un péché de croire en nous et de changer d'attitude?*

Peut-être, mais j'ai la profonde conviction que mes motivations sont louables. Je sais que je ne fais pas ça pour l'argent. Je ne fais pas ça par narcissisme et pour

> **" Je sais que je ne fais pas ça pour l'argent. Je ne fais pas ça par narcissisme et pour me faire admirer. Je le fais parce que je veux apporter quelque chose aux gens. "**

me faire admirer. Je le fais parce que je veux apporter quelque chose aux gens. Je sais que le désir d'être unique, le désir d'offrir une contribution que je suis le seul à pouvoir donner, c'est ce qui est fort en moi et qui me motive à poursuivre.

*La volonté d'être unique au monde et de rayonner partout peut amener de l'argent en abondance, si le rêve que tu caresses vient à se réaliser. Comment réagirais-tu si ça t'arrivait?*

Je serais porté à me servir de cet argent pour continuer et progresser encore. C'est exactement ce que j'ai fait avec le spectacle qui est présentement en salle. J'ai «empilé» de l'argent pendant quatre années sans vraiment en profiter. J'ai tout investi dans le spectacle. Quand je vais récupérer l'argent, je réinvestirai pour bâtir plus gros et me rapprocher de plus en plus de mon rêve. Je ne vois pas comment je pourrais utiliser l'argent autrement. Quand ça a commencé à bien aller, j'ai failli m'acheter une belle voiture. Je suis allé rencontrer le concessionnaire et, sur place, j'ai senti que je n'aurais pas besoin de ça. Je ne les utiliserais même pas, les gadgets qu'il y avait dans l'auto. J'habite encore en appartement. Le désir de m'acheter une maison va venir. Un chez-moi où je suis bien, c'est sûr que c'est un luxe que je vais me payer, mais encore là, je ne vais pas m'acheter un château. Je ne suis vraiment pas porté à penser que le bonheur arrive dans les biens matériels. Mon bonheur à moi, c'est de faire de la magie. Il n'y a rien qui me rende plus heureux que ça.

*Est-ce que ça te comble suffisamment?*

Pas complètement. Je suis complètement comblé lorsque je suis en performance ou en tournage, que je fais un tour de magie et que les gens réagissent. À ce moment précis, je suis le plus heureux du monde, du moins, je pense. C'est le «après», c'est dans tout ce qu'il y a autour qu'il peut y avoir des vides.

*Quand tout est fini et que le public rentre chez lui après avoir été médusé, le vide n'est-il pas plus grand pour toi qu'avant de monter sur scène?*

Peut-être, mais ce que je fais demande et exige beaucoup de préparation en solitaire. Autant j'ai besoin de cette lumière, autant j'ai besoin d'être dans ma bulle à préparer mes choses pour créer un numéro. Je prends aussi un réel plaisir à créer. L'anticipation du plaisir que je vais donner au public est aussi une source de bonheur pour moi. Il y a un vide dans les relations avec les gens parce que, nécessairement, quand tu es une personnalité, tu es toujours en «performance» quand les gens viennent te parler… Il y a quelque chose qui devient un peu artificiel dans nos rapports avec les autres. Il y a un vide, mais j'essaie de le contourner. Certaines personnes m'ont connu avant que je fasse de la télé. Je me raccroche à elles et, avec elles, je suis comme j'ai toujours été. Il n'y a pas cette espèce de façade, cette obligation pour moi de performer ou de projeter quelqu'un que je ne suis pas nécessairement.

*N'y a-t-il pas là aussi une illusion, c'est-à-dire que les gens ont une certaine perception de toi alors que la réalité est différente?*

C'est là aussi le vide entre les deux réalités. De ne pas pouvoir être celui que je suis vraiment parce que je ne veux pas décevoir les gens. Je suis quelqu'un de timide, qui ne parle pas beaucoup. Automatiquement, quand je vois que les gens m'ont reconnu, je me sens obligé d'être comme à la télé. Quand je suis tombé malade, j'ai eu l'impression que le magicien avait pris plus de place que l'homme. Parfois, ça me manque de juste être Luc et de ne pas être l'illusionniste Luc Langevin. Il est peut-être là, le vide. C'est un maigre prix à payer pour être l'illusionniste que je suis. Le vide aurait été plus grand si je n'étais pas devenu ce magicien que les gens connaissent.

*Que reste-t-il en toi du garçon de six ans, vivant dans un petit village tout près de Québec, qui faisait des tours de magie à sa grand-mère avec sa cape, son chapeau et sa baguette magique et qui rêvait de conquérir la grande ville et le monde?*

Le même plaisir à émerveiller les gens. Depuis que j'ai six ans, ça n'a jamais changé. C'est toujours le même bonheur de voir l'étincelle dans les yeux des gens lorsque je fais une illusion.

*David Copperfield disait à Oprah qu'il passait toute la journée à se préparer pour le spectacle du soir. Tout est fait en vue de la performance du soir. Toute sa vie est faite en fonction de ces quatre-vingt-dix minutes. Pour toi, est-ce un peu la même chose? Beaucoup de choses seront sacrifiées pour obtenir ces quatre-vingt-dix minutes de plaisir? Ce n'est pas un lourd prix à payer?*

(*Silence*) C'est peut-être cher payé, mais je trouve que les sacrifices en valent la peine. Le bonheur que m'apportent ces quatre-vingt-dix minutes-là, le soir, je suis prêt à passer la journée à l'anticiper pour le vivre. Malgré toutes ces réflexions que nous partageons ensemble, je continue d'être heureux dans ma vie et je dose un peu plus les sacrifices. Je ne changerais pas ma vie. Si je devais recommencer, je ferais la même chose. Je ferais les mêmes erreurs. Sans ces erreurs, je n'aurais pas appris ce que j'ai appris.

> **"Je suis complètement comblé lorsque je suis en performance ou en tournage… C'est le «après», c'est dans tout ce qu'il y a autour qu'il peut y avoir des vides."**

Mario Tessier est membre du duo Les Grandes Gueules. Son partenaire, José Gaudet, et lui se connaissent depuis le secondaire, époque où ils ont pour idoles Jerry Lewis et Dean Martin. Après trois ans dans les Forces armées canadiennes, Mario retourne à l'école, cette fois-ci à l'École nationale de l'humour, et retrouve son ami. Ensemble, ils deviennent Les Grandes Gueules. À l'automne 1992, ils font leur entrée à la radio NRJ sans savoir qu'ils vont marquer l'histoire de la radio au Canada en battant des records d'audience pour une émission de fin d'après-midi. Depuis 2011, Mario Tessier est à la barre de l'émission à succès *On connaît la chanson* sur les ondes de TVA. En plus de jouer dans la série *Un sur deux*, il a animé deux fois le Gala Artis en solo. Mario Tessier est un travaillant, un déterminé et un battant devant l'adversité, à l'instar de son père, à qui il voue une grande admiration. Le 12 octobre 2013, je me suis rendu à l'aube chez lui, dans les Cantons-de-l'Est, voler quelques photos de l'homme vivant en communion avec la nature, là où il dépose les armes, fait le vide avant de refaire le plein.

# MARIO TESSIER
## À LA GLOIRE DE SON PÈRE

**D**ÈS TON JEUNE ÂGE, IL EST CLAIR DANS TA TÊTE *que tu feras un métier public. Y a-t-il des moments où le doute de pouvoir y parvenir se manifeste?*

Je n'ai jamais douté un seul instant, mais quand tu es un enfant, il y a des gens qui se chargent de te faire douter. Je viens d'un milieu qui n'était pas propice à la rêverie parce que c'est une famille d'ouvriers qui ont travaillé fort toute leur vie. Mon père a bien réussi. Il était un très grand rêveur, un fonceur toujours en quête de nouveaux défis. Une fois qu'il en avait accompli un, il en cherchait tout de suite un autre. C'est un peu comme un grimpeur qui se cherche toujours un nouveau sommet.

*La description que tu fais de ton père, qui est décédé depuis plusieurs années, pourrait-elle aussi être la tienne?*

Je suis le portrait tout craché de mon père. Plus je vieillis, plus je le constate. Je pense comme lui: une fois que j'ai réalisé un projet, c'est super le fun, mais après, je cherche ce que je peux faire d'autre pour me prouver et pour prouver à tout le monde que je suis capable de me renouveler. J'étais petit et ma mère me disait: «T'es ben comme ton père!» Mes parents ont divorcé quand j'avais cinq ans. C'était donc une pointe qu'elle m'envoyait en disant ça, même si c'est l'homme qu'elle a le plus aimé dans sa vie. Moi, ça me rendait fier parce que je voulais ressembler à mon père.

> « Quand je fais quelque chose, c'est intensément, **sinon j'ai l'impression de faire du surplace.** »

J'ai aussi hérité de plein de qualités de ma mère. Mais je suis content de ce que mon père m'a transmis, qui se résume en un mot: passion. Il était un passionné et j'en suis un aussi. J'ai deux vitesses: je suis arrêté ou je vais à cent milles à l'heure!

*Rares sont les moments où tu t'arrêtes réellement.*

Je n'ai pas besoin d'arrêter parce que je me sens vivant. Quand je fais quelque chose, c'est intensément, sinon j'ai l'impression de faire du surplace. Si je ne suis pas intense dans mon travail, je me demande pourquoi je le fais. J'avais un professeur en quatrième secondaire, M. Martineau, qui nous disait: «Tout ce qui mérite d'être fait mérite d'être bien fait. Tout ce qui ne nécessite pas d'effort pour être accompli ne devrait pas être accompli.»

*Dans tout ce que tu entreprends, un des moteurs n'est-il pas lié à un grand besoin d'être aimé?*

J'ai un besoin énorme d'être aimé. J'ai toujours été comme ça, que ce soit en essayant de faire rire mes amis ou de plaire à des professeurs à l'école. Mme Saint-Roch, celle qui m'a appris à bien écrire le français au secondaire, faisait des tirages une fois par mois en classe. On obtenait les billets pour le tirage en étant gentil, en effaçant le tableau ou en ramassant les papiers par terre. Moi, je faisais tout parce que je voulais que Mme Saint-Roch m'aime, qu'elle soit fière de moi. Elle l'était. J'ai toujours été à la recherche de cette confirmation, dans le sport comme dans n'importe quoi d'autre. Je devais me prouver à moi-même de quoi j'étais capable et j'avais besoin de me faire dire par les autres qu'ils avaient remarqué ce que j'avais accompli. D'aussi loin que je me souvienne, j'ai toujours eu besoin de regards sur moi. C'est encore le cas aujourd'hui, et je suis convaincu que j'aurai besoin de ça pour le reste de mes jours. J'ai besoin d'être approuvé dans tout ce que je fais. Je ne sais pas d'où ça vient. Je n'ai pourtant pas manqué d'amour quand j'étais jeune. Mon père et ma mère m'ont dit qu'ils m'aimaient, et je le sentais. Je n'ai pas connu une enfance difficile. Alors pourquoi suis-je constamment à la recherche de cet amour-là? Je l'ignore.

*Trouves-tu difficile d'être comme ça?*

Je souhaiterais parfois être autrement. Ça n'a pas de bon sens de vivre dans l'attente. À un moment donné, il faut que tu sois conscient que tu ne peux pas plaire à tout le monde. Si quelqu'un ne m'aime pas, je vais toujours me demander pourquoi. Qu'est-ce que j'aurais dû faire? Je crois que c'est une maladie mentale. (*Il éclate de rire.*) Je voudrais pouvoir faire preuve de lâcher-prise et me concentrer sur ceux qui m'aiment, mais j'en suis incapable pour l'instant. Ça me blesse trop.

*As-tu déjà essayé?*

J'ai essayé, en vain. Je m'applique encore à charmer le plus possible. Peu importe ce qu'on fait dans la vie, il y a toujours une part de séduction. En fait, on a tous quelque chose à vendre. On tente de vendre notre personnalité. On se vend tout partout. Mon père était comme ça aussi.

*Maintenant que tu connais la gloire, il y a de plus en plus de gens qui t'aiment.*

J'ai une certaine notoriété. J'apprécie ça au plus haut point. Je pense que j'ai touché à la gloire. Est-ce qu'on peut connaître la gloire à cent pour cent? Je ne le sais pas. Quand je suis sur la scène au Gala Artis, devant quatre cents, cinq cents artistes dans la salle, et un million de téléspectateurs dans leur salon, et que c'est moi qui l'anime alors que j'en rêvais quand j'étais tout petit, à ce moment précis, je touche à la gloire, mais surtout à mon rêve. Quand je voyais Johnny Carson, Billy Crystal ou Bob Hope animer de grandes cérémonies aux États-Unis, ou encore, au Québec, Patrice L'Écuyer, Normand Brathwaite ou Jean-Pierre Coallier présenter des galas, je rêvais de faire comme eux. Il y a des gens qui associent la réussite à l'argent. Pour moi, l'argent, c'est le dernier de mes soucis. Aujourd'hui, je gagne bien ma vie, mais j'ai déjà été sans le sou et je pensais de la même façon. Je n'ai jamais fait ce métier-là pour l'argent.

*Mais quand l'argent arrive dans ta vie, est-ce une récompense ?*

Oui, mais beaucoup moins que la reconnaissance des gens. Mon vrai salaire, c'est la reconnaissance des gens, qui vaut plus que tout l'argent en banque.

*Qu'est-ce que ça fait quand l'argent abonde ? Est-ce que ça apaise une partie de tes craintes ?*

L'argent ne fait qu'apporter un peu de confort, mais je suis le même gars que quand je n'avais pas une cenne. Je fais ce métier pour les mêmes raisons qu'au début de ma carrière. Je suis content d'en avoir et je ne veux pas connaître à nouveau la misère, mais s'il le faut, j'y reviendrai. Le noyau que je forme avec ma famille et mes filles, ça vaut plus que tout au monde. Si tu me demandais de choisir entre l'argent et ça, je garderais la santé de mes filles, ce que j'aime le plus dans la vie. Le reste, prends-le, parce que je vais me refaire. Je me relèverai. Mon père a perdu ses économies plusieurs fois. Il a fait trois ou quatre faillites et il s'est reconstruit. Walt Disney aussi a fait faillite cinq fois et il s'est relevé.

*Donc, tu n'as pas eu peur de perdre ce que tu avais quand tu as commencé à gagner beaucoup d'argent ?*

Je n'ai jamais eu peur de ça. Le mot « peur » est apparu dans ma vie quand j'ai eu des enfants. Je n'avais pas peur avant. J'étais parachutiste dans l'armée et maintenant, quand je prends l'avion, j'ai peur. J'ai toujours peur qu'il arrive quelque chose à mes filles, ou que je ne sois pas là assez longtemps pour elles, mais je n'ai pas peur de perdre de l'argent. Je ne voudrais pas que ça arrive, mais ce ne serait pas la fin du monde.

*Toucher à la gloire aussi souvent que tu l'as fait, est-ce une sensation particulière qui pourrait déclencher chez toi une forme d'accoutumance ?*

J'aime tellement ce *feeling*-là. J'imagine que c'est comme pour quelqu'un qui est *addict* à une drogue et qui recherche constamment cette sensation de *high*.

*Mais cette sensation est souvent de courte durée.*

Exactement. C'est ça, la gloire. La gloire, c'est de courte durée. C'est un long moment à souffrir pour avoir un si court moment de bonheur.

*Te considères-tu comme quelqu'un d'obsessif ?*

Je suis un obsédé, c'est sûr. Si j'ai un but dans la tête, tu as beau me dire n'importe quoi, dans la langue que tu veux, si je ne veux pas l'entendre, je ne l'entendrai pas. C'est dans le regard des autres que j'ai réalisé que j'étais obsessif, mais moi, je ne le voyais pas. Ce n'est pas grave pour moi d'être ainsi, mais pour mes proches, ça peut être difficile à vivre.

*Quand te rends-tu compte que ton obsession peut déranger certaines personnes ?*

À force de me le faire dire et en voyant les gens de mon entourage être étourdis et me demander : « T'es pas essoufflé un peu ? » Je leur réponds non, que je suis seulement content ! Je ne me suis jamais assis deux secondes pour penser au fait que je suis obsessif.

*Est-ce que ça te blesse quand on dit ça de toi ?*

Ça m'a blessé jusqu'au moment où j'ai compris que l'on n'est pas tous faits de la même façon.

*Croyais-tu que nous étions tous comme toi ?*

Oui. Je croyais que tout le monde avait un objectif et se battait jusqu'à ce qu'il l'atteigne. Après l'avoir obtenu, on en vise un autre. J'ai besoin d'une mission. Je suis un soldat dans l'âme, je vais toujours l'être peut-être. J'ai été dans l'armée pendant trois ans. Ce qui me rend le plus malheureux dans la vie, c'est de ne pas savoir où je m'en vais. Ça m'angoisse. Si tu veux me déstabiliser, dis-moi que l'on fait telle affaire et change d'idée à la toute dernière minute. Je deviens fou ! Maintenant, je suis un petit peu moins. J'essaie de me calmer parce que la vie change. Plus on vieillit, plus on choisit ses combats. Mais si je n'ai pas de mission, je me sens perdu. Donne-moi une mission claire, je te jure que je vais la réussir.

*Si tu n'avais pas de mission claire, penses-tu que ta vie personnelle serait un chaos ?*

Absolument. Quand tu commences une vie de couple, ta mission, une fois que tu as trouvé la bonne personne, c'est d'essayer d'entretenir cette relation pour que ça dure. Après arrivent les enfants. La prochaine mission, c'est de les élever et de faire d'eux de bonnes personnes en leur donnant le meilleur de toi-même.

*Considères-tu que tu as beaucoup d'ambition ?*

Avoir une attitude comme la mienne, c'est-à-dire être obsédé par un objectif précis, ça dérange parfois parce que beaucoup de personnes n'ont pas de buts particuliers dans la vie, elles vont au gré du vent. C'est admirable, mais moi, je ne suis pas comme ça. Il y a aussi des briseurs de rêves, des gens qui vont venir cracher sur ton soleil en essayant de miner ta confiance. Ce que j'ai appris à faire, avec le temps, sans méchanceté aucune de ma part, c'est à me séparer d'eux. Ça m'a fait de la peine, mais si j'ai dû délaisser ces gens-là, c'est qu'ils ne m'appréciaient pas vraiment pour ce que je suis dans le fond. J'ai toujours été comme ça. C'est le *package* qui vient avec ma personnalité. Il y a une épuration qui se fait, et ceux qui restent à la fin sont ceux qui devaient rester. Ce sont mes vrais amis. Je ne considère pas avoir plus de talent que quiconque. La vie m'a donné un certain talent, mais j'ai surtout une volonté qui – j'en suis devenu conscient en vieillissant – fait défaut à bien du monde. Si tu n'as pas cette

> **« La gloire, c'est de courte durée. C'est un long moment à souffrir pour avoir un si court moment de bonheur. »**

volonté-là, arrête tout de suite. Si tu suis ton cœur et que tu travailles pour les bonnes raisons, tu vas réussir. Quand j'entends des jeunes me dire « Moi, je veux aller dans ce métier-là parce que je veux gagner de l'argent », je leur réponds : « Arrête tout de suite, tu le fais pour les mauvaises raisons. »

## « Je crois que toute personne passionnée doit avoir un exutoire à cette passion, sinon elle va se détruire. »

*As-tu l'impression de t'être perdu en chemin, dans ton parcours menant à la consécration ?*
Je me suis perdu pendant un certain temps. À un moment, je suis entré dans une machine, dans un tourbillon d'engagements. Le succès est comme une boule de neige qui déboule et qui grossit de plus en plus. Tu es pris là-dedans, ça roule et, un jour, ça va trop vite. Tu ne peux plus en sortir. J'ai oublié qui j'étais vraiment. Je faisais des affaires parce qu'il fallait que je les fasse, j'étais coincé dans un moule. Ce dont je suis le plus content, c'est que depuis quelques années je suis revenu à la base, à ce qui m'a motivé à faire ce métier au début. Je voulais être reconnu et je trouvais que c'était le plus beau métier du monde. Il a fallu que je laisse la boule arriver à destination pour avoir un peu plus de recul.

*Selon toi, y a-t-il un prix à payer pour atteindre les plus hauts sommets ?*
Il y a un certain prix à payer. Parfois, j'envie les gens qui n'ont pas autant de stress que moi ou autant de remises en question. Ceux qui sont capables de faire le vide. Qui ont un métier et qui arrivent à la maison après cinq heures, et le travail est terminé. Moi, je suis à cent pour cent dans le travail parce que c'est vital. J'en ai besoin, c'est mon oxygène. Si je n'ai pas ça, tu m'enlèves un poumon, je ne peux plus respirer. Je pense à ce métier vingt-quatre heures par jour. Je ne peux pas être autrement. Dans ma tête se bousculent toujours des idées en lien avec mon travail.

*Ça ne te rend pas malheureux d'être comme ça ?*
Non, ça ne me rend pas malheureux, mais parfois, quand je suis dans un tourbillon, je me dis : « Crisse, ça pourrait-tu arrêter cinq minutes ? » Dans des périodes intenses où j'ai fait de l'arythmie, je me suis dit : « Il me semble que j'ai le souffle court, et pourtant je ne fume pas. Je suis stressé. Pourquoi je suis stressé de même ? Voyons donc ! Calme-toi ! Arrête ! Arrête, tu vas y arriver. »

*Es-tu capable de te raisonner ?*
Non.

*Crois-tu que, si tu n'avais pas adopté une discipline dans le sport, tu aurais pu basculer du mauvais côté ?*

C'est clair. Je crois que toute personne passionnée doit avoir un exutoire à cette passion, sinon elle va se détruire. Mon exutoire, ç'a été le sport. Si je n'ai pas ça, je ne suis pas capable de prendre de pauses et d'avoir une espèce de distance par rapport à ce qui se passe dans ma vie. Quelquefois, tu le réalises trop tard. Avec les années, je m'améliore. J'essaie d'apprécier les choses pendant que je suis en train de les faire.

*Dans ton parcours, as-tu fait des choses que tu n'aurais pas dû faire juste parce que tu voulais obtenir la reconnaissance des autres ? Si oui, le regrettes-tu ?*
Oui, j'ai dû faire des choses qui allaient à l'encontre de ce que je suis vraiment. Je les assume complètement, et non, je ne le regrette pas. Probablement que je les referais si c'était à recommencer. Ça serait malhonnête de ma part de prétendre le contraire parce que, à la base, je l'ai fait parce que je le voulais. J'en acceptais les bons côtés et les mauvais côtés, mais je pense que, dans les circonstances, j'ai pris la bonne décision.

*As-tu déjà ressenti de la jalousie face au succès des autres ?*
Je n'ai jamais été jaloux du succès des autres. Je n'envie pas le succès des autres. Je suis content pour eux. Tant mieux si ça va bien dans ta vie. Ça enlève quoi à la mienne que ça aille bien dans ta vie ? Si tu as réussi et que tu es riche à craquer, tant mieux pour toi. Ça change quoi dans ma vie ? Rien. Jean-Michel Anctil a vendu cinq cent mille billets, Martin Matte en a vendu quatre cent mille. J'ai entendu des humoristes dire : « Il vend plus de billets que moi. » Si quelqu'un est allé voir un spectacle et qu'il a passé une bonne soirée, peut-être que le prochain billet qu'il achètera, ça sera pour le mien. J'ai intérêt à ce qu'il ait passé une bonne soirée en voyant Martin Matte. Je ne me ferai peut-être pas d'amis en disant ce qui suit, mais je pense que la jalousie, c'est une maladie de faibles. Ça doit être l'influence des films de Walt Disney, mais je crois que le bien finit toujours par triompher du mal. Si tu envoies du bien, le bien va te revenir. C'est la loi de la vague.

*Quand on connaît la gloire, a-t-on une responsabilité supplémentaire ?*
Ah, absolument. C'est un privilège. Et la minute que tu perds de vue que c'est un privilège, arrête de le faire. Avant le Gala Artis, je travaille pendant six mois. Il se peut que je me plante, mais je me serai préparé. Si je me plante, ce ne sera pas parce que je n'ai pas fait mes devoirs. C'est moi qui ai la meilleure place, c'est moi qui suis en avant. Mais il faut que je la mérite, ma place. *Make it count !* Ce que tu fais, arrange-toi pour que ça compte. Ton travail, c'est de ne pas être un imposteur, dans le fond.

*Plus on réussit et plus on touche à la gloire, plus on a peur de ne plus y parvenir de nouveau. Est-ce ton cas ?*
C'est sûr. J'aimerais tellement pouvoir vivre assez longtemps pour réaliser tout ce que j'ai à réaliser. En vieillissant, je me dis : « Mario, tu vas arrêter d'avoir des rêves et des défis comme ça. » Mon père est décédé à soixante et un ans, et il avait encore ce genre de projets en tête. Il avait tout perdu,

il était en train de remonter la pente, et c'était le moment de sa vie où il était le plus heureux. Est-ce qu'il s'est senti abattu? Jamais! Il avait toujours une nouvelle idée et était sûr qu'il allait y arriver contre vents et marées. Il disait: «Je vais vous montrer c'est qui, Jean-Louis Tessier!» Chaque fois que j'entreprends quelque chose, je fais comme lui. Je vais vous montrer c'est qui, Mario Tessier! Pourtant, je n'ai rien à prouver à personne, mais on dirait que c'est à moi que je le dis. C'est une maladie mentale! (*Il éclate de rire.*) Je devrais peut-être consulter.

*Es-tu un éternel insatisfait?*
Maintenant non. Je suis capable d'apprécier ce que j'ai fait. Par contre, je suis le juge le plus critique envers moi-même. Je n'ai pas besoin de grand monde pour me taper dessus, je suis capable de le faire. Avant, je me sentais coupable beaucoup plus facilement qu'aujourd'hui. Je terminais une émission de radio – on en faisait cinq par semaine –, j'arrivais chez moi et je me tapais sur la tête: «T'as pas été bon! C'était minable! Tu ne mérites pas de vivre!» Ça allait loin dans mon esprit.

*Ça a duré longtemps?*
Trop longtemps. C'est très malsain de faire ça. J'étais en train de devenir malade. Je suis vraiment très exigeant. J'essaie de ne pas être comme ça avec mes enfants. Si une de mes filles me dit un jour qu'elle veut être la plus grande vedette au monde, je vais lui répondre: «Parfait, c'est correct, t'aurais pu être n'importe quoi, mais si c'est ça que tu veux, je vais t'aider à atteindre ton rêve.» Et je verrai à ne pas anéantir ses espoirs comme plusieurs parents le feraient. Il faut que tu accompagnes ton enfant dans son rêve au lieu de le juger et de le remettre en question. Tu es qui pour dire que ça ne va pas marcher? Je suis qui, moi, pour dire ça? Je n'ai pas de boule de cristal!

*Tout le monde devrait rêver.*
C'est la seule affaire qui ne coûte rien dans la vie.

*Conseillerais-tu à quelqu'un qui n'a jamais connu la gloire de la vivre un jour avant de mourir?*
Certainement, mais la gloire, c'est relatif. La gloire, ce n'est pas nécessairement se retrouver sur une scène devant mille personnes. La gloire, pour celui qui trippe sur l'aménagement paysager, ça peut être remporter le concours de la maison qui a le plus beau jardin de la ville. À chacun sa gloire. Je comprends les gens qui recherchent cette espèce de gloire instantanée parce que c'est une drogue et, une fois que tu y as goûté, tu veux juste recommencer. Ça doit tellement être atroce de se dire qu'on a connu la gloire et qu'on ne la connaîtra plus jamais.

*C'est pour cette raison que tu as toujours peur que tout s'arrête?*
Oui. Je ne veux pas que ça s'arrête, mais je suis conscient qu'un jour il y aura une fin à ma carrière. Je serai capable de vivre sans ce métier parce que j'aurai quand même d'autres

projets. Sans projets qui me stimulent, j'arrêterais de vivre. Dans le film *Braveheart*, l'acteur Mel Gibson dit une phrase qui m'a troublé: «*Every man dies but not every man lives.*» Tout le monde meurt, mais ce n'est pas tout le monde qui a vraiment vécu. Plein de gens ne font que passer dans la vie et sont seulement des figurants.

*Mario, il y a des gens à qui ça suffit, d'être des figurants, à qui ça ne semble pas déplaire.*
Je le sais, mais je ne comprends pas toujours. Je ne veux pas les juger, ce qui compte, c'est d'être bien avec soi-même. Moi, pour être bien avec moi-même, j'ai besoin de défis et d'avoir l'ambition de les relever.

*As-tu l'impression d'être toujours dans ta vérité?*
Non, mais maintenant je le suis beaucoup plus qu'avant. Je ne réussis pas tout le temps. Le pire, c'est qu'on le sait, quand on n'est pas dans sa vérité. On essaie de se faire croire qu'on l'est. Chaque fois que je n'ai pas écouté mon *feeling*, je me suis planté. Ton *feeling* n'est peut-être pas toujours le bon, mais si toi tu y crois, tu vas y arriver. Dans ma quête, si je pense que telle action, c'est la bonne chose à faire pour moi, je pourrai accomplir tout ce que je veux.

*Si une de tes filles te disait un jour: «Moi, papa, je n'ai pas le goût de rêver. Je veux une vie tout à fait normale, c'est ce qui me convient», serais-tu déçu?*
Pas du tout. Ce n'est pas important. En anglais, on dit: «*No matter what you do, just be good at what you do.*» Peu importe ce que tu fais, sois bon dans ce que tu fais. Tu peux être ce que tu veux. Je souhaite à tout le monde d'avoir une vraie passion. D'ailleurs, les jeunes qui passent le mieux à travers la crise d'adolescence sont ceux qui ont une passion. C'est ce que José Gaudet et moi avions. C'est ce que les sportifs ont. Les gens qui se sortent bien de certaines crises dans la vie sont ceux qui ont des objectifs précis.

*Les bouddhistes disent que le chemin parcouru est aussi important que la destination. Faut-il contempler le paysage durant l'ascension parce qu'il fait partie du trajet pour se rendre au sommet?*
Je suis d'accord avec cette approche. En fait, j'ai constaté que j'ai autant de plaisir à faire la route qu'à savourer la réussite une fois arrivé au sommet.

*Quel est ton prochain sommet?*
J'ai de grands rêves et j'ai toujours peur que tout s'arrête. Il y a tellement d'affaires dans ma tête. J'ai quarante-deux ans; il va falloir que je me calme et que j'accepte qu'une vie ne sera pas suffisante pour accomplir tout ce que j'ai envie de faire. Ce n'est pas que j'aie de l'ambition, c'est que j'aime profondément

> **"Sans projets qui me stimulent, j'arrêterais de vivre."**

ce métier, l'excitation qu'il me procure. Je prends plaisir à me mettre en danger en sortant de ma zone de confort.

*Tu aimes repousser tes propres limites ?*
C'est exactement ça. Si tu me dis que je ne serai pas capable de réussir quelque chose, il y a de fortes chances que j'essaie de le faire.

*As-tu envie qu'on retienne quelque chose de particulier de toi ?*
J'aimerais que les gens disent de moi que j'ai toujours été conséquent par rapport à ce que j'avais comme aspirations, que j'étais un vrai passionné de mon métier et que je l'ai fait pour les bonnes raisons.

*Veux-tu passer à l'histoire ?*
Ça, c'est sûr. Je sais que l'on a marqué une page d'histoire en radio. Mais je voudrais aussi faire partie du livre d'histoire de la télévision, de celui de la scène et de tout ce que je vais entreprendre. Sans avoir le plus gros chapitre, j'aimerais avoir joué un rôle dans l'histoire de chacune des sphères dans lesquelles j'aurai évolué.

*Maintenant que ton père n'est plus de ce monde, pour qui fais-tu ce métier ?*
Pour moi, pour ma famille et pour mes filles, énormément. Je me complais beaucoup dans le regard de mes filles parce que, pour mes enfants, je suis toujours le plus fort. C'est la plus belle chose que je puisse voir dans leurs yeux.

**Au nom de la gloire, j'ai dû faire les sacrifices suivants...**
J'ai travaillé plus fort que d'autres pour plein de projets, mais avec le recul, je me rends compte que je n'ai jamais vu ça comme un sacrifice. Avec ce que la vie m'a donné, est-ce que le sacrifice en valait le coup ? Absolument.

**Au nom de la gloire, j'ai perdu...**
(*Silence*) Je n'ai rien perdu, j'ai tout gagné.

**Au nom de la gloire, j'ai gagné...**
La chance de faire le plus beau métier du monde.

Béatrice Martin, mieux connue sous le nom de Cœur de pirate, a un parcours atypique qui lui ressemble. C'est ce qui la distingue parmi toutes et qui fait d'elle l'artiste qu'elle est. Elle est devenue une figure de proue dans le monde de la chanson. Sa voix est singulière. Ses mélodies sont accrocheuses. Elle chante les naufrages amoureux mieux que quiconque. Des centaines de milliers de ses disques ont été vendus dans toute la francophonie, et elle a donné de nombreux concerts un peu partout. Son public est de plus en plus vaste. Son incursion dans la chanson de langue anglaise confirme son grand talent d'interprète. En trois temps, j'ai pris des clichés d'elle : dans un concert à Drummondville lors du Festival de la poutine, à la soirée bénéfice organisée pour la Fondation Simple Plan et à New York lors d'un concert en hommage à Édith Piaf. Depuis son entrée précoce dans le monde de la musique, Cœur de pirate a su voguer aussi bien entre les écueils que sur la gloire. D'ailleurs, la gloire semble coller sur elle comme une seconde peau.

# CŒUR DE PIRATE
## VOGUER SUR LA GLOIRE

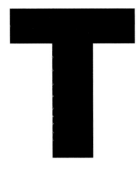**U AVAIS DIX–NEUF ANS** *quand ton premier album éponyme a fait une entrée fracassante dans le paysage de la chanson française en 2008. Il a connu un succès fulgurant en France et ici. Te souviens-tu d'un moment en particulier où tu as senti que les choses venaient de changer pour toi ? Une date précise où tu t'es dit : « Ça y est, le succès vient de frapper à ma porte » ?*

Au fur et à mesure, les choses se sont placées. Ça s'est fait graduellement. Au début de ma carrière, je ne m'attendais à rien. Au départ, je connaissais un petit succès au Québec. J'avais vendu à peu près trois mille copies. C'était cool ! J'étais contente. Je me disais que ça continuerait peut-être… Que, pendant ce temps, je continuerais d'aller à l'école. Quand j'ai sorti mon disque en France, j'ai fait des petits concerts là-bas. Les gens étaient assis devant moi les bras croisés. Ce n'était pas merveilleux. Je suis revenue au Québec faire la tournée du Réseau des organisateurs de spectacles de l'est du Québec (ROSEQ). Il y avait trente personnes par soir. C'était un peu déprimant. Ensuite, j'ai fait trois festivals en Europe. Dans les deux premiers, tout semblait normal. Il n'y avait pas beaucoup de monde. Et un jour de juillet 2009, je suis arrivée à Liège pour donner un autre spectacle. On passait à une heure de l'après-midi. Je pensais que j'allais jouer devant cinquante personnes. Finalement, mille personnes sont venues. À la fin du concert, le public a commencé à chanter *Comme des enfants* avec moi…

*Quel a été le sentiment qui t'a habitée au moment où tu as pris conscience de l'ampleur de ce qui se passait et de ce que ça annonçait pour l'avenir ?*

J'étais vraiment émue. Je ne m'attendais tellement pas à ça ! Je n'ai rien compris. J'ai pensé : « OK. Qu'est-ce qui vient d'arriver là ? Est-ce que ma chanson *Comme des enfants* a joué à la radio ? » Je ne me rendais pas compte réellement. Mais je me suis dit : « Tant mieux ! On va juste suivre la vague. Et voir jusqu'où ça va aller. » À partir de ce moment-là, c'est allé en grandissant. Je n'ai pas arrêté de travailler. J'ai tellement travaillé que je n'ai pas vu ce qui arrivait. Je suis partie de rien. Au début, je n'avais pas de charisme sur scène, je disais des niaiseries et je ne savais pas quoi faire. Je venais d'avoir dix-neuf ans. C'était un peu n'importe quoi.

*Comme tu es très timide, as-tu l'impression que le piano te protège de quelque chose quand tu es sur scène ? C'est ton armure ?*

Oui, pendant longtemps. J'étais tellement concentrée sur ce que je faisais. J'avoue qu'au début c'était un peu comme mon armure, ma forteresse. J'étais derrière lui et je ne bougeais pas. C'était vraiment mon repère. J'avais même de la difficulté à chanter en même temps que je jouais du piano, car je souffre d'un déficit d'attention.

*Ça a pris du temps avant que tu te lèves et que tu te tiennes debout devant ton public ?*

Oui. Que je me lève et que je m'assume en tant qu'artiste… Je me lève beaucoup plus qu'avant. Je réussis à sortir de ma bulle.

*Étais-tu terrorisée ?*

Probablement. À un moment donné, ça m'a rattrapée parce que je ne savais pas comment me comporter devant les gens qui venaient me demander des autographes. Je me demandais pourquoi. Pourquoi veulent-ils un autographe de moi ? Ça me paraissait vraiment bizarre.

*Quand le succès s'annonce, les exigences s'intensifient et les attentes s'additionnent.*

En France, les gens étaient super critiques avec moi. Mon label, ma maison de production, ma maison de *booking*, tout le monde me disait : « Faut que tu fasses ça, faut que tu fasses ça, faut que tu fasses ça. » La pression était grande. Il fallait tout le temps que ce soit meilleur d'une fois à l'autre. C'est la raison pour laquelle je ne voyais pas ce qui se passait, j'étais juste concentrée sur ce que j'avais à faire, travailler.

*Inévitablement, pour atteindre les sommets, il y a un moment où il faut que tu ne penses qu'à ça du matin jusqu'au soir. Il faut que ça devienne presque une obsession pour que tu répondes aux exigences de tous ceux qui travaillent à la fabrication de l'image.*

On devient un produit, un *brand*, forcément, surtout dans le monde où on est. En France, les standards sont plus élevés parce que nombreux. La demande est plus grosse et l'argent n'est pas le même.

*Trouvais-tu qu'on t'en demandait trop ? Que tu allais au-delà de tes capacités à répondre ?*

Le métier fait en sorte qu'il faut sauter quand ça passe. C'est important. Aujourd'hui, je ne serais pas rendue là ni la personne que je suis devenue si je ne l'avais pas fait. Il est certain que j'ai grandi là-dedans. Au début, tu essaies de trouver une façon de définir ta personnalité, de savoir qui tu es. On dirait qu'avec ce que j'ai vécu à travers Cœur de pirate, je sais mieux qui je suis.

*As-tu l'impression que le fait de prendre un pseudonyme, Cœur de pirate, a permis à Béatrice de se connaître davantage ?*

Peut-être…

*Est-ce que ça a été une forme de rempart pour toi, le fait de te dissimuler derrière le personnage de Cœur de pirate ?*

C'est sûr que j'ai pu me cacher derrière ça un peu, mais maintenant ça ne sert plus à rien de le faire.

*Ton premier album et tout le succès qu'il a remporté – tu en as vendu plus de six cent mille exemplaires –, est-ce une revanche sur ces hommes qui t'ont larguée, comme l'amour et ses aléas sont au cœur même de tes propos sur cet opus?*

Cet album-là est une grosse revanche. J'étais très en colère au moment où je l'ai écrit. Il fallait que ça soit écrit, que ça soit chanté. Quand ton chum te laisse, c'est la fin du monde. À un moment donné, il faut que tu te rendes compte que, même si c'est fini, tu peux quand même t'en remettre. Si j'étais capable, par mes chansons, de faire comprendre ça aux gens, alors j'aurais un peu réussi mon travail. Mais ça, je l'ai compris par la suite. Si je n'avais pas trouvé ce moyen-là d'extérioriser le tout, je ne sais ce que je serais devenue. Ce qu'il est important de comprendre, c'est que, moi, avant de commencer à écrire des chansons, j'étais, inconsciemment, en train de m'autodétruire parce que je faisais les mauvais choix. Mes parents ne savaient pas trop où je m'en allais. Tout le monde était très inquiet, mais je ne m'en rendais pas compte et je m'en foutais. Quand j'ai pris la décision d'écrire des chansons, j'ai découvert que c'était assez facile pour moi. C'était vraiment de l'écriture automatique. J'ai trouvé une façon très directe de dire ce que je ressentais.

*Pourrait-on dire que ça t'a sauvée?*

Même encore aujourd'hui, je suis reconnaissante envers les personnes qui m'ont fait du mal parce que ç'a suscité des émotions en moi qui m'ont poussée à écrire.

*Tu es capable de dire merci à ceux qui t'ont fait du mal en amour?*

Oui. Tu sais, c'est quand même merveilleux, j'ai réussi à toucher des gens avec ce que moi, j'ai vécu, d'une certaine façon. Il y a des personnes qui viennent me voir aujourd'hui et qui me disent: «Ce que tu chantes, ce que tu écris, ça m'a beaucoup aidé, merci.» C'est pour ça que je continue à faire de la musique.

*La célébrité t'a en quelque sorte catapultée dans un monde d'adultes assez vite. Que reste-t-il de l'enfant en toi?*

J'ai vécu une enfance très particulière. J'étais persécutée par les autres. Les enfants sont très méchants entre eux. Je pense qu'il est important de se le rappeler. J'ai commencé à vraiment comprendre certaines choses de mon enfance à partir de dix-sept ans, quand j'ai réussi à faire la paix avec moi-même et avec ce que j'avais vécu. Je me souviens de beaucoup de choses, et ce ne sont pas des choses positives. C'est peut-être pour ça que j'ai écrit *Comme des enfants*, parce que j'ai l'impression que tu es tellement insouciant quand tu es enfant.

*Est-ce que le succès t'a rendue plus vulnérable?*

Je pense que oui, mais il m'a aussi rendue plus forte. Il y a des gens qui travaillent pour moi. Il y a des gens qui achètent mon disque, qui viennent à mes concerts. J'ai une motivation très forte en fait, parce que je ne dois pas les décevoir.

*Tu as un côté appliqué. Est-ce qu'il te vient de tes années passées au conservatoire de musique?*

C'est certain que ça peut découler de toutes mes années au conservatoire et des jours où, lorsque je rentrais de mes cours, je devais répéter mes gammes pendant deux heures. Je n'ai pas eu de vie sociale. J'ai tellement travaillé fort pour me rendre où je suis aujourd'hui que je n'ai pas envie de jeter ça par la fenêtre. À quatorze ans, j'ai fait comme une overdose de piano.

*As-tu fait comme dans les films? Tu as refermé le couvercle du clavier, et c'était fini?*

Je regardais le piano et j'avais mal au cœur. Ce n'était vraiment pas cool, parce que, tout ce que je faisais, c'était m'engueuler avec ma mère, qui s'assoyait à côté de moi pour me faire répéter. C'est elle qui me poussait à faire du piano. Ç'a duré des années. On s'engueulait parce que, vraiment, je n'avais plus envie de jouer et, un jour, ma mère m'a dit: «Si tu veux arrêter, arrête.» Elle est vraiment merveilleuse. J'ai essayé de faire mon possible. Je pense que, quand j'ai arrêté de faire du piano, j'ai dû la décevoir, d'une certaine façon.

*Ces engueulades ne t'ont pas empêchée de la remercier aux Victoires de la musique en France quand tu as remporté le prix de la chanson de l'année pour* Comme des enfants *en 2010.*

J'ai remercié mes parents parce qu'ils m'ont mise au monde. Ils avaient planifié ma venue quand même, et ça, c'était cool. Je les ai aussi remerciés de m'avoir initiée au piano très, très jeune et de m'avoir forcée à continuer. Je pense que, si je n'avais pas joué du piano, je ne serais pas la personne que je suis maintenant.

*Est-ce que ta mère caressait le rêve de devenir pianiste soliste et reconnue?*

Je ne le sais pas. Je ne lui ai jamais posé la question. Ma mère est accompagnatrice; je ne pense pas qu'elle voulait être soliste. Des fois, elle me dit: «Je ne sais pas comment tu fais parce que ç'a l'air insupportable.» *(Elle rit.)*

*Quand tu es devenue mère à ton tour, est-ce que tu as compris un peu mieux tout ce qui a été fait pour toi auparavant?*

Ma mère m'a fait commencer le piano parce que, apparemment, je souffrais d'un déficit d'attention. Je l'ai encore. Le piano m'aidait à me concentrer sur une chose pendant deux heures. D'après ma mère, j'avais une musicalité énorme. J'aurais pu faire ça toute ma vie. Je pense que j'allais vers ça

> **« J'ai tellement travaillé fort pour me rendre où je suis aujourd'hui** que je n'ai pas envie de jeter ça par la fenêtre. **»**

naturellement. Ma fille, elle le fait naturellement aussi. C'est fou, quand je joue du piano, elle vient à côté de moi et elle joue avec moi. Si elle veut aller vers le piano, elle le fait, mais je ne vais jamais la forcer à faire quelque chose qu'elle n'a pas envie de faire. Si à trois ou quatre ans, elle me dit: « J'aimerais ça jouer du piano comme toi », je dirai « OK. On va suivre des cours et maman va te donner des leçons, mais il faut que tu pratiques. »

# " J'ai tout le temps peur **de décevoir les gens.** "

*Tu as beaucoup de peurs. Tu disais: « J'ai peur de décevoir. J'ai peur de manquer de voix. J'ai peur d'être malade. » Les peurs s'accumulent. Avec le succès, elles s'amplifient. Comment fais-tu pour mieux les gérer?*
Je vais voir un psy. (*Elle rit.*) Avant, je n'en parlais pas. À un moment donné, ça s'accumule et tu commences à souffrir d'anxiété. De l'exprimer, ça aide. Tu ne peux pas en parler à tout le monde. C'est vrai, j'ai tout le temps peur de tomber malade. J'ai tout le temps peur de décevoir les gens. Ça me fait de la peine quand je dois annuler un concert. Ça m'est arrivé l'été dernier. J'étais à l'hôpital et je disais: « Je ne peux pas croire que j'annule mon show… *Get me out of here!* Il faut que je *flushe* mes pierres aux reins pour y aller. » Ça m'a fait tellement de peine. Les gens te le font sentir aussi.

*Les gens sont plus exigeants qu'avant? Ont-ils l'impression que, parce qu'ils ont accès à toi, ils peuvent te dire tout ce qu'ils pensent?*
Oui.

*Est-ce que la célébrité t'a appris quelque chose sur toi que tu ignorais?*
En fait, elle m'a appris à être plus sociable. Avant, j'étais un chat sauvage, je ne me laissais pas aborder. Ce n'est pas un problème d'être gentille. J'ai ça en moi et je ne dois pas avoir peur des autres. Quand j'étais plus jeune, j'ai été la fille pour qui les gens avaient peu de considération. J'aimais dessiner et j'étais vraiment dans la lune. Je pense que les gens m'ont vue comme une cible facile, donc pendant longtemps le monde a ri de moi, mais je ne savais pas pourquoi. Ça fait en sorte que j'ai commencé à me méfier beaucoup.

*Tu es encore un peu méfiante?*
Moins maintenant. Si les gens m'abordent, ça va mieux.

*Est-ce que tu crois que certains traits de caractère ressortent avec la célébrité?*
Mes insécurités, mes peurs, mes inquiétudes et ma paranoïa ont refait surface. Avant, je n'avais pas à m'inquiéter de quoi que ce soit. Maintenant, ce n'est plus le cas.

*Il y a un ami du métier qui m'a dit un jour: « Le pire danger qui guette quelqu'un, quand le succès lui tombe dessus, c'est de croire tout ce qu'on dit de lui… »*

C'est vrai. On fait un travail, comme tout le monde. On chante des chansons, c'est notre métier. Au Québec, on est bons pour te ramener les pieds sur terre. Quand tu vas faire un show, le *catering* est « de base ». Les gens sont super fins avec toi, mais ils ne sont pas en train de « téter »… Tu arrives dans la salle, tu fais ton affaire. Avant le spectacle, tu vas manger au Tim Hortons d'à côté. Après, tu reviens faire ton concert.

*Contrairement à la France et à son star-système?*
En France, tu vas en minivan à ton concert. C'est normal. La première fois que j'ai vu le *catering* en France, j'ai dit: « Ben voyons donc! C'est un grand chef qui est assis là. » Tu as tout à ta disposition, tu n'as qu'à demander. Moi, je me sentais mal. Je me disais: « J'peux pas. » (*Elle rit.*) C'est vraiment ça, je capotais. Tu as des cadeaux tout le temps. Je me sens quasiment mal d'avoir ça.

*Es-tu encore comme ça?*
Oui. Oui. Oui.

*Tu es une enfant de la nouvelle génération, celle des gens qui « tweetent ». Tu es née dans le métier aussi de cette façon. La prolifération des tribunes sur le Net donne soudainement un accès privilégié à l'artiste. Le fan peut s'approcher de plus en plus de son idole d'une façon virtuelle. D'ailleurs, tu as vingt-cinq mille visiteurs hebdomadaires qui te suivent. Il faut que tu les tiennes un peu informés de ce qui se passe dans ta vie. Est-ce une nouvelle donne à considérer dans l'équation de la réussite?*
Ce n'est pas toujours facile. Au Québec, on n'a pas vraiment de star-système, et en France, c'est en train de se détruire un peu à cause d'Internet. Maintenant, il n'y a plus de barrière entre le public et les gens connus. Tu leur parles tout le temps. Moi, la raison pour laquelle je suis sur les réseaux sociaux, c'est que je veux montrer que je ne suis pas un robot. Je peux entrer en contact avec les gens s'il le faut. Je demande des conseils, je pose des questions. C'est normal. C'est comme ça qu'on devrait l'utiliser. Il ne faut pas se prendre au sérieux. Les gens qui se prennent au sérieux, ce sont les journalistes, les politiciens. Ils ont raison de se prendre au sérieux, mais pas moi.

*Mais tu n'as pas peur, en cent quarante caractères, d'être mal citée et par la force des choses mal comprise et mal interprétée?*
Tout le temps.

*Quand tu étais adolescente, tu longeais les murs. Tu ne voulais pas qu'on te voie. Tu voulais te fondre littéralement dans la foule. À partir du moment où on te voit, où on te scrute à la loupe parce que tu es devenue une célébrité, est-ce que tout du Net n'est pas une intrusion terrible pour quelqu'un comme toi?*
Oui. Mais grâce à Internet, je peux choisir ce que les gens savent de moi. Ce avec quoi j'ai du mal, ce sont les gens qui

disent des choses sur moi qui ne sont pas vraies. Ce qui m'énerve le plus, ce sont ceux qui m'insultent directement sur Twitter et sur Instagram. Ça reste de l'intimidation.

*Mais personne ne dénonce ça pour l'instant…*
Pas pour les gens connus. Ce n'est pas grave pour eux. On se dit : « Qu'est-ce qu'elle a à se plaindre ? » Mais ça fait mal. Ça reste de l'intimidation. J'en ai vécu quand j'étais petite, quand j'étais ado, et j'en vis encore. Même si je me fais une carapace, ça vient me chercher quand même. Je pense que ça viendrait chercher tout le monde.

*Maintenant que tu connais la gloire, quel est ton rapport avec l'argent ? Les deux sont indissociables.*
Je suis très responsable, question argent. Mon papa s'occupe bien de moi. C'est lui qui gère ma comptabilité. Il veille sur moi. Je n'ai pas envie de m'acheter des Lamborghini. Je ne pourrais pas le faire de toute façon.

*Tu as un rapport sain avec l'argent ?*
Tout à fait. Je sais que j'ai un bon rapport avec l'argent parce que mes parents m'ont bien appris comment gérer ça.

*Béatrice, est-ce qu'on se sent parfois seul quand on est au sommet ?*
On est un peu seul. Même si j'ai beaucoup de personnes autour de moi, je vais rester seule encore longtemps parce que c'est quelque chose qui est propre à mon statut.

*Y a-t-il un prix à payer pour être là ?*
Je pense que je l'ai payé jusqu'à maintenant, que ce soit par ce que les gens disent de moi ou peuvent ressentir par rapport à ce que je fais. Le nombre de fois où je me suis fait descendre… Ceux qui pensent te connaître et qui disent des tonnes de choses sur toi, alors que tu ne les as jamais rencontrés. Ça m'affectait vraiment beaucoup. C'est normal quand tu n'as jamais vécu ce genre de situation.

*En France, c'est énorme, la carrière que tu as. Ici, les gens ne mesurent pas l'ampleur que ça a pris là-bas. As-tu senti que tu pouvais basculer ?*
Entre le premier et le deuxième album, ce n'était pas très jojo comme période. Je pense que j'ai basculé mentalement, en tout cas émotionnellement, mais j'ai eu le bon réflexe de me dire : « Faut que j'arrête, là… » À un moment donné, je n'arrivais plus à écrire de chansons. Je faisais tellement de tournées que je n'étais plus capable de composer ni de faire grand-chose. Tous les jours, tu dois te dire que c'est le plus beau métier du monde, qu'il y a plein de gens qui voudraient être à ta place, mais après un certain temps t'es plus capable, et c'est là que ça devient lourd et que tu peux commencer à être désagréable avec les autres. Et ce n'est pas quelque chose que je souhaitais.

*Comment étais-tu avant le succès ?*
J'ai été invisible toute ma vie. Je n'avais pas beaucoup d'amis. J'étais très indépendante. Un loup solitaire assez sauvage.

Quand j'ai connu le succès, les gens se sont mis à me parler, et je ne comprenais pas pourquoi. Les premières fois qu'on me reconnaissait, au Québec ou en France, je ne comprenais pas pourquoi on voulait mon autographe. C'est important pour un artiste de se retrouver avec lui-même, de faire autre chose…

*De vivre ?*
De vivre un peu, d'écrire des chansons. C'est au moment où tu t'en rends le moins compte qu'il y a des trucs vraiment pas cool qui se disent sur toi. Au début, ça m'affectait beaucoup, ce qu'on écrivait sur moi, maintenant ça ne me fait plus rien. Aujourd'hui, je pense que j'ai fait mes preuves. Dans la vie, il y aura toujours des personnes qui vont t'aimer et d'autres qui ne t'aimeront pas, c'est leur droit.

*Mais pourquoi tu lis tout ?*
Je ne lis pas tout. Parfois, ce sont les gens qui m'en parlent.

*Et un jour, tu as arrêté en pleine gloire au moment où tu aurais dû te préparer pour ton deuxième disque…*
Oui. J'ai arrêté. J'ai dit : « Je m'en vais » et je suis allée à Los Angeles.

*Tu as fait de la musique là-bas ?*
J'en ai fait un peu, mais je n'étais plus capable de supporter la pression. Tout le monde me disait quoi faire. J'étais même rentrée en studio pour mon deuxième album, et je me suis dit : « Non. Non, là, ça va pas. » Alors je suis partie en vacances.

*Ça te faisait du bien de te fondre dans la foule de L. A., où personne ne te reconnaissait ? L'anonymat complet…*
Ah, c'était vraiment cool. J'ai été longtemps invisible, c'est mon camouflage de choix…

*Aujourd'hui, qu'est-ce que tu as changé pour éviter de basculer et de te perdre ?*
J'ai ma fille. Je ne vis pas que pour moi-même. C'est quelque chose d'assez grand, la maternité. Quand je suis tombée enceinte, je me suis demandé si j'étais tannée de ne vivre que pour moi, que pour ma gueule. Et la réponse était oui ! J'allais avoir un enfant. J'allais grandir, en tant que personne, avec elle. Le jour où elle est née, je me suis dit : « Je ne peux rien faire qui va la blesser. » Avant Romy, je ne savais pas qui j'étais : Béatrice ? Cœur de pirate ? Je ne le savais pas, c'était bizarre.

*Sa naissance a été presque une bénédiction pour toi ?*
J'appelle ça comme ça. Une chance qu'elle est arrivée dans ma vie ! (*Elle rit.*) Je me connais plus et je me suis aussi plus définie en tant qu'artiste, à travers quelque chose de positif.

*Quand on lit sur toi, à tes débuts, on constate qu'il y avait cette volonté que les choses ne s'arrêtent jamais. Tu disais* que, la pire chose qui pourrait t'arriver, c'est qu'on ne se souvienne plus jamais de toi. As-tu encore peur de ce côté éphémère du métier ?

Au début de ma carrière, les gens me demandaient si j'avais peur d'être la « saveur du mois », peur que ça ne dure pas. Mais je me suis rendu compte que ça fait cinq ans que je suis la « saveur du mois », que je ne fais que ce métier. Ça pourrait arrêter demain matin. Ça me ferait de la peine si les gens sur qui j'ai eu un impact m'oubliaient, cependant je sais que les vrais fans resteraient.

*Le poète Paul Éluard écrivait : « Le dur désir de durer. » Aujourd'hui, est-ce encore une préoccupation chez toi ?*
Non. J'ai envie de subvenir aux besoins de ma fille. Aujourd'hui, comme j'ai fait ça tellement longtemps, j'ai peur que ce soit tout ce que je saurais faire. S'il fallait que je retourne à l'école, ça serait un peu compliqué. Si ça ne marchait plus, je continuerais mes affaires, je ferais du design graphique, je ferais n'importe quoi d'autre parce que je ne suis pas la personne qui voulait devenir chanteuse à tout prix.

*Tu parles comme si tu étais vieille !*
Oui, mais j'ai commencé au moment où je devais me trouver une carrière, d'une certaine façon, c'est tout ce que je sais faire.

*C'est déjà beaucoup.*
C'est beaucoup, mais imagine si, à un moment donné, je commence à écrire des mauvaises chansons et que ça ne marche plus.

*Qu'est-ce que tu veux le plus dans ta vie professionnelle maintenant ?*
Pouvoir continuer ce que je fais en ce moment. Je ne sais pas si ça durera très longtemps encore ; je pense que c'est quelque chose que tu vis à une certaine période de ta vie. Je ne me vois pas chanter des chansons à quarante-cinq ans, je n'en ai pas envie. Je me vois écrire des chansons pour les autres.

*Tu ne te vois pas chanter encore à quarante, quarante-cinq ans ?*
Non, je n'en ai pas envie.

*Pourquoi ?*
Pas maintenant. Peut-être que j'en aurai envie à ce moment-là. Peut-être que je ferai un *come-back* ? Je ne sais pas.

*Tu as fait quelques incursions dans le marché anglophone. Serais-tu capable de vivre une immense popularité, à l'instar de Rihanna ? Voudrais-tu devenir une star mondiale ?*
Non.

*Tu n'as pas cette ambition-là ?*
Quand je vois les One Direction, j'ai mal au cœur. Je ne veux pas ça. Je me rappelle quand j'étais aux NRJ Music Awards en France, j'ai vu des stars qui arrivaient toujours avec des *bodyguards*. Ils ont un entourage tout le temps. Ils sont déconnectés. Je ne pourrais pas vivre ça.

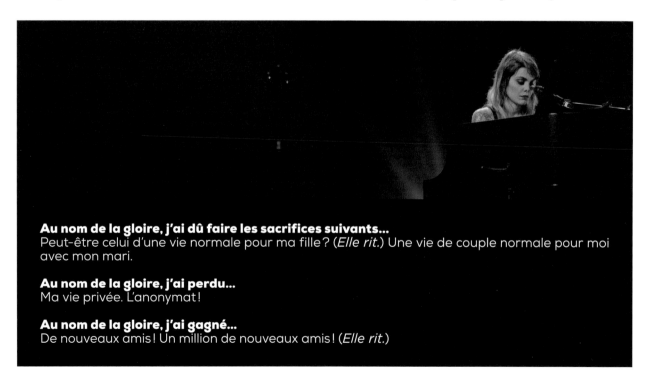

**Au nom de la gloire, j'ai dû faire les sacrifices suivants...**
Peut-être celui d'une vie normale pour ma fille ? (*Elle rit.*) Une vie de couple normale pour moi avec mon mari.

**Au nom de la gloire, j'ai perdu...**
Ma vie privée. L'anonymat !

**Au nom de la gloire, j'ai gagné...**
De nouveaux amis ! Un million de nouveaux amis ! (*Elle rit.*)

Yan England est... ent ses divers rôles d'animateur à la télévision, de ... oducteur de deux courts métrages, il obtient avec l'... pour un Oscar dans la catégorie du meilleur court r... ge à son grand-père, ancien soldat et producteur ... eu à peu jusqu'à perdre toute trace de son passé. ... England s'en inspire pour la trame de son film. Le ... lle, Yasmeena, et de sa grande amie Jeanne Larri... nti-gala de VRAK TV, qu'anime Yan England d'un... elques clichés pris ici et là dans cette ambiance su... elles qu'ils aiment par-dessus tout. Yan est un homm... reçoit un compliment, il s'empresse de détourner l'... inspire: ce n'est pas pour rien qu'il est l'idole des je...

# YAN ENGLAND
## COMME AU CINÉMA

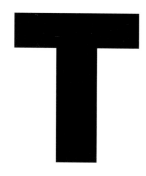

**T**
**U ES DANS LE PAYSAGE TÉLÉVI-SUEL DEPUIS TA JEUNESSE.** *Maintenant, tu es devenu une idole auprès des jeunes. Ta passion est communicative.*

Je me considère chanceux de vivre de ma passion. La première fois que je suis arrivé sur le plateau de tournage de *Robin et Stella* et que j'ai vu les caméras, je suis tombé en amour. C'est un moment qui va rester marqué toute ma vie.

*Es-tu réellement conscient du succès que tu connais auprès d'eux?*

Je suis chanceux et je suis reconnaissant. Je veux être là pour eux. Pour moi, rêver et avoir envie de réaliser ses rêves, c'est fondamental. C'est ma passion et j'essaie de leur transmettre cette passion-là.

*Depuis ta tendre enfance, le cinéma, c'est ton monde. C'est là que tu puises, à travers la vie des autres, ton inspiration. C'est un lieu d'apprentissage.*

Ma passion pour le jeu remonte à très, très loin. J'ai toujours voulu faire ça, et je voulais aussi réaliser, sans trop savoir ce que c'était. En fait, je voulais raconter des histoires autant par le jeu que par l'écriture et la réalisation. J'ai appris la vie en regardant des films. Les dessins animés ont nourri mon imagination, tout comme les films de Steven Spielberg. Le cinéma m'émerveille. Je m'émerveille facilement devant bien des choses.

> **J'ai appris la vie en regardant des films.**

*Ton amour pour cet art se définit et prend place en toi assez tôt dans ta vie. Tu deviens un acteur autodidacte.*

Je n'ai pas fait d'école pour le jeu, sauf quand je suis allé vivre à Los Angeles et à New York. J'ai commencé à tourner quand j'avais huit ans. C'est sur les plateaux que j'apprenais mon métier d'acteur en regardant les autres. C'est une grande chance. J'ai travaillé extrêmement fort. Ça n'a jamais été une chose que j'ai prise à la légère parce que mes parents m'avaient prévenu quand j'ai obtenu mon rôle dans *Watatatow*: «Yan, c'est beau tout ça, mais si tes notes baissent de un pour cent, c'est fini pour la télé. C'est l'école avant tout.»

*Cette grande passion que tu as pour le monde du cinéma vient de ton grand-père, qui a fait de la production de films en Italie.*

Effectivement, c'est une passion qui a été léguée de mon grand-père à ma mère et de ma mère à moi. Mon grand-père produisait des films en Italie. Ma mère, à cinq, six, sept ans, allait s'asseoir dans des salles de projection là-bas et elle y passait ses journées. Elle était fascinée par ce monde. Elle pouvait voir les mêmes films une centaine de fois. Elle était passionnée de cinéma, et un jour elle s'est mise à travailler dans ce milieu au Québec. J'ai l'impression que c'est un gène qui s'est transmis de génération en génération. Mon père aussi aime beaucoup le cinéma, la télévision et le domaine des communications. Alors moi, je dois vraiment qui je suis à ma famille. Je suis à demi italien. Ma famille, c'est très important. J'ai un noyau qui m'est très précieux.

*Quand le succès est apparu dans ta vie, as-tu senti que tu avais une responsabilité supplémentaire?*

J'ai commencé extrêmement jeune à entraîner une équipe de natation. Ça, ça vient de Gregory Charles. Quand je tournais *Les Débrouillards* avec lui et qu'il me disait qu'il revenait d'un voyage au Japon ou en France avec ses jeunes de première secondaire, je trouvais ça inspirant. En fait, ça me semblait fantastique qu'il donne à des jeunes la possibilité, avec la musique et les voyages, d'apprendre beaucoup de choses en découvrant le monde. Je me suis toujours dit que, si j'étais capable de faire ça, j'aimerais moi aussi pouvoir redonner.

*N'as-tu jamais voulu obtenir la gloire?*

Je n'ai jamais fait ce métier pour obtenir la gloire. Je l'ai fait pour raconter une histoire. Pour vivre dans ce beau monde de l'imaginaire et pour pouvoir jouer des rôles dans lesquels je peux mordre.

*À dix-huit ans, tu décides de t'installer à Los Angeles et tu y vis pendant cinq ans. Souhaites-tu réussir là-bas?*

La raison principale pour laquelle j'ai fait le saut là-bas, c'est que je n'étais pas bilingue, et il fallait que je le devienne pour ne pas avoir de limites. J'ai pris un vingt-cinq sous et je me suis dit: «Pile, ça va être Los Angeles, face, ce sera New York.» C'est tombé sur pile. D'ailleurs, quand je suis parti à Los Angeles, mon autre but était de me perfectionner dans le jeu. Et c'est pour cette raison que je suis allé étudier dans deux grandes écoles de théâtre. J'y suis resté cinq ans.

*Là, à Los Angeles, tu es dans un lieu où tous les espoirs sont permis puisque tous les gens qui y sont rêvent de conquête et de gloire. Tes rêves deviennent-ils plus grands et te donnes-tu le droit d'y accéder?*

Tout à fait. Mais je me suis toujours donné le droit de rêver. Il y a eu des événements fascinants. Quand tu vas passer ta première audition dans les studios de Fox et qu'en arrivant tu vois une immense peinture de *Star Wars*, c'est *thrillant*! J'ai vécu une période où j'auditionnais tous les jours. Une audition ou deux par jour. J'avais des textes nouveaux en anglais à apprendre tous les soirs. Ils t'envoient un texte, et tu dois le connaître par cœur pour le lendemain matin. J'ai fait tout ce que je pouvais pour réussir, mais à un certain moment j'ai eu le *feeling* que la ville avait fermé ses portes devant moi.

J'avais perdu le *timing*. C'est la raison pour laquelle je suis allé vivre à New York après Los Angeles.

*Après cinq ans à L.A., as-tu le sentiment d'avoir échoué dans la poursuite de ton rêve ? C'est la déception ?*
C'est sûr que j'étais déçu. En fait, les premiers temps, je ne comprenais pas ce qui se passait. Je m'étais trouvé un agent. Quand je suis arrivé là-bas, je ne connaissais personne. J'étais un comédien qui commençait à zéro. Malgré toute l'expérience que tu peux avoir, tu recommences à zéro tout le temps. Je passais beaucoup d'auditions et, tout à coup, tout s'est arrêté. J'ai eu trois malchances d'affilée. D'abord, un show de télé, *Les Débrouillards*, que je faisais ici, a quitté les ondes. Ensuite, un autre truc a pris fin. J'ai perdu mon agent à Los Angeles, et je me retrouvais sans rien. Rien ne marchait, malgré l'expérience que j'avais. C'est vraiment comme recevoir plusieurs gifles. À un moment donné, je me suis dit : « Un instant ! Ça ne me donne rien de me battre contre le *timing*. » J'ai toujours cru au *timing*. C'est vrai que les choses se passent parfois pour une raison qu'on ignore. Mais on le comprend après.

*Cinq ans d'efforts et de travail qui se terminaient ainsi. Est-ce que tu t'es dit « Tout ça pour ça » ?*
Non, jamais ! Je ne suis pas un gars qui abandonne. Je déteste ça. Il faut que j'aille au bout de chaque projet. Je dois énormément à mes parents. Il n'y a rien d'impossible pour eux. Donc, pour moi aussi. Ça fait partie de l'éducation que j'ai eue. Tu vas au bout de ce que tu entreprends, donc après, tu n'auras pas de regret. Et si ça ne marche pas, ce sera pour une bonne raison. À ce moment-là, il y avait beaucoup de mauvaises nouvelles, et ça finit par te ramasser, les mauvaises nouvelles. Après mes cinq ans à Los Angeles, je n'avais plus une cenne. Mais c'était un choix, et mon père m'avait dit : « Yan, c'est un investissement à long terme. »

*Avais-tu l'impression d'abandonner en partant à New York ?*
Non, parce que je me suis demandé ce que je devais faire. Il fallait que je rebrasse les cartes pour sortir de ce cercle vicieux. Alors je me suis finalement trouvé un agent à New York. J'ai vécu une année là-bas, et ç'a été fantastique parce que j'ai découvert une ville tout en continuant à apprendre le jeu, et en ayant la chance d'auditionner. C'est une autre vie. C'était passionnant, passer de Los Angeles à New York. Je me suis trouvé une petite chambre dans un appartement gros comme ma main, on était cinq ! On était tous entassés, mais ce n'était pas grave. J'ai commencé à auditionner pour de gros projets. Quand tu quittes ton chez-toi, tu as une *drive*. Ce qui est beau, c'est que tous les gens là-bas avaient cette *drive* parce qu'ils s'étaient exilés. Quand quelqu'un décide d'aller au bout de quelque chose, moi, je trouve ça cool.

*Es-tu quelqu'un d'obsessif ?*
Le mot « obsessif » a un peu une connotation négative. C'est pour ça que je n'utilise pas les termes « obsessif » ou « ambi-

tion ». L'obsession, ce serait d'être prêt à tout, que ce soit sacrifier sa famille ou écraser les autres. Jamais je ne pourrais écraser quelqu'un pour me rendre où j'ai envie d'aller. En ce qui concerne mes passions, ma *drive*, ça, je vais y aller à fond et je ne lâcherai pas tant que je n'arriverai pas au bout. Si ça ne marche pas, ça ne marche pas.

*Mais tu as parlé de toi comme étant quelqu'un d'impulsif et qui suit ce qu'il ressent.*
Je suis tellement impulsif parfois. Un jour, je suis parti en Italie pour apprendre l'italien. Ça s'est décidé en deux jours. J'avais obtenu un rôle, et le rôle est tombé à l'eau. Alors, comme j'étais triste de l'avoir perdu, j'ai dit à ma mère : « Je m'en vais en Italie. Je pars dans deux jours. » J'avais acheté mon billet ! Elle m'a trouvé un peu impulsif, mais il fallait que je le fasse. J'avais besoin de changer d'air, d'aller vivre autre chose pour passer ça.

> **" Je dois énormément à mes parents.** Il n'y a rien d'impossible pour eux. Donc, pour moi aussi. **"**

*La cérémonie des Oscars revêt un caractère sacré pour ta famille et toi. Regarder ce gala et les émissions qui le précèdent, c'est une tradition annuelle depuis toujours dans ta vie et dans celle de tes parents.*
Je suis les Oscars depuis que j'ai cinq ans. Quand j'étais enfant, je disais à mon père et à ma mère : « Ça serait génial de pouvoir être assis là. » Ma mère m'a toujours dit : « Peut-être qu'un jour, Yan, tu pourras y aller. Peut-être qu'un jour tu auras un film en nomination. » En 2013, ça s'est passé avec mon film *Henry*. C'est comme un rêve. Je dis toujours qu'il n'est pas inatteignable parce qu'il n'y a rien d'impossible…

*Tu as financé tes courts métrages. Tu as tout mis en œuvre pour concrétiser tes rêves.*
J'ai financé tout seul mes deux courts métrages, *Moi* et *Henry*, avec mon argent. C'est mon petit cochon que je casse, et après je n'ai plus une cenne et ça finit là. Pour les deux courts métrages, il fallait que j'aille au bout. Je les avais écrites, il n'était pas question que ces histoires-là restent sur le papier. Pour moi, c'était d'aller au bout du tournage, d'aller au bout du film et à la fin de me dire : « Voilà, j'ai mon film. »

*Ce film, Henry, est très personnel. Il est de l'ordre de l'intime. Ce qui rend l'aventure encore plus symbolique.*
C'est une histoire qui m'est personnelle parce qu'elle touche ma famille. Le personnage principal, Henry, ce n'est pas juste mon grand-père, c'est aussi plein d'idées qui sont sorties de ma tête. La fameuse phrase que le personnage dit, c'est une citation directe de mon grand-père : « Est-ce que j'ai été un

homme bon ? » Il m'a vraiment posé cette question, dans un café à Saint-Lambert. À l'époque, sa mémoire commençait à faire défaut, lui qui avait toujours eu des souvenirs intacts d'une vie hallucinante. Sur le coup, ça m'est rentré dedans. Je me disais que, malgré tous les succès qu'il avait pu connaître dans la vie, c'est ça qu'il voulait savoir. « Est-ce que j'ai été un homme bon ? » Il a fait partie du service de renseignements de l'Angleterre pendant la Seconde Guerre mondiale. Après, il est devenu producteur de films en Italie, où il a connu beaucoup de succès avant de tout perdre. Il a recommencé sa vie à zéro ici avec sa famille. Qu'il pose cette question-là, ça voulait dire qu'il ne se souvenait plus. Le passé s'effaçait de sa tête. Mon grand-père a été pour moi un héros et il le sera toujours par toutes les choses qu'il a accomplies sans jamais se laisser abattre par quoi que ce soit. Après ce repas, quand j'allais le visiter à l'hôpital, j'étais parfois son petit-fils, parfois un jeune soldat avec qui il avait fait la guerre. C'était difficile à voir.

*Une histoire aussi sensible se retrouve parmi les meilleures histoires du monde aux Oscars. Comment en arrive-t-on là ?*
Mon premier court métrage, *Moi*, je l'ai envoyé dans près d'une centaine de festivals. Mon deuxième, *Henry*, dans plus de cent festivals dans le monde. Je ne savais pas comment ça marchait, la distribution, ni comment fonctionnaient les festivals. Je me suis donc dit : « C'est quoi le plus gros événement où *Henry* pourrait aller ? Aux Oscars ! Alors, je vais fouiller pour découvrir comment on fait pour l'envoyer aux Oscars. » Sérieusement, quand tu fais ton film, tu n'as pas ça en tête, de te rendre aux Oscars.

*Quand on t'annonce que tu fais partie des onze finalistes au mois de décembre 2012, comment ça se passe ?*
La nuit précédente, je ne réussissais pas à dormir. Je prends ma tablette électronique, je l'ouvre, et tout à coup j'ai des iMessages qui commencent à *poper*. Éric Salvail est le premier à m'écrire : « Bravo, bravo ! Félicitations ! » Je me demandais de quoi il me félicitait. Je vois un autre message apparaître, tout ça se passe à peu près en dix secondes, j'ai des messages qui rentrent, puis je reçois un appel d'André Duchesne, de *La Presse*. C'est comme dans *Twilight Zone*. Je ne comprenais pas ce qui se passait jusqu'à ce que je vérifie mes courriels et que j'en voie un qui vient de l'Académie. J'appelle mes parents en pleine nuit et je leur dis qu'*Henry* vient d'être sélectionné parmi les onze films aux Oscars. On braillait tous.

*Tu es parmi les onze finalistes. Le 10 janvier 2013, tu apprends les noms des cinq finalistes, parmi lesquels tu figures. Tu es alors à la radio, en plein travail, quand tu découvres que tu es dans la cour des grands avec* Henry. *Tes parents sont à tes côtés à ce moment-là.*
Mes parents sont toujours là. Ce sont les personnes les plus importantes dans ma vie et elles le seront toujours.

*Une telle annonce, est-ce une forme de revanche sur la vie ?*
Jamais je ne dirais « revanche » parce que la vie est trop belle. Ç'a été beaucoup d'émotions. Après, ç'a été un feu roulant. Je ne savais pas à quoi m'attendre. J'ai parlé avec Denise Robert, qui avait déjà vécu les Oscars, et avec d'autres personnes qui étaient aussi passées par là. Ils me disaient tous : « Tu vas voir, il y a des choses qui vont changer… » Moi, je me disais : « Tant mieux, si ça change. » Cette nomination m'a permis de rencontrer des gens aux États-Unis que je n'aurais jamais eu la chance de rencontrer si mon film n'avait pas été sélectionné aux Oscars. Est-ce que ces relations vont se développer plus tard ? Je ne le sais pas. Mais je sais que ces rencontres sont importantes parce que tu grandis d'une fois à l'autre, mais aussi parce que ça t'ouvre des portes. Los Angeles m'avait fermé ses portes…

*Est-ce vrai que, à l'époque où tu vivais à Los Angeles, tu t'es toujours empêché de monter les marches du Kodak Theater, là où a lieu la cérémonie des Oscars, parce que tu jugeais que c'est un lieu sacré et qu'on doit attendre le moment opportun pour le faire ?*
C'est tellement vrai. L'école où j'étudiais à Los Angeles n'était pas loin du Kodak Theater. Un jour, je me suis dit : « Yan, si jamais tu as la chance d'aller aux Oscars, ce sera la première fois que tu monteras ces marches-là. Sinon, ne les monte pas. » Quand on se promène là-bas, on les voit, ces fameuses marches. Tout le monde peut y aller. Moi, jamais je n'ai voulu m'y rendre, pas même dans l'allée qui mène aux grandes marches. Je passais ailleurs.

*Lorsque tu montes les marches pour la bonne raison, celle d'être en nomination aux prestigieux Oscars comme réalisateur, est-ce que chacun de tes pas a son importance ?*
Totalement. Je vis un peu ma vie comme au cinéma. J'étais avec ma mère. On s'est arrêtés devant les marches avant de les monter. J'ai regardé ma mère et je lui ai dit : « À go, on y va ! Un, deux, trois, *go* ! » C'était comme une scène de film ! On montait les marches. On se prenait en photo. Habituellement, je ne prends pas beaucoup de photos parce que je préfère garder les souvenirs dans ma tête, mais là je ne pouvais pas faire autrement.

*Était-ce pareil à ce que tu avais imaginé ?*
C'était au-delà de ce que je pouvais imaginer. C'était aussi bon et encore plus. Une fois assis dans la salle avec ma mère, j'étais nerveux, je regardais partout. Tout le monde parlait jusqu'à ce qu'un annonceur dise : « *One minute to live.* » À cet instant, toute la salle, trois mille personnes, s'est tue. Il y a eu une minute de silence complet. Je n'en revenais pas. Tu sentais la fébrilité et, en même temps, le respect envers cette institution, le sacré. Je sais qu'on ne sauve pas des vies, mais c'étaient les Oscars ! Même si on ne cherche pas la reconnaissance, le fait d'être là pour moi, c'est le summum.

*D'être là avec les tiens pour un film qui a pris son essence dans l'histoire de ton grand-père, le père de ta mère, ça prend un autre sens. J'imagine que c'est une expérience particulière et remplie d'émotions.*

Mon père et ma tante étaient assis plus haut dans la salle du Kodak Theater. J'étais là aussi avec mon grand-père… Je portais sa montre, qui m'a suivi partout tout au long de mon séjour là-bas. Être là en plus avec un film pour lequel des gens ont généreusement travaillé si fort et dans lequel la performance de Gérard Poirier, qui campait mon grand-père, était tout simplement unique, c'était important pour moi.

**"On s'est dit : « On ne l'a pas eu. On est tristes. On est déçus, mais on est aux Oscars. Demain matin, on vivra notre tristesse, mais là, vivons ça à fond. »"**

*Et quand on présente un extrait de ton film, en mentionnant ton nom, et que quelques secondes plus tard c'est un autre qui se lève pour prendre possession de la statuette tant convoitée…*

C'est assez particulier. Au moment de l'annonce de ma catégorie, mon cœur n'a jamais battu aussi fort. À cet instant précis, tout s'arrête… Et quand tu ne l'as pas, il y a une grande déception. Parce que tu as eu un gros *high*. Quand le réalisateur est monté sur scène, je me suis dit : « Ah, ça aurait pu être moi. » Mais ce n'était pas de la jalousie.

*Par la suite, quel est le premier sentiment qui t'envahit ?*

La tristesse. Pour l'annonce de ma catégorie, on allait s'asseoir près de la scène, et après on retournait à nos sièges, qui étaient juste un peu plus haut. Pendant la pause publicitaire qui a suivi l'annonce, on s'est vraiment sentis *down*, ma mère et moi. On s'est regardés, à l'instant précis où l'annonceur a dit : « *Thirty seconds to live.* » Et on s'est dit : « On ne l'a pas eu. On est tristes. On est déçus, mais on est aux Oscars. Demain matin, on vivra notre tristesse, mais là, vivons ça à fond. »

*Pendant ce temps, tu sais qu'il n'y a plus aucune chance que tu puisses tenir entre tes mains la prestigieuse statuette.*

Durant la soirée, j'ai été un peu superstitieux peut-être. Shawn Christensen, le gagnant dans ma catégorie avec son court métrage *Curfew*, était assis à côté de moi. Après la pause, je me suis dit : « Tu n'as plus le droit de penser négativement par rapport à ça. » Quand Shawn est revenu s'asseoir après avoir remporté l'Oscar, je l'ai félicité honnêtement et sincèrement. On était cinq à vivre ce même stress. Il a déposé son Oscar au sol, et je me rappelle l'avoir regardé et m'être

dit : « Tu ne toucheras pas à cet Oscar-là. La seule fois que tu toucheras un Oscar, c'est si un jour tu as la chance d'en remporter un. » J'ai refusé d'y toucher comme j'avais refusé de monter les marches du Kodak Theater avant ce soir-là.

*Tout d'un coup, tout vient de tomber. La pression des derniers jours et l'attente de savoir si tu seras l'heureux récipiendaire d'un Oscar.*

D'un coup ! C'est vrai, mais je me suis interdit, pendant les dix jours où j'étais à Los Angeles, de penser à cette soirée-là, parce que sinon, je n'aurais pas vécu les beaux moments qui passaient. Chaque moment que j'ai vécu, je l'ai réellement vécu. Ça a été ma plus grande fierté. Les producteurs, Roger Frappier et Denise Robert, m'avaient conseillé d'en profiter à fond parce que ça ne revient pas. Je l'avais toujours fait auparavant aussi, mais là, je l'ai vraiment appliqué à la lettre.

*À la soirée des Oscars, les rêves sont permis et peuvent même se concrétiser puisque tu es dans la Mecque du cinéma et que c'est le plus grand événement planétaire lié au monde du cinéma.*

Ce soir-là, j'avais un objectif : je devais aller serrer la main de Steven Spielberg.

*Étais-tu profondément convaincu que tu allais y parvenir ?*

J'étais convaincu. Je n'ai jamais été comme ça. J'étais extrêmement nerveux, mais il fallait que je le fasse. Après la cérémonie des Oscars, il y a le bal des Gouverneurs où tous les gens qui sont nommés, les présentateurs de prix et les gagnants sont conviés. C'est hallucinant. Toutes les grandes vedettes du cinéma sont présentes, elles sont si près que tu pourrais les toucher et leur dire bonjour. Quand je suis rentré dans la salle avec ma mère, on s'est trouvé une petite table et je lui ai dit que je devais trouver Spielberg. J'ai commencé à me promener partout pour voir où il pouvait être. Quand je l'ai vu, j'ai figé. Il était en grande discussion avec Tommy Lee Jones. Je ne voulais pas le déranger, alors j'ai tourné en rond et ça a pris une heure avant que je puisse lui parler. Pendant ce temps, j'ai reçu un texto de quelqu'un qui m'est très, très proche, qui disait : « J'ai hâte que tu me racontes ta rencontre avec Spielberg. » Ce texto m'a convaincu. J'ai foncé. Je suis allé lui serrer la main. Quand j'ai dit son nom et qu'il s'est tourné vers moi pour me regarder, j'ai eu l'impression que, pendant dix secondes, je ne savais plus quoi dire. C'était sûrement un millième de seconde. Dans ma tête, je me disais : « Ben, parle ! »

*Comment t'es-tu présenté à l'homme que tu souhaitais tant rencontrer, pour qui tu vouais une si grande admiration depuis ta jeunesse ?*

J'ai dit : « *Hi, Mr. Spielberg, my name is Yan England and my short film was nominated this year for the Academy Award in the best live action short film.* » Il a dit : « *Ho great !* » On a parlé peut-être cinq ou sept minutes. Il m'a parlé de ses affaires, mais il m'a posé beaucoup de questions sur mon film. Il m'a dit qu'il n'avait pas pu voir tous les courts métrages de fiction mais qu'il avait hâte de le voir, que ça avait l'air intéressant. Je n'arrivais pas à croire que je parlais avec celui qui a nourri mon imagination d'enfant avec des films comme *E.T.*, *Artificial Intelligence* ou *Minority Report*. Vers la fin de la conversation, il m'a dit la phrase dont je me souviendrai toute ma vie : « *Great, now, go make movies.* » Wow... ce fut tout un élan de motivation.

*Est-ce que le fait d'être allé aux Oscars et de t'être retrouvé dans la cour des grands t'a amené à rêver encore plus grand ?*

Moi, j'ai toujours rêvé. Par contre, maintenant que j'ai serré la main de Spielberg, peut-être qu'un jour je pourrai lui dire qu'on s'est déjà rencontrés. Quand j'ai quitté Los Angeles, alors que j'y tentais ma chance et que les portes s'étaient fermées, je ne me suis jamais dit que je n'y retournerais pas un jour. Dans ma tête, ce n'était pas fini. À ce moment-là de ma vie, je devais seulement aller ailleurs. Chaque année, en janvier, au lieu de dresser une liste de résolutions, je note les objectifs que je veux atteindre. Peut-être en raison de ma nature secrète ou de mon désir de préserver ma vie privée, il y a des rêves, des ambitions ou des projets que je veux accomplir que je ne mentionne pas parce que ça me *drive*.

*Est-ce que cette forme de pudeur t'a empêché de rêver grand ?*

J'ai toujours rêvé grand. J'ai toujours rêvé de jouer un superhéros, d'être Superman. À l'époque où il y avait des auditions pour le nouveau Superman, j'étais encore à Los Angeles. Ils cherchaient un gars de six pieds trois, alors que je fais cinq pieds onze. J'ai fouillé partout pour essayer de trouver des souliers qui me feraient paraître plus grand. Ça n'a pas marché. Ils voulaient vraiment un homme de six pieds trois. Je n'ai jamais pu auditionner pour ça. Mon prochain rêve, c'est de faire un long métrage. De l'écrire ou de réaliser celui de quelqu'un d'autre, peu importe. Est-ce que j'aimerais un jour retourner aux Oscars ? Oui, j'aimerais ça. Je rêve de pouvoir être sur un plateau de tournage de Steven Spielberg en tant qu'acteur.

*Maintenant, ton histoire personnelle a touché des milliers de cœurs à travers le monde. Elle a trouvé écho à Los Angeles. Ce n'est pas rien.*

La plus grande joie que je ressens avec mon film *Henry*, c'est que les gens viennent m'en parler parce que ça les a touchés. Je ne pensais pas qu'on m'en parlerait autant. Je n'avais pas ça en tête quand je l'ai écrit et tourné. Je voulais seulement raconter cette histoire-là de la façon dont moi, je la voyais. Je suis vraiment fier de cette répercussion et de voir que maintenant le film se promène. Depuis tout petit, depuis ma découverte des films de Chaplin, j'ai toujours rêvé de pouvoir toucher les gens et les faire rire, comme Chaplin le faisait. C'était mon idole. Il parlait de sujets qui le touchaient et ça touchait les gens aussi. Sensibiliser, toucher, faire rire, peu importe ce que tu fais. Ce que tu ne veux pas, dans une salle de cinéma, c'est que les gens sortent indifférents après la projection. Les gens vont au cinéma pour vivre une émotion.

*Quelle est une des leçons de vie que t'a laissée ton grand-père ?*

Mon grand-père m'a déjà dit qu'il a toujours fait les choses pour ne pas avoir de regrets. J'essaie de foncer pour ne pas me dire plus tard : « J'aurais peut-être dû faire telle affaire ! » Je le fais de façon positive, c'est-à-dire que j'essaie de vivre à cent pour cent les projets que je rêve de réaliser. Mais le désir de ne pas avoir de regrets t'amène aussi à travailler extrêmement fort. J'ai toujours pratiqué beaucoup de sports et même des sports de compétition. La semaine dernière, j'ai fait mon premier triathlon. Même si j'ai toujours nagé et couru, je n'avais jamais fait de vélo dans ce contexte. C'était un défi. Repousser une limite est une motivation à continuer de me mettre en forme.

*As-tu réussi à aller au bout de tes limites ?*

Oui. J'ai fait mon triathlon jusqu'au bout et quand j'ai terminé, que j'ai regardé ma position et le temps que j'avais fait, je me suis dit : « *Good job, good job. Yes*, tu es allé au bout de ça ! »

*Aller au bout des choses, c'est ça, ta motivation profonde ?*

Oui, aller au bout, ça me rend heureux.

> « La plus grande joie que je ressens avec mon film *Henry*, **c'est que les gens viennent m'en parler parce que ça les a touchés.** »

Daniel Bélanger, auteur, compositeur, interprète, a une façon bien à lui de faire son métier. Il l'exerce comme un orfèvre. Il ne produit jamais la même chose deux fois. Il préfère explorer l'inconnu pour en extirper le précieux, le rare et l'inattendu. L'année 1992 marque le commencement de tout et son premier disque, *Les insomniaques s'amusent*, sert de rampe de lancement à une carrière fulgurante. Suivront une dizaine de disques, deux livres et des musiques pour le cinéma et le théâtre. Des Félix, un Juno, un Jutra marquent sa trajectoire. Daniel Bélanger jongle agilement avec les mots jusqu'au moment où ils se déposent un à un sur des notes, les siennes, comme s'ils ne pouvaient vivre les uns sans les autres. Ça donne des chansons qui restent en tête et dans le cœur. Notre mémoire en a répertorié plusieurs pour ne jamais oublier le souvenir qui s'y rattache. Daniel Bélanger est dans la cour des grands et il est là pour y rester.

# DANIEL BÉLANGER
# AU NOM DE LA MUSIQUE

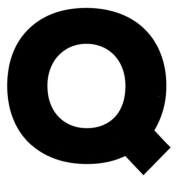

Un jour, on a demandé à un pauvre homme : « Qu'est-ce que tu vas faire avec ton argent ? » Il venait de gagner à la loterie et il avait dit : « Je vais pouvoir enfin m'acheter un juke-box. » Le juke-box, c'était son rêve. C'est un rêve de pauvre, ce n'était pas un rêve de riche.

*Irais-tu jusqu'à dire que tu rêvais comme un pauvre ?*
La musique, c'était mon juke-box. Mon rêve était de faire de la musique et d'en vivre, mais je n'avais pas de rêves de gars ambitieux, qui voulait conquérir le monde. Je pense que c'était culturel. C'est la culture du milieu où j'ai été éduqué. Ce n'était pas volontairement modeste, c'était juste comme ça. Probablement que si quelqu'un que j'aime m'avait dit : « Tu as le talent pour ceci ou pour cela », je l'aurais cru, mais ce n'était pas le cas. On disait juste : « Ah lui, quand il touche quelque chose… » Dans ma famille, l'image qu'on se fait de moi, c'est que je suis « un naturel ». Ça m'a beaucoup stimulé.

*Tu te définis comme un autodidacte et aussi comme un* dropout.
Oui, un *dropout*. En fait, j'ai fait deux fois mon cinquième secondaire avec quarante-huit mille crédits, sauf un crédit qui était essentiel pour obtenir mon diplôme, que je n'ai pas eu finalement. Chez nous, il fallait se lever le matin pour aller à l'école, mais il y avait une sorte de crainte des études, curieusement. Pour mes parents, ce n'était pas seulement grâce aux études qu'on allait avoir une vie intéressante. Mon père était un *self-made man*. Il s'en est sorti sans les études. Dans sa tête, si tu avais un travail chez GM à dix-huit dollars de l'heure dans les années 1970, tu t'en étais sorti. Il avait raison de croire ça.

*Tes parents ont-ils tenté de te convaincre de poursuivre tes études ?*
Ils ont seulement dit : « Si tu te trouves une job, il n'y a pas de problème. » J'ai eu une enfance et une éducation relaxes, du fait que j'étais le cinquième et dernier enfant de la famille et que mes parents étaient très tolérants. Je crois qu'ils en avaient contre l'oisiveté et valorisaient le travail et l'épanouissement qu'on pouvait y trouver.

*Quand on jette un coup d'œil sur ton parcours, on constate qu'il y a eu une période de dix ans, qui couvre toute ta vingtaine, où tu as fait de la musique en solo et avec d'autres avant que le succès se présente. Tu avais trente et un ans quand ça s'est concrétisé. En 1984, tu as pensé tout abandonner…*
(*Il rit.*) Avant même d'avoir commencé quoi que ce soit ! En 1984-1985, j'avais vingt-trois ans et je me sentais vieux. Il fallait que je me trouve un emploi. Jusqu'à mes trente ans, je regardais mes amis qui voulaient avoir des carrières. L'un est devenu graphiste, un autre a fait des études en Chine. Finalement, ils se sont trouvé des grosses jobs alors que moi, pendant ce temps, je déconnais et j'essayais de gagner ma vie avec la musique et mon travail de préposé. Quand je dis « ma bohème s'use » dans la chanson *Opium*, sur mon premier album, c'était ça. Toi, tu continues, tu es dans ta bohème, et tous les autres se sont trouvés.

*Qu'est-ce qu'il te reste de cette époque où tu travaillais comme préposé auprès des personnes âgées dans un hospice, juste avant le triomphe annoncé ?*
En ce moment, ce qu'il me reste, ce sont de drôles de souvenirs, beaux et laids. J'en rêve encore. Je rêve encore à des personnes âgées avec qui je m'entendais bien, les plus sympathiques de la place. Je suis content de l'avoir fait même si je trouvais ça dur. Je crois aujourd'hui que j'étais trop jeune pour faire ça, mais ça a développé chez moi une vraie empathie.

*Toi qui es un observateur et un contemplatif, tu avais un beau laboratoire de la vie sous les yeux.*
La chanson *La Folie en quatre*, sur mon premier album, c'est carrément ça. Elle est pas mal influencée par la maladie d'Alzheimer.

*Qu'est-ce qui a fait que tu n'as pas abandonné la musique pendant cette période et que tu croyais quand même à ton rêve d'en vivre ?*
On me disait : « Pourquoi tu n'arrêtes pas ? T'es pas tanné ? Tu vois bien que ça marche pas. » Je voulais me présenter avec un premier album, et si ça ne fonctionnait pas, là, j'aurais vu ce que je pouvais faire ensuite. Savoir que je peux tout lâcher me donne la force d'avancer. C'est rassurant. Pas parce que ça me déresponsabilise ou que ça me désengage, mais plutôt parce que c'est une fenêtre ouverte, une aération. Je n'avais pas d'autre choix que de continuer, puisque j'avais pris conscience que personne d'autre ne le ferait à ma place. C'est moi qui devais m'impliquer. Je n'ai pas toujours été discipliné, j'étais un rêveur. Il fallait que le rêveur sorte sa discipline, son côté terre à terre et son côté business. Quand tu fais un disque et qu'il marche, ce n'est jamais sans l'apport « business » de l'artiste, à mon sens.

*En 1992-1993, c'est la reconnaissance, grâce à ton premier album,* Les insomniaques s'amusent. *Un disque qui aura mis trois ans à voir le jour avec la prestigieuse étiquette Audiogram. Les premières critiques sont mitigées. C'est la chanson* Sèche tes pleurs *qui change tout et donne le coup d'envoi à ta carrière, qui dure depuis plus de vingt ans.*
En 1992, je n'avais pas très confiance en moi, mais quand je sentais de la résistance par rapport à ce que je faisais, ça me donnait une espèce de *kick*.

*Quand les premiers applaudissements te parviennent, que le triomphe s'annonce grand et que le public t'acclame, est-ce bon comme sensation à vivre, du haut de ta trentaine?*

C'est très bon, mais je ne suis pas parti en peur parce que, justement, j'avais trente ans. La gloire est inspirante aussi. La gloire ne m'a pas inspiré le goût de partir sur la *go*, mais elle m'a inspiré des chansons. Je me suis dit : « Ah, il y a du monde qui m'écoute, on va discuter ! » J'allais faire des chansons, que les gens écouteraient. Ils aimeraient ou pas, mais je sentais qu'il y avait un dialogue entre le public et moi. Une vraie affaire.

*Mais tu n'es pas l'homme de tes chansons...*

Les gens pensent toujours que je ressemble à mes chansons, du moins au narrateur de celles-ci.

*Est-ce volontaire de créer cette illusion-là?*

De créer un rapport d'équilibre? Je pense que oui.

*Quel est ton rapport avec la gloire?*

La gloire, je la connais devant un public. La gloire, c'est quand tu es en représentation, quelle qu'elle soit. Après ça, la gloire n'existe pas. Dans la rue, ce n'est pas un glorieux qui va se chercher un pain à l'épicerie. Curieusement, ce qui est difficile, ce n'est pas quand le monde te montre son admiration, c'est le décalage entre ça et ta vie de tous les jours. C'est-à-dire être admiré, idolâtré, idéalisé un soir et, le lendemain, t'empêtrer dans le quotidien ou être obligé de faire quelque chose que chacun doit faire, alors que tu as vécu un triomphe la veille. Toi, tu pensais que le reste n'allait plus exister. Je me fais encore prendre aujourd'hui, j'aimerais que cette sensation dure longtemps puis je me ressaisis. Sur scène, la gloire, tu l'as, tu la rencontres, tu la manges, puis sur quelques jours tu la digères.

*Est-ce agréable?*

C'est super le fun. Il n'y a pas de contradictions sur scène. On t'en donne et puis tu y crois. Tu crois que les spectateurs t'aiment personnellement, qu'ils aiment ton travail. Il se passe quelque chose. C'est soudainement respirer dans l'eau, voler sans ailes, tu es le personnage central d'une science-fiction. Les applaudissements effacent les doutes.

*Avec la venue de la gloire, les choses changent et le regard que l'on pose dorénavant sur toi est différent et grossissant.*

Au plus fort du succès, tu entres dans un commerce ou dans un restaurant et tu captes l'attention tout de suite. Soudainement, on est content de te voir. Tu fais rayonner l'endroit le temps d'une entrée, d'un repas, d'un dessert ou d'un café. Là, tu reçois des petits *shooters* à ta table. Ça m'amuse. Même quand je le vivais, je savais que ça avait une durée limitée. Aujourd'hui, je suis moins à la télé, moins dans une période de succès médiatique, on m'aborde moins. Je pensais être immunisé contre l'illusion, je pensais que j'étais entouré juste

d'amis, mais ces dernières années, je me suis rendu compte que certaines personnes n'étaient pas là pour les bonnes raisons.

*Est-ce qu'on perd des illusions en vieillissant? Ou, au contraire, est-ce qu'on s'en crée d'autres?*

En fait, on en perd et on en gagne. C'est le fun, des illusions, ce sont mes déformations professionnelles à moi! Je gagne ma vie avec les illusions.

*Est-ce qu'on s'habitue à la gloire?*

Ah non. Moi, je ne m'y fais pas, à la gloire ou à la reconnaissance. Je ne m'habitue jamais à la gloire parce que je l'imagine toujours finie. Alors, quand elle ressurgit, je m'en étonne. Je ne m'habitue pas à ce qu'on vienne me voir pour me dire : « Il faut que je te présente ma chum, t'es son idole » ou «Daniel, je suis ton plus grand fan. » D'autant plus qu'ici, à l'est de la rue Saint-Laurent, les gens me serrent la main, certains tremblent même en le faisant, et à l'ouest de la rue Saint-Laurent je suis dans l'anonymat le plus total.

> **"** J'ai l'impression que, quand on bascule, **c'est qu'on croit que le public nous aime, nous. "**

*Y a-t-il eu un moment où tu as eu peur de te perdre dans les méandres de la gloire?*

Jamais. Basculer et tomber dans des excès, je n'ai pas ce tempérament. J'ai toujours pensé que les gens aimaient mon travail plus que moi. Moi, ils ne me connaissent pas. J'ai l'impression que, quand on bascule, c'est qu'on croit que le public nous aime, nous. J'ai toujours fait la différence entre mon travail et moi. C'est le résultat de mon travail, le résultat de mes idées, c'est le résultat de moi que vous aimez, mais ce n'est pas moi. C'est dans ma vie personnelle que j'ai dû me mettre à accepter le quotidien, qui existe quand même. Il ne se passe rien de négatif dans la gloire. C'est un rêve. Le monde rêve de vivre ça. Alors, quand tu le vis, c'est grisant.

*Les journalistes disent de toi que tu cherches toujours à te réinventer. Toi, tu dis que tu ne veux pas faire la même chose deux fois. S'agit-il d'une obsession, ce désir de te renouveler d'un album à un autre?*

Oui, ça m'obsède. Où est-ce que je ne suis pas encore allé? Quand je sors un album, je me dis toujours : « Je fais un party, j'ai hâte de voir s'ils vont entrer dans la place. » J'ai toujours ça à l'esprit. J'aime créer l'effet de surprise.

*C'est encore comme ça aujourd'hui?*

Aujourd'hui, je relaxe davantage. J'ai fait des albums qui selon moi étaient très différents les uns des autres. J'aurais

pu m'attarder le temps de deux ou trois albums à chaque endroit où je suis allé, j'aurais pu développer plus. Je me suis déjà dit que j'étais donc bien superficiel. Chez moi, il y a une volonté de ne pas faire comme avant. À cause de certaines de mes lectures peut-être. J'ai été attiré par Blaise Cendrars, qui écrivait qu'il ne retournait jamais au même endroit même s'il y avait été heureux. Ça, ça me plaisait.

*Entre la parution du premier album et du deuxième, un événement particulier survient dans ta vie personnelle : la naissance de Juliette, ton premier enfant. Crois-tu que ç'a changé quelque chose dans ta façon de voir ce qui venait de se produire avec ton premier album, c'est-à-dire la consécration ?*

Oui et non. Moi, j'ai bien vécu cette période. J'ai beaucoup aimé ça. Ça m'a fait du bien. À la fin de la promotion et des spectacles pour mon premier album, j'ai arrêté un an. J'ai des photos de cette époque où j'ai le coco complètement rasé. Comme pour dire : « Il n'y a plus de Daniel Bélanger ici. » Je ne l'ai pas fait parce que j'étais en colère mais plutôt pour me donner des outils pour passer à autre chose et tout oublier.

*Considères-tu que ta carrière est beaucoup plus grande que ce que tu avais espéré ?*

Si je l'avais rêvé, ce serait ça, parce que aujourd'hui je peux faire à peu près tout ce que je veux sur le plan artistique. J'ai fait mes preuves, j'ai gagné la confiance du monde avec mon travail dans différentes sphères d'activité de la musique. C'est drôle parce que, même à l'époque de mon premier album, je savais que j'allais déborder et faire tout plein de choses, tout m'intéressait. Rien de ce que j'ai fait depuis mon premier album n'est un hasard. Au début, je rêvais de faire un disque. Après, j'en ai fait beaucoup. Je ne pensais pas en faire autant. Aujourd'hui, j'invente un peu mon rêve à mesure que j'avance. J'avais de grands rêves pour la France qui ne se sont pas réalisés.

*Vis-tu bien avec cette réalité ?*

Oui, mais là où je m'en veux, c'est de ne pas avoir réagi au moment où ça ne marchait pas. Il y a beaucoup d'appelés et peu d'élus, mais je n'ai pas l'impression d'avoir bien réagi. Il aurait fallu que je me retrousse les manches plus rapidement, et quand j'y pense aujourd'hui je n'avais peut-être pas cette obsession de connaître un deuxième triomphe. C'est sûr que ça m'amuserait aujourd'hui d'être applaudi en France, mais je ne pense pas avoir été élu.

*As-tu l'impression que tu n'étais pas assez assoiffé par cette idée de conquête pour y parvenir ? Crois-tu que tu n'avais pas ce profil du conquérant ?*

J'avais le profil pour ne penser qu'à ça ici. Je crois qu'il faut être un peu mégalomane pour que ça marche ailleurs dans le monde et se maintenir tout en haut. Je suis souverain, en ce sens que, mon pays, c'est le Québec. Je n'avais pas besoin de la reconnaissance d'un autre pays que le mien.

Et je n'avais pas cette option. Cette grande ligue des Américains, de l'autoroute populaire internationale, je me demande même si ça m'a fait rêver un jour, et c'est peut-être ça qui manquait à la gloire que j'aurais trouvée ailleurs : le rêve qui la motive.

*Dans la chanson* Te quitter, *sur l'album* Rêver mieux, *tu parles du rapport particulier que tu entretiens avec la musique. Tu écris : « J'ai toujours peur de moi, de te laisser. Quand je vois combien je suis prisonnier de mon bonheur infini, te quitter est trop difficile, trop difficile. » Pourquoi as-tu pensé quitter la musique ?*

C'était ma manière un peu maladroite de faire ce que j'ai fait aujourd'hui, c'est-à-dire quitter mon stress. Je croyais que la musique était responsable de mon stress, de mon mal-être, alors que – les bouddhistes le disent – ça relève de ta vision à toi. Récemment, j'ai lu la biographie de Keith Richards. Il y a un passage où il dit que, quand tu écris des chansons, tu regardes un char et tu te demandes s'il y a une chanson à faire avec ça. Tu vois un crochet dans la cuisine, y a-t-il quelque chose à faire avec ça ? Une fleur ? C'est vrai que tout est prétexte à écrire une chanson. Quelque chose qui fait du bruit, ça pourrait servir de percussion dans une chanson. Tu penses juste à ça, et ça m'a rendu fou.

*Penses-tu encore quitter la musique ?*

Parfois, j'ai le grand projet de continuer, et parfois j'ai le petit projet de lâcher, mais j'ai encore plein de projets artistiques à réaliser. Comme toute affaire qui vous inonde, vous pensez qu'elle vous empêche de faire ou de connaître autre chose alors que ce n'est qu'une question de planning. Et puis il faut bien trouver un responsable à votre propre paresse, alors la musique est ma victime parfaite !

*Est-ce que ton rapport est plus harmonieux avec elle ?*

Oui, depuis quelques années.

*As-tu senti à un moment qu'un changement s'était opéré dans le regard que tes parents posaient sur toi, leur fils devenu une personnalité publique ?*

Je suis malhabile dans mon rapport avec l'extérieur. Je n'arrive pas toujours à bien le lire. Je me souviens qu'un jour ma mère m'a dit : « Ah, *Les Temps fous*, c'est ma chanson préférée. » Elle l'aimait beaucoup. Mais comme mes parents croyaient qu'il ne fallait pas valoriser un enfant plus qu'un autre, ils étaient discrets. Aujourd'hui, je sais que mon père est fier quand il voit tout ça et il se laisse aller plus facilement. Chez nous, on a été habitués à être tous égaux. On était cinq enfants. Il y avait une réserve à en surélever un plus qu'un autre. Je ne suis pas le seul à avoir vécu ça, c'est générationnel. Mais il y avait beaucoup, beaucoup et beaucoup d'amour chez nous. Il n'y avait pas de pression pour devenir quelque chose ou quelqu'un et, ce qui importait, c'était de faire une belle moyenne homogène à cinq. Quand j'ai connu un de mes premiers moments de gloire en salle et que mes parents y étaient, ils avaient peine à y croire. Je me souviens que ma mère était super nerveuse, et elle se disait : « Il va se tromper. Il va avoir l'air fou. » Ça touchait à son orgueil mais du mauvais bord !

*Tu as quitté l'école tôt, mais malgré cela tu as réussi. Est-ce là une certaine forme de revanche sur la vie ?*
Étant un *dropout*, je partais dix pieds en arrière des autres. J'avais un handicap, et c'est pour ça qu'aujourd'hui encore, quand je vois un de mes anciens profs auprès de qui un cancre de ma sorte n'était pas très populaire marcher dans la rue, j'ai envie, même trente-cinq ans plus tard, de lui donner une jambette ! J'ai eu cette motivation un peu épaisse de celui qui se dit : « Regardez ce que je peux faire. » Ça a été pour moi un moteur.

*Tout le monde veut vivre ses quinze minutes de gloire justement pour prouver quelque chose, pour justifier sa présence sur terre en se faisant remarquer ou tout simplement pour convaincre ses semblables de sa valeur. Crois-tu que la gloire est essentielle à vivre pour chacun ?*
Je ne pense pas que ce soit essentiel à un développement sain et ordinaire. Ce n'est pas tellement la gloire qui est importante, c'est la reconnaissance. La gloire, c'est des calories vides. C'est super bon sur le coup, mais c'est peu nourrissant. *A contrario*, la reconnaissance inspire.

*Tu te présentes au travail tous les jours comme un bon travailleur discipliné. Tous les jours, peu importe ce qu'il y a à faire, tu le fais. As-tu besoin d'avoir cette routine pour sentir que tu travailles réellement ?*
Ce que j'ai aimé du marché du travail conventionnel, c'est la routine. Le jeudi est particulier, il t'en reste juste une à faire. J'ai aimé ça. Je n'ai pas été contraint par mes horaires. J'aime entrer à la *shop* et faire ce que j'aime. Cette discipline me donne l'impression de respecter la chance que j'ai de faire ce que j'aime. Mais je ne suis pas le seul qui tienne ce régime, j'ai des amis qui le pratiquent aussi. De ce fait, je corresponds mal au stéréotype de l'artiste qui se lève à midi !

*Acceptes-tu facilement qu'il ne sorte rien de cette démarche quotidienne quand vient le temps d'écrire des chansons ?*
Je l'accepte parce que je m'expose à la page blanche en venant travailler tous les jours. Donc, s'il ne se passe rien, c'est dans ces cas-là que je m'accepte le plus dans le fond. J'accepte mieux mes défauts et mes faiblesses quand je compose parce que je vais me servir de tout ça pour faire des chansons.

*Pour pratiquer ce métier, il faut une bonne dose d'ego et aussi beaucoup d'humilité. Le défi n'est-il pas de parvenir à un certain équilibre entre les deux ?*
Probablement qu'on essaie de se trouver des ponts entre les deux. Ce n'est pas toujours de beaux ponts solides. Mais il faut que tu voyages entre l'ego et l'humilité.

*Mais comment fait-on pour ne pas basculer du côté de l'ego ?*
L'expérience. Dans mon cas, la rue Saint-Laurent, c'est la séparation entre l'ego et l'humilité qu'on doit toujours franchir. Mon temps de gloire me forçait à retourner à l'humilité parce que j'avais un quotidien avec une femme et des enfants à l'abri des clichés que je trouvais absurdes. Mon succès et mes revenus étaient à mesure d'homme, j'imagine. J'ai toujours eu à revenir dans mon humilité. C'est plus dur, mais ça garde en forme. Mais la réalité est douloureuse parfois et mon ego a connu des revers, je ne suis pas plus fin qu'un autre. La tournée terminée, vers huit heures moins le quart, les plis sont pris et tu es en manque. Tu ne te fais plus applaudir. Les spectacles, c'est quatre soirs par semaine. Quatre ovations par semaine. Bien qu'ils le mériteraient tous, connais-tu un préposé dans son quotidien qui connaît quatre ovations par semaine ? Ça, c'est extraordinaire et exceptionnel.

> **"La gloire, c'est des calories vides.** C'est super bon sur le coup, mais c'est peu nourrissant.**"**

**Au nom de la gloire, j'ai dû faire les sacrifices suivants...**
J'ai dû faire plus de compromis que de sacrifices.

**Au nom de la gloire, j'ai perdu...**
Peu de chose en vérité, si ce n'est ces occasions qu'on souhaiterait plus privées : les visites ou les séjours à l'hôpital, les trucs un peu laids et désagréables dont on ne souhaite laisser aucun souvenir à qui que ce soit !

**Au nom de la gloire, j'ai gagné...**
La liberté. Je n'ai pas perdu. Je me suis libéré. J'ai gagné la confiance.

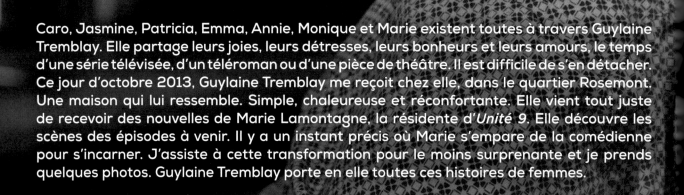

Caro, Jasmine, Patricia, Emma, Annie, Monique et Marie existent toutes à travers Guylaine Tremblay. Elle partage leurs joies, leurs détresses, leurs bonheurs et leurs amours, le temps d'une série télévisée, d'un téléroman ou d'une pièce de théâtre. Il est difficile de s'en détacher. Ce jour d'octobre 2013, Guylaine Tremblay me reçoit chez elle, dans le quartier Rosemont. Une maison qui lui ressemble. Simple, chaleureuse et réconfortante. Elle vient tout juste de recevoir des nouvelles de Marie Lamontagne, la résidente d'*Unité 9*. Elle découvre les scènes des épisodes à venir. Il y a un instant précis où Marie s'empare de la comédienne pour s'incarner. J'assiste à cette transformation pour le moins surprenante et je prends quelques photos. Guylaine Tremblay porte en elle toutes ces histoires de femmes.

# GUYLAINE TREMBLAY
# HISTOIRES DE FEMMES

**E JETTE UN COUP D'ŒIL ICI ET TOUT AUTOUR**, *tes trophées n'y sont pas. Quel rapport entretiens-tu avec ces récompenses gagnées au fil des années?*

Mes trophées sont en bas, dans le sous-sol. Si je les mettais en haut, ça serait une manière de créer un fossé entre les autres et moi. Je ne veux pas imposer ça aux gens qui viennent chez moi. Quand je descends au sous-sol, c'est sûr que je les vois et que je suis encore étonnée et reconnaissante pour tout ce que j'ai. Qu'il y ait les récompenses qui vont avec mon métier, tant mieux, mais ce n'est pas tout. Ceux qui vont dire que la gloire n'est qu'un poids et un fardeau, je n'y crois pas. La gloire est un beau manteau de douceur, si tu t'en sers intelligemment et si ce manteau n'est pas le seul vêtement que tu portes.

*À quel moment dans ta carrière as-tu compris que tu touchais à la gloire et que ta vie venait de changer?*

Véritablement, avec Annie, dans *Annie et ses hommes*, plus qu'avec *La Petite Vie* parce que je n'étais pas consciente à ce moment-là du tourbillon dans lequel je vivais. C'était tellement nouveau pour moi. J'ai vu avec *La Petite Vie* que ça changeait mon existence parce que, le lendemain, j'allais au dépanneur et je me faisais dire: «Je t'ai vue hier à la télé.» On dirait que je n'étais pas à même de constater l'ampleur du phénomène que cette émission représentait. Tandis qu'avec Annie, là j'ai fait: «*Oh boy!* OK.»

> « Le contact magnifié que la gloire peut apporter **ne m'intéresse pas.** »

*Ça te faisait peur?*

Non, parce que mon côté ado et rebelle me dictait le contraire, c'est-à-dire que, dans mon esprit, il n'était pas question que je mette du mascara pour aller faire l'épicerie, ni que je m'arrange mieux que j'avais le goût de le faire. Si j'ai envie de me mettre *cute* pour aller à l'épicerie, OK, mais si je n'ai pas envie, ce n'est pas parce que je suis quelqu'un de connu que je vais le faire.

*Quand tes voisins remarquent qu'il y a une célébrité qui vit dans leur quartier, comment réagis-tu face à leurs regards posés sur toi?*

J'ai fait exprès de sortir mon bac de récup en jaquette tout croche ou d'aller conduire mes enfants à l'école en pyjama, avec un Kanuk par-dessus, pour qu'ils constatent que je suis comme eux. Je me suis dit: «Il n'y aura plus de distance entre eux et moi.» Après m'avoir vue quelques fois de même, ils venaient cogner à ma porte pour m'avertir: «Guylaine, change ton auto de bord sinon tu vas pogner un ticket.» Tu comprends? Ils ne vont pas se demander s'ils peuvent aller cogner «chez la star». C'est ce regard-là qui m'intéresse. Le contact magnifié que la gloire peut apporter ne m'intéresse pas. C'est un métier public, c'est un métier de lumière, c'est un métier d'illusions, alors il faut que toi, tu te repositionnes comme faisant partie de la réalité.

*Quand tes parents ont vu que leur fille était devenue une vedette de la télévision, ont-ils eu peur que ça change quelque chose en toi?*

Je ne pense pas que mes parents aient eu peur que je change. Si j'avais changé, je me serais fait ramener sur terre assez vite. C'est une grande force d'avoir une famille et des amis qui te tiennent, parce que c'est vrai que ça peut être tentant de partir en peur, comme on dit, mais quand tes assises sont solides, c'est plus facile de rester terre à terre. Si je m'étais mise à être quelqu'un d'autre, je te garantis que ma famille aurait dit: «Eille, eille, eille, où es-tu? Reviens. Reviens.»

*Le fait d'avoir deux filles fait-il en sorte que le quotidien prend le dessus sur la gloire?*

Oui, ça, c'est sûr. Ça remet l'ego à la bonne place parce que tu veux qu'elles soient en santé, tu veux qu'elles soient bien. Mais la gloire, il faut que tu protèges tes enfants de ça.

*Tu es l'une des personnalités les plus aimées du Québec. Les années le confirment et cristallisent cet amour que le public a pour toi. C'est du rarement vu et c'est du solide.*

La fidélité des gens, ça me bouleverse. Comme dans la chanson de Richard Desjardins *Quand j'aime une fois, j'aime pour toujours*, c'est formidable. C'est un grand, grand, grand cadeau de la vie. Je suis très reconnaissante.

*Tu es au faîte de la gloire depuis longtemps, mais ton rôle de Marie Lamontagne dans* Unité 9 *t'a propulsée encore plus haut.*

J'entends tout ce que tu viens de dire et ce serait vraiment de la fausse humilité de répondre: «Ben non, Josélito, je ne connais pas la gloire.» Cependant, la gloire, ce n'est pas le bagage que je traîne avec moi quotidiennement. Moi, je parle plus d'amour, du lien que j'ai avec le public, ça, c'est mon bagage.

*Quand, entre autres honneurs, le Gala Artis te proclame haut et fort personnalité de l'année, crois-tu que c'est l'une des manifestations de la gloire? Qu'elle prend cette forme qu'on appelle aussi le «triomphe»?*

Tu vas me trouver plate, mais je persiste et signe. Quand arrivent des trucs comme le Gala Artis, je parle d'amour. Je me fais dire: «Je t'aime. On vous aime.» Dans ces moments-là, j'ai la chance de redire aux gens à quel point je les aime. La gloire, pour moi, c'est accessoire. C'est une manifestation de l'affection que les gens ont pour toi qui crée une auréole de gloire. La gloire n'est pas mon moteur pour avancer, pour me dépasser, pour essayer de m'abandonner encore plus dans mes personnages. C'est l'amour. C'est le même qui est dans ma vie de tous les jours.

*L'amour, c'est quelque chose que tu connais depuis ta tendre enfance.*
J'ai été plus qu'aimée.

*Le fait d'exercer ce métier public, c'est une grande quête d'amour. Pour toi, c'est aussi une quête ?*
Je pense qu'au début de ma carrière, comme tous les jeunes acteurs et les jeunes actrices, j'avais besoin d'être aimée et j'avais besoin d'approbation. Je ne te dis pas que ça a disparu, mais dans la seconde partie de ma carrière, j'ai autant, sinon plus, envie d'aimer et de redonner. Plus tu deviens une personne équilibrée dans la vie, plus ton besoin d'amour est équivalent au besoin que tu as d'aimer.

*Te sens-tu redevable de tout l'amour que tu reçois du public ?*
Oui, mais ce n'est pas à cause de la gloire que je suis comme ça. J'aurais fait n'importe quel métier et j'aurais agi de la même façon. J'ai vraiment l'impression que tout ce que tu reçois doit être redonné. Par exemple, le sourire que tu reçois, tu dois le rendre parce qu'il va faire du bien à quelqu'un.

*Il y a cinq ans, c'était soir de triomphe au Gala Artis alors que ton cœur avait mal. Guylaine, comment fait-on pour recevoir autant d'amour quand le moral ne va pas du tout ?*
Ce soir-là, je le devais au public, par respect pour lui. Ce n'est pas parce que tu as de la peine et que tu es bafouée – j'avais une peine d'amour – que j'allais refuser leur amour à eux, les gens du public. Ce n'étaient pas eux qui m'avaient fait du mal. Mais après le gala, quand l'adrénaline est passée et que tu rentres chez toi, tu as beau regarder tes trophées, ça ne réglera jamais les souffrances de la vie.

*Ces récompenses et ces manifestations d'amour viennent-elles combler une partie du vide causé par la peine ?*
Inconsciemment, ça se dépose à l'intérieur de toi comme une espèce de sécurité : tu ne seras jamais seule ou abandonnée complètement. Mais sur le coup, non, ce serait trop facile, ça voudrait dire que, parce que tu vis une situation de gloire, la peine ne t'atteint jamais.

*Cette gloire pourrait-elle s'apparenter à un filet qui amortit le choc quand la chute s'annonce difficile ?*
Ça peut être un filet, mais il faut bien que tu te rendes compte que cet amour-là est très particulier parce qu'il ne touche pas à ta vie intime. Ce ne sont pas des personnes qui vivent avec toi. Ces personnes-là vivent l'intimité avec leurs propres familles, leurs propres amoureux et leurs propres enfants, pas avec toi. C'est un lien très, très particulier, le lien d'affection avec le public, parce qu'on se connaît sans se connaître. Je pense que les gens sentent que, au-delà des personnages que je joue, j'ai une réelle curiosité et un réel amour pour les êtres humains. Ils savent que ce n'est pas forcé. Cependant, je te jure, Joselito, que si quelqu'un me faisait mal ou faisait mal à mes enfants, je ne serais pas fine. Quand je suis fine, c'est

parce que ça me tente. Je ne sors pas de chez moi en me disant qu'il faut que je me maquille, que je me fasse un *brushing* et que je sois fine. Je laisse la vie m'atteindre. Mon terrain de jeu et mon terrain d'observation sont là pour m'aider à jouer des personnages. Ce sont les êtres humains qui me nourrissent. Si je crée un fossé entre eux et moi, je me prive de ma matière première.

*Acceptes-tu le fait qu'il y ait peut-être des gens qui ne t'aiment pas ou qui t'aiment moins ?*
J'ai fait le sacrifice de ne pas être aimée par tout le monde. Les gens qui m'aiment me le disent, mais quand tu es sous l'œil du public comme ça, tu es conscient que certains ne t'aiment pas. Il faut alors faire un travail sur soi-même parce que ça fait mal, l'idée que des personnes qui ne te connaissent pas intimement ne t'aiment pas, mais c'est comme ça, c'est la vie. Tu dois l'accepter. Moi, je l'ai accepté. La gloire te fait te rendre compte de ça aussi. Alors, où mets-tu ton énergie ? Chez ceux qui t'aiment ou chez ceux qui ne t'aimeront jamais ? Moi, j'ai choisi le premier camp. Je ne lis jamais tout ce qui s'écrit sur Internet parce que ça ne me fait pas avancer comme être humain. Évidemment, il y a du monde qui peut dire : « Ah, pas encore elle. Elle m'écœure. Elle m'énerve. » C'est un droit absolu que les gens ont et certains ont besoin de l'exprimer. Je ne sais pas ce que ça leur donne de l'exprimer publiquement, mais ça leur appartient. Moi, j'ai choisi mon camp. Je carbure à l'amour. C'est tout.

> ## « C'est un lien très, très particulier, le lien d'affection avec le public, parce qu'on se connaît sans se connaître. »

*As-tu des ambitions ?*
Oui, c'est d'être la meilleure que je puisse être.

*Mais tu n'as pas l'ambition de te maintenir en tête d'affiche pour toujours et à jamais ?*
Non, parce que ce serait créer ma prison. Penser comme ça, c'est se créer une prison. Je ne serai pas toujours celle qui aura le trophée. D'ailleurs, j'ai été quatre ou cinq ans sans recevoir de prix, et tout le monde me félicitait quand même en pensant que je les avais obtenus. La première année où je n'ai pas gagné, j'étais déçue parce que c'est le fun de gagner, mais j'ai été contente de ma réaction, c'est-à-dire que ça m'a fait un petit pincement au cœur, ce qui est normal, mais après je suis allée embrasser la gagnante et je suis allée au party. Ce soir-là, je ne me suis pas sentie moins aimée ou moins bonne actrice, et je me suis dit : « T'es devenue une adulte, Guylaine. Ton orgueil est déménagé à la bonne place. » Se dire : « Il faut que je gagne cette année et il faut que je les aie tous, les trophées », pour moi, c'est la fin de l'artiste. C'est la mort de l'artiste.

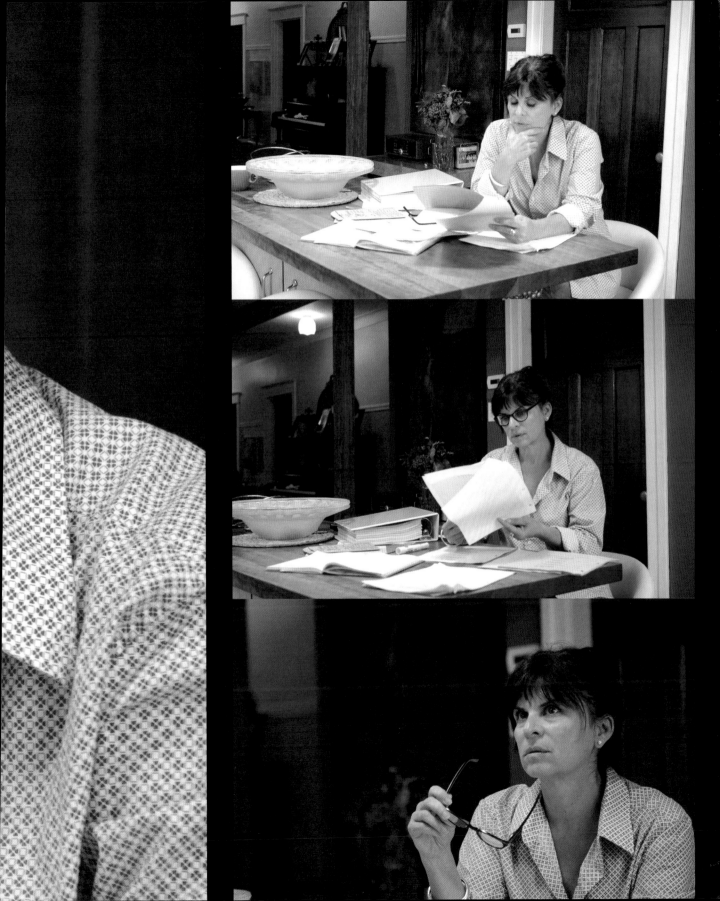

*Et c'est la naissance de l'ego.*

Oui, tous les problèmes de la vie viennent de l'ego. Il en faut, de l'ego, pour faire ce qu'on fait, sinon on aurait peur. Mais une surdimension de l'ego, c'est ma mort. Mon ambition est de chercher la corde à laquelle je n'ai pas encore touché. Ou comment je peux aller plus loin dans un personnage pour permettre un plus grand abandon et toucher encore plus le cœur des gens.

*Quand tu étais toute petite, cherchais-tu le regard des autres?*

J'étais une extravertie. J'étais comme une petite affaire qui avait tellement envie de communiquer que le regard des autres ne m'a jamais dérangée, c'était plutôt un moteur pour moi.

*Est-ce qu'il y avait un besoin absolu d'être observée?*

C'était de communiquer que j'avais le plus besoin. J'étais le genre d'enfant qui voulait tout comprendre, tout savoir et tout apprendre.

*Ça n'a pas changé...*

On ne change pas. J'aurais pu écrire, j'aurais pu peindre, si j'avais eu du talent là-dedans, j'aurais pu pratiquer n'importe quel métier, mais il aurait fallu que je communique.

*Dans ton village bucolique de Petite-Rivière-Saint-François, dans Charlevoix, avais-tu les conditions idéales pour que ton imaginaire puisse s'épanouir?*

Oui. Quand j'étais petite, mon père, ma mère, mon frère et moi habitions dans la même maison que ma grand-mère maternelle et les frères de ma mère, qui avaient à ce moment-là dix-huit, dix-sept et seize ans. J'étais le seul bébé de la maisonnée avant l'arrivée de mon frère, trois ans après ma naissance. Ma petite enfance a été déterminante parce que mes oncles m'ont accompagnée dans toutes sortes de jeux et de rêves. J'avais la permission de croire que je pouvais tout faire. Ils passaient des journées à me déguiser. Une journée, j'étais une majorette, l'autre, j'étais une Chinoise et une autre, j'étais une Espagnole. Mes parents étaient eux-mêmes de jeunes adultes. Ma mère avait vingt ans, mon père en avait vingt et un. C'était un flot de jeunesse et d'imagination. Ils devaient se dire : « On embarque la petite là-dedans. » Ma grand-mère aussi a joué un rôle important dans cette liberté de l'imaginaire parce qu'on dormait dans la même chambre et on se racontait beaucoup d'histoires.

*C'était comme s'ils te préparaient à devenir la comédienne que tu es aujourd'hui?*

Complètement. Je suis devenue comédienne parce que j'ai eu la possibilité très tôt d'être d'autres personnes. Je ne m'en rendais pas compte à cet âge-là. Mais on jouait à être quelqu'un d'autre constamment. J'aimais beaucoup les histoires. J'étais dans un monde où je pouvais quitter la réalité sans que ça soit dangereux, ce qui est le métier d'acteur, finalement.

*Tu m'as déjà dit que tu étais née sous une bonne étoile et que ça pouvait expliquer une partie de cette réussite. De quoi est composée l'autre partie?*

Le travail. La sueur. Je suis une bûcheuse. Si j'avais été médecin, j'aurais été un maudit bon médecin. Si j'avais été une journaliste, j'aurais été une maudite bonne journaliste parce que ça fait partie de ma nature de vouloir me dépasser et de déterminer où sont mes limites. J'essaie toujours d'aller le plus près possible de mes limites et même parfois de les dépasser. Ce n'est pas pour péter de la broue ni pour écraser du monde, mais j'ai besoin de tester mes limites. J'ai besoin de me dépasser autant en amour que professionnellement, ça fait partie de ma personnalité.

*Mais il y a une part de toi qui laisse la vie te guider puisque tu as confiance en elle?*

Je crois fermement que je suis une personne protégée. J'ai beaucoup de mal à me situer dans ma spiritualité, je suis en questionnement là-dessus, mais il y a une affaire à laquelle je crois: mes morts. Je m'explique. Je pense que l'amour qui nous a unis à certaines personnes ne disparaît jamais. Et cet amour-là, je m'en sens enrobée. Dans les événements difficiles, c'est très ténu, parfois je ne le sens presque plus, mais j'ai l'impression d'être protégée et guidée. C'est-à-dire que j'ai mon libre arbitre, mais j'ai de bons guides avec moi, ce qui fait que, ce métier-là, je le pratique avec tout l'amour et la sincérité dont je suis capable, et j'essaie de m'extraire de toutes les contingences de la célébrité et de la gloire, sans les nier.

*Tu ne veux pas que ça vienne créer de la distorsion dans ta réflexion.*

Exactement, parce que je considère qu'un acteur ou une actrice se crée un boulet terrible s'il se met à faire ses choix en fonction de la notoriété que tel rôle va lui apporter. Par exemple, si je disais qu'après Marie Lamontagne il faudrait que j'aie un rôle qui me mette encore plus en valeur, je suis certaine que dans ma tête et dans mon cœur ça serait terminé artistiquement pour moi. Après *Annie et ses hommes*, j'ai refusé beaucoup de projets parce que j'avais besoin d'un temps d'arrêt. J'avais besoin de vivre, et de vivre le deuil de mon personnage et de cette aventure.

*Un temps d'arrêt finalement pour mieux accueillir Marie Lamontagne?*

Tout à fait, mais entre-temps, il y a eu mon rôle de Monique dans *Les Rescapés*. Ça m'a permis une fantaisie dans ma vie, et j'ai adoré ça.

*Si tu avais eu une troisième saison des* Rescapés, *tu n'aurais peut-être pas pu faire* Unité 9 *?*

C'est vrai. J'avais déjà refusé *Unité 9* parce que je pensais que la série *Les Rescapés* se poursuivrait. Mon code d'honneur fait que je ne peux pas me désengager. J'ai été élevée par des gens qui m'ont dit: « Guylaine, on respecte nos engagements. » J'étais engagée dans *Les Rescapés*, donc il fallait que je finisse ça, et si ce n'était pas compatible avec un autre projet, c'était l'autre projet qui passait en second. J'avais aussi dit non à la tournée des *Belles-Sœurs*, de René Richard Cyr avec la musique de Daniel Bélanger. Finalement, la série *Les Rescapés* n'est pas revenue. Je n'ai pas pu faire la tournée des *Belles-Sœurs* parce que j'étais déjà remplacée, mais heureusement *Unité 9* m'attendait toujours.

*Ce sont deux projets qui ont modifié le cours de ta route et qui l'ont pavée d'encore plus de gloire. Les gens t'identifient beaucoup aux personnages que tu joues. Crois-tu qu'Annie, Monique et Marie changent quelque chose dans la vie de ceux qui les regardent évoluer à l'écran?*
Dans mon idéalisme de jeunesse, je voulais faire de grandes choses pour changer le monde. Maintenant, plus j'avance dans la vie, plus je crois que c'est dans les infimes choses que le changement peut se produire. Le sourire, le clin d'œil, les trente secondes où tu vas écouter quelqu'un, pour moi, c'est ça, maintenant et là, qui peut faire que je suis quelqu'un d'utile dans la société.

*As-tu l'impression qu'il y a des privilèges qui viennent avec la notoriété?*
Oui, j'ai des privilèges qui viennent avec la gloire. Je me fais dire : « Je t'aime », « Bonjour », et je me fais sourire cinq cents fois plus que quelqu'un d'autre en une journée. Ça détermine ton énergie. Il y a quelques cellules en toi qui s'imbibent de ça. C'est un privilège. Tu as aussi tous les privilèges accessoires, une table au restaurant, des invitations pour aller partout. Tu bénéficies d'une sollicitude que les gens ne manifestent pas habituellement envers les autres.

*Y a-t-il des inconvénients à vivre avec cette renommée?*
Très peu parce que, tu me connais, Josélito, je suis pareille avec toi qu'avec la madame que je vais rencontrer dans la rue. Donc, je n'ai pas à jouer un personnage. La rançon de la gloire, c'est quand tu te crées un personnage public très différent de la personne que tu es réellement. Dans mon cas, le personnage public et la personne que je suis dans la vraie vie sont les mêmes, donc, la rançon de la gloire pour moi n'est pas lourde à porter.

*Est-ce qu'elle est lourde dans les décisions à prendre pour le prochain rôle?*
Je fais confiance à ce qui m'attend parce que je pense que les choses arrivent quand elles doivent nous arriver. Si on m'avait offert le rôle de Marie Lamontagne à trente-cinq ans, je n'aurais pas eu la profondeur et l'abandon pour la jouer parce que, à trente-cinq ans, la vie ne m'avait pas assez ramassée et pas assez égratignée. Je ne choisis jamais mes rôles en fonction d'une envie de gloire plus grande ou des prix que je pourrais recevoir. Jamais! La célébrité et la gloire, ce n'est pas un diachylon sur un bobo. Je sais que bien des gens en rêvent et veulent être célèbres mais la gloire ne guérit rien. Tout le monde veut avoir ses quinze minutes de gloire. À mon avis, c'est le danger des téléréalités. Si tu as des instantanéités de gloire et que tu n'as pas les assises assez solides, la chute peut être difficile. Si tes motivations de départ n'étaient pas puissantes pour arriver à ça, quand tu vas retomber, qu'est-ce qui va rester? La gloire vient d'une multitude d'événements qui font que tu arrives à ça. Ça vient des expériences de vie, du travail et de la sueur que tu y as mis. La gloire est un objet formidable, mais dangereux. Dans mon cas, la gloire n'est pas dangereuse parce que mes motivations sont profondes et elles sont là depuis longtemps. Donc la gloire, pour moi, c'est juste un plus. C'est un bonus dans ma vie. Si j'arrête d'être dans une espèce d'aura de gloire, je pourrai toujours dire que ça fait partie de mon cheminement. J'ai travaillé, à un moment donné je suis arrivée au top, j'étais dans la gloire et ça a redescendu après. Je continuerai ma vie.

> " **La rançon de la gloire, c'est quand tu te crées un personnage public très différent de la personne que tu es réellement.** "

**Au nom de la gloire, j'ai dû faire les sacrifices suivants...**
Je n'ai pas fait de sacrifices au nom de la gloire. Sinon ceux que je t'ai nommés précédemment, qui ne sont pas de gros sacrifices. Je n'en ai pas fait, mais je dois me maintenir au degré d'excellence que je me fixe moi-même.

**Au nom de la gloire, j'ai perdu...**
Mon anonymat. Parfois, j'aimerais faire partie de la gang un peu plus souvent, j'aimerais pouvoir aller dans un bar country danser, taper des mains avec tout le monde. Si j'y vais, je sais bien que les gens vont me regarder et que ma présence va dévier le focus de l'événement. Ça ne me tente pas de faire ça. Mais c'est peu quand je regarde tout ce que j'ai gagné.

**Au nom de la gloire, j'ai gagné...**
Une sécurité. La sécurité que la solitude absolue n'existe pas.

Patrice L'Écuyer est dans notre quotidien depuis tellement longtemps qu'on oublie à quand remonte sa relation avec le grand public. Que ce soit comme improvisateur notoire dans la LNI, comme acteur au charisme fou sous les traits de Clovis dans la série télévisée *Blanche*, comme humoriste hilarant dans les traditionnels *Bye Bye*, comme animateur à la radio ou à la télévision dans *Les Détecteurs de mensonges*, *L'Écuyer*, *Qui l'eût cru*, *Les Beaux Parleurs*, *L'union fait la force*, *Des squelettes dans le placard*, *Les Missions de Patrice*, *Le Moment de vérité*, *Prière de ne pas envoyer de fleurs* ou *Un air de famille*, son charme opère toujours et sa présence est réconfortante. Son itinéraire est pavé de succès et de récompenses de toutes sortes. Malgré toutes ces années, bientôt vingt-cinq, il aurait pu éprouver un peu de lassitude. Mais non, il a encore ce regard neuf et vif parce que le monde de la télévision le fascine comme quand il était tout jeune et qu'il rêvait d'en faire partie. On connaît peu de choses sur lui. Au cours des ans, il se taille cette place au soleil sans jamais avoir à sacrifier son intimité. Lors de notre déjeuner, il s'est dévoilé sur un sujet qu'il connaît intimement : la gloire.

# PATRICE L'ÉCUYER
# LE MOMENT DE VÉRITÉ

**OTRE GÉNÉRATION A GRANDI** *avec des valeurs judéo-chrétiennes. Le rêve n'était pas vraiment permis et, s'il l'était, il fallait le cacher pour ne pas être jugé. Ces valeurs sont bien ancrées dans l'imaginaire collectif québécois. Pour plusieurs, rêver grand signifiait se prendre pour quelqu'un d'autre. Toi, as-tu eu l'impression que tu devais te sentir petit pour éviter le jugement des autres?*

L'expression «On est nés pour un petit pain» m'a toujours tué. C'est effrayant de penser de cette manière. Je suis content de voir que le monde de mes enfants, ça va être la planète. Leur village, ça va être la planète. Alors que nous autres, notre monde, c'était ici et ça restait ici. Quand je disais que je voulais être un acteur, je faisais rire de moi. Je passais devant Radio-Canada avec mes amis et je leur disais: «Un jour, je vais travailler là.» Ils riaient de moi carrément. C'était humiliant. Je n'ai pas beaucoup partagé mes rêves avec les gens autour de moi parce que je voulais qu'ils arrêtent de rire de moi.

*Pendant ton enfance, l'art était-il valorisé? As-tu su dès ton plus jeune âge ce que tu allais devenir? Que tu allais faire un métier public?*

Chez nous, on n'avait vraiment pas beaucoup d'argent. Mes parents en arrachaient financièrement, mais je ne l'ai jamais senti parce que, à cette époque-là, ils cachaient tout. À la maison, on avait une tradition fantastique. On devait rester à table avec les adultes jusqu'à ce que tout le monde ait fini de souper. On pouvait donc participer aux conversations des grands. Par son travail, mon père rencontrait beaucoup de gens, et certains venaient manger à la maison. Il y avait toujours un moment dans la soirée où ma mère ou mon père disait: «Hé, Patrice, montre-leur donc!» Quand j'étais jeune, je faisais souvent des représentations. Je montais sur une boîte et je faisais mon petit numéro. Il y avait quelque chose de tellement gratifiant et d'émouvant à faire ça. C'était un réel climat de bonheur qui régnait chaque fois. On était bien. Je ne m'en rendais pas compte sur le coup, mais rétrospectivement, je le constate. Tout le monde était heureux. On vivait tout ça ensemble. J'ai toujours trouvé un peu cliché que les gens disent qu'ils font ce métier public pour se faire aimer. Maintenant, je m'aperçois que c'est peut-être vrai.

*Quand le succès arrive dans ta vie, comment tes parents réagissent-ils?*

La première critique que j'ai eue, c'était en 1981, quand j'ai joué dans une pièce de Molière. Dans la *Gazette*, le show a reçu une critique extraordinaire: *The best performance on stage is Patrice L'Écuyer*. Je me souviens encore de ces mots. Quelques jours plus tard, dans *La Presse* et *Le Journal de Montréal*, on s'est fait descendre. La pire critique était pour moi. Ma mère m'a dit, plusieurs années après, que ce matin-là, les journaux aux mauvaises critiques étaient sur la table de la cuisine et mon père avait les larmes aux yeux. Il a regardé ma mère et il lui a demandé: «Claire, qu'est-ce qu'on a fait de pas correct?» À ce moment-là, j'ai compris que nous sommes parents toute notre vie. Par la suite, je n'ai jamais partagé avec eux mes angoisses et mes inquiétudes par rapport au métier. J'ai toujours senti qu'ils étaient contents pour moi. Pour eux, la fierté, ce n'était pas la célébrité de leur fils… Ils étaient heureux de ce qui m'arrivait.

*Quand la renommée arrive et que la notoriété s'installe dans ta vie, as-tu de la difficulté à la reconnaître et ensuite à l'accepter comme une nouvelle réalité?*

Maintenant, je suis très connu, mais il y a eu une période où je l'étais davantage. Au début des années 1990, j'animais *Les Détecteurs de mensonges* tous les jours, le talk-show *L'Écuyer* une fois par semaine, je participais aux *Bye Bye*, que tout le Québec regardait, et je jouais dans la série *Blanche*, qui attirait quatre millions de téléspectateurs chaque semaine. Pendant cette période, je ne me suis pas rendu compte de ce que je vivais réellement parce que je travaillais tellement. D'ailleurs, c'était peut-être sain pour moi de ne pas constater l'ampleur de ce succès.

*Pourtant, tu es encore une figure prédominante de la télévision. Tu sembles parler de cette époque avec une certaine nostalgie, comme si elle était révolue.*

Non, mais aujourd'hui, quand je regarde ça avec de la distance, je me dis que ce que j'ai vécu est extraordinaire. À cette époque, je n'en profitais pas. C'est peut-être pour cette raison que je ne me suis jamais enflé la tête. Je ne l'ai pas vu, ce succès. Je voulais que ça marche. Il fallait que je travaille fort pour y arriver. Mon but n'était pas forcément d'être connu et d'avoir du succès. Ce qui me *drivait* pour aller là où je suis allé, c'était la «chienne» de ne pas être bon. La peur d'avoir honte le lendemain en me faisant dire que j'étais pourri. J'avais toujours la hantise d'être mauvais. Tout au long de ma carrière, ça a été un moteur incroyable. C'est pour ça que j'ai toujours travaillé, travaillé, travaillé et travaillé.

*À quiconque veut réussir dans ce métier, dirais-tu que le travail est la clé du succès?*

Pour réussir, il n'y a pas d'autre solution que de travailler. Si quelqu'un travaille comme un fou et ne réussit pas après plusieurs années, c'est probablement qu'il n'est pas dans le bon domaine. Dans ce métier, je suis toujours fasciné et sidéré de voir à quel point certaines personnes ne travaillent pas. Je me souviens d'avoir participé aux auditions de la compagnie Jean Duceppe, pour laquelle j'allais jouer le personnage d'Eugène dans la pièce de Neil Simon *Souvenirs de Brighton Beach*. Je faisais le grand frère et je donnais la réplique à tous les jeunes qui passaient les auditions. Certains sont très, très connus aujourd'hui. Les gens savaient à peine leur texte, ils n'étaient pas préparés. M. Duceppe avait fait une crise, il était enragé parce qu'il ne comprenait pas. Il en pleurait presque d'humiliation. Il m'avait dit : « Mais pourquoi est-ce qu'ils viennent rire de moi s'ils ne veulent pas jouer dans mon théâtre ? » Je lui avais répondu : « Non, non, non, ce n'est pas ça… » J'étais tellement gêné. Je savais mon texte à l'envers et à l'endroit. Je m'étais beaucoup préparé pour cette audition. Quand tu veux quelque chose, tu dois te préparer.

*Crois-tu que c'est ça qui t'a permis de réussir dans ce métier, contrairement à d'autres, qui ont échoué après quelque temps ?*

Depuis que je fais ce métier, j'en ai vu passer, des acteurs et des animateurs. J'étais convaincu que certains d'entre eux allaient devenir des vedettes très célèbres parce qu'ils avaient un talent plus grand que le mien, plus grand que celui de bien du monde, et pourtant ça n'a pas marché pour eux. Au début, je me disais que c'était parce qu'ils n'étaient pas chanceux. Maintenant, avec l'expérience que j'ai, je peux dire que ce sont des gens qui ne travaillaient pas et qui « botchaient » ce qu'ils faisaient. Ils surfaient sur leur succès et sur leur notoriété. Aujourd'hui, ils ne sont plus là.

*Tout au long de ton ascension vers les sommets, l'argent a-t-il été une motivation à aller toujours plus haut, toujours plus loin ?*

Les seules fois où j'ai fait de mauvais choix dans ma carrière, c'étaient des choix motivés par l'argent. Je me disais : « Wow, ça, c'est payant ! » Pourtant, je n'étais pas convaincu que c'était la bonne affaire. Souvent, j'ai fait des choses beaucoup moins payantes mais qui me faisaient du bien et me comblaient artistiquement. Je crois que la seule façon d'avoir du succès, c'est de faire des choses qui nous correspondent. On m'a offert des projets fantastiques mais pas faits pour moi. J'avais la chance de ne pas en avoir besoin à tout prix, donc j'ai dit non. Si je les avais acceptés, je me serais planté. Pour la longévité d'une carrière, c'est important d'être heureux dans ce que tu fais parce que, quand tu es heureux, le public le sent.

*As-tu peur parfois que tout s'arrête ?*

J'ai toujours peur que ça s'arrête. Ça va arriver à un moment donné. Quand ? Je ne le sais pas. À l'époque où je venais d'avoir mes enfants, je me disais qu'il fallait que je travaille. Ça a duré une année et demie. Je me demandais s'il allait y avoir d'autres beaux projets. Après, il y a eu *Prière de ne pas envoyer de fleurs*, que j'adore animer.

*Tu m'as déjà confié que tu dépensais beaucoup et que, en bon épicurien, tu profites de la vie. Si tu as peur que tout s'arrête, n'as-tu pas peur de manquer d'argent un jour ?*

La chose dont j'ai le plus peur, c'est de ne plus douter. Moi, je carbure au doute. Le trac et l'insécurité, ça me nourrit, c'est mon moteur. Si j'étais plein aux as, peut-être que, inconsciemment, je voudrais me la couler douce, donc je cesserais d'évoluer. Je crois qu'il faut rester allumé. Il faut rester

« connecté » sur ce qui se passe. Tu ne peux pas te retirer de ce métier-là et penser revenir dans trois ou quatre ans. On est vite oublié.

*Tu es là depuis 1989, ça fait vingt-cinq ans que ça dure. C'est phénoménal ! Quand on regarde ton parcours, on voit qu'il n'y a eu aucun passage à vide.*

C'est vrai qu'il n'y a pas eu de trous parce que j'ai toujours travaillé, mais il y a eu des années où j'ai fait des trucs que je n'aurais pas dû faire. Les années creuses suivent cette période-là.

*Peux-tu me donner un exemple de trucs que tu n'aurais pas dû faire ?*

Le téléroman *Ma tante Alice*. On m'a présenté cette offre en me disant que j'avais mon premier rôle à la télévision. Quand j'ai reçu les textes, ce n'était pas ce à quoi je m'attendais. J'étais malheureux, j'étais mauvais. J'essayais de rendre drôle un truc qui ne l'était pas. L'émission a été retirée des ondes après neuf ou dix épisodes seulement. J'étais soulagé que ça s'arrête, mais en même temps, pour la première fois de ma vie, je voyais des acteurs et des actrices qui perdaient leur gagne-pain. Ils avaient des enfants à nourrir, ils me demandaient : « Comment je vais faire ? » C'était l'horreur. À ce moment-là, j'ai vécu un grand dilemme. D'un côté, c'était effrayant de voir ce désarroi chez eux et, d'un autre côté, c'était fantastique pour moi de ne plus avoir à jouer ce rôle.

> ## « Le trac et l'insécurité, ça me nourrit, *c'est mon moteur.* »

*Mais sur ta feuille de route, il n'y a pas beaucoup d'événements comme celui-là.*

J'ai été chanceux, je ne me suis pas souvent trompé. J'ai suivi mon instinct et j'ai pris quelques risques. À certains moments, j'ai été moins présent dans les médias. Une année où Véro a gagné un prix pour *Les Enfants de la télé*, dans son discours elle a dit qu'elle ne croyait pas ce qui lui arrivait. Elle ne pensait pas revivre un tel honneur, car elle pensait que c'était fini, cette partie de sa vie où elle recevait des prix. Je me suis tellement reconnu dans ces paroles. Je me suis rappelé toute cette époque où j'avais du succès et où on m'offrait tout, alors que je n'en avais pas vraiment conscience, car je travaillais beaucoup. Ce soir-là, je me suis rendu compte que c'était une chance inouïe d'avoir connu un tel succès. Quand j'ai eu ma première fille, j'ai pris la décision de ne presque pas travailler pendant un an. Une des premières émissions auxquelles j'ai participé, à mon retour, c'était *Bons baisers de France*, avec France Beaudoin. J'étais comme un enfant. En voyant le régisseur arriver et les techniciens travailler, je me suis dit : « Wow, je suis invité ici ! Je fais ce métier-là. Je suis chanceux. » Ma capacité d'émerveillement me garde en vie. Ce que je reproche aux jeunes qui commencent, c'est qu'ils ne se rendent pas compte de la chance qu'ils ont. Il y a tellement de gens qui voudraient être à leur place.

*Crois-tu que ta réussite est aussi attribuable au fait que tu as été extrêmement secret sur le plan personnel? Tu as su protéger cette zone de ta vie.*

Je suis très lucide quant aux relations publiques. Je n'ai jamais voulu parler de mes enfants, de ma blonde et de ma vie de tous les jours. Je ne suis pas un gars qui pourrait donner des conseils aux autres. J'ai une vie plate parce que ça va bien. Ça ne fait pas de belles histoires.

*Même les équipes qui travaillent avec toi savent peu de choses à ton sujet.*

Quand j'ai commencé à travailler, j'étais très près des gens. J'étais comme un livre ouvert et je m'attachais beaucoup. J'étais vraiment intime avec les autres, et ç'a duré longtemps, jusqu'en 2000.

*Jusqu'à ce que tu aies mal?*

Jusqu'à ce que je me rende compte que, dans ce métier, on est tout seul. Quand ça va bien, il y a plein de monde autour de toi, mais quand ça va mal, il y en a moins. Au travail, tous les gens à qui je m'étais ouvert m'ont trahi. J'ai énormément de difficulté avec la trahison. J'en ai fait l'expérience à quelques reprises. C'est pourquoi j'ai décidé de ne plus m'y laisser prendre. Plutôt que de continuer dans une relation où je vais me faire mal, j'arrête. Quand je fais confiance, je m'ouvre totalement, il n'y a plus de barrières. J'ai vécu des choses que je n'ai jamais vu venir. J'ai donc réalisé que j'avais ma vie à moi et que j'avais mon travail. Je ne mêle plus les deux depuis ce temps-là.

*As-tu trouvé difficile le processus pour parvenir à cette séparation entre travail et vie personnelle?*

Le processus a été difficile. J'ai une acuité sur ce que les gens pensent de moi, c'est épidermique. J'entre dans une pièce, je vais pouvoir te dire si les personnes présentes m'aiment ou ne m'aiment pas. Aujourd'hui, je dis les choses comme elles sont. Certaines personnes peuvent trouver ça très dur de travailler avec moi parce que je dis la vérité. Ce métier est trop difficile pour accepter des gens qui ne travaillent pas bien. Il y en a trop qui veulent travailler et bien travailler.

*Es-tu plus heureux dans le métier depuis que tu te protèges davantage?*

Je n'ai pas l'impression que je me protège, mais c'est vrai que je suis plus heureux, moins déçu. Émotivement, quand je m'ouvre, je deviens naïf parce que quand j'aime, j'aime. Je prends la personne telle qu'elle est. Quand je ne m'implique pas émotivement, je suis beaucoup plus lucide.

*As-tu craint d'être jugé?*

De toute façon, on l'est toujours. Alors, je dis ce que je ressens. Je dis ce que je pense. On n'a qu'une vie à vivre.

**"La célébrité t'apporte le choix.** La plus grande richesse, c'est ça."

*Est-ce que certaines personnes sont étonnées quand elles découvrent cet aspect-là de ta personnalité?*

Certains disent qu'il est très dur de travailler avec moi. Je suis plutôt rigoureux. Ce sont des gens avec qui je ne retravaillerai plus jamais. Chaque fois que je collabore avec de nouvelles personnes, elles disent toujours: «Mon Dieu, c'est facile avec toi!»

*T'arrive-t-il de penser que tu es passé à côté de ta vraie carrière, celle d'acteur?*

Je n'ai pas la constitution pour être un acteur. Le nombre d'humiliations que tu subis et de rejets que tu vis quand tu es acteur, c'est énorme. Il faut que tu sois tellement fort. Ce n'est pas le fait de ne pas travailler que je trouve difficile, c'est le fait de ne pas savoir si tu vas retravailler un jour. Je n'aurais pas été capable de vivre ça. J'aurais été angoissé et j'aurais fait des ulcères. Si j'avais été acteur, j'aurais été l'être le plus torturé, le plus malheureux sur la Terre. Cela aurait peut-être fait de moi un bon acteur, mais un être humain malheureux.

*Es-tu encore préoccupé par les cotes d'écoute?*

Moins qu'avant, mais la réalité est que, si on ne t'écoute plus, tu ne seras plus là. Quand le monde ne t'écoute pas, ça ne veut pas dire que ce que tu fais n'est pas bon, ça veut dire que ça ne répond pas à ce que les gens veulent voir.

*Il faut de l'ego, une grande force de caractère pour faire ce métier et se tenir debout devant l'auditoire. Est-ce que ton ego est rassasié?*

Oui, mais on n'en a jamais assez.

*Est-ce difficile de gérer la célébrité?*

Ce qui est extraordinaire, c'est que tout le monde veut travailler avec toi. Tout le monde a un *a priori* positif te concernant. Ça va bien pour la confiance. Tu te sens bien, les gens t'aiment. Alors, ce qui est le plus difficile à gérer avec la célébrité, c'est de ne pas les écouter! Le plus grand danger de la célébrité, c'est de prendre pour vérité ce que les gens te disent. Il faut toujours traduire. Quand je suis sorti de l'École nationale de théâtre, je pesais cent vingt-cinq livres. J'étais un bicycle mouillé et j'avais les dents en avant. Dans la rue, personne ne se retournait sur mon passage. J'allais dans le Sud, sur une plage, je n'existais pas. Quand tu fais de la télé, tu te promènes sur la même plage, et tout à coup tu reçois des sourires et des bonjours. Tu dois te rappeler que ce regard-là est causé par l'impact de la télévision. Il y a quelqu'un qui a écrit ce que je dis à la télé. Il y a quelqu'un qui m'a habillé, quelqu'un qui m'a maquillé et quelqu'un qui m'a éclairé. Tout ce monde était là pour me mettre en valeur. Il faut savoir faire la part des choses.

*Est-ce qu'il y a un moment où tu t'es cru arrivé au sommet?*

Ça ne m'est jamais arrivé. La démarcation était tellement grande entre ma carrière et la vie de tous les jours que je n'y ai jamais cru, à tout ça. J'ai toujours été très conscient. Ça doit être le fun de croire et d'écouter ce que tout le monde te dit, tu dois tripper au max. C'est peut-être mon physique qui m'a sauvé du chant des sirènes. Avec les filles, je le dis naïvement, je n'ai jamais profité de ces années de succès. Suis-je passé à côté de quelque chose ? Je ne sais pas, mais je ne le regrette pas aujourd'hui !

*Tu sembles avoir une grande confiance en toi et en tes moyens.*
Pourtant, ça ne fait pas longtemps que j'ai confiance en moi. C'est arrivé en même temps que je me suis mis à aimer la caméra en animant. J'ai longtemps eu peur de la caméra. Elle m'impressionnait, elle m'intimidait. J'étais terrorisé. Quand je faisais le talk-show *L'Écuyer*, je parlais vite et j'avais des rires insignifiants parce que je n'étais pas à l'aise. C'est après *Qui l'eût cru* et *Les Missions de Patrice* que le déclic s'est fait. Je pense que ça correspond à l'arrivée de mes enfants. Ça te *grounde* les deux pieds sur terre. Ça relativise les choses. Ça reste bien juste de la télé…

*De quoi es-tu le plus fier, quand tu regardes ta carrière dans le rétroviseur ?*
D'avoir duré. Un jour, après avoir fait *Ma tante Alice*, j'étais découragé, je croyais que c'était la fin de ma carrière, et Dominique Michel m'avait dit : « Non, Patrice, l'important, c'est de durer. » Je ne pensais pas travailler aussi longtemps.

*Penses-tu connaître la gloire, Patrice ?*
Je ne la ressens pas, la gloire, mais je sais que je l'ai. En fait, ce n'est pas la gloire qu'un animateur vit, c'est la notoriété. Tout le monde te connaît. Les gens peuvent fantasmer sur les chanteurs et les acteurs, un animateur, lui, n'attire pas le même type d'attention. Pour moi, la gloire, c'est plus pour des chanteurs et des vedettes d'Hollywood. Quand je vais à Los Angeles, par exemple, que je suis dans un restaurant et que je vois des gens connus qui arrivent, il y a comme une vibration soudaine. Un murmure qui s'installe.

*Quand toi, tu arrives dans un restaurant, il n'y a pas ce genre de réactions ?*
Je suis tellement souvent à l'écran qu'il y a comme une familiarité qui s'est installée entre le public et moi. Ce n'est pas la star que les gens voient en moi mais plutôt un frère. Le Québec est un petit milieu. Avant que je fasse *Blanche*, j'étais toujours le frère que toutes les filles auraient voulu avoir, et après, j'étais devenu le chum que les filles voulaient avoir. Ma vie a littéralement changé après mon rôle de Clovis-Émile Couture dans la série *Blanche* en 1993.

*Est-ce bon de connaître la gloire ?*
Je vais te parler comme un vieux. Je suis passé par cette étape où tu te dis : « Je veux y arriver, je veux y arriver ! » Mais quand tu y es, ça ne change strictement rien. Les gens s'imaginent que c'est fantastique. C'est fantastique parce que tu as le choix. La célébrité t'apporte le choix. La plus grande richesse, c'est ça. Tu peux choisir.

*Que dirais-tu à quelqu'un qui aspire à la gloire ?*
D'abord, il faut que tu trouves ce que tu veux faire, ce dans quoi tu te sens bien et ce dans quoi tu es bon aussi. Parce que la gloire, c'est bien beau, mais il ne faut pas que ce soit ça l'objectif. Il faut que tu trippes, que tu sois passionné. Il faut que tu aimes ça. C'est le bonheur qui amène la gloire. Aux jeunes qui veulent faire une carrière internationale, je dis : pourquoi pas ? On commence à s'ouvrir sur le monde, pourquoi on resterait juste ici ? On ne perd pas notre talent parce que l'on traverse la frontière…

*Qu'est-ce qu'il y a de plus difficile à vivre dans la célébrité ?*
Maintenant, c'est réglé, mais au début, c'était d'accepter et de voir la sincérité chez les autres. Quand tu es au faîte de la gloire en faisant ce métier, tu as un doute perpétuel parce que le rapport avec autrui est faussé. À un moment donné, tu te prives de la beauté de la sincérité. Trop de gens sont *phoney* parce qu'ils sont aveuglés par le mythe entourant la célébrité, ce qui fait que la vérité et la sincérité n'existent plus.

*Es-tu conscient de la chance que tu as ?*
Chanceux, tu dis ? Pas mal chanceux ! Je n'ai jamais vécu de grand drame. J'espère que la vie va m'épargner jusqu'au bout, mais je suis conscient que, en vieillissant, ça risque de m'arriver. Je vois des amis autour de moi qui perdent des proches. C'est le processus de la vie. C'est triste. Plus jeune, j'aurais eu beaucoup de difficulté à surmonter le deuil. Quand je vois ça, je me dis qu'il faut prendre le temps d'être avec les gens qu'on aime. On ne le prend jamais assez, je pense.

---

**Au nom de la gloire, j'ai fait les sacrifices suivants…**
Je n'ai pas fait de sacrifices, au contraire, ça m'a juste apporté des avantages.

**Au nom de la gloire, j'ai perdu…**
Mon image de bon garçon aux yeux de certaines personnes… parce que, à un moment donné, j'ai commencé à dire les choses.

**Au nom de la gloire, j'ai gagné…**
La confiance en moi. C'est un tonique extraordinaire.

Mario Pelchat semble avoir chanté avant même de parler. Jeune, il chante en duo avec sa sœur Johanne et ensuite en solo, après le décès prématuré de celle-ci. Il pratique le métier d'auteur-compositeur-interprète avec la même passion, le même dévouement et le même engagement qu'à ses débuts. Pour lui, être artiste, c'est comme entrer dans les ordres. Avec Cindy Daniel et Nadja, il se fait défricheur de talents tout en étant producteur de disques. En décembre 2013, c'est sur son vignoble à Saint-Joseph-du-Lac qu'il me reçoit avec un brin de fierté parce que les vendanges de l'automne avaient porté leurs fruits. Il nourrit tous les espoirs en cette terre où il sème la vie comme en ces talents nouveaux. Mario, le semeur, possède en lui cette force de conviction et de caractère, cette foi inébranlable et cet instinct quand il croit en quelqu'un ou en quelque chose, principales composantes de sa réussite.

# MARIO PELCHAT
## QUAND ON Y CROIT

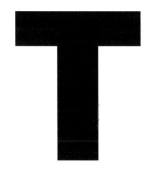**U ES L'UN DES RARES CHANTEURS DE CETTE ÉPOQUE** *qui est encore là et qui connaît autant de succès. Ça fait trente-trois ans que dure ton aventure avec le public.*

Je me trouve vraiment chanceux. Je suis privilégié de pouvoir m'adresser au public après toutes ces années et qu'il vienne voir mes spectacles. Quand je sors un album, les gens sont là ; ils ont hâte de l'écouter et de le découvrir. Ils sont toujours au rendez-vous. Je suis vraiment reconnaissant.

## "Pour moi, la gloire, c'est la puissance de Dieu. C'est Dieu qui mérite la gloire. "

*Trouves-tu que ton parcours a été plus difficile que celui d'autres que tu as vu évoluer ? Considères-tu que ton chemin a été plus exigeant ?*

Tu veux me faire pleurer… Il m'est arrivé de « tempêter », comme on dit au Lac-Saint-Jean, de m'emporter parce que je trouvais ça injuste.

*Y a-t-il eu un moment où tu as voulu tout abandonner ?*

Je me souviens d'une période précise dans ma carrière où les portes étaient toutes fermées pour moi, alors que je voyais des artistes avoir de beaux contrats de disques et réussir en France. Moi qui rêvais de tout ça. Je me suis demandé si ça allait m'arriver un jour et si j'étais fait pour cette réussite. J'avais eu vent qu'un gars de Dolbeau vendait une école de conduite. J'ai pensé acheter son entreprise et retourner vivre dans cette ville. Alors, j'ai entamé des pourparlers. J'étais décidé à le faire. J'ai appelé mes parents pour leur annoncer mes plans. Ma mère m'avait dit : « Ben oui, viens-t'en donc ici, tu vas être bien, c'est un métier beaucoup trop difficile. » Que ma mère me dise ça m'avait un peu fâché parce qu'elle avait toujours cru en moi et, tout à coup, on aurait dit qu'elle abdiquait. Ce n'était pas son genre. À la même époque, j'ai eu un appel d'un producteur de spectacles qui m'a offert un contrat, et c'est là, alors que je lâchais prise, que les choses ont redémarré pour moi.

*As-tu parfois eu peur que tout s'arrête ?*

À certains moments, j'ai cru que c'était fini. C'est ce que j'ai pensé quand l'album *C'est la vie* est sorti et qu'il était un peu bâclé dans le choix des chansons et dans l'enregistrement. La critique avait été sévère à l'endroit de cet album, avec raison. Je le trouvais faiblard.

*C'est quelque temps après la sortie de* C'est la vie *que ta longue association avec la prestigieuse maison de disques Sony a pris fin ?*

Oui. J'écris des chansons depuis longtemps. Je savais que mes chansons étaient bonnes, mais on me faisait chanter celles des autres presque contre mon gré. Pourtant, j'en ai fait entendre à l'équipe en place à ce moment-là, mais on ne semblait pas y croire. C'est là que j'ai compris que nous n'étions pas sur la même longueur d'onde. Nous n'avions plus la même vision de ma carrière sur disque. Comme dans un couple, j'ai demandé le divorce. J'avais envie d'être libre de chanter ce que je voulais. J'ai eu ma liberté. J'ai eu peur pendant une journée parce que j'étais sous contrat comme artiste depuis l'âge de dix-sept ans et j'en avais trente-quatre. Il fallait que je me débrouille tout seul. Je n'avais pas les moyens de produire l'album *VII*, le septième album studio de ma carrière. Les gens croyaient que je roulais sur l'or, pourtant ce n'était pas le cas. Alors, j'ai monté une société avec plusieurs investisseurs qui ont cru dans le projet. J'ai produit l'album *VII*. Au final, toutes ces personnes ont fait un investissement qui leur a rapporté plus que si elles avaient mis cet argent à la banque.

*Ta carrière se poursuit malgré quelques embûches qui auraient pu freiner ton élan et t'être fatales. Tu as su contourner les obstacles et rester au sommet de ton art et de ta réussite. Considères-tu qu'il y a un prix à payer pour connaître la célébrité et se maintenir au top ?*

J'ai fait des erreurs, je le dis parce que c'est notoire. J'ai conduit en état d'ébriété, un jour, et j'ai perdu mon permis de conduire. Je me suis retrouvé à la une des journaux, à LCN, à RDI, partout. C'est à ce moment précis que je me suis dit que c'était un prix cher à payer, mais en même temps, tu as une responsabilité qui vient avec la célébrité. À cette époque, je ne l'avais pas saisi encore. J'aimais vivre dangereusement. La loi existe pour tout le monde. Tu as beau être connu, tu n'y échappes pas, mais j'étais encore tête folle. Ça m'a pris une situation comme celle-là pour le comprendre. Le prix est cher payé parce que, évidemment, on m'a jugé. J'ai alors pensé ça pouvait être la fin de ma carrière. J'étais sur scène avec les autres membres de la comédie musicale *Don Juan*. Mon histoire faisait la une des journaux, et j'étais obligé d'honorer mon engagement. Les gens me regardaient. Il n'y avait pas de sourire sur le visage de certains d'entre eux. Ils n'étaient pas fiers de moi. Pendant cette période, mon voisin m'a dit : « Je te respecte, mais je ne trouve pas ça drôle, ce que tu as fait, parce que le frère de ma femme s'est fait tuer par un chauffard en état d'ébriété. » Et là, je l'ai regardé et j'ai réalisé à quel point c'était non seulement un geste stupide, mais qui aurait pu me coûter beaucoup plus cher.

*C'est la rançon de la gloire, comme diraient certains.*

Pour moi, la gloire, c'est la puissance de Dieu. C'est Dieu qui mérite la gloire. C'est à Dieu que ça revient pour avoir créé tout ce qu'il y a autour de nous. J'ai toujours parlé publiquement et ouvertement de mes croyances en Dieu. Je n'ai pas honte d'être croyant et d'avoir la foi. Je n'aime pas le mot « gloire ». La petite gloire personnelle que l'on recherche tous, moi y compris, c'est totalement humain, mais ce n'est que du vent et c'est éphémère. De toute façon, il n'y a rien qui dure vraiment dans la gloire.

*À tes yeux, tu n'as pas connu la gloire pendant ces trois décennies où tu as travaillé comme auteur-compositeur-interprète et après avoir vendu des centaines de milliers de disques?*

J'ai connu la reconnaissance du public. On n'est pas glorieux parce qu'on fait ce métier. On peut obtenir un certain rayonnement, une certaine reconnaissance, une certaine visibilité ou une certaine admiration des gens pour le travail qu'on fait, mais pas la gloire. La gloire, ça brille trop, c'est brillant comme de l'or. Il y a trop de lumière dans le mot «gloire». Quand je monte sur scène – je ne veux pas avoir l'air d'un *freak* en avouant cela –, je dis toujours à Dieu: «Pour TA gloire et non la mienne.» C'est lui qui m'a donné mon talent.

*As-tu cherché une certaine forme de reconnaissance dans ton cheminement?*

J'ai cherché la reconnaissance de mes parents, ce qui est tout à fait normal. À un autre moment, on cherche la reconnaissance de son professeur à l'école, la reconnaissance de ses amis, celle de ses supérieurs et de son employeur. Finalement, on cherche la reconnaissance des gens qu'on côtoie. Quand le rayonnement de la popularité a commencé à s'agrandir parce que je chantais, mon désir était toujours d'être quelqu'un et de trouver l'approbation dans le regard de mon père et de ma mère, même s'il y avait de plus en plus de gens qui aimaient ce que je faisais. J'ai tout le temps eu le sentiment d'avoir manqué d'amour, alors que mes parents m'en ont donné beaucoup. Aujourd'hui encore, ils m'en donnent beaucoup. Ils ont toujours les valves ouvertes, et pourtant…

*D'où vient le vide, selon toi?*
Je ne le sais pas.

*Mais en même temps, ça peut être une motivation profonde pour aller de l'avant dans la conquête des sommets, et un moteur puissant pour y parvenir.*

Effectivement, ça m'a poussé à travailler fort et toujours plus fort pour prouver que les gens s'étaient trompés dans la perception de qui j'étais réellement. Quand j'ai fait mon premier disque à Dolbeau, quelqu'un a dit: «Pelchat, c'est fini après le premier album.» À ce moment-là de ma vie, je doutais beaucoup. J'ai confiance en moi, mais j'ai toujours une grande insécurité, qui m'a heureusement servi aussi. Quand j'ai entendu ça, c'était le gaz que ça me prenait pour dire: «Vous allez voir que ce n'est pas fini, ça ne fait que commencer.» Au deuxième disque, des rumeurs circulaient: «Ah, après ça, ça va être fini. Il vit dans ses rêves, et ça ne marchera pas.» De fois en fois, je me démenais encore plus pour prouver que j'allais y arriver et que ce n'était pas qu'un rêve. Dans cette façon de réagir, il y a certainement une recherche de reconnaissance et de gloire, entre guillemets, sauf que je me suis rendu compte que la gloire, comme je la percevais à cette époque, ne me rendrait jamais heureux et serait toujours un puits sans fond.

*Jeune, voulais-tu être une vedette?*
Je lisais *Écho Vedettes* et je me disais: «Je veux être là-dedans.» C'était comme la bible du show-business.

*La première fois que tu te retrouves dans «la bible du show-business», quelle est ta réaction par rapport à ton nouveau statut?*
C'était un sentiment de fierté. Je croyais que, quand on était rendu là, on atteignait un genre de nirvana…

*Qu'est-ce qu'il faut pour obtenir le succès et connaître le triomphe?*
Il faut être travaillant et ne pas vouloir se voir ailleurs que dans ce métier. Il faut avoir une tête de cochon. Moi, c'est là que je me voyais et c'est là que je suis allé. Il faut juste être persuadé que ta place est là. Contre l'adversité, je me suis battu. Chaque fois qu'on m'a dit «Tu n'y arriveras pas», j'ai voulu prouver le contraire. Ç'a été comme ça durant toute ma carrière. Mon défaut, c'est que j'ai de la difficulté à admettre que j'ai tort dans la vie. Je suis comme mon père là-dessus. Mais en même temps, cet entêtement à croire que j'ai raison m'a souvent bien servi. J'avais raison de croire que j'avais ma place dans le métier. J'avais raison de croire que j'allais faire des disques, que j'allais les vendre et que je pourrais en vivre. J'avais raison de croire que Cindy Daniel ferait sa place et que le public l'aimerait, raison de dire que Nadja allait être une star et de la produire sur disque et sur scène. Au début de sa carrière, il y a des gens qui m'ont dit: «Bonne chance!» Et je leur ai répondu: «Vous allez voir.» Ces mêmes personnes sont des fans aujourd'hui. Ils ne voyaient pas ce que je voyais. Quand j'ai décidé de produire l'album de duos avec Paul Daraîche, des gens du milieu me demandaient: «Combien tu penses en vendre?» Quand je leur répondais cent cinquante mille, ils partaient à rire en disant que le dernier album de Paul s'était vendu à dix mille exemplaires, il y a plus de dix ans. On y est presque, à cent cinquante mille disques vendus. Je crois que, si je vibre à quelque chose, il y a de fortes chances que ça fasse le même effet aux autres. On ne fait jamais l'unanimité, mais je pense que j'ai un bon instinct.

> « Chaque fois qu'on m'a dit «Tu n'y arriveras pas», **j'ai voulu prouver le contraire.** »

*Est-ce que le fait de pratiquer la profession de manager et de producteur en plus de tes autres métiers t'aide à mieux comprendre le travail que ça exige pour mener à bien une carrière?*
Faire ce métier de producteur me permet de voir que c'est énormément de boulot pour parvenir à une grande réussite. Je revois mes agents de l'époque et je constate qu'ils travaillaient beaucoup et qu'ils croyaient vraiment en moi,

alors que je les ai jugés très sévèrement. Aujourd'hui, je leur suis reconnaissant. Quand on est artiste – je l'ai été et je le suis encore –, on pense souvent que les producteurs sont des exploiteurs, qu'ils ne travaillent pas, qu'ils sont chez eux et qu'ils attendent que le téléphone sonne. Je pensais comme ça jusqu'à ce que je produise un artiste et que je me rende compte que c'est un grand sacrifice. Si on calculait nos heures, on ne serait pas cher payés. Quand je monte sur scène et que je remets mon chapeau de chanteur, c'est presque des vacances. Quand tu es derrière un artiste pour servir, il y a tellement de détails à voir pour que tout arrive. C'est une forme d'abnégation. Tu t'oublies pour mieux servir l'autre.

*Qu'est-ce qu'il faut d'autre pour atteindre les hautes cimes de la célébrité ?*
De la vision. Des rêves. Des buts. Moi, je me fixe un but et je rêve que j'y suis déjà. À un moment donné, j'y suis.

*Quand le rêve ne se réalise pas comme on l'a souhaité, quand le vœu n'est pas exaucé, qu'est-ce qu'on fait ? On revoit à la baisse ses ambitions ?*
Toute mon enfance, j'ai rêvé de faire une grande carrière internationale. Mon rêve s'est poursuivi jusqu'à l'âge de quarante-deux ans. J'étais convaincu que c'était mon destin. Quand j'étais plus jeune, vers vingt-cinq, trente ans, j'ai fait un pacte avec Dieu. Je lui ai dit : « S'il y a le moindre danger que je me perde dans un succès trop grand, que je devienne une mauvaise personne, que ça me transforme, que je me prenne pour un autre et me perde en m'éloignant de mes valeurs, de ma famille et de toi, fais que ça n'arrive jamais. » Je me suis toujours rappelé ce vœu chaque fois qu'une porte se fermait pour moi, en me disant que c'était peut-être mieux ainsi.

*Tu as fait la paix avec le fait qu'il n'y aurait peut-être pas une carrière internationale pour toi ?*
Complètement. Aujourd'hui, je comprends que ce n'était pas mon destin. Il y avait peut-être un danger que j'aie été trop fragile pour un grand triomphe. Je ne sais pas. Ce qui est arrivé, c'est arrivé pour mon bien. Maintenant, j'en suis persuadé. Je vais avoir cinquante ans. Je me rends compte que c'est bien futile, le show-business. Quand tu es jeune, tu penses que tu es invincible et éternel et que rien ne va t'arriver. Au cours des dernières années, j'ai perdu des membres de ma famille, des fans et des gens que je côtoyais. La maladie frappe, et ils meurent. Je réalise à quel point la vie est courte. À cinquante ans, tu en deviens conscient plus que jamais.

*As-tu eu la carrière que tu souhaitais ?*
Ce n'est pas la carrière que je souhaitais parce que je la voulais beaucoup plus grande. Je pense que j'ai totalement réussi ce qui était bon pour moi. J'aurais probablement eu les aptitudes pour une carrière plus importante. J'avais envie de chanter dans le monde entier, mais j'aurais chanté en français et en espagnol avant de chanter en anglais. J'ai manqué de discipline dans le travail et, pourtant, je suis tra-

vaillant. À une époque, Sony voulait que j'apprenne l'anglais, mais j'écrivais en français. Je commençais à peine à croire aux qualités littéraires de mes textes et je voulais écrire, alors qu'on me proposait de chanter dans une langue que je ne maîtrisais pas. Il fallait que j'apprenne cette langue. Apprendre devant un professeur, ça me tue. Je suis un auto-didacte. Il faut que j'apprenne par moi-même et si je ne suis pas bon tout de suite, je me tanne vite.

*De quoi a-t-on besoin pour avoir accès à une carrière internationale ?*
On a besoin d'une équipe, d'un management qui a la même vision que soi. De gens qui ne te trouvent pas farfelu quand tu as des idées de grandeur. On a besoin de quelqu'un qui est aussi fou que tu peux l'être. Un artiste, c'est un grand rêveur. Il se voit quelque part. Il va visualiser son affaire. Il va préparer son scénario, mais après ça, il ne peut pas se vendre lui-même. Moi, c'est ça que j'ai fait avec Nadja. Nadja travaille très fort. C'est une chanteuse et une musicienne. Elle sait exactement ce qu'elle a à faire, mais elle ne peut pas arriver après et vendre elle-même ses choses. C'est un autre métier.

*Quand tu vois ce que tu fais avec Nadja, ça te rappelle ce qui t'a peut-être manqué dans ta propre carrière ?*
Je le fais en partie pour prouver mon point de vue à des gens qui croyaient que le show-business, c'était juste une question de talent de l'artiste. Je m'obstinais à m'en fendre l'âme à leur dire qu'ils n'avaient rien compris. Le talent de l'artiste est capital, mais le management est tellement important pour parvenir à une grande réussite. Pour que ça marche, il faut quelqu'un qui a une vision de son artiste et qui va la vendre à tout le monde. L'agent qui visualise ce qui va arriver va contribuer énormément au succès de l'artiste, s'il travaille dans le même sens que lui, à le conforter dans son talent et à le rendre meilleur de jour en jour. S'il dit à sa chanteuse qu'elle est la meilleure au monde, elle va finir par le croire, s'améliorer et se parfaire. Quand l'artiste commence, il a peu confiance en lui. Il sait qu'il possède une belle voix, il vibre quand il s'entend. Il sent qu'il y a quelque chose qui se passe quand il chante, mais toute la confiance est à bâtir. Quand on est artiste et qu'on est sur scène, on cherche son agent du regard. On veut le voir. On veut lui plaire, comme on veut plaire à son père.

*Au fil de ces trente années et plus dans ce métier, as-tu vu le regard approbateur de ton père que tu as tant recherché ?*
Un jour, quand j'étais un jeune chanteur et que je vivais chez mes parents à Dolbeau, mon père est rentré pour dîner alors que j'étais encore couché parce que j'avais chanté dans un piano-bar jusqu'au petit matin. Il n'était pas content que je dorme encore à l'heure du dîner. Dans ma tête, j'étais un fainéant parce que mon père était levé depuis six heures et demie et il travaillait. Je me sentais coupable. Pendant longtemps, je me suis senti coupable de me lever tard.

Aujourd'hui, j'ai une terre et, à quatre heures du matin, je suis debout. Je travaille toute la journée jusqu'à très tard le soir. Finalement, je commence à croire que je n'étais pas un fainéant. Trop longtemps, je l'ai pensé. Maintenant, je réalise que je suis travaillant. Mon père le voit. L'autre jour, il est venu au vignoble, il m'a regardé de la tête aux pieds, et j'ai vu dans son regard de la fierté. Il avait un sourire à la fin qui voulait dire : « T'es fou, mais le projet prend forme… » Ce n'est pas si fou que ça parce que les raisins poussent et ça va faire du vin bientôt. Je pense que ça le rend fier, tout ça.

*Autant que la carrière ?*
La carrière aussi, mais ça fait longtemps que la carrière l'a rendu fier.

*Si tu ne recherches plus la reconnaissance de ton père, pour qui fais-tu les choses ?*
Comme j'ai des idées de grandeur avec ce projet de vignoble et que je veux le mener à terme, je n'ai plus d'autre choix que de travailler très fort pour amener de l'eau au moulin. Ça, c'est une grande motivation. Pour le moment, il ne rapporte rien. C'est toujours de l'investissement. Pour pouvoir investir, je dois penser à des projets. Je suis un touche-à-tout. J'ai une rigueur dans tout ce que j'entreprends. J'aime le bois, j'ai suivi un cours d'ébénisterie et je me suis installé un atelier de menuiserie. Quand je serai à la retraite, je vais m'y mettre. J'ai un vignoble auquel je dois me consacrer complètement parce que ça pousse, ça, c'est de la vie. Il faut être là. On a des employés. Ce n'est pas quelque chose que je vais faire en m'éparpillant. J'y travaille le plus sérieusement du monde avec ma femme, Claire. Ça me fait du bien de me déconnecter de mon nombril pour aller m'occuper des autres et faire des choses plus terre à terre. Si je mettais toute la rigueur que j'ai dans moi, je deviendrais une personne égocentrique. Il y a beaucoup d'artistes narcissiques dans ce métier. Quand j'ai commencé à chanter, ça a été difficile de m'ajuster au succès. Quand j'ai été un peu plus connu, je ne me prenais pas pour un autre parce que c'étaient les balbutiements de la reconnaissance, mais plus tard, quand ma carrière a vraiment pris son envol, j'avais tendance à penser que tout m'était dû. J'ai eu

une couple de bonnes claques sur la gueule qui m'ont donné des leçons. Aujourd'hui, j'ai compris.

*Un jour, vas-tu arrêter de chanter complètement ?*
Si j'ai la santé et la pêche, comme Michel Louvain ou Jean-Pierre Ferland, que j'admire, je vais chanter le plus longtemps possible.

*Recherches-tu encore la gloire ?*
J'espère que mon prochain album va marcher et que les gens vont aimer les nouvelles chansons, mais je ne recherche pas la gloire. Un jour, des personnes dans ma vie m'ont montré que, ce que j'aimais dans ce métier, c'était le contact avec les gens, et communiquer. Finalement, j'ai changé mon fusil d'épaule, je me suis dit : « Je vais chanter pour dire quelque chose, pour toucher les gens. »

*Est-ce que tout le monde devrait vivre l'expérience de la célébrité une fois dans sa vie ?*
Je ne pense pas. Pour être capable de *dealer* avec ça quand ça arrive dans ta vie, tu ne dois pas te prendre trop au sérieux. Il faut être terre à terre. On réalise qu'on est seulement un point dans l'univers. Il ne faut surtout pas l'oublier. Il y a des gens à qui la gloire ne va pas bien du tout. Certains s'empêchent de vivre normalement. Ils ne sortiront pas sans gardes du corps. Ils ne sortiront pas dans un restaurant ou à l'épicerie parce qu'ils s'imaginent que tous les yeux seront braqués sur eux. Il faut dire que j'ai aussi pensé comme ça. Il fut un temps où ça me gênait de sortir. J'avais l'impression que tout le monde me regardait et, tout à coup, je me suis rendu compte que non. Aujourd'hui, j'ai un vignoble à Saint-Joseph-du-Lac, je vais dans le village comme tous les autres agriculteurs de la place et j'ai un super bel échange avec plusieurs d'entre eux. Je vais acheter ce dont j'ai besoin chez le quincailler. Je ne veux pas m'empêcher de vivre normalement.

*Si tu avais un jeune devant toi qui t'avouait vouloir connaître la célébrité, tu le mettrais en garde contre quoi, contre qui ?*
Je lui dirais : « Méfie-toi de toi en premier lieu. »

---

**Au nom de la gloire, j'ai fait les sacrifices suivants…**
Perdre du poids, gagner du poids, perdre du poids, gagner du poids ! (*Il rit.*)

**Au nom de la gloire, j'ai perdu…**
(*Silence*) J'allais dire mon enfance, mais je n'ai même pas perdu mon enfance. Je suis resté un grand enfant. Je revois le petit enfant en moi, qui espérait que son père l'aime. Tu vas me faire pleurer. Arrête.

**Au nom de la gloire, j'ai gagné…**
Le respect de mon père.

Marc Levy est né en France. Il est père de deux garçons, un grand et un petit. Il vit à New York depuis quelques années, après en avoir passé une dizaine à Londres. Il est devenu célèbre dès son premier roman, *Et si c'était vrai...*, une histoire qu'il a d'abord écrite à l'homme que deviendra son fils Louis. Encouragé par sa sœur scénariste et maintenant réalisatrice, il enverra son manuscrit aux Éditions Robert Laffont. La suite est digne d'un conte de fées. Peu avant la sortie du livre, Steven Spielberg en acquiert les droits d'adaptation cinématographique, ce qui aboutira au film intitulé *Just Like Heaven*. Marc Levy a publié quatorze romans, qui ont été traduits en quarante-huit langues. Les ventes viennent de franchir le cap des trente millions d'exemplaires dans le monde. Le 18 septembre 2013, nous nous sommes rencontrés à New York, le temps de partager un repas. Ironie du sort ou simple coïncidence, des paparazzi tentaient de voler quelques clichés d'un chanteur britannique célèbre à l'intérieur du restaurant et de Martha Stewart, qui était assise juste derrière nous sur la terrasse, avec sa petite-fille. Préférant l'ombre à la lumière, Marc Levy peut poursuivre la discussion sans susciter l'engouement de ces chasseurs d'images, malgré son succès phénoménal. Il est resté le même au nom de la liberté.

# MARC LEVY
## AU NOM DE LA LIBERTÉ

**C**ONSIDÈRES-TU QUE TU CONNAIS LA GLOIRE *étant donné les millions de livres que tu as vendus et ton succès qui s'étend à des dizaines de pays dans le monde ?* Absolument pas, la gloire ne m'intéresse pas…

*Marc, mon livre porte sur la gloire et sa démystification.*
Ce n'est pas le sujet que tu traites qui ne m'intéresse pas, mais à titre personnel, la gloire ne m'intéresse pas, ou si tu préfères, son intérêt m'est totalement étranger. Je ne le comprends pas. Le perfectionnisme, l'aboutissement professionnel, ça, je le comprends, c'est un sens à donner à la vie. Laisse-moi te raconter une petite anecdote à ce sujet, que je trouve épatante. Un jour, j'accompagnais une équipe de France Télévisions à l'Institut Pasteur. J'étais parrain de l'opération Pasteurdon. Nous traversons les jardins de l'Institut et le responsable de la communication de l'Institut, qui marchait devant nous dans l'allée, croise une femme qui vient vers nous. Ils se saluent, il me présente à elle, je la salue, elle me fait un grand sourire, me dit bonjour, nous souhaite une bonne journée, puis s'en va. Cinquante mètres plus loin, notre accompagnateur me dit : « Vous savez qui était cette dame ? » Comme je l'ignorais, il me confie : « C'est Mme Barré, la femme qui a découvert le virus du sida. » Ce fut pour moi la plus merveilleuse illustration de l'inutilité ou de l'iniquité de la gloire. Je me suis tourné vers le caméraman de France 2 et lui ai dit : « Arrêtez de me filmer ! Moi, j'écris des bouquins, cette femme a découvert le virus du sida, filmez-la, elle ! » Tout cela pour te dire que si l'on fait son métier pour la gloire, alors on le fait mal et pour de mauvaises raisons.

> « Si l'on fait son métier pour la gloire, alors **on le fait mal et pour de mauvaises raisons.** »

*Pour plusieurs, c'est tentant d'avoir comme objectif ultime la gloire parce qu'elle laisse miroiter tant de choses inaccessibles et semble être la solution à bien des problèmes.*
Ton travail peut obtenir une certaine reconnaissance sans pour autant que tu y cherches une quelconque gloire. Le chercheur cherche parce qu'il veut trouver. Son moment de gloire à lui n'est pas devant des caméras de télévision, mais dans son laboratoire quand il a fait une découverte. Je connais bon nombre de chanteurs, d'écrivains, de peintres, de sculpteurs qui exercent leur activité par amour de leur art, par amour de leur public, sans ressentir le besoin égotique d'une quelconque gloire.

*À une époque pas si lointaine, chacun était valorisé pour ce qu'il faisait et non pour ce qu'il représentait socialement.*
Nos parents étaient fiers du métier qu'ils exerçaient, de progresser. Si tu étais un très bon cordonnier, tu étais fier de l'être. Ta gloire était de travailler le cuir comme personne. Si tu étais boulanger, ta gloire, ta fierté étaient dans le pain qui sortait du fournil.

*Il me semble que la quête de la gloire absolue était alors moins omniprésente qu'aujourd'hui. Selon toi, pourquoi y a-t-il eu un tel changement ?*
La valorisation des métiers disparaît dans la déliquescence des projets de société que nos gouvernants sont incapables de mettre en œuvre depuis une vingtaine ou une trentaine d'années. Aujourd'hui, nous assistons à une surmédiatisation des acteurs de la vie politique, qui passent plus de temps à considérer leur image que leur travail et leurs responsabilités. On légifère en fonction des gros titres. S'installe peu à peu pour la jeune génération un système de valeurs où la reconnaissance, la valorisation de l'individu sont portées jusqu'au sommet par l'image publique, alors l'immédiateté prime la durée, et la forme prime le fond.

*Quand le succès arrive dans ta vie, est-il difficile de l'accueillir et de se réjouir malgré les changements qu'il occasionne ?*
Je sortais d'une période de vaches maigres, des années difficiles, lorsque mon premier livre a connu le succès. J'ai connu le même étonnement, pour ne pas dire ébahissement, que celui qui aurait trouvé une lampe à huile contenant un génie. Je me suis dit : « Je n'avais qu'un vœu, c'est formidable que ça soit arrivé. » Comme je suis d'une nature très pudique, l'exposition médiatique ne m'intéressait pas. Au contraire, elle m'était désagréable. Aujourd'hui encore, d'ailleurs.

*Tu n'as pas espéré cette reconnaissance, et encore moins son ampleur démesurée. En fait, tu ne l'as jamais attendue ?*
Quand cette aventure m'est arrivée, j'ai tout de suite eu conscience de deux choses, avant même que ça devienne concret. Je me suis rendu compte que cette chance qui m'était offerte avait le pouvoir non seulement de changer ma vie, mais aussi de me changer, moi. Un événement, une reconnaissance soudaine peuvent déplacer ton centre de gravité. C'est de ça qu'il s'agit : savoir où tu places ton centre de gravité dans la vie, pour t'empêcher de basculer.

*As-tu eu peur de basculer ou que tout bascule autour de toi parce que cette renommée soudaine s'installait pour durer ?*
Non, parce qu'il m'était arrivé de prendre des décisions folles dans ma vie par amour de la liberté. Si je les qualifie de folles, c'est qu'il m'est arrivé de refuser des projets économiquement intéressants, des postes parce que je n'y croyais pas ou n'étais pas en accord avec leur finalité. J'ai toujours été comme ça,

même quand j'étais fauché. C'était souvent insouciant de ma part, car je n'avais pas du tout les moyens de refuser ces projets, mais ce n'était pas grave, mes valeurs et ma liberté étaient plus importantes.

*Inévitablement, et bien malgré nous, les tentations apparaissent en même temps que les premiers signes de la gloire. Tout est en place pour nous amener à remettre en question ce qui nous importe le plus dans notre vie. Difficile de ne pas céder.*

Ce succès m'est arrivé à quarante ans, et je savais ce qu'il y avait de plus important que tout dans ma vie : mon fils !
En octobre 1999, quand j'ai rencontré Steven Spielberg à New York, un moment que je n'oublierai jamais, il m'a proposé de venir travailler à la Dreamworks, à Los Angeles. Je lui ai dit à quel point son offre me touchait, qu'elle était inespérée, mais que ce n'était pas possible. Lorsqu'il a voulu savoir pourquoi, je lui ai dit la vérité : « Mon fils habite Paris et je ne peux pas vivre loin de lui. Cela m'est impossible. » Il m'a répondu : « Je comprends très bien. »
Tout n'est qu'une question de choix et de priorités. Je respecte les choix de chacun. D'autres auraient peut-être fait celui d'une carrière, certains se seraient dit : « C'est essentiel d'aller travailler à la Dreamworks, j'écris le meilleur scénario du moment, j'obtiens un Oscar, je deviens milliardaire, j'ai un très grand bateau, deux avions, j'achète la lune… mais je n'aurai pas vu grandir mon fils. » Chacun décide de quoi est faite la richesse de sa vie. Pour moi, c'était d'être un père pour mes enfants, faute de quoi, même au sommet d'une quelconque gloire, j'aurais raté ma vie.

*Crois-tu que chacun est maître de sa vie ?*

De sa vie, je n'en sais rien, de ses valeurs et de ses priorités, oui, tout du moins sur le long terme. Si tu me poses cette question dans le contexte du rapport qu'on entretient avec la vie publique, cela dépend alors de la façon dont tu cultives cette vie publique. De l'usage des réseaux sociaux par exemple, Twitter ou Facebook, certaines personnalités publiques ne communiquent que sur elles-mêmes, d'autres utilisent leur notoriété pour témoigner d'autres choses. Quant à la cohabitation entre vie publique et vie privée, tout individu confronté à une situation de notoriété qui dure doit faire face à cette problématique. Je ne porte aucun jugement. Certaines personnes forgent leur identité dans leur métier, dans l'intimité de leur cercle familial, d'autres la forgent dans leur image publique. Il n'y a pas de jugement à porter, c'est une question de natures différentes. Je pense que c'est toi, et toi seul, qui décides de l'endroit où tu places ton centre de gravité.

*Quand le succès est devenu une évidence et qu'il a fait de toi un homme glorieux, rapidement tu as quitté la société d'architectes que tu dirigeais.*

Je suis parti en huit jours. J'ai quitté ma société par sens du devoir. Quand tu es patron d'une entreprise, tu es comme un commandant de bord dans le cockpit d'un avion ou sur la passerelle d'un bateau : si ton attention n'est plus totalement dévouée à la fonction dont tu as la charge, alors tu deviens irresponsable. Mais d'autres facteurs ont joué dans ma décision. Il y avait cette prise de conscience, ce sentiment de responsabilité vis-à-vis de mes collaborateurs, de mes associés, mais aussi l'appel de l'écriture. J'avais trouvé ma voie, touché à un rêve que je n'avais jamais osé exprimer, mais que je portais en moi depuis longtemps.

*Bien qu'actionnaire, tu ne t'es jamais défini comme un gestionnaire d'entreprise ?*

Je n'ai jamais été un gestionnaire, ou plutôt j'étais un gestionnaire qui n'aimait pas la gestion. J'ai été longtemps créateur et chef d'entreprise. J'avais un directeur financier parce que la finance ne m'intéressait pas beaucoup. Ce qui me passionnait, c'était la création.

*Mais à vingt ans, qui étais-tu ? Et si le succès t'était tombé dessus à cet âge, aurais-tu réagi de la même façon ?*

À vingt-trois ans, je suis parti en Californie et j'ai créé ma première société. Par rapport aux copains de mon âge, j'avais une vie extraordinaire même si je n'avais pas un rond. Je vivais à San Francisco. J'étais à dix mille kilomètres de chez moi et je travaillais dans le high-tech, au cœur de la Silicon Valley et, de temps en temps, à la caféteria d'un hôtel, je croisais Bill Gates.

> **« Ce succès m'est arrivé à quarante ans, et je savais ce qu'il y avait de plus important que tout dans ma vie : mon fils ! »**

Je ne travaillais pas sur une chaîne de montage dans une usine et j'étais conscient d'avoir une vie privilégiée. Déjà à cette époque-là, ce qui m'intéressait, c'était le tissu humain, la création, l'innovation, le monde de demain et les filles. Mais, à vingt ans, si le génie était sorti de la bouteille et m'avait dit « Tu veux être une rock star ? », je lui aurais sincèrement répondu : « Un soir. Juste un soir, monter sur scène pour voir ce que ça fait. » Ça doit être dément de monter sur scène et d'avoir quarante mille personnes qui t'aiment et qui chantent tes chansons. Mais *quid* de la solitude quand tu rentres dans le vestiaire et que le concert est fini ?

*Marc, tu as connu un succès exceptionnel avec ton premier roman,* Et si c'était vrai…, *mais rien ne t'assurait que le suivant aurait la même destinée.*

Bien au contraire. Je n'avais pas été préparé au succès du premier, mais j'avais été bien préparé à l'échec du second. Tout le monde me disait qu'il ne fallait pas que je rêve, que ça m'était arrivé une fois et que c'était un coup de bol. Ce qui m'a le plus étonné, au moment de la sortie du roman, c'est qu'il y a eu deux mois d'état de grâce pendant lesquels ce succès intriguait et amusait les médias. Après ces deux ou trois mois, la jalousie a commencé à émerger, et la méchanceté qui va avec.

*Comme avec tout succès?*
Oui, et c'est ce qui est très surprenant finalement. Ça, c'est la seule équation que je n'ai pas réussi à résoudre. Quand je voyais par exemple un journal consacrer deux pleines pages pour descendre un livre, je n'arrivais pas à comprendre que l'auteur du papier ait pu consacrer autant de son temps pour le plaisir de dire du mal.

*Est-ce que ça t'a blessé?*
Non, parce que les auteurs de ces papiers très méchants m'accordaient plus d'importance que je ne m'en serais jamais accordé moi-même. Si je les avais rencontrés, je leur aurais dit : « Ce n'est qu'une comédie romantique, rien de grave, ne vous inquiétez pas, il y a des sujets bien plus importants que mon livre qui pourraient bénéficier de votre plume. » Si ton premier écrit est un essai politique ou sociétal et qu'il déclenche une ire parce que tu as secoué le cocotier, tu ne peux pas t'étonner qu'il y ait des noix de coco qui tombent. Moi, j'avais publié une comédie romantique qui se termine par un baiser. Ce n'était pas le truc le plus nouveau du monde. Ce n'est pas comme si j'étais arrivé en disant : « Bonjour. Je vais avoir le Goncourt ou le grand prix de l'Académie. » J'avais passé toute une année à expliquer que je ne l'avais même pas fait exprès. Mais c'est comme ça. Ça a provoqué toutes sortes de réactions. C'est probablement ce qui a énormément contribué au fait que ça marche ensuite.

> **« En fait, je me suis toujours battu** pour ne jamais me laisser déposséder de ma liberté. **»**

*Parce qu'il y a eu une attention médiatique supplémentaire et démesurée?*
Non, mais quand tout à coup tu vois des gens importants qui consacrent un temps fou et une énergie folle à t'attaquer, c'est qu'il doit quand même y avoir un petit quelque chose. Je dis ça sans ironie. Je me disais : « Si un auteur ou un journaliste reconnu, qui écrit chaque semaine dans les journaux et publie des livres encensés par la critique, passe cinq ou six heures à vouloir démonter mon livre, c'est qu'il doit y avoir un truc dedans, un truc que je ne vois pas moi-même. »

*Malgré ces quelques critiques acerbes, tu vis un succès énorme. Le public s'empare avec empressement de ton livre et décide de te consacrer écrivain. Comment les gens autour de toi ont-ils réagi? Est-ce que leur regard sur toi a changé?*
La microsociété qui t'entoure est à l'image de la société qui t'entoure. Il est dans la nature de l'être humain d'aimer que les choses soient à leur place et pas ailleurs. Même une bande d'amis a son organisation, verticale et horizontale, où chacun a son identité, son rôle. Quand tu changes complètement de statut, dans la bande, tu y provoques un bouleversement, tu n'appartiens plus au schéma collectif qui s'est créé pendant des années. Individuellement, tu vas susciter chez certains une jalousie, chez d'autres une gêne, et heureusement, tes vrais amis vont embrasser cette chance qui t'arrive à bras-le-corps et à bras-le-cœur et vont continuer à t'aimer pour ce que tu es.

*Comment fait-on pour voir tous ces gens qu'on aime changer leur rapport avec soi sans être affecté?*
Ça dépend beaucoup de la raison pour laquelle tu aimes les gens. Si tu n'aimes les gens que pour leurs qualités, tu perds beaucoup d'amis au cours de ta vie. La plus belle définition de l'amitié, pour moi, est celle-ci : « Un ami, c'est quelqu'un qui te connaît mais qui t'aime quand même. » Si tu aimes tes amis pour leurs qualités et pour leurs défauts, tu peux grandir avec eux. Un de mes amis, très proche, n'a pas du tout supporté ce qui m'arrivait, pour des raisons qui lui étaient personnelles. J'ai compris que mon succès le rendait malheureux, alors j'ai pris mes distances. Et puis, à un moment donné, le malaise était passé. Je me suis foutu de sa gueule, il s'est foutu de la mienne, et on s'est retrouvés.

*Sans que tu t'en rendes compte vraiment, ton éducation t'a montré le chemin à emprunter si la renommée et le succès arrivaient jusqu'à toi.*
Notre bible à la maison, c'était de faire les choses sérieusement, sans jamais se prendre au sérieux, quel que soit le sujet. Je pouvais parler d'un sujet grave extrêmement sérieusement, mais mon père me disait : « Tu n'es crédible que si, toi, tu ne te prends pas au sérieux en parlant. » Tu peux détenir la plus grande des vérités du monde, si tu te prends au sérieux au moment où tu la livres, cette vérité, personne ne la croira.

*Après le succès de ton premier livre, as-tu espéré encore plus de succès avec les douze autres qui allaient suivre?*
Ce n'était pas du tout mon objectif. Mon objectif, c'était que le prochain livre contienne moins de défauts que le précédent. Ce que je trouve de plus magique dans mon métier, de plus touchant et de plus excitant, c'est le fait de se mettre à la table de travail en ayant conscience des erreurs commises, d'avoir cette farouche volonté de ne pas les répéter et, en même temps, cette sincère lucidité de savoir que j'en commettrai plein d'autres dont j'ignore encore tout. C'est pour ça que la critique est merveilleuse : il n'y a rien de plus

joyeux que de te rappeler que tu as encore plein de choses à apprendre. Le jour où tu te mets au boulot sans avoir l'espoir que tu vas en profiter pour apprendre un truc, c'est d'un ennui… Je suis toujours très vigilant.

*C'est pour cette raison que tu as mis du temps à assumer le titre d'écrivain ?*

Maintenant, je le dis parce que c'est mon métier. C'est au huitième livre que je l'ai dit. Dans mon pays, le mot « écrivain » ne correspond pas à un métier, c'est un titre. C'est très compliqué de se l'attribuer soi-même parce que ça devient bêtement prétentieux. À un moment, je me suis dit : « J'ai écrit sept romans, je suis traduit dans quarante-cinq langues. » À l'époque, je crois que j'avais vendu quinze millions d'exemplaires dans le monde. Si là, tu ne commences pas un peu à le dire, cela devient de la fausse modestie. Maintenant, j'ai suffisamment travaillé pour mériter le titre d'écrivain.

*Un de mes amis dit que le plus grand danger qui guette celui à qui le succès arrive, c'est de croire ce que l'on dit de lui.*

Voilà. En fait, je me suis toujours battu pour ne jamais me laisser déposséder de ma liberté. Si tu cultives ta notoriété, tu la cultives nécessairement au détriment de ta liberté. Je ne vais pas passer mes vacances sur une plage *people* de Saint-Tropez parce que j'ai envie d'embrasser ma femme quand je le veux et surtout que ça reste entre nous. Si elle me dit qu'il est possible que j'aie pris un petit kilo (ou deux), j'aime mieux aussi que ça reste entre nous. Je n'ai pas envie que notre vie soit épiée. Ce qui est hypocrite, c'est d'aller sur la plage du Club 55, de courir les tapis rouges et d'aller faire un procès au magazine *Voici* parce qu'il a publié des photos de ton couple. Là, il y a comme une ambiguïté. Encore une fois, je ne juge personne, chacun choisit comment mener sa vie. Peu après la publication de mon premier roman, mon fils et moi étions dans un café, où nous prenions notre petit-déjeuner comme tous les lundis matin. Mon fils, qui à l'époque avait dix ans, m'a dit, un peu effrayé : « Papa, pourquoi les gens nous regardent ? » Je lui ai répondu : « Ne t'inquiète pas, ça ne va pas durer, mon chéri. » J'ai pris mon fils sous le bras, et on est allés s'installer à Londres.

*Marc, remercies-tu la vie pour t'avoir permis d'écrire ton premier livre,* Et si c'était vrai…, *qui a changé brusquement le cours de ton existence ?*

Tous les matins. Pendant très longtemps, j'étais convaincu que quelqu'un allait claquer une porte et que j'allais me réveiller. Que rien ne serait vrai. Je te jure, il m'est arrivé, certains soirs, en me couchant, notamment quand je me suis installé à Londres, de mettre à l'envers mon radio-réveil, en me disant que quand je me réveillerais, si je le retrouvais à l'endroit, je saurais que j'avais rêvé tout ça.

*Mais combien de temps as-tu mis à comprendre que, tout ça, c'était vrai ?*

J'ai réussi à ne jamais m'attacher à la notoriété. Jamais. À la seconde où ça m'est arrivé, je suis parti vivre à l'étranger, dans des endroits où la seule personne qui me connaissait, c'était la serveuse du bistro où j'allais déjeuner. Je ne l'ai pas fait parce qu'il me fallait fuir des hordes de groupies qui hurlaient mon nom (d'ailleurs si cela avait été le cas, peut-être que…). Bref, pour avoir grandi entouré d'artistes, je savais que je ne voulais pas d'une vie publique, mais d'une vie pudique.

*À partir du moment où tu vis à Londres et à New York, tu as moins le regard des autres posé sur toi…*

Disons que lorsque cela arrive, c'est inhabituel. C'est merveilleux, quand tu traverses la rue et qu'une personne vient te voir pour te dire : « J'ai vraiment beaucoup, beaucoup aimé votre livre. » C'est l'une des plus jolies et joyeuses choses que tu puisses entendre dans la journée. Chaque fois que cela m'arrive (*il prend une grande inspiration*), c'est une bouffée d'oxygène. Tu as l'impression que tu as fait quelque chose qui rend les gens heureux, que tu ne fais pas ce métier pour rien. Ce qui n'a rien à voir avec la vie de quelqu'un qui est sous les feux de la rampe. Pour revenir à ton sujet, la gloire et la notoriété n'appartiennent pas à mon quotidien. Du matin au soir et du soir au matin, je ne suis absolument pas quelqu'un de connu, même si parfois on me reconnaît dans la rue.

*Tu espères toujours que ton prochain livre trouvera ses lecteurs. Souhaites-tu que ça marche à tout coup ?*

Tu as envie qu'un livre marche parce que, s'il ne marche pas, c'est qu'il ne plaît pas à ton public. Tout artisan agit par amour de ceux pour lesquels il travaille. Qu'est-ce qui peut rendre un boulanger plus heureux que de voir le plaisir gourmand briller dans les yeux de ceux qui entrent dans sa boulangerie ? Je ne connais pas un cuisinier amoureux de son métier qui ramasserait l'assiette que tu n'as pas finie sans te demander : « Tu n'as pas aimé ? Ce n'était pas bon ? »

*Es-tu étonné que, de livre en livre, ça marche toujours et encore ?*

Oh oui, et non seulement je suis étonné, mais chaque fois que je publie un bouquin, je suis le premier convaincu qu'il ne marchera pas.

*Même si, d'une fois à l'autre, ta réussite ne fait que se cristalliser ? Donc la peur est de plus en plus grande ?*

Heureusement. Plus tu travailles, plus tu deviens exigeant par rapport à toi-même et à ton boulot. Tu doutes, tu penses que tu n'y es pas arrivé, tu crois que ça ne plaira pas. À chaque livre tu renonces à des choses, parce que tu les as déjà écrites et tu ne veux pas les répéter. Il y a des livres que j'ai écrits que j'adorerais réécrire aujourd'hui. En fait, c'est étrange parce que, chaque fois, pour mettre toutes tes tripes dans un bouquin, pour ne pas avoir ce souci d'économiser pour le prochain, tu te dis : « Ça va être le dernier. »

*La reconnaissance, la réussite et la gloire peuvent rimer avec le mot « abondance »…*

J'ai connu trois périodes dans ma vie. Une période où je gagnais juste de quoi boucler mes fins de mois. Une période où je n'arrivais pas du tout à boucler les fins de mois ; je devais faire attention même à ce que je mangeais. Et puis une période où la chance m'est arrivée. Ça va peut-être te paraître idiot, ce que je vais te dire, mais s'il y a des gens qui rêvent d'être milliardaires, moi, j'estime que ça ne me servirait à rien. Je ne saurais pas quoi faire de cet argent. Si, je ferais tout de suite un chèque à des associations. Je ne vois pas l'intérêt de posséder quatorze maisons. Tu ne peux pas vivre dans quatorze maisons à la fois. Je ne vois pas l'intérêt d'avoir dix montres quand je regarde l'heure quatre fois dans la journée. Ma grand-mère a fait un truc très marrant quand j'avais vingt-trois, vingt-quatre ans. J'étais venu la voir dans sa chambre pour lui annoncer une nouvelle dont j'étais très fier. Je lui dis : « J'ai signé mon premier contrat avec IBM, c'est énorme, c'est un très gros contrat. » Ma grand-mère me répond : « Va dans la commode et prends mon porte-monnaie, s'il te plaît, chéri, puis apporte-le-moi. » Je m'exécute et le lui tends – ma grand-mère était tout le temps dans son lit. Elle ouvre le porte-monnaie, en sort une pièce de cinq francs puis me demande de lui donner ma main. J'obéis, alors elle met la pièce de cinq francs dans ma paume et referme mes doigts dessus. Ensuite, elle me dit : « Mets ta main vers le bas et ouvre-la. » J'ouvre ma main, et bien sûr la pièce tombe. « Tu vois, c'est exactement ce qui va arriver avec ton argent le jour où tu vas mourir. » Je lui demande : « Mais pourquoi tu me dis ça ? » Et elle : « Pour que tu saches bien que, ton argent, tu ne l'emporteras pas dans la tombe. Allez, bonne journée, mon chéri. » Ça m'a dégrisé tout de suite.

*Il y a des gens qui gagnent beaucoup et qui soudainement acquièrent la peur de tout perdre.*

Quand tu as manqué d'argent pour nourrir les tiens et pour te nourrir, tu connais à vie la valeur de l'argent. C'est tout. Sans porter de jugement, je constate qu'il y a des gens qui ont le goût de la propriété. Moi, je ne l'ai pas, je ne l'ai jamais eu. Je sais qu'aujourd'hui j'ai une vie extrêmement privilégiée et, en même temps, je la vis avec la plus grande modestie possible, car je suis conscient que ça ne durera pas éternellement, il ne faut donc pas être irresponsable. J'ai cette chance de ne plus connaître le manque, et déjà, ça, c'est un privilège extraordinaire. J'ai le bonheur d'avoir une certaine liberté. J'ai toujours gardé cette conscience-là.

*T'arrive-t-il de prendre une pause, de faire le point et de regarder ton parcours en tant qu'écrivain ? Est-ce que*

*ça valait le coup, toute cette renommée, cette reconnaissance et ce succès ?*

Oui, puisque j'ai eu cette merveilleuse opportunité de pouvoir vivre d'un métier qui est ma passion. Le seul regret que j'ai, et c'est la grande ambiguïté de mon choix de vie, c'est d'avoir tant ressenti le besoin de vivre à l'étranger, de découvrir le monde et de voyager. Je me sens très coupable d'avoir privé mes parents de la présence de leur fils et de leur petit-fils en habitant si loin de chez eux.

*Est-ce la réussite qui a provoqué cet exil-là ?*

Ce n'est pas un exil. Cette réussite m'a donné les moyens de réaliser un rêve, qui était de découvrir le monde, de vivre en territoire étranger, avec des systèmes de valeurs différents du mien et des systèmes d'identification différents du

> **« Finalement, la vraie gloire, c'est d'être connu et aimé chez soi à l'heure des repas. »**

mien, donc d'aller à la découverte d'autres cultures que la mienne. Si je n'avais pas vécu cette vie d'écrivain, je n'aurais probablement jamais eu les moyens de le faire. J'aurais pu travailler dans un grand groupe et me faire envoyer en mission à l'étranger. L'égoïsme qui en a résulté, c'est le fait de ne pas être resté auprès de mes parents. Finalement, la vraie gloire, c'est d'être connu et aimé chez soi à l'heure des repas. Je dis ça sans plaisanter.

*N'est-ce pas un avantage d'être un auteur et d'avoir la chance que l'œuvre te survive ? Qu'il y ait une pérennité ?*

Je ne rêve pas plus de gloire que de postérité. J'ai cinquante-deux ans, mon plus jeune fils en a trois, il y a statistiquement peu de chances que je connaisse bien les enfants qu'il aura à son tour. Alors l'idée qu'un jour mon petit-fils ou ma petite-fille du côté de Georges demande à son père comment était son grand-père et que mon fils réponde : « Tu peux lire ses livres et tu sauras ce qu'il était », ça, ça me fait plaisir. Ça dit plus de choses qu'une photo dans un album. Je n'ai pas connu mes grands-parents paternels parce qu'ils sont morts dans les camps, mais je les aime, même si je ne sais rien d'eux. Et si aujourd'hui il y avait un livre écrit par mon grand-père ou ma grand-mère, qu'est-ce que j'aimerais ça ! Et je dirai pareil de mon arrière-grand-père ou de mon arrière-grand-mère, j'aurais adoré découvrir un petit bout d'eux. Savoir d'où je viens, savoir qui ils étaient vraiment. Alors, en ce sens-là, je suis encore plus heureux d'écrire des livres que de faire du bon pain.

C'est dans le quartier chic et moderne de SoHo à New York que Johanne Corneau alias Corno, la peintre, a décidé de jeter l'ancre pour vivre sa passion à pleine mesure et dans toutes les démesures. Elle vit là où bat la vie, par choix. Ville vivifiante, énergisante, stimulante et inspirante, la Grosse Pomme a donné des ailes à cet oiseau rare. New York lui a permis de prendre son envol et d'évoluer dans d'autres cieux. Corno a réussi là où peu ou pas de Québécois ont pu aller. Dans le monde de l'art, elle a imposé son style, son approche, un peu partout sur la planète. Corno a sa signature bien à elle. Dans un grand espace d'un blanc immaculé où la lumière se jette à ses pieds en fin de journée, des pots de peinture de toutes les couleurs inspirent l'artiste à créer et à repousser ses limites. Solitude oblige. Elle m'a laissé entrer dans son monde, le temps de partager un champagne que je lui avais offert, et au fil de la discussion elle a coloré mon monde à moi sans vraiment s'en rendre compte.

# CORNO
## COLOR MY WORLD

**UAND TU ÉTAIS TOUTE PETITE, RÊVAIS-TU DE VOIR LE MONDE ?**
Pour moi, tout a toujours été trop petit. Après être restée à Chicoutimi et à Montréal, j'ai décidé de partir pour New York. Je suis arrivée ici et, tout d'un coup, tout avait du sens.

*Pour toi, New York n'a jamais été trop petit ?*
New York, ce n'est jamais trop petit. New York, c'est tellement gros ! C'est une ville *work in progress*. Ici, tout change tout le temps. C'est ça que j'aime. Quand j'étais à Chicoutimi ou à Montréal, ce que je n'aimais pas, c'était sentir mes limites. Je voulais être dans une ville où je n'avais pas l'impression d'avoir de limites. New York m'a donné ça. Il y a toujours quelqu'un qui est mieux que toi, là, au coin de la rue.

*À quel moment as-tu découvert que tu avais un réel talent en peinture ? Que tu avais quelque chose de différent des autres ? Et que c'était ce que tu voulais faire dans la vie ?*
Quand j'étais plus jeune, je ne sais pas si j'avais du talent, mais c'était clair pour moi, ce que j'allais devenir. À l'école, les filles se demandaient ce qu'elles feraient plus tard dans la vie, si elles allaient être secrétaires ou infirmières. Je suis chanceuse parce que je savais que je serais peintre même si ce n'était pas vraiment le but de mes parents. Personne n'était d'accord avec ma décision. J'étais censée me marier, avoir des enfants et ne pas travailler, si je le voulais, parce que c'était comme ça pour cette génération. Je ne me posais pas ces questions-là. Je savais ce que je voulais être. En ce temps-là, je ne pense pas que je verbalisais ce que je voulais. Je l'ai fait un peu plus tard. Tu sais, quand tu es jeune, le plus important, c'est de découvrir ton identité.

*Johanne, pendant ce temps-là, rêve-t-on en silence parce que ce n'est pas bien de dire tout haut ce à quoi on aspire réellement ?*
Quand tu es jeune, tu n'as pas de voix. Ça prend cent ans avant d'en avoir une. J'ai soixante ans, et on dirait que je commence à dire les vraies affaires. Je savais qui j'étais, mais je ne savais pas trop comment m'y prendre pour le devenir. Dans ma tête d'enfant, j'étais peintre, j'étais célèbre et je vendais mes tableaux partout dans le monde. Je ne pense pas que ça va m'arriver de mon vivant, mais je sais que c'est possible.

*Tu crois que tu vas être comme d'autres peintres, dont on ne reconnaît le talent qu'après leur mort ?*
Pour moi, ça va être ça aussi.

*Tu n'éprouves pas un peu de peine à l'idée que tu seras davantage reconnue après ton passage ici-bas ?*

Ce n'est pas tellement important tout ça pour moi. Ce qui l'est, c'est le moment où je suis dans mon studio à New York et où je crée. Le reste, c'est superficiel. Est-ce que je veux que la reconnaissance ultime arrive pendant que je suis vivante ? Oui, mais ce n'est pas le but de la manœuvre. Si ça m'arrive, c'est un gros plus. Présentement, le fait que je puisse vivre de ma peinture, c'est un plus immense. Si ça reste comme ça, *you know what ? Thank you very much, I'm very happy right now.* Le reste, ce n'est pas moi qui gère ça, mais je sais ce qui va m'arriver. J'ai toujours su.

*Quel regard pose ta mère sur ce que tu es devenue ?*
Ma mère, c'est elle qui me lit le mieux, c'est la personne qui me comprend le mieux. C'est elle qui m'encourageait le plus à venir à New York. Mon père était un artiste, c'était un flyé, alors que ma mère, qui a quatre-vingt-huit ans, c'est elle, le *brain*. Elle est perspicace.

*Ton père était sculpteur.*
J'étais déjà connue quand mon père est devenu sculpteur.

*Quand tu étais petite, tu disais que, le dimanche, pendant qu'il était à la messe, tu allais voir en cachette ce qu'il faisait venir de Paris… les fameux livres d'art de Paris.*
Il les cachait parce qu'il y avait des nus. Toute ma vie, je me suis questionnée. Pourquoi suis-je Corno ? Pourquoi je fais ça ? Un jour, j'ai lu un article dans *Le Devoir* où on disait : « Ah ! Corno, elle connaît les *trends*. Elle sait comment faire pour que ça marche. » Ça m'avait vraiment troublée, cet article-là. Ça été la première fois que j'ai eu une grosse remise en question sur mon travail. Je me suis dit : « *Oh my God*, c'est ça que je suis ? » Ça me dérangeait. J'étais allée voir mon père à Chicoutimi. Je n'y allais jamais dans ce temps-là. Ce jour-là, il m'a dit qu'il s'était fait un atelier dans sa *shop* à bois. Il m'a montré ce qu'il faisait. J'ai regardé ses sculptures, les nus, les filles avec les gros seins, les grosses babines… Il faisait exactement la même affaire que moi ! C'était *scary*. Il n'y a pas de hasard. Il n'a pas inventé cette personne, je viens de lui et je continue cette histoire-là. C'est en dedans de moi. J'ai pris cette énergie-là de lui, je l'ai traduite et je l'ai continuée. Il ne me copiait pas ! On n'était pas dans le même studio ! Tout à coup, il se mettait à sculpter, et il sculptait des nus et des visages. Pourquoi lui ? Pourtant, mon père était super religieux. J'ai dit : « *OK. Thanks, dad !* Tu viens de résoudre une grosse question que j'avais. »

*Tu as déjà dit qu'on entre en peinture comme on entre en sacerdoce. Il faut s'investir totalement si on veut réussir. Comme la liberté semble être capitale pour toi, ne sens-tu pas une certaine entrave à ta liberté en t'engageant de la sorte dans la peinture ?*
La liberté, c'est personnel. Moi, ma liberté, ça se traduit comme ça, heureusement ou malheureusement, je ne sais pas. C'est la manière que j'ai trouvée pour être libre. Il fallait que je me débarrasse de toutes les contraintes et de tout ce que je ne voulais pas gérer, c'était le seul moyen pour embar-

quer dans ce genre de passion. Il faut que tu sois comme dans une bulle et que tu fermes le *zipper*. À ce moment-là, tu te dis : *Yeah, you're in your tunnel, your channel…*

*Ton art devient alors plus grand que toi. Tu essaies de capter, de traduire ce que tu ressens quand ça surgit en toi. Le prix est-il cher payé pour vivre de cette façon ?*
Il y a un gros prix à payer, mais c'est un choix. Tu choisis ta vie à chaque instant. Quand tu es dans ton canal d'énergie, ce choix a du sens, peu importe ce que c'est. Tu sais que tu es dans ton champ d'action, que c'est bon et que c'est ça que tu as à faire. Dans la vie, il y a plein d'indices comme ça. Il y a toujours cette lumière au bout qui te fait dire : « *OK, I'm in the right direction.* » Et la porte s'ouvre…

*La solitude qu'exige un tel engagement est-elle parfois difficile à supporter ? Tu passes de longues journées seule à peindre.*
Quand on s'engage comme moi dans cette voie, on n'est pas au courant de ça en commençant la *game*. Après, on continue parce qu'on n'a pas le choix et que c'est le fun. À un moment donné, on s'aperçoit qu'on est beaucoup tout seul mais, en même temps, on reçoit tellement en retour. Je pense que, si on savait ce qui nous attend, on le ferait pareil, car la passion est grande.

*Toi, tu n'as jamais pensé à la gloire en le faisant ?*
Aucun artiste ne pense à la gloire. Jamais personne ne pense à la gloire. Si tu y penses, tu ne fais pas ça. Hier, je travaillais sur cette toile (*elle la montre du doigt*), je n'étais pas dans la gloire, *trust me. I was a piece of shit. I was like : what am I doing ? I have no talent.* Quand tu es un artiste, tu n'as pas de talent parce que tu veux tout le temps faire mieux et être *on top of whatever.*

*Tu n'es jamais satisfaite ?*
Parfois, il m'arrive de l'être. Je sors d'ici et je suis sur un nuage. Je me dis : « *Oh my God*, je viens d'en péter une ! » Je vais avoir un petit instant de gloire pour *myself* parce que le tableau que je viens de peindre est mon meilleur. Probablement que les gens vont lever le nez dessus parce qu'ils n'ont pas encore compris où j'allais avec ça. Tout le monde va haïr ce tableau-là pendant les prochaines années et, après trois ans, les gens vont dire : « *That painting is so freaking hot !* » Et je vais leur répondre : « *Yeah, I did it three years ago.* » Toutes les fois que j'arrive avec mes toiles, le monde a de la misère à s'ajuster. C'est « *yes, no, yes, no* ». Ça, c'est l'histoire de ma vie.

*Avec le temps, est-ce qu'on s'habitue à cette réalité dans le monde de l'art qui veut que l'interprétation de ce qu'on fait diffère souvent d'une personne à l'autre ?*
Après quarante ans de peinture, je sais comment ça se passe. Est-ce que ça me fait plaisir ? Non, j'aimerais que le monde embarque toujours dans ma *game* et qu'il y croie. La plupart du temps, ça n'arrive pas. Même si les gens pensent que c'est facile pour moi, ça ne l'est jamais. Je me suis faite à l'idée que

c'est comme ça. Cela ne m'empêchera pas de penser que, *I did the best shit ever, but I'm alone in my game. You're always alone, you know.* Je ne parle pas juste pour moi. Pour tous les êtres humains, c'est pareil. On veut tous l'approbation de notre mère, de notre frère et de nos amis. C'est comme ça.

*Qu'est-ce que la gloire a changé chez toi ?*
Je ne sens pas que j'ai la gloire. Vraiment pas.

*Tu reconnais que ton nom a une valeur ?*
Oui, mais je suis tellement absorbée par ce que je crée que ça ne fait pas partie de ma vie vraiment. À New York, je suis une *peanut*. Je ne suis rien dans l'espace. J'arrive ici dans mon petit studio. *Who am I ? You know what ? I love that*, parce que c'est un *big kick in the ass all the time. You'll never be good enough !* Je suis mon meilleur boss, la meilleure personne au monde qui va me pousser parce que je suis complètement libre. Ce qui m'intéresse, c'est quand j'ouvre la porte de mon atelier le matin et que je vois que, mon art, ça me tente de le faire. Si j'entre ici, que ça ne me tente pas et que ça continue à ne pas me tenter, sais-tu quoi ? Je vais mettre la clé dans la porte, et c'est fini. Je vais faire autre chose. *It doesn't matter to me.* Connue pas connue. Gloire pas gloire.

*Est-ce que ça te perturbe de savoir que certains puristes de l'art disent du mal de ta démarche ? De ton travail ? Inévitablement, ça vient avec la renommée…*
Après la présentation du documentaire sur moi, j'ai eu des moments difficiles parce que je n'étais pas sûre que les gens comprenaient toute l'implication que j'ai dans mon travail et toute la passion qui m'habite. De ne pas être reconnue pour qui je suis et ce que je réalise, c'est ce qui m'a fait le plus de peine. J'ai l'impression de me faire tuer dans l'œuf quand je suis en train de monter ma côte, toute seule à New York. *I'm doing it, man !* Tu ne peux pas dire : « Elle ne sera jamais dans tel musée. Elle ne fera pas ça. C'est de la merde, ce qu'elle fait. » Il faut que tu respectes que, moi, je le fais. T'es pas obligé de me dire que tu aimes ou que tu n'aimes pas. Ne me dis pas ça, parce que là, tu m'empêches de monter ! Moi, j'essaie. Combien de Québécois font ce que je fais ? Est-ce que je passe mon temps à y penser ? Non. Est-ce que j'arrête ma vie à cause de ça ? Non. Est-ce que ça m'empêche d'évoluer ? Non. Il y en a plein qui m'aiment. Je devrais focusser sur ça, *but I'm a human being.*

> " Dans ma tête d'enfant, **j'étais peintre, j'étais célèbre et je vendais mes tableaux partout dans le monde.** "

Si je me laissais décourager par ça, j'aurais un problème. L'essentiel, c'est ton énergie, ta foi, ta croyance et ta vibration. Si tu te lèves le matin et que tu n'y crois pas, tu es fini! Tu es mort! Il faut que tu commences chaque journée en te disant : « *I'm alive. Thank you. I have one more day. I have a day all to myself to do something.* » Tous les jours, je suis reconnaissante. Je suis la fille la plus heureuse quand je me lève le matin.

*Et quand tu te couches le soir?*
Je suis tout le temps heureuse. Il m'arrive des fois d'être malheureuse parce que ça ne se passe pas comme je le voudrais. Soixante-quinze pour cent du temps, je suis heureuse. Pour moi, la seule chose qui est importante, sincèrement, c'est la santé. *End of the story! I don't care about the rest. Take this away from me, take all these paintings, take everything from me, I don't care! Give me one hundred percent of my health, man.* Quand tu es en santé, quand tu as ta tête, quand tu as tes mains, tu as tout. *Put me out on the street and I'll figure it out. That's really all I want.*

*Il faut avoir une très grande obsession pour réussir. Tous les conquérants ont ça en commun. T'est-il arrivé de tomber et de penser que tu n'allais jamais te relever?*
Non, je me relève toujours. Vivre à New York, c'est un combat constant parce que tu as ton loyer à payer…

*Mais tu n'es pas riche?*
Je suis loin d'être riche. J'aimerais ça, être riche! Quand j'ai dix piastres, je l'investis dans un projet plus gros, plus grand et plus fou. Tout va dans ma peinture. J'ai toujours un nouveau projet qui va coûter plus cher, qui va être plus imposant, plus débile.

*Pourquoi vouloir toujours repousser tes limites?*
L'être humain est censé penser comme ça, non? Je ne me vois pas être autrement. Dans ma tête, tout le monde est de même, c'est pour ça que je suis tout le temps déçue des autres. Les gens embarquent dans mon affaire et, à mi-chemin, ils arrêtent. Moi, je n'arrête pas le bateau, *I'm on.*

*Est-ce qu'en vieillissant on calme ses ardeurs, on revoit ses priorités et sa volonté de toujours en avoir plus?*
Sincèrement, j'essaie souvent de m'arrêter parce que je ne pourrai pas continuer à vivre de même. Des fois, je me dis : « Ça ne va pas, la tête? » *Go to Miami, rent a condo and sleep…* J'ai encore eu cette réflexion-là hier, mais alors que je me promenais à Manhattan je me disais : « Tabarnak que j'aime ça, New York! »

*Qu'est-ce que tu aimes tant de cette ville?*
J'aime tout de New York. J'aime le *making of*. J'aime la réinvention. J'aime le *billboard* au coin de la rue. J'aime la lumière qui tombe là le soir. Des fois, je m'assois ici dans mon atelier et je pleure tellement c'est beau. Voir un coucher de soleil sur un lac, ça ne m'intéresse pas. Voir un coucher de soleil sur un *building* à New York, je braille! La structure, c'est comme des sculptures allumées. Est-ce que je peux expliquer ça? Non, mais ça se passe comme ça à l'intérieur de moi quand je suis dans cette ville.

*Quand je regarde ton œuvre et les toiles que tu es en train de peindre ici, dans ton lieu de création, qui est d'un blanc immaculé, avec tous ces pots de peinture occupant une grande partie de la pièce, je constate qu'il y a un rapport physique avec la matière. Bien que tu sois féminine, intuitive et instinctive, j'ose te dire qu'il y a beaucoup de masculin en toi. Est-ce une mauvaise lecture de ma part?*
Ma vie est une vie d'homme. Je vis une vie d'homme. Il y a beaucoup d'affaires que je fais comme les gars. Mon travail est vraiment physique. Les gens me disent toujours que je ne grossis pas, ben… passe une journée dans mon studio et t'auras pas une chance de prendre une livre!

*Cependant, dans tes toiles, il y a beaucoup de féminité, de sensualité et d'érotisme. On dirait que ta féminité passe davantage par tes œuvres.*
Yeah! Peut-être, mais je ne pense pas à ça. Il n'y a pas de filtre entre ma peinture et moi. *I just do what I have to do,* et ça sort comme ça. J'aimerais tellement pouvoir te l'expliquer, mais c'est impossible.

*Ton œuvre est comme une ode à la jeunesse. Peindre ainsi la jeunesse, est-ce pour toi une façon de te garder jeune et d'éviter de penser au temps qui passe?*
Je vais avoir soixante et un ans dans un mois. Quand je suis avec des gens de vingt ans, j'ai une énergie de femme de vingt ans parce qu'on écoute la même musique et qu'on va dans les mêmes endroits. Je trouve ça dur de vieillir, parfois je me regarde et je dis : « *Oh my God, this is you, you're sixty now!* » C'est un passage difficile pour moi parce que je ne sens pas que j'ai cet âge-là, je ne m'imagine pas comme ça. Chaque fois que je me vois, c'est comme un *reality check*! À travers mon travail, l'image ou l'émotion que je veux envoyer, c'est une force. Cette force-là, elle est dans la vitalité et dans la beauté. C'est pour ça que mes personnages sont si voluptueux et en action.

*Considères-tu que tu touches un peu à la gloire parce que tes tableaux se vendent partout dans le monde?*
La seule gloire que j'ai, c'est quand je réussis un tableau. Ça, c'est ma gloire. C'est ça que j'aime. Cela dit, si personne n'achetait mes tableaux, la gloire, on n'en parlerait plus. Là, je la voudrais en tabarnak!

> **"La seule gloire que j'ai, c'est quand je réussis un tableau."**

*Tes tableaux se vendent entre vingt-cinq mille et cinquante mille dollars. Quel effet ça te fait de savoir que ça se vend à ces prix-là?*

C'est le même effet que quand tu as vingt ans et que tu en vends un à deux mille dollars. C'est pareil. Tu montes dans ton échelle. *Whatever, it's only money.* Je suis consciente que ma peinture m'a rapporté beaucoup d'argent, mais si tu me demandes combien exactement, je ne le sais pas. Assez pour payer mon loyer pendant un bout.

*Quel est ton rapport avec l'argent? Quel est ton rapport avec cette valeur que l'on attribue à ce que tu fais?*

Mon rapport, c'est que je veux pouvoir vivre à New York. Je veux vivre dans mon loft. Je veux être capable d'arriver ici le matin, de débarrer la porte et de peindre. C'est ça, mon rapport avec l'argent. Je n'ai aucun attachement à mon linge, à mes appartements, à ma sacoche, à rien. Seulement à mon téléphone. J'ai appris ça aussi à New York. Tu n'as rien à toi. Tout est tellement éphémère. Je suis comme un arbre, je fais des racines. Si je perdais tout, ça me ferait quasiment plaisir. *Because I'm gonna start a new life. Something else, somewhere else, you know! Why not? I don't mind!*

*Cette réussite t'a demandé certains sacrifices. Est-ce que le fait de ne pas être mère en est un? Est-ce que ça te manque?*

Tout me manque. Tout me manque tout le temps. Une maison dans les Hamptons, ça me manque aussi. J'ai fait des choix. Je n'ai pas de regrets. J'aurais pu avoir cent vies, mais j'en ai juste une…

*C'est parce que tu en as vécu cent en une.*

J'essaie de faire le mieux avec celle que j'ai. Tu me demandes si j'aurais voulu avoir un *kid*. Oui, peut-être. Aurais-je aimé avoir une maison à Londres avec un chum? Oui, mais je suis à New York, dans un loft à SoHo, et je peins. Je pense qu'on a tous un karma, on a tous un chemin. Moi, je l'ai suivi. Je peux refaire ma vie deux cent cinquante fois. J'aurais aimé ça, à vingt ans, comprendre ce que je comprends à soixante ans. *But if I look at my life, I think it's pretty good, you know.*

*Est-ce que ta vie ressemble à celle que tu avais imaginée en silence?*

C'est pas mal comme c'est censé être, *but I'm not done.*

*Le succès attire beaucoup de gens autour de soi, même ceux qui ne devraient pas y être.*

Ah, j'ai un bon radar pour ça. Il n'est jamais infaillible étant donné que je suis une passionnée. J'embarque dans un million d'histoires et je me fais brûler les ailes. Ça se répare plus vite parce que *I know better now…* À New York, je suis *nobody* dans le fond. Ici, il y a toujours quelqu'un qui est plus connu que toi. Peut-être que, si je vivais au Québec, je connaîtrais un peu la célébrité, mais pas ici.

*Qu'est-ce que ça a changé le plus dans ta vie, cette notoriété-là?*

Plus les gens te reconnaissent, plus tu vends de tableaux, plus tu connais la notoriété ou la gloire, comme tu veux l'appeler, plus ça t'assure une stabilité dans ton travail qui te permet de pousser ta recherche plus loin. Toi, tu ramènes ça à la célébrité, mais moi, je reste toute seule devant mon tableau… Ça, c'est ma réalité de tous les jours. Ce que la notoriété fait, c'est que *I can be more edgy, I can be crazier.* Ça me donne peut-être plus de confiance en moi.

*Est-ce une émotion formidable à vivre quand on a souhaité toute sa vie avoir cette forme de liberté de création et qu'on l'obtient?*

Quand t'es un artiste, tu n'as jamais ce bien-être-là. Tu ne l'auras jamais. La minute où tu l'as, tu es faite parce que tu perds le *fuel* qui te permet de devenir *better. I'm a piece of shit, I'm not doing enough…*

*Faut-il avoir un certain tempérament pour vivre ce que tu vis? Une personnalité singulière pour réussir?*

Je suis extrêmement dure et je suis dure avec tout le monde. J'ai toujours été pas mal pareille, mais peut-être qu'à soixante ans j'ai plus de compassion.

*T'arrive-t-il de t'asseoir dans ton atelier, avec un bon verre de vin ou du champagne, et de te dire: «Je suis fière de moi»?*

Je le fais un peu plus, là. Ce midi, j'étais à Colombus Circle. J'étais assise sur une terrasse et je me suis dit: «*This is pretty good… I'm good, I created this, now I can sit here in the sun…*»

*Ça valait le coup de faire tout ça?*

Je ne vois pas ça comme ça. Chaque jour, je construis quelque chose. Hier, ça valait le coup. Aujourd'hui, ça vaut le coup… Mais si j'y réfléchis réellement, si je ne vivais pas ici à New York, je ne ferais jamais ça, c'est sûr.

*Que veux-tu laisser comme héritage?*

Ce que je veux laisser au monde, c'est une énergie. Je veux que l'on dise de moi: «*She believed in herself and she did it. She believed in something and she did it. Why can't I do it? I can do it too!*»

*Tu veux être inspirante pour les autres?*

*Yeah!* Même si j'ai soixante ans, je suis en train de monter mon histoire. Cela n'arrivera pas de mon vivant. Je sais que ça va se produire quand je serai morte. Je l'ai toujours su. Je vous le dis tout de suite, je vais passer à l'histoire. *I know that. The same way I knew that I was born to be an artist.*

Gregory Charles est dans une classe à part. Impossible de lui accoler une étiquette. Du moins, une seule. Il est multidisciplinaire. Il est surdoué. Sa mémoire est phénoménale. C'est un grand *entertainer* qui mérite d'être vu et entendu partout. Il n'a tellement pas assez du jour pour se réaliser et tout faire qu'il vole des heures à la nuit afin de ne pas laisser échapper une seule seconde du temps qui passe. Il n'a pas besoin de dormir longtemps pour recharger la batterie de sa « machine ». Elle est toujours prête pour les départs, au cas où une course s'annoncerait au lever. Cet homme est conditionné pour réussir. Il est constamment à la recherche de nouveaux défis. Sa vie est réglée au quart de tour. Pourtant, ce matin-là, il avait suspendu le temps, question de réfléchir à la gloire en général, à la sienne et à celle qu'il convoite encore. Le 9 novembre 2013, j'ai assisté à son spectacle, *Vintage*, dans le théâtre du même nom qu'il a fait construire sur mesure en Allemagne. Au passage, j'ai pris quelques clichés de sa performance. Cet ambitieux projet de théâtre est sur la voie de la réussite. Il a une fois de plus remporté la course.

# GREGORY CHARLES
# LA GLOIRE CONDITIONNÉE

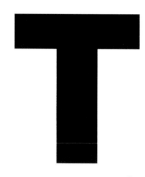

**T**U AS DIT DE TOI QUE TU ES QUEL-
QU'UN DE PUDIQUE. *Il est vrai
que tu parles peu de tes émotions véritables publiquement.
Ton livre,* N'oublie jamais, *se
veut une lettre destinée à ta
fille, Julia, pour lui rappeler
entre autres que sa grand-mère,
qui est atteinte de la maladie
d'Alzheimer, a joué un rôle fondamental pour l'être que tu es
devenu. En levant le voile sur
ton rapport pour le moins singulier entre ta mère et toi,
sur sa méthode peu orthodoxe pour faire de toi un être
en pleine possession de ses moyens, tu nous fais entrer
inévitablement dans votre dynamique et tu nous montres
son essence. Pas de faux-fuyants. On va directement dans
les moindres rouages de la fabrication de la « machine »
humaine que tu es devenu. Mais on voit aussi le condi-
tionnement qui a été le moteur de ta réussite. C'est quand
même quelque chose qui pourrait paraître impudique de
ta part quand tu décides d'écrire et de nommer ce qui
vient de l'intérieur.*

C'est un geste impudique de ma part. On change avec le
temps. Avant, j'étais bien dans cette espèce de tendance à
m'isoler. Je ne m'isolais pas quand il s'agissait de mes passions, de mes champs d'intérêt ou de mes opinions, mais
plutôt quand il était question de mes états d'âme. Avec le
temps, on devient bon là-dedans. C'est efficace jusqu'à un
certain point parce que ça nous protège. À partir du moment
où des gens sont proches de nous, on ne peut plus continuer
comme ça. Le couple ne peut pas vivre avec l'un des deux
qui a tendance à s'isoler. Le rapport parental ne pourrait
pas survivre à ça non plus. Il y a une telle intimité dans le
rapport parental et dans le rapport amoureux. Une intimité
qui exige qu'on retire le masque, qu'on se montre sous son
vrai jour parce que, sinon, c'est impossible. Alors, j'ai fait ce
cheminement-là dans ma propre vie. Je suis peut-être rapide
pour certaines affaires mais lent à découvrir comment fonctionne l'être humain. Au fond, mon ego est encore celui d'un
enfant de huit ans, avec tout ce que ça implique. Parfois, tu te
penses bien important et, d'autres fois, tu sens que tu es juste
un pion sur l'échiquier. C'est sans doute pour ça que j'ai mis
du temps à comprendre comment on doit procéder. Il y a des
gens qui doivent mûrir beaucoup plus rapidement que moi.
Dans mon cas, ce sont les événements qui m'ont fait mûrir.
Pour certaines affaires, j'avais une perception très adulte,
mais en ce qui concerne le rapport entre les êtres humains,
c'était autre chose.

*À quoi attribues-tu cette espèce de lenteur à reconnaître
tes émotions ? Qu'est-ce qui l'expliquerait ?*
Je ne suis pas sûr d'être capable de l'expliquer, mais je suis
capable de te donner des symptômes. Je n'ai jamais pris de
photos. Dans mon environnement, on ne trouve presque
jamais de miroirs. Et quand je dis ça, ce n'est pas pour

prouver que je ne suis pas narcissique, c'est plutôt pour montrer qu'il y a quelque chose de pas très statique ou même de
pas très nostalgique chez nous. Si tu me demandais de te
sortir des photos de moi, ce serait très difficile.

*Ce qui explique que, dans* N'oublie jamais, *il n'y a pas de
photos ou très peu.*
Il y en a seulement deux. Je n'en avais pas beaucoup d'autres.
J'ai choisi une photo où ma mère me regarde. J'ai l'impression
qu'on était tellement occupés à avancer ensemble qu'il n'y a
pas eu de moments statiques. Lorsque ma mère est devenue
plus malade et que mon père s'est plongé totalement dans
le rôle d'un aidant naturel, dans mon cas ç'a concordé avec
une remise en question professionnelle. J'ai eu mon accident,
quand je suis tombé de la scène. Il y a eu ensuite la rencontre
de ma blonde, qui est devenue ma femme depuis, et la naissance de ma fille. Tout ça s'est produit en quelques années
seulement. Dans mon esprit, une équation devenait plus
claire. La chose la plus importante, c'est que tu puisses aimer,
aimer de toutes tes tripes, mais c'est encore plus important
d'apprendre à être aimé. C'est impossible à faire si tu n'as pas
une perspective complète de ce que tu es, si tu as juste une
vision partielle de ce que tu es.

*Quand je t'entends me dire qu'il faut que tu apprennes
à être aimé, je me demande si monter sur scène, c'est
en quelque sorte une façon égoïste d'aller chercher une
grande dose d'amour.*
Je ne conçois pas la scène de cette façon-là. Je ne suis pas très
narcissique. Je soupçonne les gens qui le sont de ne pas l'être
vraiment. J'ai l'impression que les gens apparemment très
narcissiques sont en fait très angoissés à propos de leur vie
lorsqu'ils rentrent chez eux. Je comprends le chemin qui a été
parcouru. Je comprends les expériences, les réussites et les
échecs. Je me perçois encore beaucoup comme ce garçon qui,
tous les jours, se lève en se sentant extrêmement privilégié
d'avoir une bonne santé, certaines habiletés et une capacité
de compréhension. Je me sens privilégié d'avoir pu vivre dans
l'environnement dans lequel j'ai vécu.

*Dans le livre, tu appelles affectueusement ta mère
« caporal ». Ce terme indique le rôle fondamental qu'elle
a joué dans ta vie à bien des égards. Ta mère a pris son
rôle très au sérieux. Elle en fait presque une mission.
Vous êtes entrés en sacerdoce. Elle a consacré sa vie à faire
de toi ce que tu es.*
Je suis le résultat de ce que ma mère a créé. Je ne peux pas
dire qu'elle a négligé mon bien-être ou mon confort, mais elle
était principalement un caporal. Ma mère, ma sainte femme
de mère, avait un rapport très unidimensionnel avec son fils.
Il n'y avait pas plusieurs teintes avec elle. La vie n'était pas
multicolore. Elle se disait plutôt : « J'ai une job, je te porte sur
mes épaules, je vais courir avec toi sur mes épaules jusqu'à ce
que tu touches le sol. » Entre elle et moi, c'était une relation
de coach de tennis avec son joueur. Ton coach de tennis est
vraiment de l'autre côté du court. Tu ne t'arrêtes pas sou-

vent pour jaser avec ton coach de tennis. Non, tu frappes des balles. Tu frappes, frappes, frappes. Il te retourne les balles. Il te rend meilleur, mais c'est quand même unidimensionnel. En principe, c'est fait pour qu'un jour tu puisses jouer avec quelqu'un d'autre.

*Était-ce le rôle de ta mère, d'être ton coach, malgré les limites qu'elle-même avouait avoir ? Est-ce que ce rôle lui incombait ?*
Oui, mais je pense que c'était une assimilation de rôles. Elle n'avait pas d'idée préconçue sur la façon dont elle allait jouer son rôle. Elle avait probablement une image de ce que sa mère avait fait avec elle. Sa mère avait été institutrice et avait été très présente. Ce n'est pas une réflexion en huit temps qui a amené ma mère là où elle est allée. Ma mère se disait qu'elle avait un garçon éveillé, avec des talents… mais paresseux. « Je ne veux pas être la limite de ce garçon. Donc, on court. Si jamais on court dans la mauvaise direction, je le saurai tôt ou tard. » L'obsession de ma mère, c'était de ne pas rester sur place.

*Ta mère disait : « Quand Dieu donne un talent, il dicte un devoir. Visiblement, mon garçon, tu as plusieurs devoirs à accomplir. » Je résume ses propos.*
T'imagines-tu à quel point c'est beau de dire ça à un enfant ? « Quand Dieu donne un talent, il dicte un devoir, mais c'est n'être bon à rien que de n'être utile à personne » est la suite de la phrase. La gloire, c'est à ça que ça sert.

*Est-ce elle qui en faisait une obsession ou plutôt toi ?*
Je suis convaincu que, naturellement, j'aurais été amoureux et j'aurais été boulimique de plein de choses. Jusqu'à ce que cela demande un effort. Peut-être que mes habiletés m'auraient permis de bien vivre, mais dès qu'un effort aurait été requis, cela aurait probablement été la fin de mon parcours. Ma mère était l'antidote à ça. Si j'avais été un garçon rigoureux, vaillant, discipliné, je pense qu'elle aurait été parfaitement contente d'être un parent gâteau qui encourage et qui dit des mots doux. La réalité, quand tu es parent – je le vois moi-même –, c'est que tu as l'impression que tu *deales* avec l'enfant qui t'est donné. Il est certain que tes gestes influencent l'enfant.

*Est-ce que tu en as voulu à ta mère d'être ainsi avec toi ? Est-ce que le « caporal » est allé trop loin parfois ?*
J'étais un enfant comme les autres. Il m'arrivait de me rebeller contre sa méthode. On s'est engueulés souvent. Un jour, j'ai dit à ma fille : « Il y a des choses que je ne te dirai pas, Julia, de ce qu'on a eu comme échanges, ta grand-mère et moi. Je lui ai fait de la peine, à ta grand-mère, parfois en lui disant des choses, et elle m'a fait de la peine aussi en me disant certaines affaires… » Heureusement, j'ai une qualité : je suis docile. Et je suis très dévoué aussi. Ma mère a réussi à me faire comprendre que, derrière sa rigueur, ses exigences, son exactitude et son professionnalisme, il y avait un amour profond, pur et éternel. Je ne serai pas un parent comme ma

mère. Je ne peux pas être comme ma mère, je suis d'une autre époque, mais j'ai la même intention. Dès que j'ai commencé à travailler avec des enfants, j'ai compris que la constance est plus importante que n'importe quoi d'autre. Si tu dis une affaire une journée et que tu changes d'idée le lendemain, t'es mort.

*Tu travailles beaucoup avec les jeunes. Te vois-tu comme un tuteur pour eux ?*
Je me vois comme un caporal. Ma mère m'a déjà dit que j'étais beaucoup plus sévère qu'elle, mais je crois que je suis sévère différemment. En fin de compte, même si mon parcours n'est pas fini, on pourrait dire que j'aurai été un bien bon manager pour quelqu'un d'autre, et que je ne suis que partiellement un bon manager pour moi-même.

*Quand tu as appris que ta mère (ton caporal, ton mentor, ton manager) commençait à perdre des morceaux de sa mémoire…*
Je l'ai refusé totalement. Ça a pris un an avant que je l'accepte. Une année après que mon père m'a dit que ma mère n'était pas bien.

*L'Alzheimer n'était pas dans l'équation ?*
Mon père n'utilisait pas ce mot, il parlait de « démence ». Mais c'était pareil. Je le refusais totalement.

*As-tu peur que ça t'arrive, sachant que les gens vont te voir et espèrent tester ta mémoire soir après soir ?*
Ma mémoire est au centre de ce que je fais. C'est une grosse partie de mon identité. C'est impossible de penser autrement. Je ne crois pas qu'une personne dont un parent souffre de démence puisse s'empêcher de se dire « *My God !* » ou de calculer, en tout cas. Moi, je ne suis pas à des millions d'années de là, je suis trente et un ans derrière ma mère.

*Fais-tu des efforts supplémentaires pour te souvenir ?*
Dans un party avec mes amis, quand on cherche quelque chose et que les gens sont prêts à sauter sur leur téléphone intelligent pour obtenir une information, je pars. Je veux trouver la réponse moi-même. Je veux faire rouler ma machine. Je veux que ça marche.

> **« Ma mère a réussi à me faire comprendre que, derrière sa rigueur, ses exigences, son exactitude et son professionnalisme, il y avait un amour profond, pur et éternel. »**

*Tu as dit de ta mère qu'elle t'aimait tellement qu'elle en faisait une obsession. Tout se passait en fonction de ta personne, pour aller chercher le meilleur et l'exceptionnel en toi. Elle allait même jusqu'à te donner ce qu'elle n'avait pas en elle.*

Elle est allée chercher des choses qui étaient bien au-delà de ses capacités et, dans certains cas, de ses intérêts. L'obsession de ma mère, c'était de ne pas être la limite de la personne dont elle avait la charge. J'ai l'impression qu'elle se sentait comme ça à propos de mon père aussi. Quand j'étais jeune, mon obsession – ce serait un cas de thérapie –, c'était de ne pas la décevoir. J'en parle maintenant avec ces mots-là parce que ma mère est toujours vivante, mais évidemment elle souffre d'Alzheimer. Ça lui prend plus d'une heure à me reconnaître quand je suis avec elle. Nous n'avons pas le même rapport qu'avant. Tard le soir, quand tout le monde dort, je réfléchis à cette triste façon de quitter la vie, et c'est ce qui vient me chercher le plus. Aujourd'hui, j'apprends à vivre tous les jours sans la béquille d'avoir un caporal, en essayant de conserver toujours la même intention et la même intensité. Suis-je capable de fonctionner, de vivre, de respirer, jusqu'à un certain point, sans ce qui a été cet incroyable moteur depuis que je suis né ?

## "Je pense qu'échouer, ça s'apprend, comme réussir. Il faut apprendre à échouer."

*Quelle est la réponse à cette grande question existentielle ?*
La réponse, c'est oui. D'ailleurs, c'est la raison pour laquelle j'ai écrit ce livre. Ma vie continue. La vie des autres autour de moi, celle de ma femme et de ma fille, continue aussi. Ça fait partie de ce grand fleuve. Je suis convaincu que, si ça continue, c'est parce que mes réflexes, mes façons de faire sont de repousser les limites du possible. C'est vraiment très ancré maintenant. Alors, je ne vais pas perdre ça parce que je perds mon caporal. Je l'avoue, on a acheté un théâtre l'année passée pour faire mon spectacle *Vintage*. On a lancé un projet dont tout le monde autour de moi doutait. On me disait que, si c'était une si bonne idée, quelqu'un d'autre l'aurait fait avant.

*Mais tu l'as fait quand même.*
C'est une idée qui s'avère être bonne, mais ce n'est pas facile. J'avoue. Je ne peux pas faire autrement. C'est ancré en moi. C'est programmé. Dans mes meilleurs moments, je ne peux pas m'empêcher de penser à mon caporal.

*Et qu'aurait dit ton caporal de cette idée de mégalomane, comme certains se plaisent à dire, d'avoir ton propre théâtre et d'investir beaucoup dans ce projet pour le moins original ?*

C'est clair qu'elle m'aurait dit de foncer ! Ma mère n'a jamais eu peur que je me pète la gueule. Elle ne s'est jamais attardée à ça non plus. Les échecs commerciaux, ce n'était même pas l'affaire dont elle voulait discuter. Elle aurait dit : « Ça n'a pas marché, on fait quoi maintenant ? » Son obsession s'exprimait de cette façon-là : « Je me fous des obstacles en cours de route, il ne doit pas y avoir de limites pour ce garçon. »

*Dirais-tu que le fait de ne pas avoir de limites t'a donné l'occasion de toucher à la gloire et de vivre la consécration à quelques reprises dans ta vie ?*
Oui. Je pense qu'il y a chez l'être humain un instinct que l'on appelle, semble-t-il, « l'instinct thymotique », qui signifie : désir invétéré d'être apprécié par les autres. La gloire, c'est de réussir ça, à être apprécié par les autres. Certains métiers permettent d'accéder à la gloire. Par exemple, le meilleur vendeur de souliers au monde ne connaîtra pas la gloire même s'il excelle dans son métier, alors que le meilleur général, lui, va connaître la gloire. Je ne pense pas que connaître la gloire était mon objectif de départ. C'était certainement l'objectif de ma mère parce qu'elle voyait que je m'intéressais à des choses qui mènent à ça. J'étais tout le temps en spectacle, mon père m'appelait « superstar » quand j'étais jeune : dès qu'il y avait un public, j'étais debout sur une chaise, comme bien des gens qui font du show-business.

*Es-tu ambitieux ?*
J'ai des ambitions, par exemple de réussir avec mon concept instantané, spontané, interactif, partout sur la planète, mais entre autres aux États-Unis et en France. J'ai cette ambition-là. J'essaie depuis plusieurs années, et ça ne marche pas. Ce n'est pas un échec, mais ça n'avance pas vite.

*Quand on est conditionné à la réussite, entre guillemets, comme tu l'as été, est-ce que l'échec est envisageable dans le plan d'exécution ?*
Je pense qu'échouer, ça s'apprend, comme réussir. Il faut apprendre à échouer.

*Ta mère t'a-t-elle montré la façon de vivre avec l'échec et comment s'en relever ?*
Oui, jusqu'à un certain point.

*De quelle manière ?*
Si tu es très téméraire, c'est que tu n'as pas peur d'échouer. Je suis téméraire. Je pense que c'est ce que ma mère essayait de m'inculquer. Une fois qu'il a réussi une affaire, un gars téméraire ne va même pas se demander une seconde s'il va entreprendre d'autres projets. D'après moi, ma mère n'avait pas du tout l'échec en aversion, elle avait l'absence d'effort en aversion. L'absence d'effort était inacceptable.

*Aujourd'hui, dans ta vie, est-ce encore d'actualité ?*
C'est plus fort que moi. Le bien engendre le beau, et le beau engendre le bien. Les deux exigent beaucoup de travail. Ce n'est pas instantané.

*Comment réagis-tu quand tu vois que les résultats escomptés ne se produisent pas? Est-ce déstabilisant pour toi?*

Je pense que ça me donne le temps de parfaire le reste de ma personnalité. Il y a bien des façons de vivre ses ambitions. Tu peux les vivre en n'étant pas du tout actif, et à ce moment-là ce sont les autres qui te portent. J'ai essayé différentes formules, et je ne jette le blâme sur personne, mais je me rends compte qu'il me faut être l'instigateur de mon projet et de tout ce que ça comporte. Mais, tout en étant l'instigateur, je dois m'arranger pour m'entourer de la meilleure équipe.

*Est-ce que cela te vient de ta mère, l'idée que l'on doit créer autour de soi l'équipe qui nous mènera au succès?*

C'est le fun en théorie, mais ce n'est pas facile de créer cette équipe-là. D'abord, ce n'est pas dit qu'on va trouver les bonnes personnes. Tu peux vivre la gloire, atteindre tes objectifs tout en étant passif. Tu peux réussir en étant très actif mais en n'étant pas prêt. C'est-à-dire que tu peux être prêt à faire l'effort pour avoir du succès mais ne pas être prêt à l'apprécier et à le vivre par la suite. Si je n'étais pas tombé de scène en 2005, je serais parti en France à ce moment-là, c'était notre plan. On avait un producteur là-bas. Tout était clair. Aujourd'hui, je suis assez convaincu que je n'étais pas prêt. J'aurais peut-être eu du succès, mais je pense que ça aurait été un succès exécrable.

*Est-ce que ce serait grave, Gregory, si tu ne réussissais pas à atteindre tes objectifs et à réaliser tes ambitions?*

Bien sûr que ce serait grave. Est-ce que ce serait mortel, final et catastrophique? Non. Mais grave? Oh, certainement que c'est grave! On n'embarque pas dans un projet pour que ça ne marche pas. On veut que ça marche fort!

*Es-tu nourri par l'adrénaline? Est-ce une drogue qui pourrait être nocive pour toi?*

Je suis nourri par l'adrénaline, mais ce n'est pas une drogue nocive. Du moins, je ne pense pas. Je carbure à plein d'affaires. J'aime ça, un public qui ovationne. J'aime ça, un public qui scande mon nom. J'aime ça, un public qui rit quand je fais une *joke*. J'aime surtout vivre ce moment bref, mais que – Dieu soit loué! – je suis capable de répéter souvent. Ce moment où j'ai l'impression de faire quelque chose que personne d'autre ne peut faire. C'est mon instant de chair de poule. Je suis chanceux, dans la vie, je fais un métier qui me permet de vivre cette sensation pendant que je travaille. Je suis désespérément affamé de ces instants d'émotion. Je dois faire ce pour quoi j'ai été mis sur la terre.

*Pour quoi as-tu été mis sur la terre?*

Je parle de ce principe que mes parents m'ont exposé, comme quoi il n'y a que trois rôles à jouer dans la vie: on peut être la personne qui sauve, on peut être celui qui a besoin des autres ou être celui qui est la courroie entre les deux. Quelle chance inouïe j'ai eue que l'on me remplisse de cette façon pour pouvoir servir! Je veux réussir aux États-Unis, en France et ici. Je veux que les gens qui viennent voir mon spectacle trippent.

Maintenant, mon barème est simplement humain. Vivons de la chair de poule!

*Quel était ton barème avant?*

Mon barème avant n'était pas mesquin non plus. Ce n'était pas de conquérir le monde juste pour conquérir le monde. L'ambition était quand même assez pure. J'ai travaillé fort. Mes parents seraient fiers de moi. L'équipe va être fière de travailler sur quelque chose qui réussit.

*Est-ce que cette nouvelle façon de faire et cette nouvelle vision de la vie sont intimement liées à la maladie de ta mère? Est-ce que cette épreuve t'a davantage humanisé?*

La maladie m'a d'abord fait percevoir ma mère d'une tout autre façon. Pour moi, ma mère est un superhéros. À partir du moment où elle est devenue malade et plus faible, j'ai aussi vu mon père différemment. J'ai compris que mon père m'aimait mais que ce n'était pas avec moi qu'il avait une relation, c'était avec ma mère. Mon père a tout fait pour moi parce qu'il était en relation avec ma mère. C'est à elle qu'il faisait plaisir. C'est pour elle qu'il le faisait. Dans les douze dernières années, depuis que ma mère est atteinte de la maladie d'Alzheimer, lui et moi on n'a pas vraiment eu de rapports entre nous. Toutes les conversations que j'avais avec mon père étaient à propos de ma mère. Un jour, il m'a dit qu'il était vraiment désolé de ne pas avoir été là pour moi. Je lui ai répondu qu'on ne pouvait pas tout faire.

*Quand ton père a lu ton livre, dans lequel ta mère est omniprésente, quelle a été sa réaction?*

Quand il a terminé le livre, il m'a dit: «Tu sais que ta mère est une femme encore plus extraordinaire que je ne le pensais. C'était la personne la plus le fun avec laquelle voyager. C'était une femme qui riait tout le temps.» Je ne la connais pas, cette femme-là. Je ne pouvais pas me douter de ça. Je n'arrive pas à imaginer que, ma mère, c'était cette personne-là. Dans les douze dernières années, je me suis rendu compte que mon père est un homme qui a été à son service jusqu'au bout, et ça, ça m'a fait comprendre des choses sur mon métier, sur mon rôle d'entrepreneur et sur mon rôle de mari. Honnêtement, je me découvre plein de qualités que je ne soupçonnais pas, comme mari. Je suis patient, alors que je ne le suis pas vraiment dans la vie. Pourtant, je n'étais pas plus prêt à atteindre mon prochain objectif, il y a dix ans, que j'étais prêt à me marier. Je n'étais pas plus prêt à être un parent. Au fond, l'objectif final, ce n'est pas la conquête de l'univers, l'objectif final, c'est la conquête de soi.

*Ça peut passer aussi par la conquête de l'univers?*

Ça peut passer par la conquête de l'univers. Les gens qui décident d'aller escalader une montagne, ils ne changent rien au monde, mais eux, ça les change. Par la suite, quand ils reviennent, ils contribuent à nous changer. Ça, je le comprends mieux maintenant.

*Quand on connaît la gloire comme tu la connais, est-ce qu'on devient insatiable, en veut-on encore plus?*

Bien sûr qu'on devient insatiable. C'est un mot de la même famille que «satisfaction». C'est sûr que ça peut devenir un défaut, en théorie, mais la vie est un défaut. C'est une obsession débile, la vie. On va mourir! Pourquoi on se bat de même? Pourquoi on travaille si fort? On va mourir. Mais, clairement, ce n'est pas tant de mourir qui nous obsède, c'est de servir à quelque chose. Notre obsession, c'est d'être un maillon de la chaîne. Mais c'est parfait de devenir insatiable.

## "La gloire, c'est un éclairage gigantesque... Si on y prête attention, il nous aide en quelque sorte à nous voir et à nous trouver aussi. "

*Est-ce une forme de quête de l'absolu?*

La quête de l'infini. L'infini ne peut être que dans ce qu'on accomplit, que ce soit faire l'amour, mettre un enfant au monde, créer des *buildings*, trouver le remède à un virus ou faire des spectacles... Finalement, tant que ce que l'on fait sert, on est en vie.

*Y a-t-il un danger à être constamment à la recherche de cette sensation, de l'ivresse des sommets, comme les alpinistes l'appellent?*

Si c'est un danger, c'est un danger que j'embrasse pleinement. Je pense que la personne qui a besoin d'escalader une montagne le fait parce qu'elle va vivre un moment mystique une fois qu'elle sera en haut. Elle se dit: «Je ne peux pas croire que la planète, la nature, me permet d'être à cet endroit...»

*Quand la gloire s'est annoncée dans ta vie, as-tu connu ses effets néfastes? Es-tu tombé dans le piège qui guette bien des gens qui ont du succès, celui de penser que l'on est supérieur parce que la réussite nous propulse au sommet et nous propose une vue d'en haut?*

Dans mon cas, c'est arrivé, peut-être en raison de ma personnalité, puisque j'ai tendance à autogérer mes affaires. Je ne pense pas que ça eu des effets extrêmement néfastes, mais il y a eu des effets. Je suis devenu égocentrique, comme plein d'autres personnes qui se retrouvent soudainement au centre de tout. Peut-être pas de manière démesurée, mais quand même, j'en ai assez senti les effets pour savoir ce que c'est.

*Tu te souviens de ce moment-là?*

Je me rappelle les années, je suis chanceux, j'ai même un album pour me le rappeler... (*Il éclate de rire.*) Mon album

*Loin de la lumière...* Il a été loin de la lumière de toutes les façons. C'est celui qui est sorti immédiatement après *I Think of You*, qui s'est vendu à plus de trois cent mille exemplaires.

*Loin de la lumière était un titre prémonitoire?*

Non, il n'était pas prémonitoire, je le vivais en même temps. Je sentais très bien ce qui se passait. Tout ce qui me touchait devenait un sujet critique. On sait ce qui arrive avec le succès: tout le monde veut une partie de toi. Tout le monde te veut. Je me demandais: «Est-ce que les gens me parleraient si je n'étais pas Gregory?» Je me rappelle très bien ce moment où je me suis senti comme un point d'attraction, même dans un petit milieu comme le Québec.

*Comment t'en es-tu sorti?*

Ç'a été progressif. J'ai fait certaines démarches. J'ai acheté une maison. J'ai passé quelques mois de réclusion dans cette maison, complètement peinte en blanc. C'était une espèce d'effort de pureté. Pendant que je faisais mon album *Loin de la lumière* – là, tu vas comprendre pourquoi je n'ai pas besoin de thérapie –, j'ai fait un album qui s'appelait *Les Anges*. *Loin de la lumière* était un album dont toutes les chansons parlaient de moi, de relations avec d'autres, de l'espèce de chaos qui vient quand tu n'es plus sûr de la raison pour laquelle tu fais quelque chose, ou de ta véritable capacité à être en relation avec quelqu'un, que ce soit une amoureuse ou un ami. Puis en même temps, je faisais *what I do best*: je prenais des talents d'enfants pour les mettre en valeur. On a vendu, à quelques exemplaires près, le même nombre d'albums pour les deux disques, autour de trente mille unités. L'image que j'en retiens, c'est qu'il y a un côté *dark* de ma vie qui était dans *Loin de la lumière*, et il y a un côté très serviable qui était dans l'album *Les Anges*. La conclusion que j'ai tirée de ça, en 2007, c'est que je suis les deux: je suis le gars qui a des affaires à régler mais aussi celui qui est capable d'un service inouï dans la communauté, dans la société, dans la musique, dans les arts. Et ça, c'est une grande partie de ce qui a changé mon parcours.

*Es-tu en train de remercier la vie pour ces ventes moins impressionnantes que celles de l'album* I Think of You?

Totalement. Ensuite, j'ai rencontré ma blonde. Ce qui est beau dans une relation, c'est quand tu peux être un élément rédempteur pour l'autre et que c'est mutuel. Dès la minute où l'on s'est rencontrés, entre nous il n'y avait pas de place pour les demi-teintes.

*Qu'est-ce que la gloire t'a donné?*

C'est dur de trouver juste une chose, mais je te dirais qu'elle m'a apporté des parcelles de solutions, des points de repère... La gloire, c'est un éclairage. C'est un éclairage gigantesque. Cet éclairage, si on y prête attention, il nous aide en quelque sorte à nous voir et à nous trouver aussi.

*Mais cet éclairage peut aussi nous aveugler.*

Il peut nous faire disparaître complètement, selon l'angle dans lequel on est. Ça peut avoir des effets néfastes.

*Les gens disent souvent que le succès est un miroir grossissant. N'y a-t-il pas un danger de se perdre dans l'interprétation de ce qu'on vit réellement ?*
Je ne veux pas être contrariant, mais je trouve que c'est plutôt un miroir rapetissant. Je pense que la gloire pose un éclairage sur deux de nos dimensions. C'est-à-dire les deux dimensions que les gens voient. Alors, il n'est peut-être pas rapetissant, il est bidimensionnel. L'effort que l'on doit faire, c'est d'aller chercher les autres dimensions qui font de soi qui l'on est. Parfois, ces deux dimensions-là, on ne les voit pas.

*Est-ce une bénédiction que la vie t'ait empêché d'obtenir de plus grands moments de gloire à New York ou à Paris ? Plusieurs tentatives n'ont pas eu les résultats que tu escomptais, que les équipes impliquées attendaient...*
J'aurais préféré que ça n'arrive pas, alors je ne considère pas que c'est une bénédiction. J'estime par contre que la version 4.5 – je l'appelle 4.5 parce que j'ai quarante-cinq ans –, la version 4.5 de Gregory, de moi, c'est ma préférée. La version 4.6 va être inté-ressante, je pense. Je la trouve beaucoup plus magnanime, plus « diète », et aussi, dans un bon *timing*. Je suis un *nerd*, en fin de compte. Les *nerds* ont la cote en ce moment. Ils n'avaient pas la cote il y a cinq ans ou dix ans. Mais je ne dis pas ça parce que je me pense supérieur, je ne me pense absolument pas supérieur à qui que ce soit, mais dans la vie je suis vraiment un *nerd*.

*Sommes-nous tous faits pour atteindre les hauts sommets ?*
On n'est pas tous faits pour atteindre les hauts sommets, mais tout le monde est conçu pour le succès. Je pense que tout le monde est conçu pour réussir sa vie. Réussir la vie.

*Mais encore faut-il que les gens se considèrent comme « le boss de leur vie », pour reprendre l'expression de ta mère.*
Oui, c'est un critère. Il faut être le boss de sa vie.

*On a un rôle à jouer sur ce qui s'en vient.*
Il faut faire partie de l'équation. Tu es une variable unique dans la grande équation du monde. Ce n'est pas les autres qui vont décider qui tu es. C'est toi qui décides qui tu es.

## Au nom de la gloire, j'ai perdu...
(*Long silence, puis il soupire.*) J'ai deux réponses, que j'ai du mal à laisser sortir... mais je vais les donner quand même. La première réponse, qui n'est vraiment pas drôle : au nom de la gloire, j'ai perdu du temps à courir après bien des affaires après lesquelles je n'avais pas besoin de courir. Surtout du temps personnel. Et seconde réponse : dans des moments brefs, mais importants, j'ai perdu une limpidité que j'espérais garder. J'ai fait des affaires que, comme ado, je ne me serais jamais imaginé faire plus tard, qui m'auraient fait dire : « Es-tu fou ? Moi, je suis Gregory Charles, je ne ferai jamais une chose pareille ! » Si j'ai hésité à le dire, c'est que ce n'est pas la faute de la gloire, mais c'est sûr que c'en est un dérivé. C'est surtout le dérivé de cette espèce d'inévitable inflation de l'ego...

## ... qui atteint toute personne qui réussit ?
Oui. Ça fait assez longtemps que je travaille dans le show-business pour reconnaître que mon ego a subi une inflation à un certain moment. Il n'a jamais vécu l'inflation que je vois tous les jours chez d'autres, mais il a vécu une inflation que je n'imaginais pas vivre. Je regrette, parce que parfois on fait mal à des gens. Les gens n'ont pas besoin qu'on leur fasse mal, quelles que soient nos raisons... Alors, je regrette.

## Au nom de la gloire, j'ai gagné...
Une gigantesque et incalculable quantité d'amour. La gloire donne du sens à ma vie. La gloire, c'est un levier extraordinaire. Tout le monde devrait pouvoir avoir accès à ça. Un petit moment. D'ailleurs, je soupçonne que notre intérêt pour la téléréalité, pour les nouvelles de façon générale n'est pas étranger à ça. On est tous pareils, malgré nos différences. Quand le *spotlight shine* sur l'un d'entre nous, il *shine* sur chacun. Je pense que ça serait utile pour tout le monde de vivre ça. La gloire apporte deux éléments essentiels : du sens et une quantité énorme d'amour. Ça a beaucoup de valeur.

Denise Bombardier est journaliste, animatrice, romancière et essayiste. Pendant une trentaine d'années, elle travaille à la télévision de Radio-Canada, où elle anime des émissions marquantes. Son style unique de poser «la» question, sa façon bien à elle de dire les choses et ses mots choisis soigneusement un à un pour donner un sens et une force de frappe à ses histoires ou à ses opinions font d'elle une personnalité de premier plan. Avec ses mots, elle ne craint pas de choquer, de semer la controverse et de soulever des polémiques. Elle prend position et elle l'assume. Elle est une des rares à le faire. Certains l'appellent par son prénom, d'autres par son nom de famille souvent précédé du mot «madame» et quelques-uns l'appellent affectueusement «Madame B». Elle s'illustre autant sur la scène québécoise que dans toute la francophonie. Son travail lui vaut d'ailleurs de grands honneurs : en 1993, elle reçoit le titre de chevalier de la Légion d'honneur ; en 2000, celui de chevalier de l'Ordre national du Québec ; en 2009, celui d'officier de la Légion d'honneur. C'est en février 2014 qu'elle m'accueille gentiment chez elle, à Montréal. Un lieu magnifique, inondé de lumière naturelle. Des couleurs vives viennent ponctuer ce blanc immaculé. De magnifiques objets hétéroclites, souvenirs de ses nombreux voyages et de présents reçus, ornent l'espace. Il y a des livres partout. Tout est à sa place. Quelques minutes suffisent pour constater que Denise Bombardier est tout et son contraire. Le jeu des perceptions l'amuse. Elle aime la vie et entend bien la célébrer jusqu'à la fin.

# DENISE BOMBARDIER
## PARLEZ-MOI DE LA GLOIRE

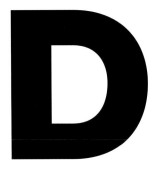

**ENISE, TU AS ÉCRIT SUR LA GLOIRE DES AUTRES,** *dont celle de Céline dans un essai intitulé* L'Énigmatique Céline Dion, *paru chez XO Éditions en 2009. Tu as même fait une émission à la télévision au titre évocateur de* L'Envers de la médaille. *Tu côtoies des glorieux, que ce soit sur la scène culturelle ou sur la scène politique d'ici et d'ailleurs. Tu connais une renommée dans toute la francophonie depuis des décennies. Quelle est ta définition de la gloire?*

C'est la solitude, parce que la gloire est une distance par rapport à la vie. D'ailleurs, Mme de Staël, l'écrivaine d'origine suisse du XIXe siècle, disait : « La gloire est le deuil éclatant du bonheur. » Et lorsqu'on parle de la gloire, on ne parle pas de notoriété à l'ère d'Internet. Quand une personne parvient à la gloire, c'est parce qu'elle a aussi travaillé et s'est tellement détachée du peloton qu'il n'y a plus personne autour d'elle.

*Est-il vraiment nécessaire de créer ce vide pour accéder aux sommets?*

Ça vient avec la gloire. Ce n'est pas par choix, c'est le prix à payer pour l'obtenir et la conserver. Il y a énormément d'avantages à connaître la gloire, mais ces avantages perturbent la personne. Il faut l'assumer. C'est difficile car il y a en chacun de nous une part d'ombre et d'intimité. Le danger de la gloire, c'est d'être dépossédé de soi-même. Il y a beaucoup de gens qui sont incapables de contourner ce danger-là. Peu d'entre eux arrivent à garder la tête froide.

*À quel niveau fais-tu allusion? À la gloire mondiale ou à celle de chez nous?*

Ici, c'est encore pire. Plus ils sont petits, plus ils ont la grosse tête. Un jour, Christiane Charette m'a demandé en entrevue : « Est-ce que vous êtes snob, Denise Bombardier? » J'avais répondu par une phrase très immodeste : « Je suis trop intelligente pour être snob. »

## « Le danger de la gloire, **c'est d'être dépossédé de soi-même.** »

*Qu'est-ce que ça signifie?*

Ça signifie que le snobisme est une posture superficielle et stupide. Parce que tu crois non seulement que tu t'es détaché du peloton, ce qui peut être vrai dans la réalité professionnelle, psychologique et personnelle, mais aussi que tu es supérieur aux autres. Dans mon cas, l'image que l'on renvoie de moi est terriblement distordue. On m'imite comme si j'étais en distance, « moi, je parle bien, et vous, vous parlez mal », alors que je ne suis absolument pas comme ça. D'ailleurs, tu me connais. Et lorsque les gens me rencontrent, ils me disent : « Vous êtes drôle. Mon Dieu, on voit que vous aimez nous parler. » Ils ont le sentiment, disent-ils, que je les respecte. Ce qui est le cas, bien évidemment.

*Quand il y a des parodies faites sur toi, qui forcément amplifient certains traits de ta personnalité et peuvent aller jusqu'à les déformer complètement, as-tu peur que ce lien-là avec les gens qui te respectent soit brisé parce qu'on envoie une autre image de toi?*

Absolument pas. D'ailleurs, je l'ai constaté depuis longtemps.

*Y a-t-il eu un moment dans ta vie où tu es tombée dans l'un des pièges inhérents à la gloire, c'est-à-dire celui de te prendre pour une autre?*

J'étais connue parce que je faisais des émissions politiques et que je dérangeais beaucoup de gens. Donc, si je voulais un peu perdre la tête, je me dis que j'étais ramenée assez rapidement à la réalité par les critiques vitrioliques, irrationnelles, passionnelles à mon endroit.

*On a même l'impression que parfois tu aimes provoquer des débats et susciter des controverses. Cela fait-il partie du personnage que tu es devenue après toutes ces années?*

Oui, mais je n'aime pas être offensée et insultée. Je n'aime pas les gens qui disent : « Vous n'êtes pas baisable » et qui écrivent ça dans un journal faute d'avoir des arguments à opposer à mes prises de position.

*Des réactions de ce genre sont-elles provoquées parce que tu oses nommer les choses et parfois décrier certaines situations?*

Oui, il y a ça. Mais maintenant, de plus en plus de gens connus vivent la même chose que moi à cause des médias et des réseaux sociaux, qui sont les plus grands diffuseurs de haine, d'envie et de violence.

*T'est-il arrivé de te servir de ta notoriété pour avoir certains privilèges qui sont intimement liés au statut de personnalité publique?*

À certains moments, il m'est arrivé de me faire surclasser sur un vol. Il y a un certain nombre de privilèges qui viennent avec la notoriété, et c'est surtout en France qu'on les vit. Ici, c'est plutôt le contraire. En France, lorsque je passe à la télévision et polémique un peu fort, il m'arrive d'entrer ensuite dans un restaurant, où le patron m'offre une coupe de champagne. Ici, au Québec, non seulement on ne t'offre pas de coupe de champagne, mais en plus on te fait payer plus cher ce que tu consommes. C'est plutôt dans le regard des Québécois, dans la rue et dans les magasins qu'on me traite différemment. Les gens font plus attention et ils sont plus déférents. Ce dont je me suis rendu compte avec le temps, c'est que les gens m'apprécient pour ce pour quoi je veux être appréciée.

*Dans la réussite d'une personne, chacun des deux parents a un rôle à jouer pour diverses raisons. Dans ton histoire, est-ce que ton père a eu un plus grand rôle à jouer?*

Je sais l'héritage que j'ai reçu de mon père. Il critiquait constamment le Québec. Il trouvait que l'on devait aller à l'école anglaise parce que protestante, il ne voulait pas que l'on aille à l'école catholique bornée. Mon père était un anticlérical inspiré sans le savoir par le radicalisme laïque de la France du début du XXe siècle. Donc, à mon insu car c'était par ailleurs un homme terrifiant pour un enfant, il m'a apporté le sens critique.

*Quel rôle ta mère a-t-elle joué dans ce que tu es devenue?*
Ma mère a voulu que je sois instruite. Ma mère était plus instruite parce que c'était la dernière de sa famille, mais elle aurait souhaité poursuivre ses études beaucoup plus loin. Elle avait fait onze ans d'études. Pour ma part, j'ai fait une maîtrise en science politique et un doctorat. Par tempérament, je vais au bout des choses. Ma mère me disait souvent: «Les gens instruits nous sont supérieurs. Ce n'est pas ceux qui ont de l'argent.» Elle ne disait pas «supérieurs» dans le sens de la société de classe. Selon elle, ils avaient quelque chose qu'on n'avait pas. Bernard Pivot a dit un jour en parlant de la culture que c'est «un supplément d'âme». Hélas! ce n'est pas vrai que les gens instruits ont toujours des suppléments d'âme parce que, s'ils n'ont pas de cœur, c'est intolérable humainement.

*Crois-tu que ta mère a été partie prenante de cette quête du dépassement qui est devenue ton moteur?*
J'ai dépassé les rêves de ma mère. C'était trop pour elle. Je suis devenue étrangère parce que, quand tu viens d'un milieu social comme le mien, le même que celui d'une majorité de Québécois, et que tu es projeté comme ça, avec des valeurs qui ne sont pas forcément celles de ta classe d'origine, inévitablement, ça te met en retrait de ta famille.

*J'ai lu quelque part que, quand ta mère te voyait à la télévision en entrevue, elle allait se cacher dans la cuisine parce qu'elle te trouvait trop dure avec un invité.*
Elle avait peur que je perde mon travail. C'étaient des gens insécures. Elle disait: «Ils vont la mettre dehors et elle n'aura plus d'argent.» L'argent était très présent dans ma culture familiale.

*À mesure que tu devenais instruite, quand tu voyais les gens de ta famille, te sentais-tu dans l'obligation de redevenir la plus simple possible, sans qu'ils voient qu'il y avait quelque chose de changé dans ton parler?*
Ils voulaient que je sois celle qui était instruite. Mes tantes avaient été à l'école peu d'années. Si j'avais parlé joual avec mes tantes, elles auraient trouvé ça intolérable. Et quand je le faisais, elles disaient: «Ta mère ne t'a pas envoyée à l'école pour ça.»

*Quand tu regardes en arrière aujourd'hui, peux-tu affirmer avec certitude que tu as réussi ta vie professionnelle?*
Pour moi, réussir, c'est l'image que les autres se font de toi. J'ai toujours éprouvé de la difficulté à recevoir les compli-

ments. Moi, les critiques m'étaient plus familières. Maintenant, ce n'est plus vrai. Ça me fait plaisir quand les gens me disent pourquoi ils m'aiment. Mais je ne dirais jamais que j'ai réussi. Je dirais que, en fait, j'ai constaté que ma personnalité et ce que je suis produisent le même effet à l'extérieur du Québec qu'au Québec. Un jour, on m'a convoquée à PBS New York. On m'offrait d'aller m'installer là-bas pour faire de la télévision. Je ne l'ai pas fait pour toutes sortes de raisons. D'abord, ce n'est pas ma culture, la culture américaine. Est-ce que j'aurais dû le faire en France, qui est le pays que je connais le mieux, où j'ai tous les codes? Ma liberté, ma façon d'être aussi, ma vision de l'information ne correspondaient pas beaucoup à la France d'alors. Mais j'ai connu une certaine gloire, à Paris. Les portes étaient ouvertes pour moi jusqu'à l'Élysée. Le président Mitterrand me recevait. J'ai été décorée. Et ma notoriété s'étend à travers la francophonie.

> «Pour moi, réussir, **c'est l'image que les autres se font de toi.**»

*As-tu des regrets de ne pas l'avoir essayé?*
Non, je n'ai pas de regrets parce que je ne voulais pas me déraciner.

*Tu as commencé l'entrevue en parlant de la solitude qui vient avec la gloire. Tu as écrit un livre sur les amitiés féminines qui se font et se défont,* Nos chères amies, *aux éditions Albin Michel en 2008. Est-ce que c'est inévitable de perdre des amis en cours de route?*
J'en ai perdu. Quelques-uns avec tristesse, d'autres avec indifférence.

*Es-tu une bonne amie?*
Je suis présente. Je suis omniprésente, ça dépend des jours. Il faudrait le demander à mes amis. Je connais les limites des gens, et c'est pour ça que je suis tolérante. Je sais que les gens ne sont pas héroïques.

*Est-ce que tu as perdu des illusions quant à l'amitié qui peut survivre à tout?*
Non. Et c'est pour ça qu'il y a une partie de moi qui demeure naïve.

*Crois-tu que, plus on connaît la réussite, plus grande est la perte d'amitiés? Les bouddhistes appellent ça le «délestage».*
Absolument. Je suis tout à fait d'accord parce que je l'expérimente. C'est la solitude liée à la réussite. Ça complexifie les rapports avec des gens que tu crois être tes amis, mais c'est un filtre excellent pour juger qui sont les vrais amis et ceux qui ne le sont pas. Je renoue aussi avec certaines personnes, parce qu'elles ont marqué ma vie.

*Tout le monde veut-il être une star, vivre un moment de célébrité ?*

Tout le monde veut être une star, mais il est évident que ça dépend du métier que tu fais. Le piège de notre métier, c'est qu'on est des personnages connus.

*Pourquoi s'agit-il d'un piège ?*

Parce que tu peux confondre la notoriété avec l'accomplissement. C'est ça, le danger. Il ne faut jamais oublier que c'est pour ce que l'on fait que les gens nous apprécient et non pour l'image que l'on dégage.

> **"J'aime déranger les gens.** Le problème, c'est que parmi ces gens il y a des grossiers, des vulgaires, des envieux. Il y a de tout, alors tu hérites de tout. Ça, c'est dur. **"**

*En 2004, ç'a été la fin d'une longue association avec la télévision de Radio-Canada, plus d'une trentaine d'années au service de la télévision d'État.*

J'ai reçu un courriel anonyme, un courriel non signé qui disait : « Nous n'avons plus besoin de vos services. » C'est tout. Ç'a été terminé.

*T'es-tu effondrée quand tu as lu ce courriel ?*

Non. Ce qui a compensé, c'est que j'étais tombée amoureuse de Jim. Cela a remis les choses en perspective. Si ça m'était arrivé plus tôt, probablement que ça aurait été désastreux. Mais à vrai dire, je sais bien me retourner sur un dix sous.

*Y a-t-il un prix à payer pour être un personnage à part ? Toi-même, tu l'as dit, c'est un parcours parsemé d'embûches et de grands bonheurs. C'est une vie qui est en montagnes russes...*

Mais avec une continuité. Je n'ai jamais renié ce que je suis, ce que j'étais au départ. J'ai changé d'opinions, ce n'est pas pareil. Je vis dans ma société et j'évolue avec elle. En plus, il y a autre chose : je ne veux pas mourir frustrée.

*Tu te décris comme une battante.*

Oui, au sens littéral du terme. Je suis en action, tout le temps. Je me suis parfois demandé : « Comment ça se fait qu'il y ait des gens à qui on offre des choses sur un plateau d'argent alors que moi, tout ce que j'ai, je me suis bagarrée pour l'avoir ? » Mais je n'ai pas de regrets. C'est ce qui me protège aussi. Si c'était à recommencer, je vivrais ma vie de la même façon.

*Crois-tu que tu es parfois allée trop loin dans tes propos ? Comme disait ta mère, as-tu été trop « raide » avec les autres ?*

De façon anecdotique, mais pas sur le long terme. Je ne parle pas à la télévision comme je parle dans mon salon. Alors, parfois, je suis allée trop loin, parce qu'une partie de moi a besoin de s'exprimer dans l'excès.

*En as-tu eu des remords ?*

Oui. D'avoir blessé des gens, rétrospectivement.

*Tu as publié le livre* Une enfance à l'eau bénite, *aux éditions du Seuil, en 1985. C'est très judéo-chrétien et canadien-français de croire qu'un succès doit rimer avec la culpabilité. Est-ce que ç'a été le cas pour toi comme ça l'a été pour plusieurs d'entre nous ?*

La culpabilité chez moi n'a pas été très forte au final. Je n'ai pas de culpabilité à avoir gagné des sous et à aimer les belles choses. Personne ne va venir me culpabiliser d'être devenue plus riche que ma famille, parce que je n'aurais pas voulu rester dans cette espèce d'obsession de l'argent. J'ai été élevée en calculant tout. Ma mère disait : « Fais attention, le beurre est vingt-cinq cennes la livre, fais attention, les champignons, c'est vingt-huit cennes. » Ça m'humilie encore d'être comme ça.

*As-tu une insécurité par rapport à l'argent ?*

Non. Ça, c'est une des grandes fiertés de ma vie. Je vais te dire pourquoi. Je n'ai jamais pris une décision en fonction de l'argent, et j'ai refusé la permanence à Radio-Canada, à l'inverse de tous les gens de ma génération, qui ont été permanents et qui voulaient un fonds de retraite. Moi, ce que j'aimais, c'était avoir un contrat de trente-neuf semaines, et si l'année suivante j'étais à l'antenne, c'est parce que mes employeurs considéraient que j'étais la meilleure.

*Tu as longtemps rêvé de devenir une comédienne.*

J'aurais mieux aimé être chanteuse, je pense.

*Quand tu es chanteur ou chanteuse, le public t'aime ou ne t'aime pas, mais tu ne suscites pas de réactions, de controverse, de hargne...*

Tu es protégé, mais je n'aurais pas aimé ça. J'aime déranger les gens. Le problème, c'est que parmi ces gens il y a des grossiers, des vulgaires, des envieux. Il y a de tout, alors tu hérites de tout. Ça, c'est dur.

*Tu as écrit un essai sur Céline Dion. Tu l'as côtoyée dans des moments intimes. C'est la première fois dans toute ta carrière que tu observes un phénomène et que tu es aussi admirative. Je ne te dis pas que tu as perdu ton sens critique, je dis juste que tu avais une admiration...*

Oui, une admiration sans bornes pour le travail qu'elle a accompli parce que je sais ce que c'est que de partir de rien. Elle, elle est partie de rien. Et là, elle est parvenue au sommet de la gloire. Malgré tout ce qu'elle nous dit, tout ce qu'elle nous montre d'elle, elle n'est pas dépossédée d'elle-même.

*Elle est peut-être beaucoup plus lucide que certains le croient?*

Je sais qu'elle l'est. J'ai écrit dans le livre à quel point elle est lucide. Quelqu'un qui est dans la gloire et qui est lucide a réussi sa gloire.

*Céline n'a pas sombré dans une certaine forme de folie, comme plusieurs autres, les Whitney Houston, Amy Winehouse, Janis Joplin, Britney Spears, Michael Jackson…*

On a tous des folies. Sa folie à elle n'était pas destructrice. Elle n'a pas été dans la drogue, elle n'a pas été dans l'alcool. Sa fusion avec sa mère et son amour inconditionnel pour René ont été un rempart à tout ça.

*Tu as même écrit* La Diva *pour Céline, une chanson magnifique, où il est question de la solitude des sommets de la gloire. «La nuit quand je m'éveille / Dans mon désert de gloire / Je songe très souvent à la diva en noir / Celle qu'on adorait et qui se détestait / La femme dont la voix résonne à tout jamais. / Tous les bravos du monde / N'ont pas pu secourir / Maria la magnifique qui s'est laissée mourir. / J'avoue que certains soirs quand la foule applaudit / C'est à elle que je pense, à qui je dis merci. / Il faut avoir gravi les sommets de silence / Pour sentir la douleur de sa désespérance. / Et pour avoir chanté jusqu'au bout de mon âme / Je me suis reconnue à travers cette femme. » Dans ce texte, tu fais allusion à la Callas, mais Céline n'a pas connu un destin tragique comparable à celui de Maria Callas. Mais cette gloire-là a aussi sa composante tragique.*

La vie est tragique. Et je crois que Céline Dion le comprend, même si elle n'a pas mis ça en mots. Elle n'a pas lu les philosophes, mais elle comprend que la vie est tragique. C'est pour ça qu'elle est si lucide et c'est pour ça que c'est si impressionnant de la voir. Elle ne l'a pas rationalisé, mais elle a une intelligence si intuitive qu'elle a compris les dangers dans lesquels elle est. Maintenant, elle est en contrôle d'elle-même et de sa carrière.

*Te considères-tu comme quelqu'un de lucide?*

Ma lucidité m'aide beaucoup dans la vie parce que, si je n'étais pas lucide, je n'aurais pas pu passer à travers les attaques contre moi.

*Faut-il un ego pour se mesurer aux autres et faire face à l'adversité quand elle se présente?*

Les femmes n'ont pas un ego semblable à celui des hommes. Pour nous, c'est une protection, c'est-à-dire que si chaque fois qu'on te dit quelque chose tu te mets à pleurer, c'est évident que tu ne peux aller nulle part.

*Est-ce que les femmes payent plus cher la gloire que les hommes?*

Je ne crois pas, parce que les hommes, ça finit par leur péter les artères. Les femmes, ça leur pète les artères aussi quand elles font les mêmes choses que les hommes. Je crois que c'est

plus difficile d'y accéder pour une femme, mais une fois que tu es dedans, ce n'est pas plus difficile.

*Mais elles doivent se surveiller parce que, parfois, on interprète mal la réaction d'une femme comparativement à celle d'un homme…*

L'ambition fait peur quand ça vient d'une femme.

*Te considères-tu comme une ambitieuse?*

Non. Je suis ambitieuse en ce sens que je suis toujours en compétition avec moi-même. Dans ma vie, je me suis dit à certains moments: «Mais pourquoi te mets-tu dans des situations comme ça et qui sont toujours des situations de dépassement?» Je pense qu'autrement je m'ennuierais.

*Un jour, j'ai vu Piaf raconter sa vie dans un documentaire et elle disait, à l'instar de Janis Joplin et de bien d'autres: «J'ai besoin de cet ego pour me rendre jusqu'à la scène, chanter et me tenir debout devant mon public, parce que sinon, je ne m'y rends pas, mais au moment de chanter, je dois laisser l'ego pour avoir l'humilité d'être en contact avec le public et d'être vulnérable.»*

Je suis d'accord. J'ai révélé beaucoup de moi dans mes romans. J'ai révélé ce que j'étais. J'ai révélé des failles et des faiblesses. Un jour, Jacques Godbout m'a dit: «Vous ne vous rendez pas compte à quel point vous allez devenir vulnérable avec l'écriture.»

> « Ma lucidité m'aide beaucoup dans la vie parce que, **si je n'étais pas lucide, je n'aurais pas pu passer à travers les attaques contre moi.** »

*As-tu besoin du regard constant des autres sur toi pour vivre?*

J'ai besoin du regard des autres sur moi. J'aime que les gens m'appellent Denise parce que mon père ne m'a jamais prénommée. Le choix du métier vient aussi de là. J'ai choisi cette carrière plutôt que de m'en aller enseigner ou être professeur d'université.

*Mais quand on t'appelle « la Bombardier », est-ce que ça te blesse?*

Ça dépend dans quel contexte. Par exemple, Dany Doucet, le patron du *Journal de Montréal*, m'appelle Madame B. Je l'interprète comme une marque de respect et d'amitié.

*Tu as côtoyé beaucoup d'hommes et de femmes politiques au Québec comme en France. Contrairement au Québec,* il y a starification des politiciens en France. Ils sont littéralement des vedettes. Ils connaissent la gloire.

Les Français théâtralisent leur vie politique. C'est pour ça que c'est si intéressant de lire les magazines même quand tu ne vis pas en France : les journalistes racontent des romans. La politique est romanesque, et c'est ce qui manque ici. Il y a une grande tradition intellectuelle et littéraire dans la vie politique française. Mais les Français ne veulent pas que les politiciens soient comme eux, contrairement à nous. Nous, on voudrait qu'ils prennent l'autobus. Je suis sûre que si tu faisais un sondage pour savoir si on devrait enlever les chauffeurs aux ministres, il y aurait une proportion de « oui » très importante. C'est la culture de l'envie qui fait ça.

## « La leçon d'humilité, c'est de savoir qu'un jour on va mourir. Ça remet les choses en place. »

*Selon toi, on ne sait pas ce que c'est, la gloire, au Québec ?*

Si, mais on la nie. En fait, c'est parce qu'on en a peur, on a plutôt peur que ça nous porte ombrage. C'est pourquoi les gens qui atteignent une certaine gloire ne la savourent pas.

*Que dis-tu à Guillaume Sylvestre, ton fils, qui connaît une certaine gloire comme cinéaste avec entre autres ses films* Premier amour, *présenté en 2013, et* Secondaire V, *en 2014 ? Le mets-tu en garde contre quelque chose ?*

Contre rien parce qu'il a tout compris. C'est une vieille âme. Il a la capacité de se retourner sur un dix sous, lui aussi. Il a une souplesse extraordinaire tout en étant dans l'angoisse créatrice en permanence.

*Plus grande que la tienne ?*

Probablement. Mais lorsque j'ai un coup dur, j'absorbe.

*Est-ce que tu suggères à quiconque de vivre quelques minutes de célébrité ?*

Non, parce qu'il faut être préparé. C'est comme gagner vingt millions à la loterie. On doit savoir que, la gloire, c'est toujours relatif. Il faut que ça ait un sens dans ta vie parce que, sinon, ça te tombe dessus. Il faut qu'il y ait un enracinement pour laisser arriver la gloire.

*Quand tu as connu la gloire, est-ce que tu avais un enracinement ?*

Oui, parce que je n'ai jamais été sûre de moi, contrairement à ce que disent les gens. J'étais sûre d'un certain nombre de choses sur moi-même. C'est-à-dire que, très souvent, j'aurais pu prendre l'argument de l'autre et le défendre. J'ai une certaine distance par rapport à moi. C'est ça, ma grande force.

*Y a-t-il eu un moment où tu t'es approchée du personnage de Denise Bombardier ? C'est-à-dire que tu es tombée dans le piège de confondre le personnage avec qui tu étais réellement ?*

Parfois oui.

*Qu'est-ce que tu as fait pour prendre un certain recul et revenir à toi ?*

Je me suis regardée dans le miroir et je me suis dit : « Pour qui tu te prends ? » Mais c'est sur des niaiseries que c'est arrivé.

*Est-ce qu'on a besoin d'avoir des leçons d'humilité pour mieux absorber la gloire ?*

La leçon d'humilité, c'est de savoir qu'un jour on va mourir. Ça remet les choses en place. Ça s'appelle la justice immanente. C'est la seule.

*As-tu peur de mourir ?*

Ah ! Je ne veux pas y penser.

*Tu as peur de ne pas avoir le temps de faire tout ce que tu as envie d'accomplir ?*

Non, ce n'est pas ça. C'est que je ne peux pas l'imaginer. Mon énergie est là. J'aime trop la vie. Tout le monde me le dit encore : « Mais, mon Dieu, t'as encore plein de projets ! » Ils appellent ça des projets. Moi, j'appelle ça vivre.

*En vieillissant, on se rapproche de plus en plus de nous, disait un vieil adage.*

C'est un avantage, parce que ça donne encore plus le sens du relatif. Ce que j'aime de ma vie aujourd'hui, c'est le repli avec Jim. J'ai un repli que je n'ai jamais eu avant. On est toujours ensemble. La routine amoureuse me comble. C'est une partie de ma vie maintenant. Il faut connaître l'émotion amoureuse qui est fondamentale à la vie, et la plus grande gloire, c'est d'y parvenir.

MODE SALVAIL

Éric Salvail ne ressemble à personne. Personne ne lui ressemble. Au cours des vingt dernières années, il a su imposer son approche singulière et son style qui ont fait sa renommée. Il a l'instinct de savoir ce qui touche le public parce que lui-même en fait partie. Fin observateur de la télévision, complètement captivé par elle et littéralement envoûté par ses charmes, il entretient avec elle une relation particulière depuis sa tendre enfance. Elle et lui se connaissent par cœur. Ils ont partagé tellement de temps ensemble. Il a fait d'elle son alliée en lui proposant des émissions qui allaient plaire à tout coup : *Occupation double*, *On n'a pas toute la soirée*, *Dieu merci !*, *Fidèles au poste !* pour TVA, et maintenant *En mode Salvail* sur les ondes de V. Lui qui a tant voulu être dans la boîte magique pour voir son monde s'animer, le voilà un des animateurs les plus prisés du Québec, maintes et maintes fois récompensé pour son travail. Comme quoi Éric Salvail a connu un fabuleux destin.

# ÉRIC SALVAIL
## DANS LA « BOÎTE À IMAGES »

**Q**U'EST-CE QUI T'ATTIRAIT TANT *dans le métier d'animateur ?* Honnêtement, je ne sais pas d'où me vient cette passion pour la télévision. En fait, c'est la boîte de télé qui m'attirait. Je me souviens de m'être couché par terre devant la télé et d'avoir été totalement fasciné par ce monde que je voyais défiler sous mes yeux. Ma vie se passait dans le salon devant mon téléviseur. Ma relation avec l'appareil était fusionnelle. J'étais un maniaque de télé et je le suis encore. À l'époque, quand arrivait le *TV Hebdo*, j'entourais chacune des émissions que je voulais voir pendant la semaine. C'était un événement pour moi.

*Assez tôt dans ta vie, tu t'es vu dans la boîte à images.*
Je voulais être dans la télé. Jeune, j'imitais les animateurs que je voyais dans les émissions. Il n'y a peut-être pas beaucoup de gens qui peuvent dire que, à partir de zéro an, c'est ça qu'ils avaient envie de faire. Pour moi, ça toujours été ma passion. J'ai toujours voulu être une vedette.

## "Je voulais être dans la télé... Ç'a toujours été ma passion."

*En faisant ce métier public, souhaitais-tu, comme bien d'autres personnalités, convaincre tes parents de quelque chose ? Cherchais-tu à leur prouver quelque chose ?*
Je ne pense pas que je voulais faire partie du monde de la télévision pour prouver quoi que ce soit à mes parents. Cependant, mon côté travaillant, ça, c'était pour séduire mon père et ma mère. Mes parents ont eu un dépanneur pendant dix ans et ils ont beaucoup travaillé. Ils étaient d'une génération qui valorisait les gens selon la quantité de travail qu'ils accomplissaient. Chez nous, on ne me demandait pas : « Comment tu te sens ? » C'était plutôt : « Qu'est-ce que tu as fait aujourd'hui ? As-tu eu de bonnes notes à l'école ? » On échangeait peu sur le plan des sentiments à la maison. Mes parents aimaient dire de moi : « Il travaille, c'est le fun, il a commencé à la marina, il est pompiste, il coupe des gazons, c'est un travaillant. » Donc, j'ai su assez tôt dans ma vie que, pour me sentir valorisé auprès d'eux, il fallait que je travaille beaucoup et fort.

*Au fond, ça peut être une motivation assez puissante et devenir le moteur à cette ambition de travailler beaucoup et fort à la télé un jour ?*
C'est une qualité qu'ils m'ont donnée et dont je suis fier. Être travaillant, ce n'est pas la qualité la plus sexy, mais c'en est une. Cependant, il ne faut pas seulement se définir par ça. La qualité que je trouve la plus belle chez moi est la détermination. Je ne me décourage pas facilement. Quand je veux quelque chose, il faut que ça marche. Il faut que j'y arrive. Je n'abandonne pas.

*Tout était en fonction de l'objectif ?*
Tout le temps. Je le fais encore aujourd'hui.

*Paradoxalement, tu es quelqu'un qui a le doute facile ?*
Je doute beaucoup. Je remets beaucoup de choses en question. « A-t-on la bonne affaire ? Suis-je sur la bonne voie ? En ce moment, suis-je correct ? » C'est le genre de questions que je me pose constamment. Je doute beaucoup, mais ça me fait évoluer.

*Maintenant, tu connais la gloire. Ta gloire. Ton acharnement, ta volonté de réussir et ton côté travaillant t'ont donné accès à la cour des grands.*
C'est tellement relatif, la gloire. La gloire, ce n'est pas la même chose pour tout le monde. C'est quoi, la gloire ? En ce qui me concerne, j'ai réussi ce que je voulais faire dans la vie. J'ai réalisé des rêves et je vis de ma passion. Si c'est ta définition de la gloire, c'est la mienne.

*À quel moment as-tu senti que tu avais atteint ce que, plus jeune, tu voulais atteindre ?*
Je te dirais avec *Occupation double*. En faisant cette émission, j'ai pu connaître tout de suite la notoriété. La notoriété, c'est peut-être la chose la plus difficile à obtenir pour ceux qui veulent faire ce métier. J'ai eu la chance de créer une émission de télévision et de la présenter ; il y a eu de grosses cotes d'écoute et ça marché. C'est ce qui m'a permis d'avoir la notoriété. Se faire reconnaître pour ce que l'on fait et voir que les gens associent notre nom à quelque chose, à une marque, à une émission de télévision, c'est ça, la notoriété. Je l'ai connue rapidement, avec ma première animation en solo. C'est une chance extraordinaire dans ce que je souhaitais pour ma carrière. Tout est toujours par rapport à nos propres défis. Moi, je voulais être animateur. Tu me demandais ce que je voulais faire quand j'étais jeune : animateur de télévision.

*Occupation double et Star Académie sont arrivées dans le paysage télévisuel québécois presque en même temps. Ces émissions sont devenues de véritables phénomènes de société dès leur entrée en ondes. Soudainement, la starification était possible pour un plus grand nombre de personnes. La gloire pouvait être à la portée de tout le monde.*
La téléréalité, c'est un jeu. Tu deviens populaire pendant une certaine période, qui est courte, mais c'est éphémère de toute façon. Les participants d'*Occupation double* sont devenus célèbres, mais il fallait qu'il y ait autre chose pour maintenir ça en vie. Ceux qui restent et que l'on voit encore aujourd'hui, ce sont ceux qui avaient d'autres talents.

*Quand tu goûtes à la gloire pour la toute première fois, c'est comme tu l'avais imaginé quand tu étais à Sorel devant ta boîte magique?*

C'est extraordinaire, mais c'est beaucoup, beaucoup et beaucoup de travail, de temps et d'énergie, plus que j'avais même imaginé. Ça ne s'arrête jamais. Dès qu'on termine un projet, il faut tout de suite en commencer un autre.

*Est-ce que ce rythme effréné pour réussir et se maintenir en haut de l'affiche est parfois trop exigeant?*

Ah, oui, mais je pense qu'il faut un certain équilibre dans la vie. Moi, je ne l'ai pas toujours eu. C'est là, le danger. Comme je suis quelqu'un qui travaille beaucoup, qui met beaucoup d'énergie et de passion dans ce qu'il entreprend, je ne suis pas toujours en équilibre. Ce n'est pas de travailler avec fougue et passion qui est essoufflant, c'est de ne pas s'arrêter. Je suis essoufflé parce que je produis, j'anime et que j'en mène large puisque je fais toutes sortes d'affaires en même temps, mais je ne me lasse jamais.

*Tout ça pour ça: tu t'es déjà dit ça?*

Non, je suis toujours aussi passionné par ce métier et je suis heureux de faire ce que je fais, mais il faut seulement que je prenne des décisions concernant des pauses pour me ressourcer. À un moment donné, il faut arrêter.

*Es-tu capable de le faire? As-tu vraiment envie de le faire?*

J'ai déjà réussi. J'ai déjà arrêté un mois l'été. Cette année, je voudrais arrêter deux mois. Mais je sais que, si on me proposait quelque chose que j'aime, peut-être que je serais tenté d'accepter. Pas parce que j'en ai besoin, je suis à l'aise financièrement, mais parce que j'aime profondément ce métier. Je trouve que, ma plus belle réussite, c'est d'avoir gardé le feu sacré. Ce n'est pas tout le monde dans le milieu artistique qui a cette flamme, ce désir, et qui met l'énergie et le temps pour que les choses marchent. Moi, j'ai une fierté de ça. Une fierté de donner. Donner le maximum aux spectateurs et aux téléspectateurs, ce sont nos clients. C'est ça, mon objectif premier.

*Tu dis que tu es à l'aise financièrement, est-ce à dire que tes décisions ne sont pas basées que sur l'argent?*

Il y a des décisions qui sont basées sur l'argent et d'autres non. Je suis un «insécure». Je suis toujours dans le doute. J'aime la vie que j'ai présentement et je ne voudrais pas la perdre, mais tout n'est pas basé que sur l'argent.

*As-tu l'impression que ton insécurité est devenue plus grande avec la venue de la célébrité dans ta vie?*

Je pense que oui.

*Est-ce que quelque chose en toi s'est modifié avec l'arrivée de la notoriété?*

Je crois que je me suis raffiné. Je me suis fait des amis dans le milieu, et il y a eu une ouverture sur un nouveau monde. En vieillissant, je me suis bonifié et je me suis cultivé. J'ai plus de contenu qu'avant. À une certaine époque, je n'avais pas d'autres passions dans la vie que la télé et le show-business. Maintenant, il y a plus de choses qui me passionnent. On est les seuls responsables de notre réussite.

*Un jour, je t'ai entendu dire que tu pourrais quitter les ondes. Étais-tu vraiment sérieux? Toi qui as tant souhaité être là où tu es?*

Je pense que je pourrais faire autre chose. La création m'intéresse beaucoup.

*Il y a quelques années seulement, tu n'aurais jamais affirmé ça.*

Non. C'est un métier dans lequel on est très centré sur soi et je t'avoue qu'à la longue ça me pèse parce qu'on est son propre produit. Parfois, j'aimerais vendre des verres et te convaincre que j'ai de beaux verres. Je serais bon. Je te garantis que tu en achèterais douze. Aujourd'hui, il y a d'autres dimensions de ce métier qui me semblent intéressantes et que j'aimerais faire. Par exemple, je suis devenu producteur. Je pourrais aussi être agent d'artistes. J'adorerais négocier et m'occuper de la carrière de quelqu'un. En ce moment, je ne m'ennuie pas. Je raffole toujours de mon métier, mais en avançant je me rends compte que j'ai autant de plaisir et de bonheur à m'asseoir autour d'une table en création, en *brainstorming* avec ma gang, et à dire: «Qu'est-ce qu'on pourrait faire dans le show?» Pour moi, c'est l'équivalent en termes de plaisir que d'animer une émission en ondes. Il y a quelques années, je n'aurais jamais pu te dire une chose semblable. Je ne sais pas si je serais heureux de ne plus faire ça parce que ce n'est pas mon objectif. J'ai encore beaucoup de fun dans la vie et bien d'autres projets à réaliser. Mon carnet de rêves est encore rempli. Tous les jours, je me fais toutes sortes de listes de ce que je voudrais accomplir.

*Quel est le premier point sur la liste?*

Trouver l'équilibre. Actuellement, je suis complètement déséquilibré. Ma vie est consacrée vingt-quatre heures sur vingt-quatre à mon travail.

*Ce n'est pas un des secrets de la réussite, l'obsession et l'acharnement dans le travail?*

La réussite demande beaucoup de travail. Il n'y a pas de secret, ça n'arrive pas tout seul. Impossible. Mais il faut équilibrer tout ça. Il y a moyen d'y parvenir autrement, sans tout sacrifier. Les jeunes de la génération qui nous suit – je le sais d'expérience, j'en engage – veulent un gros salaire, et à dix-huit heures ils disent: «Cherchez-moi pus!» Je me dis parfois qu'ils l'ont peut-être, l'affaire. Actuellement, le prix à payer pour faire une émission quotidienne à la télévision, c'est d'être continuellement ici, occupé, préoccupé, et de remettre toujours tout en question. Comme disait Xavier Galarneau dans *L'Héritage*: «On ne sait jamais ça avant, juste après.» On ne peut pas savoir exactement ce que ce métier exige avant de le faire.

*Dans la gloire, il y a des moments où il faut se regarder pour être en mesure de s'améliorer… Regarder l'animateur et voir s'il y a des choses à changer.*

Il y a des émissions que j'ai faites, comme invité ou comme animateur, que je ne suis pas capable de regarder. Ça n'a pas rapport avec mon image, ç'a rapport avec la façon dont je les ai vécues. Je n'ai pas beaucoup de douceur envers moi. Je suis mon plus sévère critique. Quand on me demande si j'ai peur des critiques, je dis : « Pauvre toi ! Je suis plus sévère qu'eux ! » Je vais analyser : « Ça, c'est bon. Ça, c'est pas bon. Pourquoi j'ai dit ça ? Ça, ça n'avait pas de sens. Il aurait fallu que tu dises ça. » Je pense avoir un jugement assez juste sur moi, mais en même temps il est peut-être parfois un peu trop sévère. Il faut que je sois *right on*. Je suis très, très exigeant tant avec moi qu'avec les autres.

*Quand tu jettes un coup d'œil sur ton parcours, de quoi es-tu le plus fier ?*

Une de mes fiertés, c'est d'avoir osé changer mes zones de confort. Les gens ne pourront jamais dire que je suis resté assis sur mon steak. J'aurais pu continuer à animer *Occupation double*. J'aurais pu faire encore de la radio le matin, mais j'ai toujours voulu évoluer, changer et me lancer de nouveaux défis. C'est mon adrénaline. Ma psychologue m'a dit que, dans la vie, j'avais besoin de cette adrénaline pour avancer. Je n'ai pas de dépendances. Je ne suis pas quelqu'un qui boit à outrance, je ne mange pas avec excès, je ne suis pas un *gambler*, je ne fais pas de sports extrêmes. Moi, ma poussée d'adrénaline, je l'ai dans les défis que je me lance. Autant ça me préoccupe et ça m'angoisse, autant ça me stimule. J'admire Véronic DiCaire pour ça. Présentement, elle tente de conquérir un autre marché, les États-Unis, après avoir littéralement triomphé au Québec et en France. Elle fait des sacrifices pour essayer autre chose. J'ai beaucoup d'admiration pour cette façon de faire le métier. On ne peut pas le faire autrement. Il faut se mettre en danger. Il faut faire ce métier avec intensité, en mettant le rond de poêle à *high*. Les gens qui sont *low*, ils ne sont pas dans ma vie. J'aime les gens qui vivent intensément, peu importe ce qu'ils font.

> " Il faut faire ce métier avec intensité, **en mettant le rond de poêle à** *high*. "

*Est-ce que, dans tes rêves les plus fous, tu aurais aimé avoir une carrière ailleurs qu'au Québec ?*

Je suis allé travailler à Paris avec Julie Snyder comme animateur de foule. J'ai vu comment ça se passait, et je ne peux pas dire que je suis revenu de la France en me disant : « Il faut que ça m'arrive. » Rien ne m'a laissé croire que je pouvais réussir là-bas, ni que j'en avais vraiment envie. Quand je suis revenu, neuf mois plus tard, j'étais content de rentrer chez moi. Chez moi, c'est ici. Je ne veux pas payer ce prix-là pour réussir ailleurs.

*Prends-tu le temps de savourer et de célébrer au fur et à mesure les étapes franchies, les conquêtes faites et les victoires acquises, petites ou grandes ?*

Non. Mon équipe me le reprochait souvent. J'ai rarement pris le temps d'apprécier. Pas juste de sortir prendre un verre avec l'équipe, mais de m'arrêter et de contempler ce qui a été accompli. Dans ma vie, j'ai l'impression de ne pas l'avoir assez fait. Je suis toujours concentré sur le prochain projet. Pourtant, je pense que j'ai réalisé de belles choses, dont je suis fier. J'ai une belle carrière.

*Pourquoi t'empêches-tu de le faire ?*

Je ne sais pas si c'est lié à mes parents, qui étaient difficiles à satisfaire. J'ai peut-être recréé ça envers moi-même et envers les autres. C'est pour ça qu'il faut que je travaille beaucoup là-dessus : apprendre à apprécier un petit peu plus le moment présent. Être reconnaissant de me trouver sur la marche où je suis, le X sur lequel je suis. Je suis sur mon X dans la vie. Juste pour ça, je devrais être à genoux et me prosterner. Il y a tellement de gens qui voudraient être à ma place. Je suis chanceux. Il faut que je réussisse à apprécier. D'ailleurs, je devrais retourner consulter. Je suis allé consulter pour autre chose pendant un an et demi. Je suis dû, là.

*Les bouddhistes disent que le chemin parcouru est aussi important que la destination.*

C'est comme les voyages. C'est aussi excitant de préparer un voyage que de le vivre.

*Une certaine forme de solitude vient avec la gloire, parce que les exigences sont élevées et que le temps finit par manquer.*

Le temps que l'on passe sur nous, sur notre produit, sur notre travail, on ne le passe pas à entretenir des relations. Et c'est pour ça que, à un moment donné, on a moins de temps pour ceux qu'on aime. Là, la solitude s'installe.

*Est-ce difficile à vivre ?*

Absolument. J'ai des amis que je vois une fois de temps en temps ou jamais et que j'aimerais voir plus souvent. J'en ai quelques-uns que je vois de façon plus régulière. Je pourrais aussi te nommer cinquante personnes avec qui j'aimerais souper parce que ç'a cliqué entre nous, mais c'est impossible.

*Si tout était à recommencer, referais-tu ton parcours de la même façon ?*

Je ferais la même chose de la même manière. Sans aucun doute. Sans aucune hésitation. Je ne pourrais rien changer parce que j'ai réalisé mon rêve. Le rêve d'une vie. Les sacrifices que j'ai dû faire pour y parvenir n'ont pas été si éprouvants étant donné le résultat obtenu et le plaisir que j'ai eu et que j'ai encore à exercer ce métier aujourd'hui. C'est au-delà de mes espérances. Je voulais être animateur de télé. Je suis producteur. J'ai fait de la radio. J'ai joué dans un film avec Rémy Girard. C'est le « p'tit cul » qui te parle en ce moment. Il est tout le temps là. Le p'tit cul, c'est ça qu'il voulait. Je vais te lire ma présentation sur Twitter, parce que ça me décrit bien : « Animateur, producteur de télévision, je réalise chaque jour mon rêve de p'tit cul. Passionné des médias, j'ai toujours mille projets sur le feu. » On est unique, et c'est justement ce qui fait qu'on réussit. Notre unicité et la couleur que nous avons font que chacun se différencie des autres. Il y a de la place pour tout le monde.

*Comment te différencies-tu des autres animateurs ?*
Je pense que ma plus grande qualité c'est la proximité avec le public. La relation que j'ai établie avec lui est unique. Ce que je fais avec le public, il n'y a pas beaucoup de monde qui peut le faire parmi les personnes que je connais. Je suis né animateur de foule, j'ai toujours aimé ça. Je suis né dans un dépanneur, donc j'ai toujours été entouré de gens. J'aime séduire les gens.

*Pour toi, ce métier est un métier de séduction ?*
C'est ça. Peut-être que j'ai toujours voulu avoir beaucoup d'amour et d'attention. Je ne sais pas. Pourtant, j'ai été aimé. J'essayais toujours de satisfaire mes parents, d'aller chercher cet amour, cette attention auprès d'eux. C'est probablement ça que ça donne aujourd'hui. Ma mère tient une place importante. Son opinion compte beaucoup pour moi. Je veux qu'elle soit fière de moi. Mais maintenant, elle est moins critique qu'elle l'était. Aujourd'hui, elle est tout simplement contente, et je tiens encore autant à ce qu'elle le soit. J'aime profondément ma mère.

*Tu as déjà dit que ton père était un homme de peu de mots. Quels auraient été les mots que tu aurais voulu entendre de sa bouche, lorsqu'il était vivant ?*
Mon père aimait prendre un verre, mais il n'était pas alcoolique. Lorsqu'il avait bu un peu, il était drôle avec ma mère. Il dansait et il me disait : « Je t'aime, mon gars. » À ce moment-là, il était l'homme intéressant, l'homme drôle, l'homme agréable avec qui on pouvait jaser, ce qu'il est devenu vers la fin de sa vie à la maison, quand ma nièce est arrivée de Taiwan. Il restait plus longtemps à table. Il était plus ouvert et plus près de ses émotions. J'aurais aimé qu'il voie le succès que j'ai, mais la maladie d'Alzheimer est arrivée trop tôt. J'aurais voulu qu'il profite de ce que j'ai. Mon père a travaillé comme un forcené toute sa vie, et ça m'aurait fait plaisir qu'il bénéficie de mon succès parce qu'on s'était rapprochés à la fin de sa vie. Quand j'ai animé le gala MetroStar à l'époque, il était dans son institut et les infirmières avaient allumé la télévision pour qu'il me regarde… Ça a été ma pensée avant d'entrer sur scène, même si je savais qu'il n'était pas lucide à cause de la maladie.

*Maintenant, pour qui fais-tu le métier ?*
Je pense que je le fais pour moi. C'est un métier qui me comble. Qui vient nourrir beaucoup de choses en moi, mais il y a des besoins en parallèle qu'il faut que je comble autrement. Aujourd'hui, à quarante-quatre ans, j'ai la vie que je voulais avoir. Il y a de petits détails qui probablement se passeraient différemment si je n'étais pas devenu ce que je suis devenu, mais je suis complètement satisfait de ma vie. On a toujours le loisir de changer de cap. Personne ne nous oblige à faire ce que l'on fait. On peut se retirer. On peut faire autre chose ou aller voir ailleurs. On peut en faire moins ou en faire plus. Présentement, je suis sur mon X, et ça me rend heureux.

*As-tu l'impression que tu peux vivre sans le regard du public posé sur toi ?*
J'aurais sûrement beaucoup de difficulté. C'est donc un peu contradictoire quand je te dis que je serais capable d'arrêter. J'y parviendrais peut-être pour aller goûter à autre chose dans le métier, mais en même temps j'ai tellement de passion pour ce que je fais que je ne vois pas le jour où j'arrêterai. Le regard qui se pose sur moi est beau parce que je pense que les gens sont fiers de moi. Je suis content de ça. Les gens semblent admirer le parcours que j'ai fait, ils m'en parlent beaucoup, ils aiment mon histoire. C'est une belle histoire. Croire en ses rêves et avoir la détermination pour les réaliser. Ce regard-là, probablement que ce serait difficile de m'en passer, même si je le sais éphémère.

---

**Au nom de la gloire, j'ai dû faire les sacrifices suivants…**
Avoir moins de temps pour ma vie personnelle, pour mes amis et ma famille. Ça a été, je pense, mon plus gros sacrifice.

**Au nom de la gloire, j'ai perdu…**
La chance que les gens me regardent avec un regard neuf sans idée préconçue quand je croise leur chemin pour la première fois !

**Au nom de la gloire, j'ai gagné…**
La reconnaissance du public. La chance de se faire dire chaque jour qu'on est aimé et apprécié ; ça n'a pas de prix.

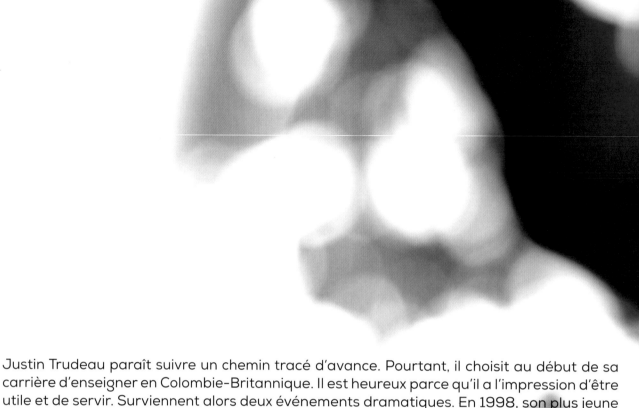

Justin Trudeau paraît suivre un chemin tracé d'avance. Pourtant, il choisit au début de sa carrière d'enseigner en Colombie-Britannique. Il est heureux parce qu'il a l'impression d'être utile et de servir. Surviennent alors deux événements dramatiques. En 1998, son plus jeune frère, Michel, meurt, enseveli sous une avalanche alors qu'il n'a que vingt-trois ans. Deux ans plus tard, c'est au tour de son père d'être emporté par le cancer. La vie le conduit quelques années plus tard à faire le saut en politique. En 2013, il devient le chef du Parti libéral du Canada avec 78 % des suffrages. À partir du moment où il entre en politique active, Justin Trudeau devra tracer sa propre route et se faire un prénom. Le 4 octobre dernier, il me reçoit à ses bureaux dans son comté de Papineau avant de m'inviter à le suivre dans son traditionnel porte-à-porte du vendredi. Impressionnant comme exercice d'humilité pour une personnalité publique de sa trempe. Il le fait avec beaucoup de sérieux et de respect. Justin Trudeau croit en de tels contacts avec ses électeurs. La force de son charisme est indéniable. Il est d'une grande gentillesse. Idéaliste, Justin Trudeau veut un monde meilleur, peu importe le temps que cela prendra. Il est patient.

# JUSTIN TRUDEAU
## TRACER SA PROPRE ROUTE

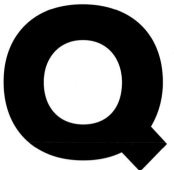**Q**UAND TU VIVAIS AU 24, SUSSEX DRIVE *avec ta famille, à la résidence officielle du premier ministre du Canada à Ottawa, est-ce que tu rêvais de faire comme ton père ? De devenir un jour premier ministre du Canada ?*

Je voulais être comme mon père. Il était respecté par les gens. Quand il se promenait dans le centre-ville de Montréal, les gens le remerciaient pour son engagement, pour sa vision et pour ce qu'il avait fait afin d'améliorer le monde. Mais j'ai aussi compris les difficultés d'une vie en politique par les problèmes que je voyais se produire autour de nous, comme la faillite du mariage de mes parents, qui est attribuable en partie à la politique. Je savais que ce n'était pas nécessairement la meilleure voie à suivre. Pour moi, aller en enseignement, c'était une façon très concrète d'avoir un impact, de changer le monde. De façonner des améliorations sur la planète.

*Tu as fait un témoignage bouleversant lors des funérailles de ton père à la basilique Notre-Dame, à Montréal, le 3 octobre 2000. Ce vibrant hommage a pris alors une tournure presque politique. C'est-à-dire qu'à ce moment-là tout tendait à démontrer qu'il y avait en toi un grand politicien qui pouvait succéder à son père. À cette époque, quand on te demandait si tu allais suivre les traces paternelles, tu répondais avec certitude que jamais tu n'irais en politique dans un avenir proche, ni même éloigné. Tu disais que l'enseignement te comblait. Pourquoi étions-nous les seuls à voir en toi ce que tu allais devenir huit ans plus tard, un député du Parti libéral et ensuite le chef de ce parti ?*

Je voyais aussi cette possibilité, mais j'avais toujours pensé que, si je décidais de le faire, je le ferais quand je serais plus vieux, dans la cinquantaine probablement. Pour moi, ça allait me prendre tout ce temps-là pour justifier mon nom de famille. Il fallait que j'écrive un livre, il fallait que je fonde une école, que je bâtisse une compagnie. Il fallait que je fasse quelque chose pour que les gens puissent dire : « Ah, tu sais quoi ? Il a travaillé fort et il s'est créé sa propre identité. » Il fallait démontrer que j'avais à offrir davantage que mon seul nom.

*Pourquoi avoir fait le saut en politique quinze ans plus tôt que prévu, c'est-à-dire à l'âge de trente-cinq ans ?*

En 2006, quand j'ai aidé le Parti libéral à organiser une consultation pour une politique jeunesse, et ensuite, quand j'ai joué un petit rôle lors du congrès libéral pour la course à la chefferie, j'ai découvert que j'avais une capacité de fonctionner en politique tout à fait indépendante de celle de mon père. J'aimais beaucoup ça. J'ai constaté aussi que mon travail en

tant qu'enseignant, mon entregent et ma personnalité étaient des atouts en politique. Alors là, j'ai eu un temps de réflexion. Je me suis demandé : « Qu'est-ce que je fais ? » À ce moment-là, je ne pouvais pas aller en politique parce que j'avais trop peur de devoir tout ce que je faisais à mon passé. Mais je me suis dit qu'une fois que j'aurais travaillé sur le terrain, rencontré les gens pour les convaincre que j'étais là pour être leur député et mériter mon élection dans Papineau, personne ne pourrait me reprocher quoi que ce soit en regard du nom que je porte. En 2007, dans la course à la nomination, tous les journalistes, tous les experts, même les gens à l'intérieur du Parti libéral disaient que jamais je ne gagnerais ma nomination parce qu'il y avait contre moi des libéraux très forts dans le comté, et ensuite, même si je gagnais ma nomination, jamais je ne remporterais le comté parce que Mme Barbot du Bloc québécois était trop forte. Pourtant, j'ai gagné.

*Pourquoi te présenter dans le comté de Papineau, au Québec, alors que tout le monde croyait que tu irais en banlieue d'Ottawa ou de Vancouver pour briguer le poste de député ?*

Je suis montréalais. Je voulais représenter un quartier de Montréal. Dans l'élection de 2008, peu de comtés libres pour le Parti libéral étaient considérés comme au moins potentiellement prenables. Je connaissais Parc-Extension, ses restaurants et le parc Jarry. Pour moi, Villeray, où nous sommes, c'était un défi. C'est un quartier en grande majorité francophone où le souvenir qu'on conserve de mon père est ambivalent.

*Ambivalent dans le sens que, parfois, il y a un regard sévère posé sur l'œuvre de ton père et sur ce qu'il représente encore pour certains francophones ?*

Les souvenirs qu'il a laissés sont parfois amers, mais avec le temps tout cela s'atténue. Pour moi, ç'a été cinq ans de travail de longue haleine. Je devais démontrer que je suis moi. J'ai travaillé fort sur le terrain pour mériter la confiance d'abord des libéraux et ensuite des citoyens du comté. Encore aujourd'hui, je continuais à y travailler. J'étais à sept heures du matin dans le métro en face d'ici et j'ai salué les gens pendant une heure.

*Justin, te sens-tu dans l'obligation d'en faire plus pour prouver que tu n'es pas seulement le fils de ton père ? Pour faire ton propre prénom ?*

C'est sûr. J'ai toujours compris que, s'il y avait des portes qui s'ouvraient grâce à mon nom, il fallait que je travaille deux ou trois fois plus fort que les autres pour démontrer que je méritais ces portes ouvertes. Si on n'ajoute pas de l'effort et du travail à ce que l'on a reçu dans la vie, on est en train de gaspiller ce que l'on a reçu.

*Tu m'as déjà confié qu'une des grandes leçons de ton père était celle de ne jamais juger le politicien ou la politicienne. On peut être en désaccord avec sa politique, avec ce qu'il dit, mais on ne doit jamais dénigrer l'être humain. Aujourd'hui, quand tu vois qu'on tente de détruire ton image parce que tu as avoué publiquement avoir consommé de la drogue, ne trouves-tu pas que nous sommes très, très loin de la leçon transmise par ton père?*

Ce sont les idées, les valeurs qui comptent. Attaquer quelqu'un sur ce qu'il affirme, c'est tout à fait légitime. Attaquer quelqu'un sur le plan personnel, c'est autre chose. Quand ils se moquent entre autres de la moustache que j'ai portée pour une cause que je défendais, je trouve que c'est ne pas respecter la relation de confiance qui existe avec le public. Qu'on soit d'accord ou non avec tout ce que quelqu'un dit, c'est moins important que le respect qu'on lui doit.

*Est-ce que ça te perturbe, ce qu'on pense de toi?*
Toute ma vie, les gens qui me rencontraient ont eu des idées toutes faites sur moi. Que les gens se trompent à mon sujet, je ne prends pas ça «personnel». Les gens qui me connaissent, les électeurs dans Papineau qui m'ont fait confiance, les libéraux qui m'ont fait confiance, eux commencent à apprendre qui je suis, et je suis encouragé par la confiance qu'ils me démontrent. Pour moi, un politicien qui réussit, c'est un politicien qui a un tiers des gens qui l'aiment, un tiers des gens qui le haïssent et l'autre tiers qui est complètement indifférent à son existence. Il y a des politiciens qui gagnent à se faire connaître et d'autres qui perdent à ce jeu. Moi, je ne crains pas de me révéler. Mon but, c'est de me faire connaître en tant que Justin par de plus en plus de gens pour qu'ils puissent faire un choix éclairé et savoir si je vais être le bon chef pour eux, le bon premier ministre pour eux. Pour moi, la transparence et l'ouverture, ce n'est pas une stratégie, c'est une façon d'être. Il faut rebâtir ce lien de confiance. On dit toujours: «Les gens doivent avoir confiance en leurs politiciens.» D'abord, il faut que les politiciens démontrent un niveau de confiance envers les citoyens. Ce qu'on n'a pas vu depuis longtemps.

*Est-ce qu'on peut réellement y parvenir ou est-ce utopique et farfelu d'y croire?*
Dans l'absolu, je ne pense pas qu'on puisse y parvenir. Il y aura toujours des gens en désaccord, des gens cyniques. Si on veut être à la hauteur des défis qui nous attendent en tant que société, en tant que planète, il va falloir qu'on se rassemble, qu'on se fasse confiance et qu'on bâtisse ensemble.

*Mais la politique oblige inévitablement à choisir un camp ou l'autre.*
Il faut choisir un camp. Il faut prendre des positions qui seront nécessairement moins populaires que d'autres. D'après moi, un exemple de leadership, c'est justement quand on prend une position qu'on sait bonne même si la plupart des gens au début sont contre. Comme leader, tu dois démontrer pourquoi cette décision est la meilleure et faire confiance aux gens, qui vont finir par comprendre que oui, tu avais raison là-dessus.

*Charles de Gaulle a dit: «Prenez invariablement la position la plus élevée, c'est généralement la moins encombrée.» Est-ce que tu te sens seul?*
Oui, il y a des moments de solitude parce que, en fin de compte, c'est moi le chef, c'est moi qui prends la décision. C'est moi qui ai le dernier mot. Dans le processus et dans les conséquences de ces décisions, je ne me sens pas seul du tout, surtout avec quelqu'un comme ma femme, Sophie. Je pense que Stephen Harper vit dans un tout autre contexte. On voit qu'il a vraiment l'air très isolé.

*Tu remportes deux élections comme député. Tu te présentes comme chef de ton parti. Tu rafles les honneurs avec un vote de confiance très élevé des membres du Parti libéral. Tu récoltes à l'élection 80 % des 104 000 suffrages exprimés et tu deviens le chef du Parti libéral du Canada le 14 avril 2013. Est-ce une décision importante de te présenter comme chef, alors que cinq ans auparavant tu hésitais à le faire comme député?*
Quand j'ai pris la décision de devenir chef, c'était en partie parce que j'ai compris que j'avais des aptitudes dont le parti avait réellement besoin. Celle de «connecter» avec les gens. J'ai beaucoup hésité avant de le faire. Évidemment, j'ai eu de longues conversations avec ma femme, Sophie. Pendant un moment, je disais à tout le monde que je ne voulais pas faire la course à la chefferie parce que je savais combien ça coûte cher au plan de la vie familiale. Déjà, en étant député, j'étais amené à voyager partout au pays. J'étais loin de ma famille. Ç'a été très difficile pendant longtemps. Je ne pouvais pas être un bon chef si je n'étais pas un bon père. Or, je me demandais si j'étais un bon mari, un bon père en tant que député.

*Mais ça ne t'a pas empêché de te lancer non pas comme député libéral, mais comme chef de cette même formation politique.*
J'ai beaucoup réfléchi et discuté avec énormément de gens. En voyant des gars de la Gaspésie qui s'en allaient travailler dans le nord de l'Alberta pendant des *stretchs* de trois semaines, j'ai compris qu'ils étaient loin de leur famille, mais qu'ils le faisaient pour la faire vivre. J'ai aussi compris qu'être un bon père, ce n'est pas seulement être présent tous les soirs pour mettre les enfants au lit. Idéalement, tu le fais autant que tu peux, mais c'est aussi faire tout son possible pour bâtir un monde meilleur à nos enfants et donner l'exemple de quelqu'un qui travaille fort pour y contribuer à sa façon. J'ai vu que ma force et ma capacité de faire les choses me menaient à revendiquer la direction de la chefferie du Parti libéral.

*Pourtant, pour nous, de notre point de vue extérieur, c'était une voie tracée d'avance. Fallait-il que tu sentes l'appel?*
J'ai toujours senti l'appel. Les gens me disaient: «Ah oui, tu vas être premier ministre comme ton père un jour.» Dans un premier temps, il a fallu que je dise en toute sérénité non à l'idée de devenir chef. Après la défaite de 2011, je ne me présenterais pas en tant que chef, j'allais continuer à être député.

> **Si on n'ajoute pas de l'effort et du travail à ce que l'on a reçu dans la vie,** on est en train de gaspiller ce que l'on a reçu.

*As-tu pensé quitter la politique et faire autre chose?*
Tout à fait. Je voulais avoir un impact. J'ai songé à aller travailler pour une ONG à l'international. J'ai pensé retourner à l'enseignement, ouvrir une école. Il y a bien des façons de faire de la politique. J'étais serein par rapport à cette décision. Alors, j'ai dit : « Non. Cette porte-là, je la ferme. On regarde autre chose. » Au fil des mois, tout doucement, après des conversations avec différentes personnes, mais en étant beaucoup en réflexion intérieure et en réflexion avec Sophie, j'ai compris que, pour être bon père de famille, il fallait que je devienne chef. Je suis reparti à zéro, alors que toutes les pressions – ou le destin tracé dont tu parles –, je les avais écartées. J'ai fait table rase. On va voir si c'est vraiment ma voie. Je crois que c'est pour ça que j'ai réussi aussi.

*Étais-tu malheureux quand tu envisageais de faire un autre métier que celui de politicien?*
Non, parce que j'ai tellement reçu, en termes de chance, d'éducation, de voyages, de famille extraordinaire, que je me disais qu'il me faudrait toute ma vie à essayer d'en être digne. Alors je savais que la décision n'était pas de quitter le service public pour m'en aller en affaires, travailler dans une grosse tour et gagner plein d'argent. Ça ne serait jamais ma voie. Oui, je serais bon à ça et je pourrais le faire, mais ça ne m'intéresse pas parce que, ce que je veux, c'est savoir comment je vais bâtir un monde meilleur. C'est l'exemple que j'ai eu de mon père. C'est l'exemple que j'ai encore de ma mère, qui fait un travail extraordinaire dans le domaine de la santé mentale. Je l'avais eu par mon grand-père maternel aussi, James Sinclair, qui a été député à la Chambre des communes en même temps qu'il était dans les Forces armées canadiennes pendant la Seconde Guerre mondiale. Il a alors participé activement à la guerre tout en siégeant comme député du nord de Vancouver.
L'idée du service, c'est ce qui m'anime. La politique n'était peut-être pas ma voie, mais j'aurais trouvé une autre façon de servir. C'était une réflexion nécessaire et, maintenant que je l'ai eue, je peux regarder mon parcours et me dire que, oui, d'autres avenues auraient peut-être été intéressantes, mais j'aurais sûrement regretté de ne pas avoir fait le saut en politique. Ce que je suis en train de faire aujourd'hui, c'est la bonne chose pour moi et pour le monde que je veux servir.

*Est-ce que la victoire ressemble à l'image que tu t'étais faite de celle qui était convoitée par toi et par tes partisans de la première heure?*
Oui, d'une certaine façon. Mais ce que j'ai ressenti le plus a été une forme de libération. Depuis le début, j'étais vraiment obsédé par le besoin de manger des croûtes et d'apprendre mon métier. J'entrais comme *rookie* (recrue) au Parlement à Ottawa et l'attention était sur moi. Je gardais la tête basse, tout en la tenant haute quand même. Je faisais mes classes, je ne prenais pas trop de place. Le Parti libéral avait été déchiré pendant des années par des crises et des batailles internes. Dès le début, une des choses que j'ai comprises, c'est qu'une entité comme le Parti libéral ne peut pas fonctionner s'il n'y a pas de loyauté envers le chef. Moi, j'ai toujours été loyal envers chacun des trois chefs que j'ai eus. La politique, c'est un certain jeu. La meilleure façon dont je pouvais être loyal, c'était en ne prenant pas trop de place, en aidant le parti et en essayant de ne pas faire de jaloux.

*Quand tu as reçu le titre de chef du Parti libéral, est-ce que tu as senti sur tes épaules une responsabilité supplémentaire?*
C'est une responsabilité, mais devenir député, c'était aussi une responsabilité pour moi. J'avais alors l'obligation de parler, de représenter cent mille personnes ici, dans Papineau, dont un grand nombre ne m'a pas choisi comme représentant, mais dont je suis le représentant quand même.

*Est-ce qu'il faut envisager une défaite quand on veut une victoire?*
Il ne faut pas être prêt pour un rejet, mais on peut au moins l'envisager. L'envisager, c'est en même temps rassurant parce que ça veut dire que je vais pouvoir être moi-même, ne pas avoir la langue de bois. Je vais faire des erreurs, mais je me présenterai honnêtement en tant que Justin. Si les gens me choisissent, c'est parce qu'on est un *fit* et qu'on va aller loin ensemble. Je ne vais pas passer mon temps à dire : « Ah, j'aurais donc dû prétendre être plus comme ceci ou faire semblant d'être plus cela pour qu'ils m'aiment… » Non! Ça aurait été un désastre. C'est un choix très pur, la démocratie, au fond. Si les gens pensent que je suis la bonne personne pour les aider, pour les représenter, qu'ils me choisissent. S'ils ne le pensent pas, qu'ils choisissent quelqu'un d'autre, parce qu'on ne serait pas un bon *fit* de toute façon. Alors, de ce point de vue-là, j'ai trouvé ça très rassurant.

*Est-ce qu'une méfiance s'installe au fur et à mesure que l'on gravit les échelons? Doit-on être davantage vigilant?*
Comme je suis le fils de Pierre Elliott Trudeau, il y a toujours eu des gens qui voulaient m'utiliser, s'approcher de moi pour les mauvaises raisons. Dès les débuts, j'ai appris comment m'entourer de personnes extraordinaires. Je connais mes meilleurs amis depuis vingt ans ou trente ans. Ils sont à mes côtés maintenant dans ce projet et, grâce à ces amitiés-là, j'ai découvert d'autres gens extraordinaires qui sont aussi devenus des amis, alors je me sens très, très bien entouré.

*Tu rêves d'un monde meilleur. Mais la politique appelle inévitablement des combats. Des points de vue qui divergent et qui divisent. Est-ce qu'on perd ses illusions en cours de route quand la réalité est tout autre et qu'elle nous rattrape?*
J'ai toujours été très conscient de la mesquinerie qui existe à l'intérieur de cette machine politique.

*Comment fais-tu pour ne pas laisser la machine politique prendre le dessus sur tes aspirations profondes? Pour qu'elle ne te dicte pas la marche à suivre?*

Il ne faut pas confondre la machine politique et les gens. On est dans l'ère où les gens regardent cette machine politique, cette politique de division, cette politique qui cherche le négatif, les attaques, et ils se disent : « C'est pas nous, ça. C'est pas moi. » Ils se distancient. Ils votent pour la moins pire des options. Ils votent contre ceux qu'ils n'aiment pas. On ne vote plus pour quelque chose. Aujourd'hui, en politique, tout le monde essaie de plaire à tout le monde. Les politiciens choisissent un sous-groupe de la population à qui ils vont plaire. Ils vont dire toutes les bonnes choses à ces personnes et oublier les autres parce qu'ils n'ont pas besoin d'eux de toute façon.

*Tu fais preuve de positivité et d'optimisme. Est-ce une façon d'éliminer en partie tout le cynisme envers la chose politique ?*
J'ai le désir de ne pas polariser le débat et de rassembler les gens. Ce n'est plus vrai que même un gouvernement avec un mandat majoritaire peut gouverner sans l'appui et l'implication des citoyens. Pour moi, la façon d'aller les chercher, ce n'est pas en encourageant le cynisme et en mobilisant les gens contre quelque chose, c'est en les rassemblant pour bâtir du positif. Mon pari est de le faire d'une façon positive. Si ça ne fonctionne pas, ça me dérangera, mais moins que si je réussissais de la mauvaise façon et que je me retrouvais incapable d'amener les changements positifs nécessaires.

*Un jour, je t'ai posé la question : « Qu'est-ce que tu voudrais voir inscrit sur ta pierre tombale ? » Tu te souviens ? Tu m'avais répondu : « Je veux voir le nom de ma femme à côté du mien. » C'est comme si tu disais : « Je ne veux pas qu'il m'arrive ce qui est arrivé à ma mère et à mon père… »*
Mes parents s'aimaient, mais ils étaient tellement différents et séparés par le gouffre de l'âge. Moi, ce qu'il me fallait, c'était une partenaire. En Sophie, j'ai trouvé quelqu'un qui ne serait pas seulement une mère de famille pendant que je ferais de la politique, mais celle qui serait à mes côtés. Pas une experte en politique, parce que je suis assez expert pour nous deux, mais une experte dans la vie, dans ce qui est important, dans ce qui nous garde ancrés, les valeurs, les priorités réelles, pas cette folie facile qui entoure les jeux politiques.

*Est-ce qu'on peut se perdre dans les jeux politiques ?*
Depuis ma jeunesse, je me suis créé une carapace qui me protège des opinions négatives, des attaques des autres, comme celles des enfants dans la cour d'école qui me disaient en 1979 : « Ah, mon père n'a pas voté pour ton père. Ton père a perdu ! » J'ai dû résister. Moi, les critiques négatives, je peux les écouter et me demander : « Est-ce qu'il y a un petit bout de vérité ? Est-ce qu'il y a quelque chose que je devrais apprendre ? » Si oui, je le prends, je tasse le reste. Sinon, je le tasse au complet. Je pense beaucoup aux motivations des gens. C'est important de pouvoir tasser autant les louanges que les critiques quand les unes et les autres ne sont basées sur rien.

*Es-tu capable de départager tout ça ?*
Il le faut. Devant les « Ah mon Dieu, t'es extraordinaire », il faut savoir dire merci, mais il faut être vraiment ancré dans ses capacités, dans ses forces et dans son cheminement personnel, et surtout comprendre le labeur nécessaire pour se rendre là où on est.

*Est-ce que tu penses au jour où on t'appellera « monsieur le premier ministre du Canada » ? Est-ce agréable à tes oreilles ? Est-ce le prochain objectif ?*
Non, ce n'est pas du tout un but. Le jour où je suis devenu député, j'ai beaucoup pensé à mon grand-père, qui siégeait dans la même Chambre des communes que moi. J'ai beaucoup pensé à mon père, qui a siégé ici et qui est devenu chef de parti et premier ministre du Canada. Mon grand-père aurait pu, dans un autre monde, devenir chef de parti, mais c'était le tour d'un francophone, Louis Saint-Laurent. Pour moi, ce n'est qu'une étape dans un long cheminement qui ne finira pas si je deviens premier ministre, mais qui finira à la fin de ma vie. Le but de ma vie est beaucoup plus de pouvoir bien servir. Est-ce que les gens vont regarder mon parcours et dire que, oui, j'ai fait de bonnes choses qui ont eu un impact positif ? Si je veux réussir, pas à être élu – ça, c'est une étape intermédiaire, être élu en tant que premier ministre –, si je veux réussir à bien gouverner, à apporter les solutions dont on a un besoin criant dans notre société, il est extrêmement important de savoir comment les atteindre. On ne peut pas être machiavélique au XXI$^e$ siècle en politique. Il faut avoir de la transparence et de l'ouverture si on veut pouvoir gouverner avec la confiance des Canadiens, des Québécois. Il faut avoir recours à un processus qui est digne d'eux aussi.

*Tu as de bonnes chances de devenir premier ministre du Canada. Tu te rapproches de l'objectif. Est-ce que tu te dis : « Tout ça pour ça ? » Est-ce que tu te dis qu'il y a un prix très élevé à payer pour y parvenir ? N'y a-t-il pas beaucoup de sacrifices d'ordre personnel pour y parvenir ?*
C'est certain qu'il y a des sacrifices personnels.

*Y a-t-il quelque chose de glorieux à faire de la politique ?*
On ne fait pas de la politique pour la gloire !

*Mais en même temps, comme tu es sous les feux de la rampe, que tu es le fils de Pierre Elliott Trudeau et que votre histoire, à toi, Sophie et les enfants, nous rappelle une certaine famille, les Kennedy, c'est en soi une certaine gloire…*
Oui, jusqu'à un certain point, mais si ça avait été ça, ma motivation, j'aurais suivi la mauvaise piste.

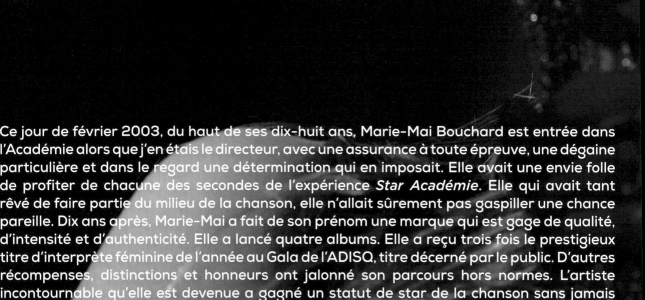

Ce jour de février 2003, du haut de ses dix-huit ans, Marie-Mai Bouchard est entrée dans l'Académie alors que j'en étais le directeur, avec une assurance à toute épreuve, une dégaine particulière et dans le regard une détermination qui en imposait. Elle avait une envie folle de profiter de chacune des secondes de l'expérience *Star Académie*. Elle qui avait tant rêvé de faire partie du milieu de la chanson, elle n'allait sûrement pas gaspiller une chance pareille. Dix ans après, Marie-Mai a fait de son prénom une marque qui est gage de qualité, d'intensité et d'authenticité. Elle a lancé quatre albums. Elle a reçu trois fois le prestigieux titre d'interprète féminine de l'année au Gala de l'ADISQ, titre décerné par le public. D'autres récompenses, distinctions et honneurs ont jalonné son parcours hors normes. L'artiste incontournable qu'elle est devenue a gagné un statut de star de la chanson sans jamais avoir trahi sa personnalité, pour le bonheur de ses fans qui se comptent maintenant par milliers. Son vœu a été exaucé.

# MARIE-MAI
## LA GLOIRE EXAUCÉE

**D**IX ANS NOUS SÉPARENT DE TES DÉBUTS À *STAR ACADÉMIE*, où la rockeuse s'est fait remarquer parmi toutes. Tu n'as peut-être pas remporté la finale, mais tu as fait ton chemin et tu es encore là. De quoi es-tu le plus fière dans ta carrière?

Je suis particulièrement fière de mon parcours. Je suis fière de la façon dont je l'ai fait. C'était très important d'accomplir les choses à ma façon. C'était important d'écrire mes chansons, d'être impliquée dans mon projet et de contrôler ce que je fais et ce que je suis. Je ne sens pas que j'ai dû sacrifier quoi que ce soit. Je n'ai pas une vie parfaite, mais je n'ai pas de remords.

*Quand tu étais une jeune fille, imaginais-tu avoir plus tard la carrière que tu as maintenant?*

J'y rêvais. J'y rêvais tous les soirs. Toute ma jeunesse, j'étais toujours, toujours et toujours obsédée par ce rêve!

*Pourquoi dis-tu « J'étais obsédée »? Ça sous-entend que tu ne l'es plus!*

C'est une bonne question. Attends! Ça me force à réfléchir. (*Silence*) Je le suis encore, mais je suis plus obsédée par la musique. J'y rêve encore, seulement j'ai un rapport différent avec ce rêve. À l'époque, je rêvais d'avoir quelque chose que je n'avais pas et que je voulais beaucoup. Aujourd'hui, je rêve de garder tout ce que j'ai.

*À quoi ressemblait ton rêve?*

Je voyais une énorme scène avec des grandes marches en métal et des grosses lumières, comme la scène d'une vedette internationale. C'était vraiment très, très imposant. Chez moi, il y avait des marches, je chantais et je dansais dessus. Je faisais comme si c'était la scène et que j'étais dans mon vaste décor. Je faisais semblant d'être une chanteuse. Ç'a commencé probablement quand j'avais sept ans, jusqu'à dix-sept ans. C'était cette vision que j'avais dans mon rêve. Je crois que c'est comme faire de la visualisation. Je me voyais faire ça.

*Quand tu arrives à* Star Académie, *tu as à peine dix-huit ans, et le décor du gala du dimanche est fait d'immenses marches de métal et de grosses lumières de couleur qui bougent dans tous les sens. Ça ressemble étrangement à ton rêve.*

La première fois que je suis arrivée à *Star Académie* et que j'ai vu le décor, je me suis mise à pleurer. En même temps, j'ai ressenti un grand vide parce que je me suis dit: «Toute ma vie, c'est ça que j'ai voulu. Est-ce qu'il y a autre chose après? Est-ce l'apogée de ma carrière?» J'étais un peu déstabilisée. Je n'arrivais pas à croire que ce que je m'étais imaginé pendant toute ma jeunesse se trouvait devant moi tout à coup.

*Pour la première fois, tu touches à la gloire avec* Star Académie. *Deux millions de téléspectateurs. Un réel phénomène social fait fureur. Même si tu n'as pas été la gagnante, tu n'as jamais été mise en danger, tu as su te démarquer. On voyait s'installer en toi un personnage fort et imposant. Quand tu as goûté à cette première victoire en arrivant si près de ton but, est-ce que c'était comme tu l'avais imaginé?*

C'était meilleur! La première fois que je suis montée sur la scène à *Star Académie*, j'ai chanté avec France D'Amour. Je n'avais jamais été mise en danger. C'était la chanson *Je n'irai pas ailleurs*. Aujourd'hui, ce qui me frappe le plus, c'est de voir qu'en trois minutes et demie, le temps de la chanson, on passe de la jeune fille qui avance sur la scène à la vraie chanteuse. Au début, je me dis: «Oh, mon Dieu, je suis en train de faire tout ce que j'ai toujours voulu faire!» Je commence à chanter. Je suis terrorisée. Ma voix est petite, petite, petite de même. (*Elle le montre avec ses doigts.*) Je vois France D'Amour qui arrive, qui entre dans ma bulle et qui me *pitche* de l'amour. Elle me regarde. Elle va chercher mon regard. En trois minutes et demie, on voit une transformation s'opérer chez moi. On me voit trouver ma personnalité artistique, et ça, dès ma première performance. Mais intérieurement, je me dis que, dans mes rêves, je n'avais peut-être pas pensé qu'il faudrait que je fasse un spectacle, qu'il faudrait que je prenne confiance en moi. Je n'avais jamais pensé que ce serait aussi technique que ça.

*Quand la popularité arrive dans ta vie et qu'elle commence à se cristalliser davantage, après la sortie de ton premier album,* Inoxydable, *est-ce une trop grosse dose d'amour à recevoir pour une fille d'à peine vingt ans?*

Je l'avais tellement souhaité. Je voulais tellement faire ce métier. C'est la seule certitude que j'avais dans la vie. À sept ans, j'ai regardé ma mère et je lui ai dit: «Moi, plus tard, je vais être une chanteuse. Est-ce que tu me crois?» Elle m'a répondu: «Quand on veut, on peut.» Je suis partie avec cette idée. Je me suis dit que j'allais montrer à tout le monde de quoi j'étais capable. D'un autre côté, j'avais mon père, qui avait déjà fait ce métier, qui avait été un peu brûlé. Il a eu le rôle ingrat de me dire que ça n'allait pas être facile, qu'il allait y avoir énormément de travail à accomplir, que sans doute les choses ne fonctionneraient pas comme je le voulais. Donc, j'étais préparée mentalement. Je savais que ça ne serait pas facile. Je savais qu'après *Star Académie* il y aurait une adaptation. Quand la popularité est arrivée, je n'ai pas été prise par une vague. Je ne me suis pas sentie désemparée, bien au contraire. Je me suis dit: «OK, je vais mettre mon casque, mon habit, mes *pads* et je vais y aller. Je suis prête à travailler, parce que je veux faire ce métier.»

*Considères-tu que tu avais une grande force de caractère pour tes dix-huit ans?*

Je pense que oui. J'ai toujours été à mon affaire. Quand quelque chose me passionne, je ne prends pas ça à la légère. Donc, mes rêves, je ne les prenais pas à la légère. Pour moi, c'était impensable de me retrouver sur une scène un samedi soir et de ne pas avoir appris ma chanson par cœur.

*« La scène est un lieu sacré. Il faut la respecter », disait Piaf.*
Exactement. Le respect, c'est ça.

*Depuis la sortie de ton premier album, une transformation s'est faite chez toi, même physiquement. Sur quatre albums, on dirait que celle qui était perçue comme une rebelle s'est effacée pour céder la place à une femme au style beaucoup plus recherché. Est-ce à cause de l'ascension que tu as connue ?*
Pour moi, chaque album est un tout. C'est une histoire. Chaque chanson est liée à un événement. Chaque pochette doit refléter ce qu'il y a sur l'album. Je ne vois pas ça comme une nécessité de travailler ou de retravailler mon image pour qu'elle soit plus raffinée. Je veux seulement que mon image reflète qui je suis à ce moment-là. J'étais comme ça aussi à *Star Académie*. Si on regarde les vidéos, on voit que j'étais toujours maquillée. Je me maquillais peut-être moins bien (*elle rit*), mais j'avais ce souci-là. Pour moi, l'image, c'est une façon de montrer ma personnalité. J'aime ça. Ce n'est pas calculé. Une journée, si j'ai envie de me sentir rebelle, je vais m'habiller d'une certaine façon avec un maquillage spécial. J'ai du fun avec ça. Ça ne me pèse pas ; j'aime ça. Ça me passionne.

*Ce métier est un jeu qui impose ses propres règles, comme celle de devoir être à la hauteur des attentes du public pour le rendez-vous proposé. Faut-il faire en sorte que chaque moment compte, que chaque performance ait son impact sur les gens ? Ça te plaît de jouer ce jeu ?*
Je n'ai pas la clé du succès. Je ne sais pas ce qui fait que pour certains ça fonctionne et que, pour d'autres, ça ne fonctionne pas. Mais moi, j'aime les choses bien faites. J'aime écrire des chansons et pouvoir penser : « C'est exactement ça que je voulais dire. » J'aime faire des prestations et avoir le souci du détail. Je veux toujours que ma nouvelle prestation soit marquante et différente, meilleure que la précédente. Je veux m'améliorer et continuer à surprendre les gens. Je ne veux jamais sentir que je stagne et que je fais la même chose que dans le passé parce que ça fonctionnait bien. Je ne tiens rien pour acquis. Au contraire, on dirait que je cherche à m'éloigner de ça. Je me dis : « Qu'est-ce qu'on fait ? Qu'est-ce que j'écris comme style de chansons ? Qu'est-ce que je présente comme genre de spectacles ? »

*Selon toi, pourquoi ça fonctionne ? Pourquoi connais-tu la gloire ?*
(*Elle rit.*) Ah non, je pense que la gloire a plusieurs images. Plusieurs significations. La gloire, ça ne veut pas nécessairement dire que l'on est au sommet et que c'est extraordinaire. Ma gloire à moi, c'est d'avoir su trouver mon public et de l'avoir compris. Je peux dire fièrement que, toutes les décisions que j'ai prises dans ma carrière, je les ai prises pour

mes fans. Parce qu'ils sont là pour moi et qu'ils me font vivre des moments extraordinaires, ils méritent d'avoir le meilleur spectacle, le meilleur album, la meilleure prestation. Eux, ils me donnent le meilleur. Je me dois de faire de même.

*Comment appelles-tu ça, ce que tu vis, si ce n'est pas la gloire ?*
Pour moi, la gloire, c'est très personnel. Peut-être que je m'en fais une fausse image. La gloire, à mes yeux, c'est un chemin sans failles. Tu es au sommet et tout va tellement bien. Moi, j'ai travaillé. J'ai bûché. Il y en a eu, des personnes qui m'ont mis des embûches. J'ai eu de gros moments de remise en question, et ce n'était pas facile. Les gens n'avaient pas toujours confiance en moi. Josélito, dis-moi, c'est quoi, la gloire ?

*C'est exactement ce que tu vis présentement. La gloire signifie la reconnaissance, la renommée, le prestige…*
Il y a une gloire que l'on appelle « instantanée », comme avec le phénomène de Star Académie, *et qui peut s'arrêter à tout moment, et il y a la tienne, qui semble vouloir durer, dix ans après ses premières manifestations.*
Quand je pense aux histoires que mes fans me racontent… Ils me considèrent souvent comme une grande sœur. Une confidente. Quand je pense au bonheur que je peux apporter dans des petites choses simples, comme une chanson, comme une phrase que je leur dis après un de mes spectacles, ça, pour moi, c'est la gloire. Si je suis dans une position où je peux aider les gens à se sentir mieux, à se sentir moins seuls, à travers ce que j'aime le plus au monde, la musique, je suis comblée.

> ❝ Ma gloire à moi, c'est d'avoir su trouver mon public **et de l'avoir compris.** ❞

*As-tu peur que tout s'arrête ? Crains-tu de ne plus vivre cette passion qui te nourrit pleinement ? L'idée qu'il pourrait y avoir une fin à tout ça t'obsède-t-elle ?*
Non, parce que je me dis que ce serait bien égoïste de ma part de penser que ça ne s'arrêtera jamais. Je regarde autour de moi. Je vois des artistes bûcher, qui aimeraient tellement être à ma place et vivre ce que j'ai la chance de vivre depuis les dix dernières années, ne serait-ce qu'une seconde. J'ai un privilège extraordinaire. Si jamais je perdais cette chance, chose qui est possible, eh bien au moins j'y aurai goûté ! Je l'aurai vécu et je l'aurai vécu pleinement ! Je ne veux pas que ça arrive. Il est certain que je vais toujours travailler pour ne pas perdre ce succès. Tant que les gens vont vouloir de moi, je vais leur donner le meilleur de moi-même. On sait que ça ne se termine pas toujours comme on le voudrait, il faut y être préparé. Je me considère comme étant prête. C'est la raison

pour laquelle je me donne à trois cents pour cent dans chaque chose que je fais, parce que je sais que ce n'est pas éternel.

*L'obligation d'être à la hauteur s'intensifie à mesure que tu gravis les échelons de la célébrité. Il y a toujours un regard qui est posé sur toi.*

Tu ne veux pas décevoir les gens. Tu veux qu'ils continuent de te trouver originale, d'aimer ce que tu fais. Je la sens, cette pression. Je l'ai sentie davantage pendant *La Voix*, où j'ai été coach. Cette expérience a été quand même assez éprouvante. C'était la première fois qu'on me regardait comme ça. J'étais dans une position où j'avais l'impression que je brisais les rêves des autres.

*Quand tu choisissais un candidat plutôt qu'un autre, tu savais que tu faisais plaisir à l'un et que tu décevais l'autre.*

Regarde, je t'en parle et je suis encore émue…

*Mais pourquoi as-tu accepté ce rôle, alors que tu connaissais les règles du jeu?*

Parce que je me disais que j'aurais un certain recul à un moment donné…

*Les participants n'avaient peut-être pas la même implication émotive que toi.*

C'est ça. Je les regardais et je sentais qu'ils se disaient: « Moi là, je t'ai choisie, et toi, tu me renvoies chez nous. » Je ne voulais pas être cette personne. Comme candidat, tu sais dans quoi tu t'embarques, tu sais que c'est un concours, mais tu ne veux pas être celui qui part pour autant! *La Voix* n'a pas toujours été facile, mais quand j'y pense aujourd'hui je me dis que ç'a été une super belle expérience. J'ai appris énormément sur moi.

*Mais pourquoi n'as-tu pas renouvelé ton expérience de coach à La Voix pour la deuxième édition?*

Parce que j'avais besoin de mon public. J'avais besoin de mes fans. J'avais besoin d'être avec mes musiciens et de faire ce qui me passionne le plus : de la musique. Je suis une chanteuse d'abord et avant tout. C'est ça qu'il faut qu'on retienne de moi.

*Pendant cette période intense où tu combinais ton rôle de coach à La Voix et ton rôle de chanteuse sur scène, as-tu eu peur de perdre l'équilibre ? Que la fatigue émotive te rende plus vulnérable ?*
Je te dirais que, la seule fois où c'est arrivé dans ma carrière, c'est pendant cette période. Je n'ai jamais senti ça avant parce que j'ai toujours fait ce que j'aimais le plus. C'était émotivement que j'étais fatiguée, ce n'était pas physiquement. J'avais encore de l'énergie puisque, lorsque j'étais sur une scène, je me laissais aller. J'aurais pu faire soixante shows et je n'aurais pas été aussi fatiguée. Mais, émotivement, je me sentais drainée.

*Tu as quelques tatouages. Chacun a une signification précise pour toi. Par exemple, le nom de ton filleul, Élie, y est inscrit. Ailleurs, c'est écrit* Done that, *ce qui veut dire «C'est fait».*
Je l'ai fait faire après avoir participé au spectacle de clôture des Jeux olympiques de Vancouver. Mon bassiste s'est fait tatouer *Been there*, et moi j'ai fait écrire *Done that…*

*As-tu encore des rêves à réaliser ?*
J'en ai, des rêves. C'est important de s'en créer. Quand on en réalise un, c'est important de s'en faire un autre. Par contre, je ne te mentirai pas : parfois je me sens mal d'en vouloir plus. Je considère que j'ai déjà tellement reçu d'amour. J'ai une famille incroyable, un mari qui m'aime, des fans extraordinaires. J'ai vécu des choses ahurissantes dans ma carrière, et en demander plus… Disons juste que je n'ai pas besoin de ça pour être heureuse. Je suis heureuse avec

ce que j'ai. Maintenant, je pense que mes rêves sont plus réalistes.

*Mais il y a dix ans, quand tu rêvais à la carrière que tu as aujourd'hui, ça aurait pu paraître irréaliste. Selon toi, est-ce important de rêver grand pour au moins obtenir la demie, le tiers ou le quart de ce qu'on veut?*

C'est sûr! Si je te dis que je suis réaliste, c'est parce que j'ai vingt-neuf ans aujourd'hui. Quand je compare le style de musique que je fais et celui des vedettes pop aux États-Unis, je vois qu'elles ont débuté beaucoup plus jeunes que moi. J'ai commencé jeune, mais j'étais ici. À mon âge, sacrifier ma vie privée, sacrifier ce que j'ai ici pour avoir du succès à l'international, ce serait cher payé. Quand je vois toutes les vedettes qui ont l'air mal dans leur peau, je me dis que je suis mieux ici finalement.

*Pourquoi penses-tu que beaucoup de ces vedettes basculent dans la provocation, dans la vulgarité parfois, et même dans une certaine forme de folie?*

C'est un manque d'équilibre. Elles ont la pression du monde sur leurs épaules. Elles ont la pression de la compagnie de disques. Elles ont la pression d'être belles et parfaites. Elles ont la pression de vendre et de rester au sommet.

*As-tu eu peur de ce déséquilibre? As-tu connu une forme de vertige qui aurait pu avoir des conséquences néfastes dans ta carrière?*

Non, les choses ont toujours progressé d'une façon naturelle et assez lentement. J'ai monté les marches tranquillement. Je m'étais tellement préparée à ça. On l'a travaillé étape par étape. J'ai grandi et évolué en même temps que le succès grandissait.

# « La scène est le seul endroit **où je ne me re- mets pas en question.** »

*Est-ce qu'il y a une adaptation à faire quand la gloire se concrétise?*

Ce qui m'aide à replacer tout ça, c'est qu'après chaque spectacle je signe des autographes. Je signe jusqu'à la dernière personne qui se présente. Je fais une heure et demie de spectacle, et facilement deux heures et demie d'autographes après chaque spectacle.

*Pourquoi le fais-tu encore alors que tu es maintenant au sommet?*

Parce que je l'ai toujours fait. Pour moi, c'est là que se crée le vrai contact. Aux chanteurs qui disent «Moi, mes fans, je les aime», je réponds: «C'est facile à dire, mais montre-leur que tu les aimes vraiment. Montre-leur que tu es là pour eux.» S'il y a quelqu'un à qui je veux plaire, c'est à mes fans. Je les écoute totalement. Je parle beaucoup de mes

fans parce que je pense qu'ils ont fait une belle différence dans ma carrière. Il y a quelque chose qui se passe entre eux et moi. Je sais que c'est précieux. Tout le monde n'a pas la chance de vivre ça. Je leur en suis reconnaissante. Ces deux heures avec eux m'aident à tout replacer parce que, après un spectacle, on est plein d'adrénaline et on a reçu une vague d'amour. C'est huit cents personnes qui envoient de l'amour à une seule personne sur la scène. Après le spectacle et les signatures, je suis brûlée. C'est parfait parce que je vais me coucher!

*Est-ce qu'il y a un décalage entre les deux réalités, celle d'être une vedette de la chanson et celle d'être une fille comme les autres?*

J'ai besoin des deux, c'est vital. Je ne pense pas que je pourrais faire l'un sans l'autre. J'ai besoin des moments d'exaltation et d'euphorie sur scène, besoin de me sentir libre, comme un lion en liberté, et de faire ce que j'aime. Quand je suis sur une scène, je suis en pleine possession de mes moyens. Dans la vie, je peux me remettre en question sur mille et une affaires, mais quand je suis sur une scène, c'est le seul moment où je sens que je peux faire tout ce que je veux. Il n'y a pas de règlements. C'est moi à l'état pur. On me voit faire des mouvements, ce n'est pas étudié, c'est spontané, c'est en moi. La scène est le seul endroit où je ne me remets pas en question.

*Trouves-tu difficile d'avoir autant de doutes dans ta vie de tous les jours?*

Non, je pense que c'est ce qui fait que j'ai un bon équilibre. Le jour où je ne me remettrai plus en question et que je n'aurai plus de doutes, je vais juste me trouver bonne, et je pense que ça ne sera pas une belle fin. Il est nécessaire de travailler et de se remettre en question pour continuer à avancer et s'améliorer.

*Est-ce qu'il y a eu un moment où tu t'es crue arrivée? As-tu déjà parlé de toi à la troisième personne du singulier?*

(*Elle éclate de rire.*) Ah, mon Dieu! Jamais, jamais! Au contraire, on dirait que plus les choses vont bien, plus je cherche à ne pas décevoir. Peu importe le succès que tu as, il y a tout le temps quelqu'un qui a plus de succès que toi.

*As-tu peur de passer à côté de ta vie de mère pour maintenir le cap sur le succès?*

Je vais m'assurer de ne pas passer à côté. Je l'ai retardé un peu. Pourtant j'étais sûre que je serais la première parmi mes amies à avoir des enfants. Si ce n'était que de moi, j'en aurais peut-être déjà, mais c'est une question de temps. Mon mari, Fred, et moi, nous sommes sur la même longueur d'onde. On voulait travailler ensemble. Il est certain que si je n'avais pas de carrière, probablement que je serais déjà mère. Mais je sais que je vais l'être de toute façon. Je n'y pensais pas trop, maintenant j'y pense un peu plus. Je crois que ça se fait vraiment bien, de concilier la carrière et le rôle de mère. Beyoncé, Gwen Stefani et Cœur de pirate en sont des exemples.

*Il y a un autre tatouage qui est situé dans ton dos. C'est un symbole japonais qui veut dire « avoir la foi ».*

*As-tu la foi ?*
Maintenant, j'ai la foi, mais c'est très large, comme concept…

*As-tu la foi en toi ? En tes possibilités ?*
Il n'y aura jamais personne qui pourra avoir autant confiance en toi que toi. Il est important de l'avoir, cette confiance-là. Je considère que je ne l'ai pas toujours eue, parce que j'ai été victime d'intimidation au primaire, mais ça m'a permis de prendre de l'assurance. Il y a deux façons de vivre avec l'intimidation : soit tu te refermes sur toi-même, soit tu réagis, comme j'ai fait. Moi, ça m'a donné un élan. À partir de ce jour-là, je me suis dit que j'allais montrer à tout le monde ce dont j'étais capable. Ce n'est pas vrai que, parce qu'on a des problèmes de concentration et qu'on n'entre pas dans la masse, dans le moule, d'autres ont le droit de nous montrer du doigt.

*Ta quête de succès a-t-elle été motivée par cette réalité ? As-tu obtenu une revanche sur la vie grâce à la carrière que tu as réussi à avoir ?*
Peut-être inconsciemment. Cet événement est resté là, et c'est ça qui a forgé mon caractère. J'ai confiance en moi, mais j'ai aussi confiance en la vie. La vie, elle nous renvoie ce qu'on lui donne. Je crois beaucoup au karma. Plus on est généreux, plus ça nous revient. Si on est gentil avec les gens qui nous entourent, si on est respectueux, si on envoie des messages positifs autour de soi et si on répand la positivité, ça nous revient, à un moment donné. Je fais confiance à la vie. Si mon chemin tourne à droite, c'est parce que c'est là que je suis censée aller. C'est la vie. Si c'est à gauche, ce sera à gauche.

*Que dis-tu à ceux et à celles qui espèrent de tout leur cœur connaître la gloire ?*
Je leur dis : « Fais-le pour les bonnes raisons ! Fais-le parce que c'est ta passion. Ne le fais pas pour la gloire. »

*Toi, l'as-tu déjà fait pour la gloire ?*
Jamais ! Je voulais partager ma passion parce que j'avais des choses à exprimer. À sept ans, je savais ce que je voulais faire. Je n'avais aucune idée de ce que signifiait être une chanteuse, je ne savais même pas ce qu'était la gloire ! Mais je savais que c'était en moi. Il faut toujours se rappeler pourquoi on fait ça et pour qui on fait ça. Il faut le faire pour les bonnes raisons. Parce que c'est ce qu'il y a dans nos tripes, parce que c'est notre chemin. Mais il ne faut pas penser à ce que ça peut nous apporter en retour. Il faut le faire parce qu'on aime ça.

> **« Il faut toujours se rappeler pourquoi on fait ça et pour qui on fait ça. Il faut le faire pour les bonnes raisons. »**

---

**Au nom de la gloire, j'ai dû faire les sacrifices suivants…**
J'ai un peu sacrifié ma quiétude d'esprit. À mes débuts, j'étais insouciante. Je n'avais rien à perdre et je ne connaissais rien d'autre que mes rêves et mes aspirations. Dix ans plus tard, je me retrouve souvent dans un tourbillon, dans des préoccupations… Qu'est-ce que je vais faire pour m'améliorer, continuer d'impressionner, est-ce que l'inspiration sera au rendez-vous pour mon prochain album, est-ce que les gens seront conquis, etc. ? Je ne dirais pas que c'est dérangeant, mais parfois ce serait bien d'avoir une télécommande pour pouvoir appuyer sur « Pause » un moment !

**Au nom de la gloire, j'ai perdu…**
*(Silence, longue réflexion)* Peut-être des moments précieux avec ma famille, parce que je n'étais pas toujours là. Je ne suis pas aussi présente que je voudrais l'être. C'est la seule chose à laquelle je pense parce que, sinon, je considère que je n'ai rien perdu. Non.

**Au nom de la gloire, j'ai gagné…**
Le droit d'être libre. Au nom de la gloire, j'ai gagné mon public !

Michel Louvain a traversé chacune des époques, les années 1950, 1960, 1970, 1980, 1990, 2000 et 2010, sans jamais perdre le feu sacré. Son public, son véritable amour, lui est resté fidèle. Lui aussi. Michel lui a tout donné. Il lui a consacré sa vie. Tout au long de son parcours exceptionnel et sans faille, il a apporté un soin particulier à chacune de ses rencontres avec son public jusque dans les moindres détails, parce que c'était pour lui un rendez-vous galant. On ne doit pas décevoir. Il a toujours fait preuve d'une élégance dans tout ce qu'il porte, en s'assurant lui-même qu'il n'y a aucun faux pli. Une façon à lui d'honorer le moment. Il a longtemps vécu en réclusion pour se protéger de l'engouement de ses admirateurs, mais aussi pour mieux servir son public le soir venu. Ce 29 septembre 2013, à la salle L'Étoile Dix30 de Brossard, j'ai été en présence d'un grand homme. Fébrile dans sa loge, quelques minutes seulement avant d'entrer en scène, comme s'il s'agissait de la dernière fois. Dans sa tête, tout est à recommencer. Il doit reconquérir les cœurs même si son public lui rappelle son amour inconditionnel dès les premières mesures. Michel a le secret tant convoité de la gloire éternelle.

# MICHEL LOUVAIN
## LA GLOIRE ÉTERNELLE

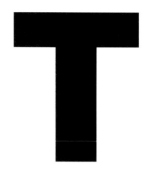**T**E CONSIDÈRES-TU COMME UN ÉLU, *quelqu'un qui a été choisi pour faire de ce métier une mission?* Peut-être que je suis un élu, comme tu le dis, mais je n'en sais rien. Je me demande pourquoi je suis encore là, moi, alors qu'il y en a d'autres qui n'y sont plus. Pourquoi ça a marché pour moi? Ma mère m'a déjà dit que j'étais né sous une bonne étoile. Nous étions sept enfants à la maison. Un jour, ma mère m'a dit: «Michel, tu es le seul que nous avons conçu en le sachant. Ton père avait fait un souper et allumé des chandelles. Il a monté les chandelles dans la chambre. Il a apporté la radio du salon en haut et a mis de la belle musique. On le savait…» Je suis venu au monde après dix mois. Je ne voulais pas sortir. Je pesais onze livres et trois quarts! J'étais un gros bébé. J'ai même gagné un trophée à la pouponnière parce que j'étais le bébé qui riait le plus.

*Michel, tu n'as jamais été ambitieux. La gloire t'est tombée dessus comme la misère sur le pauvre monde, aurait dit ma mère.*
Elle est survenue, paf! quand j'avais vingt et un ans, lors d'une émission de télévision à Radio-Canada. À ce moment-là, je pense que je n'ai pas réalisé ce qui m'arrivait réellement. Je n'ai jamais eu de grandes ambitions.

*As-tu vu ça comme un pouvoir?*
Je n'ai jamais associé ça au mot «pouvoir». Non. Moi, je chante, je suis heureux et je rends des gens heureux.

*Tu as déjà avoué en entrevue que tu n'étais pas un grand chanteur mais que, ce que tu chantais, tu le vivais. Pourtant, tu as passé cinquante-six ans de ta vie à faire ce métier. Tu as vendu des centaines de milliers d'albums. Tu as chanté devant plus d'un million de spectateurs. Et tu es toujours là.*
Oui. Je ne suis pas le meilleur chanteur. Il y a de plus belles voix que la mienne, mais on m'a déjà dit que j'ai un charisme sur scène qui fait vibrer la salle jusqu'à la dernière rangée. Moi, je ne m'en rendais pas compte.

*T'arrive-t-il de penser à ce que tu as accompli et d'en être fier?*
Tout a passé tellement vite. Les années ont filé, et je ne me suis pas aperçu que la grande roue tournait. Un jour, je me suis réveillé et je fêtais mes cinquante ans de carrière. Aujourd'hui, je le dis sans prétention, je remplis mes salles. J'ai des ovations. Après le spectacle, je repars chez moi et je me dis: «C'est beau, ce qui m'arrive.» Et je fais toujours un signe de croix pour remercier. Heureusement, je ne me suis pas enflé la tête! Tu ne ferais pas d'entrevue avec moi si c'était le cas. Je ne serais plus là, je pense. Je reste humble par rapport au succès. Une fois que le rideau tombe sur la scène, je reprends mes vêtements de tous les jours, sans plus, jusqu'au prochain spectacle.

*Préfères-tu ne pas te souvenir de tout ce que tu as fait, afin de rester en alerte pour la suite des choses?*
Je pense que c'est mieux ainsi. Je suis conscient que j'ai une belle carrière, mais il y a des jours où je ne le mesure pas totalement. Je le constate quand les gens viennent me raconter des anecdotes. Je vis encore de belles rencontres, de belles surprises. Quand des artistes «culturels» du Québec veulent collaborer avec moi, je suis renversé. Je n'en dors pas. Je dis à ma gérante: «Es-tu sérieuse? C'est une *joke*, hein?» Et elle me répond: «Ben, voyons donc, Michel! Eh que tu n'as pas confiance en toi!» Tout me touche. Dans ma vie et dans ma carrière, ce qui me nuit le plus, c'est que je suis trop sensible. Pour moi, chaque invitation est un défi. J'adore les défis. Montrer que je suis toujours capable d'en mettre plein la vue. Quand j'y parviens, si tu savais comme je suis heureux! C'est ce qui fait que ce métier m'émerveille toujours.

*Regardes-tu tout ce que tu fais?*
Je ne me regarde pas. J'en suis incapable. Je vois les défauts, et ça m'enrage.

*D'aussi loin que tu te souviennes, rêvais-tu en silence de faire ce métier?*
Un jour, alors que j'avais à peine dix-sept ans, mon père m'a dit qu'il avait besoin d'aide. J'ai quitté le collège pour aller travailler comme étalagiste. Je faisais les vitrines des magasins, je disposais les produits pour créer un bel effet et donner envie aux gens d'acheter. Mais mon vœu le plus cher était de chanter.

*Tu as commencé sur le tard ta carrière de chanteur.*
Oui, c'est arrivé tard. Mon frère m'a beaucoup aidé. Il a quitté la maison pour aller s'installer à Montréal, où il chantait. J'ai pris sa place dans le trio dont il faisait partie. C'est à ce moment précis que j'ai vraiment pris goût à ce métier et que j'ai su que ce serait ça, ma vie. Je voulais être chanteur pour toujours.

*Ton frère est à l'origine de ta carrière. La sienne n'a pas connu le même succès. T'es-tu déjà senti coupable de vivre la gloire alors que ce n'était pas le cas pour lui?*
Ça m'a fait mal de voir la chance que j'avais pendant que mon frère, de son côté, avait de la difficulté à percer. Il était à Montréal depuis cinq ans déjà, et il bûchait. Il m'a accueilli chez lui et m'a présenté à un agent. Ça faisait quatre mois que je vivais en ville quand je lui ai annoncé qu'on m'avait demandé de faire un disque. Il m'a dit: «Maudit que t'es mardeux, toi!»

*Est-ce que ça a créé une forme de rivalité entre vous?*
Pas du tout. Il était très content pour moi. André était un homme fier, il aimait ce métier autant que moi. Il a tout de même fait carrière dans un domaine parallèle. Malheureusement, il était bien jeune quand il nous a quittés à la suite d'un accident de voiture. Encore aujourd'hui, je me demande souvent pourquoi ce n'est pas lui qui a réussi.

*Tu es originaire de Thetford Mines, une petite ville minière. Te permettais-tu de rêver de devenir quelqu'un d'autre? Rêvais-tu de quelque chose de plus grand?*

J'étais très heureux de chanter dans trois mariages par mois, d'aller chanter à East Angus le vendredi soir pour cinq dollars, puis en Beauce le samedi soir pour cinq dollars aussi. Je n'en demandais pas plus. C'était ça, mon rêve. J'étais dans ma famille et j'allais chanter, tout en continuant mon travail d'étalagiste, qui me rapportait quarante-cinq dollars par semaine. Je donnais ma paye à mes parents. Et je leur offrais un petit cadeau grâce aux dix dollars que je gagnais en chantant. Mon rêve à moi, c'était d'être à Thetford Mines et de faire ce métier. J'aurais pu faire ça longtemps et j'aurais été heureux.

*Quand as-tu constaté que tu touchais à la gloire et que ta vie ne serait plus la même?*

J'avais vingt et un ans. Je me souviens d'un soir où je suis allé chanter au Théâtre Odéon Mercier, au coin de la rue Ontario et du boulevard Pie-IX, à Montréal. À l'entracte, entre deux projections de films, un artiste venait chanter trois ou quatre chansons. Ce soir-là, il n'y a pas eu de deuxième film. Ça a été ma première émeute. J'ai dû sortir du cinéma entouré de policiers. Tout le monde a quitté la salle pour aller voir l'artiste sortir. C'était moi, l'artiste. C'est à ce moment précis que j'ai réalisé que les choses ne seraient plus les mêmes. Je n'étais pas gros dans mes souliers! Je connaissais la gloire. À l'époque, il y avait Elvis Presley, les Beatles, mais au Québec, les jeunes filles avaient besoin d'une idole. Et Louvain est arrivé. Le *timing* était excellent.

*Quand tu dis « Louvain » au lieu de « Michel », ça témoigne d'une distinction que tu fais entre les deux. Ton vrai nom de famille est Poulin. C'était la mode de l'époque de changer de nom. Que reste-t-il de Michel Poulin, le petit gars de Thetford Mines?*

Tu me poses une bonne question parce que j'ai parfois l'impression que « Louvain » a pris le dessus sur « Poulin ». Mais à l'intérieur de moi, c'est Poulin. Michel Poulin est toujours là.

*Tu as connu un succès fulgurant. Pendant quinze ans, il y a quand même eu de la démesure.*

J'étais dans un tourbillon. Ça n'arrêtait pas. C'était même parfois étourdissant, comme dans un carrousel. Tu ne t'en rends pas compte. Tu as une limousine qui vient te chercher et te ramène chez toi, un policier qui te conseille de rester à l'hôtel et de ne pas sortir, alors tu te résignes, tu dors, et le lendemain tu as oublié parce que le tourbillon recommence.

*As-tu eu peur de perdre l'équilibre dans ce tourbillon? La gloire peut-elle donner le vertige?*

Ce n'est pas ça qui m'effrayait. Tout ce dont j'ai toujours eu peur, c'est que le public me laisse.

*Même encore aujourd'hui, cette peur t'obsède?*

Oui. Tu vois, ils ont conclu le documentaire sur moi à RDI en me posant la question suivante : « Si le public n'était plus là, qu'est-ce qui vous arriverait? » J'ai hésité et j'ai dit : « Je partirais. Je mourrais. »

*Est-ce ce métier qui te tient en vie, Michel?*

C'est ma vie. Si tu savais combien je suis heureux quand je suis sur scène. Mes amis qui me côtoient depuis plus de cinquante ans me disent souvent : « Bon, c'est le temps que tu montes sur scène, tu n'es pas parlable! » (*Long silence*) J'appelle constamment ma gérante pour savoir si les billets se vendent bien. Et elle me dit : « Michel, veux-tu ben arrêter! Tu le sais que tu vas jouer à guichets fermés! » Oui, je le sais, mais je lui demande quand même de vérifier. Je suis inquiet, j'ai toujours été comme ça. C'est normal pour un artiste de s'inquiéter. Je suis sûr que je ne suis pas le seul.

*Dans ton parcours, as-tu toujours été inquiet que les choses s'arrêtent?*

Je pensais que c'était fini après *De bonne humeur*, qu'il ne m'arriverait plus rien. J'étais sûr que tout s'écroulait. Ça a été difficile. Finalement, je suis revenu sur la scène, et c'est reparti. C'est dans ces moments-là qu'il faut être bien entouré. J'avais un gérant; maintenant, sa femme a pris sa place, et elle joue un rôle essentiel. Un artiste n'est pas un homme d'affaires, il a besoin de quelqu'un pour lui dire : « Fais ceci, fais pas ça, non, ne va pas là, Michel, je te conseille de… » C'est très important, et moi, j'écoute. C'est ça qui a fait en partie mon succès.

> **"Tout ce dont j'ai toujours eu peur, c'est que le public me laisse."**

*Tu n'es pas quelqu'un de nostalgique. Tu ne regardes jamais les événements du passé en te disant que c'était la belle époque. Aujourd'hui, le star-système a pourtant bien changé. L'instantanéité des réseaux sociaux démystifie assez vite la star. Avant, il y avait une certaine aura mystique autour de l'artiste. Tu l'as vécu. Maintenant, des concours à la télé fabriquent des stars du jour au lendemain.*

En regardant *Star Académie* et en voyant comment on fait une vedette en trois semaines, combien de fois je me suis dit : « Mon Dieu, j'espère qu'ils ne lui briseront pas le cœur. J'espère que ça va durer. » Ça doit être terrible de connaître le succès et de tomber dans l'oubli deux ans après, alors qu'un autre a pris ta place.

*As-tu l'impression que ta préoccupation constante de satisfaire ton public jusqu'à la dernière minute a fait toute la différence pour l'ensemble de ta carrière?*

Je fais une heure et demie de spectacle et je vais signer des autographes pendant presque deux heures. Je suis incapable de partir s'il reste encore une personne dans la file. Elle a attendu une heure, je ne peux pas lui dire : « Bon ben, c'est assez, je suis fatigué, je m'en vais. » D'autres le font. Moi, je signe. J'ai toujours fait ça. Je sais que les gens aiment voir leur chanteur ou leur artiste à la fin du spectacle. Je les écoute. Certains me font des révélations pendant que je signe des autographes. C'est comme ma famille. La femme qui est là, c'est ma mère. L'homme qui est là, c'est mon père. Mes parents sont partis trop jeunes. Parfois, je chante et je vais juste toucher à une dame qui a de beaux cheveux gris et je vois le visage de ma mère. Je deviens complètement ému. Je suis un grand émotif. J'aime être proche de mon public. Je pense que les gens savent que je les aime, et c'est peut-être ça ma force. Je ne joue pas.

*Tu n'as jamais pensé aller à l'étranger ? Tenter ta chance ailleurs ?*

J'ai fait un spectacle en première partie de Guylaine Guy, à la Tête de l'Art, sur l'avenue de l'Opéra, à Paris. Ç'a été comme ci comme ça. Je suis parti déçu parce que ce n'était pas la folie. Ce n'était pas le temps des Québécois à Paris. Félix Leclerc s'était démarqué, mais il n'y avait pas la grosse machine pour recevoir les Québécois. Et un jour, je suis allé chanter au Hilton Caribbean à Puerto Rico. J'ai appris l'espagnol, deux chansons en hébreu parce qu'il y avait beaucoup de Juifs, et je chantais en anglais et quelques chansons en français. L'agent m'a proposé de revenir l'année suivante, de faire deux autres semaines au Hilton Caribbean et au Sheraton en plus. Il m'offrait de faire le tour du monde en allant dans tous les Hilton. Je lui ai dit : « Non. Je suis populaire au Québec et je retourne au Québec. » Il ne faut pas oublier que j'ai fait cinquante-six ans de carrière seulement au Québec.

*Succès rime souvent avec argent. Tu en as gagné beaucoup. Quand l'abondance s'est fait sentir, comment as-tu réagi à cette nouvelle réalité ?*

Au début, je dépensais énormément. J'avais vingt-trois ans. J'allais à Paris et je louais une maison là-bas. J'avais un serviteur. Au Québec, on allait au restaurant, on était dix, douze convives, et c'était toujours moi qui réglais la note. Je n'ai jamais entendu personne dire : « Attends une minute, je vais la prendre. » Un jour, j'ai rencontré un monsieur à Québec qui m'a conseillé de mettre de l'argent de côté. Je n'oublierai jamais son conseil.

*Cette insouciance était sans doute liée à l'âge auquel tu as connu le succès. Quand tu dépensais de cette manière, te disais-tu que ce n'était pas grave, que tu aurais toujours de l'argent plus tard ?*

Je n'ai jamais pensé comme ça. J'ai toujours eu peur d'en manquer ou que tout s'arrête. Bien sûr, j'avais signé des contrats un an d'avance, donc je savais que de l'argent allait rentrer… J'étais jeune, c'était normal que je réagisse comme ça. À vingt-quatre, vingt-cinq ans, tu gagnes dans les cinq, six chiffres, tu vires fou, tu dépenses ! Mais un jour j'ai réalisé que je vieillissais et qu'il fallait faire attention pour l'avenir. Maintenant, je me questionne avant d'acheter : « Ai-je vraiment besoin de ça ? » En vieillissant, tu deviens un peu plus sage…

*Combien de temps ç'a pris avant que tu deviennes un peu plus sage ?*

J'avais quarante ans, quarante-cinq ans… Mais je ne regrette rien. J'ai eu du fun. C'est du passé. Je ne vis pas avec le passé. Je peux penser parfois à certains événements, mais je ne m'y arrête pas parce que je ne veux pas avoir mal. Ça ne reviendra jamais, alors je regarde en avant. Demain est un autre jour.

*Un jour, Serge Lama m'a confié qu'il consacrait la journée entière à préparer le spectacle qu'il donnait le soir. Toute sa vie est mobilisée pour le soir. Es-tu du même avis que lui sur ce sujet ?*

On prépare toujours le spectacle du soir. Ça ne se prépare pas juste la journée même, mais aussi la veille. Je me privais d'aller dans des soupers pour ne pas boire trop d'alcool et pour être bien le lendemain. Le jour du spectacle, il n'est pas question de prendre un verre de vin ni mon cocktail, qui m'est si cher. Je me concentre sur le repassage de mes vêtements, car je le fais moi-même. Je mets le tout dans la housse, et personne n'a le droit d'y toucher. Je la porte jusqu'à ce que j'arrive dans ma loge. C'est moi qui vais suspendre mes vêtements.

*Éric Lapointe dit que le plus difficile dans ce métier, c'est quand les lumières de la salle se rallument après le show…*

Il ne faut pas retourner sur la scène voir la salle vide. Je l'ai fait une fois à la Place des Arts, ça donne un coup. C'est affreux d'avoir connu des applaudissements, des ovations, des cris, des bravos et après de se retrouver tout seul dans sa loge. Tu t'habilles. Tu plies tes vêtements. Tu t'en vas chez toi. Dans la voiture, tu ressens un vide. C'est terrible à vivre. J'arrive chez moi, je m'assois. J'ai tellement soif que je prends une bière, et là, j'ai hâte au lendemain.

*Te dis-tu : « Tout ça pour ça » ? Vivre la solitude quand on vient de vivre la consécration.*

Si tu savais comme je l'ai connue, la solitude. Peut-être parce que j'ai trop mis ma carrière au premier plan. Je n'ai pas assez pensé à moi, côté cœur. Ce n'est pas toujours facile pour la personne qui partage ma vie. Dans ce métier, on devient un peu des enfants gâtés. Parfois, le ton monte même quand ce n'est pas nécessaire. Sans doute à cause de la nervosité du spectacle qui se fait sentir ou des chansons que je dois apprendre… Je ne sais pas.

*La solitude des sommets, comme les alpinistes l'appellent…*

Je me suis empêché de faire de bien belles choses, pas parce qu'on me les déconseillait, mais parce que je n'osais pas ou que je me l'interdisais moi-même. Je ne sortais plus. Je faisais juste mes spectacles. J'allais dans des restaurants, je voyais les gens me regarder et me montrer du doigt en disant « C'est Michel Louvain », je quittais les lieux, puis je m'en allais chez moi. J'ai vécu une vie de reclus. La gloire, ça demande beaucoup de sacrifices. Je n'ai pas vu les années passer entre vingt et trente-cinq ans parce que je me suis privé de choses qui me tentaient. Quand tu es populaire, certaines activités deviennent

impossibles. La veuve de Robert Bourassa m'a déjà demandé lors d'une soirée s'il m'arrivait de me promener dans la rue. Je lui ai retourné la question : « Est-ce que M. Bourassa sortait pour aller voir la vitrine de Noël d'Ogilvy ? » Elle m'a dit : « Tu as bien raison. Robert n'osait pas faire ça non plus. » J'ai ajouté que je l'avais fait une fois et que ça m'avait desservi. On me voyait plus dans un château avec des employés et des bonnes. Pourtant, j'étais loin de vivre dans un château et je n'avais pas de bonne. Mais les gens te mettent sur un piédestal. C'est ça, le prix à payer pour la gloire, mais je ne le regrette pas. Même aujourd'hui, je le paye encore un peu parce que je reste sur mes gardes. Je sais qu'on me regarde. Mais maintenant, c'est différent. Les gens sont moins intransigeants qu'à cette époque.

*À l'époque, tu vivais une solitude que tu t'étais imposée, par peur de l'extérieur. Un isolement volontaire. On dit souvent que l'entourage de l'artiste, quand survient la gloire, le protège des autres, mais on oublie peut-être de dire aux artistes qui se réfugient dans leur tour d'ivoire qu'ils doivent se protéger d'eux-mêmes. Aurais-tu aimé que quelqu'un te dise : « Attention à toi, tu t'isoles beaucoup trop » ?*

## " Je pense que j'apporte du bonheur. **Je suis comme un missionnaire.** "

Personne ne m'a dit ça, mais je me demande si j'aurais écouté. C'est moi qui ai décidé de m'isoler. C'est moi qui ai mis un mur. C'est moi qui m'empêchais d'aller vers les autres. Je me souviendrai toujours d'être entré dans une discothèque et de m'être fait apostropher par un gars : « Qu'est-ce que tu fais icitte, toi, Michel Louvain ? » Je suis ressorti aussitôt. Pourquoi je n'aurais pas eu le droit d'être là ? J'avais envie d'être avec des jeunes qui dansaient. Je suis parti en me disant : « Plus jamais. » J'en ai souffert, mais c'est ma carrière qui m'a demandé ça. C'est moi qui ai décidé ça. Je suis responsable de ma solitude. Josélito, c'est fatigant d'être assis dans un restaurant et de sentir que le monde te regarde constamment pour savoir comment tu manges, comment tu te sens...

*Mais ce n'est pas ça que tu cherchais, être regardé ?*
Oui, mais c'était plutôt sur la scène que je voulais être regardé.

*Aujourd'hui, laisses-tu plus de place à Michel Poulin ?*
J'essaie de le faire et je réussis. Si je vais au restaurant, je m'assois dos au monde... Je suis allé faire mon épicerie hier, et tout le monde me saluait. C'était le fun.

*Avant, tu ne faisais pas ton épicerie ?*
Pendant longtemps. Je portais une casquette. Maintenant, je ne la mets plus et je suis content quand les gens me parlent. J'ai décidé ça il y a très peu de temps, depuis que j'ai soixante-dix ans. Je suis plus ouvert à ce que j'ai envie de faire. Je suis content de cette décision.

*Te sens-tu plus heureux comme ça ?*
Oui, mais je suis encore sur mes gardes...

*De quoi as-tu le plus peur dans la vie ?*
De la maladie. Je perds beaucoup d'amis. J'en ai perdu un que j'aimais beaucoup, il s'est suicidé. Ça, pour moi, ç'a été terrible. D'autres sont atteints du cancer et n'ont même pas soixante ans, soixante-dix ans, même pas mon âge. J'ai beaucoup de difficulté à l'accepter, mais au fil du temps tu deviens plus conscient de ce qui se passe, plus lucide.

*Quel est ton rapport avec la vieillesse ?*
J'ai soixante-seize ans. Je m'aperçois que je vieillis, je me fatigue plus vite. Je ne monte plus les escaliers aussi vite qu'avant. La vie m'avertit qu'il faut que je fasse un peu plus attention à moi. C'est toujours Michel Louvain qui mène. Dans quatre ans, je vais avoir quatre-vingts ans, mais il ne faut pas trop que j'y pense. C'est un chiffre que je trouve dur. Il me fait peur...

*Voudras-tu encore chanter quand tu auras cet âge vénérable de quatre-vingts ans ?*
Oui, parce que quand j'aurai quatre-vingts ans je vais fêter mes soixante ans de carrière. Je suis très croyant. On ne me verra pas à l'église, assis à la messe, mais j'ai ma façon à moi de parler à Dieu. Avant de me coucher, je Lui dis tout le temps : « Laisse-moi la santé, c'est tout ce que je veux. Je veux faire mes soixante ans de carrière. » Après ça, Il fera ce qu'Il voudra...

*Que veux-tu que l'on retienne de toi, Michel ?*
Que les gens m'ont rendu heureux. Je vais dire comme La Poune : « J'aime mon public, mon public m'aime. »

*Te sens-tu utile dans la vie de tes admirateurs ?*
Je pense que j'apporte du bonheur. Je suis comme un missionnaire.

*Qu'est-ce qui t'apporte du bonheur, à toi ?*
Eux ! (*Il rit.*) C'est eux. Je suis un homme très heureux et très comblé. La vie m'a beaucoup gâté. Ma carrière m'a beaucoup gâté. Je suis conscient que je reçois de l'amour à la tonne...

*Est-ce que c'est une relation de dépendance avec ton public ? Tu as besoin d'eux, ils ont besoin de toi...*
Moi, j'ai besoin d'eux.

**Au nom de la gloire, j'ai fait les sacrifices suivants...**
(*Long silence*) La gloire m'a tenu tellement occupé que Michel Poulin n'a pas eu le temps de s'occuper de son cœur. J'ai perdu de belles occasions. Je n'ai pas pu connaître l'amour avec un grand A. Mais maintenant, je suis très heureux.

**Au nom de la gloire, j'ai perdu...**
Ma jeunesse, puisque j'ai connu la gloire à vingt et un ans.

**Au nom de la gloire, j'ai gagné...**
L'amour. Beaucoup d'amour.

José Gaudet, membre du duo Les Grandes Gueules, compte à son actif, avec son partenaire Mario Tessier, tous les records d'audience canadiens pour une émission de fin d'après-midi à la radio. Ils connaissent un succès incomparable et inégalé à la radio au Canada. Le 18 mai 2007, après quinze ans à NRJ, ils quittent ce média. La même année, ils reçoivent de nombreux trophées au Gala Les Olivier pour souligner leur apport au monde de l'humour. Leur deuxième spectacle, *Complices*, connaît un énorme succès jusqu'à leur retour à NRJ le 18 janvier 2010. Ils y sont toujours. Ensemble ils animent la vingt-quatrième et la vingt-cinquième édition du Gala Artis, présentées à TVA aux printemps 2009 et 2010. José Gaudet a attendu son moment pour se lancer en solo avec l'animation d'une émission sur les voitures, sa grande passion, et en duo avec Julie Bélanger dans l'animation de *Ça finit bien la semaine* sur les ondes de TVA. Notre rencontre se déroule sur les lieux de production de l'émission pour me permettre de saisir toute la fébrilité qui entoure un tel moment. José Gaudet entre dans ce nouveau rôle avec une telle aisance, une spontanéité si désarmante et tant de profondeur qu'on a l'impression qu'il le fait depuis toujours.

# JOSÉ GAUDET
## DOMPTER LA GLOIRE

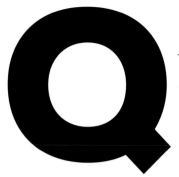

**Q**UAND TU ÉTAIS TOUT PETIT, *le monde des célébrités faisait-il partie de tes rêves?* J'avais autour de huit ans quand j'ai commencé à rêver de faire ce métier. Je ne rêvais pas à la gloire en tant que telle, mais plutôt de voir des milliers de personnes être sous mon charme humoristique. Je voulais faire rire les autres. J'imaginais des gens m'applaudir, rire et être heureux. C'était ça précisément qui me stimulait, et c'est encore le cas aujourd'hui.

*Tu sembles éprouver un certain malaise quand tu prononces le mot « gloire ». Pourquoi?*
Je n'aime pas tout ce qui est lié à ce qu'on appelle la « gloire ». Faire des sacrifices pour atteindre un but, je trouve ça sain. C'est ce qu'il faut faire pour réussir. C'est exactement ce que j'essaie d'enseigner à mes enfants: faire des sacrifices pour aller chercher ce que tu désires. D'autres te diront: « Méfie-toi de ce que tu désires », parce que, quand tu l'obtiens, ça t'amène l'autre côté de la médaille. Le show-business est une arme chargée, toujours prête à tirer. C'est une roulette russe. Ça tourne et ça s'arrête, et la balle atteint une personne. Ça se fait aussi dans le show-business international, mais au Québec, pour une raison que j'ignore encore, on va choisir un artiste, on va l'aimer et le mettre au top et, dès qu'on en aura l'occasion, on va le démolir, l'émietter et le piétiner. Quand il est sur le point de mourir et de se tirer une balle, on le relève. Il y a deux réalités bien distinctes: le show-business et la gloire, ce n'est pas la même chose du tout.

> **"J'ai visualisé exactement** ce que je possède aujourd'hui. **"**

*Y a-t-il eu un moment où tu as senti que tu commençais à toucher à la gloire?*
Je n'ai pas l'impression d'avoir vraiment touché à la gloire. J'ai connu une grande réussite avec Mario Tessier grâce à notre duo Les Grandes Gueules, à la radio, mais peut-être pas la gloire. Au quinzième anniversaire des Grandes Gueules, qui correspondait à l'époque où on quittait la radio pour retourner sur scène, on a eu droit à un spectacle hommage au Métropolis de Montréal. Là, j'ai senti quelque chose de fort. Il y avait un tel engouement ce soir-là, c'était magique! Dans la même année, on nous avait remis cinq trophées au Gala Les Olivier. À ce moment-là, j'ai senti que nous touchions un peu à la gloire.

*Quand tu goûtes à la gloire, est-elle aussi savoureuse que ce que tu avais imaginé quand tu étais petit?*
C'était tendre dans ma bouche, tendre dans mon cœur. Il y avait une paix intérieure, une certaine sérénité et le sentiment du devoir accompli, mais à partir du jour où tu « fais du *cash* », ce qui vient avec la renommée, le goût peut changer. L'argent est la conséquence de la gloire. J'ai rêvé toute ma vie de gagner de l'argent, et ça m'est arrivé.

*Quand tu étais petit, tu collectionnais les voitures miniatures en te disant qu'un jour tu allais avoir beaucoup d'argent et que tu pourrais t'acheter de belles voitures. C'était de la visualisation?*
J'ai visualisé exactement ce que je possède aujourd'hui.

*Cependant, quand arrive l'abondance, tant souhaitée et visualisée, tu éprouves de l'angoisse.*
J'ai peur de perdre ce que je viens d'acquérir. À ce moment précis, mes problèmes de santé arrivent. L'angoisse aussi. Pendant plus d'un an et demi, l'angoisse m'a détruit parce que je me suis mis à trop dépenser et à mal évaluer ma nouvelle situation financière.

*As-tu tenté de trouver une solution pour calmer ces angoisses qui grandissaient en toi?*
Ça a été une période très difficile. L'angoisse, c'est un tourbillon. Elle monte en toi et t'étouffe littéralement. Quand tu es dans cet état d'esprit, tu mets tout dans le tourbillon de l'angoisse, ta carrière, tes enfants et ta femme. L'angoisse grossit et se transforme en TOC (troubles obsessionnels compulsifs). Au début, tu te demandes: « Est-ce que j'ai exagéré? Est-ce que je me suis mis des paiements sur le dos pour rien? J'étais heureux dans l'autre maison. Avais-je vraiment besoin d'en acheter une si grosse? » Et là, ça dégénère. Pourtant, j'étais conscient qu'il ne fallait pas que j'aie des peurs, mais c'était plus fort que moi.

*Pendant tout ce temps, tu es malheureux. Alors que tu devrais être heureux puisque tu connais le triomphe.*
J'étais dans une espèce d'état dépressif. Le *cash* et mes décisions financières m'ont rendu malheureux. J'ai été déçu de certains de mes choix. J'ai compris pourquoi tant de gens disaient qu'il y a de mauvais côtés à l'argent. C'est très difficile de le gérer quand il arrive en abondance parce que tu ne veux pas le perdre. Ça devient une obsession. Quand tu es *kid* et que tu commences une carrière, tu n'as rien à perdre; c'est facile de risquer le tout pour le tout. Mais quand tu es adulte, que tu as une femme, des enfants et des responsabilités financières, c'est autre chose.

*Te disais-tu que, une fois sorti de cette situation difficile, tu reverrais tes priorités et réévaluerais certaines de tes décisions?*
Ces réflexions ont commencé avant cette période difficile. Il y a eu des moments dans ma carrière où j'ai senti qu'il se passait quelque chose d'anormal chez moi. La première fois, c'est lorsque j'ai cassé physiquement. J'étais à bout de ressources physiques, complètement épuisé. C'est la période où on faisait la radio et les spectacles en même temps. C'était avant la fête au Métropolis pour les quinze ans de notre duo à la radio. J'ai

perdu la voix. Je me suis absenté de la radio pendant deux semaines. On m'a sorti des ondes parce que, si je continuais à parler, je risquais d'hypothéquer mes cordes vocales à tout jamais. La job à la radio est vraiment exigeante ; elle demande un rendement quotidien. Pour moi, c'est le travail à la fois le plus dur et le plus stimulant que j'ai fait dans le show-business depuis mes débuts, mais c'est aussi le plus payant.

*Lorsque tu te retrouves chez toi, complètement cassé, éprouves-tu une certaine déception par rapport à tes capacités ? Arrives-tu au constat que tu ne pourras plus faire les choses de la même manière et avec la même intensité à l'avenir ?*
Je n'ai pas eu ce genre de déception. Mais j'ai pu me rendre compte à quel point je devais fonctionner à ma façon. Je préférais, et c'est encore le cas aujourd'hui, avoir une plus petite carrière dans le bonheur, la joie et la sérénité, et m'amuser, plutôt que d'être le gars au top de la pyramide, plus riche mais mourant. Il faut connaître ses limites. Il faut accepter ses limites. Mais je reste ambitieux. Dans ma tête, c'est toujours : *the sky's the limit*. Le constat que j'ai fait, à la suite de cette pause, c'est que je peux me rendre exactement là où je veux aller, mais je dois choisir la façon de m'y rendre. Il faut que je le fasse à ma manière. Je me suis rendu compte que je ne pouvais pas faire tout ce qu'on attendait de moi.

*Quand tu constates que tu ne pourras pas parvenir au sommet de cette façon-là, qu'est-ce qui te vient en tête ?*
Je me suis demandé à quoi ressemblerait ma vie si je faisais autre chose. Dans le fond, je peux faire ce que j'aime, à mon rythme. Pendant cette période, dans mon for intérieur, j'ai pensé changer de métier. J'étais convaincu que je pouvais jouer un rôle dans l'ombre du show-business ou dans les coulisses de la politique. J'ai même pensé à me lancer en politique…

*Alors, d'où te vient la motivation de poursuivre dans ce métier même en sachant les ravages qu'il peut faire si on ne respecte pas son propre rythme ?*
J'ai besoin d'entendre le monde rire. C'est ça, mon vrai besoin. Si je suis dans un *party* avec vingt personnes, qu'est-ce que je fais ? J'attends le bon moment pour faire rire. C'est épuisant, mais quand je fais ça, je suis dans ma vérité. Je suis rempli d'énergie. Je vis pour ces instants-là. Mon gaz, c'est ça. Si je vais sur un plateau de télé et que je réussis à mettre le feu sur le plateau, que ça crie et que ça braille, c'est ma paye.

*Est-ce que le fait d'avoir une aisance financière aide dans le processus de réflexion ?*
Oui et non parce que, avoir de l'argent, c'est un couteau à deux tranchants. Ça aide, oui, puisque tu disposes d'un coussin, mais en même temps tu sais que si tu ne fais pas de gros salaires, tu vas bouffer toutes tes économies. C'est contradictoire. Je me suis organisé pour avoir un coussin assez confortable pour prendre le temps de réfléchir et mieux planifier mon avenir, mais je ne peux pas arrêter de travailler.

*Au terme de tes réflexions, tu as opté pour la continuité de tes activités professionnelles. Pas de changement de profession. As-tu revu ton plan de match pour éviter de tomber dans le même piège ?*
Je me suis rendu compte que le désir d'être le meilleur en tout, c'est un monstre intérieur que je dois nourrir constamment, et ce monstre s'appelle « l'ego ». L'ego ne se nourrit pas de lui-même. Si tu ne lui donnes pas tout ce que tu peux, il va te vider. Si tu le laisses faire, il va te drainer terriblement. J'ai peur de ça. Au cours des dernières années, mon ego a beaucoup changé. Tant mieux. C'est une grande chance d'avoir réalisé que je n'ai plus besoin d'être à la course pour satisfaire mon ego. Plus besoin d'accepter tous les shows de télé que l'on m'offre pour me rassurer sur ma valeur. J'ai voulu me mettre un peu en veilleuse au moment où les portes se sont ouvertes. C'était mon choix. Je l'assumais même si j'avais peur que les gens me jugent. Je savais que j'étais montré du doigt. « Qu'est-ce qu'il fait ? Est-ce qu'il est moins bon ? »

> **Je préférais, et c'est encore le cas aujourd'hui, avoir une plus petite carrière dans le bonheur, la joie et la sérénité, et m'amuser,** plutôt que d'être le gars au top de la pyramide, plus riche mais mourant. **"**

*Là, tu fais référence à l'époque où les projecteurs étaient plus braqués sur ton partenaire, complice et ami Mario Tessier, alors qu'il animait en solo l'émission de télévision* On connaît la chanson, *à TVA ?*
Juste un peu avant cette période.

*Qu'est-ce que ça te faisait de voir que la lumière était davantage sur Mario pendant que tu semblais la fuir pour te retrouver ?*
Premièrement, je me suis inquiété. C'est moi qui l'ai poussé vers ça, il avait mon aval. Je lui ai dit : « Vas-y seul parce que, moi, je ne veux pas y aller avec toi. » J'adore Mario. J'aime profondément ce gars-là. Je n'avais pas la force de faire comme lui. Ensuite, assis chez moi, je me suis demandé : « Est-ce que j'ai bien fait ? » La chienne m'a pogné. Ça nourri mon angoisse. Mais je suis aussi en quête de vérité, de ma vérité. Je ne veux pas faire du show-business de la même façon qu'avant, sinon je vais être malade. Je ne veux plus avoir de brûlures d'estomac, ni l'angoisse omniprésente qui pourrait me faire « péter au frette » si je ne ralentis pas. La quotidienne à la radio, c'est énorme. J'ai fait le Gala Artis une

année, pendant que j'étais en tournée, et l'année suivante je l'ai refait, pendant que j'étais à la radio dans une quotidienne. C'est inhumain, la pression que tu te mets sur les épaules pour un show d'un soir que tout le monde a oublié trois semaines plus tard. Ça, c'est mon constat après l'avoir fait à deux reprises. L'animation du Gala Artis est un contrat formidable si tu as le temps de le faire en t'amusant. Si je ne trouve pas ça amusant parce que je suis trop occupé, je me fais mal. Si je me fais mal, je plonge dans une angoisse qui peut grossir et grossir encore.

*Considères-tu que tu as une santé précaire?*
Selon mes médecins, j'ai une maudite bonne santé, sauf que je suis sensible à mes émotions et à l'ambiance tout autour de moi. Je suis un hypersensible. Mon garçon est aussi comme ça.

## " J'ai perdu une partie de ma santé à vouloir être au top dans le show-business. "

*Maintenant, quelle est ta vérité?*
Ma vérité est que j'aime travailler, mais il faut que je m'amuse. Ça ne me dérange pas de faire de grosses journées de travail, mais il faut au départ que l'intention au fond de mon cœur soit saine, qu'elle soit pure et bonne. J'ai accepté de coanimer *Ça finit bien la semaine*, mais avant je me suis demandé si j'étais content d'accepter ce contrat parce que ça nourrissait mon ego. J'ai vraiment eu peur que ce soit pour ça. Finalement, non. Je préfère rester «connecté» à ce qui se passe dans mon cœur, parce que tu ne peux jamais te tromper quand tu prends tes décisions à partir de là. J'aimerais être toujours à l'écoute de mon cœur, c'est mon défi. Ma tête est très forte. Je réfléchis vite et je suis capable de construire des scénarios et de les mener loin. Je déteste être comme ça. Ton pire ennemi, c'est souvent toi. D'ailleurs, pendant ma période d'angoisse plus intense, j'essayais d'imaginer le pire scénario. Pour être prêt à tout, tu dois te préparer au pire. Puis quelqu'un m'a dit: «Ça donne quoi, d'envisager le pire, s'il n'arrive pas? La plupart du temps, il n'arrive pas.» À partir de ce moment-là, j'ai arrêté de réagir comme ça. Je crois que rien n'arrive pour rien.

*Dans ta tendre jeunesse, as-tu déjà eu des ambitions plus grandes?*
J'ai rêvé d'une carrière internationale. Les gens qui veulent être célèbres n'ont aucune idée de ce que ça demande comme efforts et travail au quotidien. Moi, j'ai une petite carrière, je suis au Québec, alors imagine si j'étais Justin Timberlake. Ils sont dix dans un bureau à juste essayer de dire aux gens les plus importants qui l'appellent: «Oui. Non. Peut-être. On va lui en parler.» Il y a un filtre devant toi pour que tu ne reçoives pas tout ça parce que c'est complète-

ment fou. Le plus possible, je veux rester sain. Je veux rester *groundé*.

*Est-ce qu'il y a eu un moment où tu as senti que tu n'étais plus* groundé*? Un moment où tu as pensé basculer dans le pouvoir que peut procurer la gloire?*
Quand j'étais jeune, je travaillais au gouvernement, je suivais le premier ministre Robert Bourassa. Il y a eu une période où j'ai perdu la carte. Je me sentais comme le roi du monde parce que j'avais un certain pouvoir. Je *callais* des *shots*. Quand le succès est arrivé, j'ai toujours voulu me rappeler cette expérience pour ne pas perdre les pédales. C'était préparatoire. Cela dit, ce qui est tendancieux du phénomène de la célébrité, c'est que si tu travailles fort pour ne pas être au-dessus de tes affaires, que tu te diminues, ce n'est pas bon non plus. Le succès demande une gestion difficile parce que, à un moment donné, il faut que tu t'élèves un peu en toi-même, sans offenser personne. En d'autres mots, si je ne pense pas être meilleur que tous les autres, je ne pourrai pas livrer la job que tu veux que je fasse. On te demande de relever un défi qui est plus grand que nature, alors tu ne peux pas te dire: «Je ne suis pas capable de faire ça.» Non, tu dois rester convaincu que tu es exceptionnel et que tu sauras accomplir le mandat tout en étant très humble. Ça prend une vie pour gérer ça.

*Qui as-tu voulu impressionner en voulant faire ce métier?*
(*Long silence*) Peut-être mon père. Quand je lui ai annoncé que j'allais quitter le gouvernement pour m'inscrire à l'École nationale de l'humour, il m'a dit: «T'es malade, là? Les artistes, c'est tous des tapettes!» Ç'a été sa phrase. J'étais décidé à lui montrer que j'étais capable. Mais ça n'a pas été ma seule motivation. Quand j'étais *kid*, mon père me donnait de l'argent Canadian Tire. J'avais une trentaine de dollars en billets de cinq et dix cennes du magasin, et je mettais des vrais dollars par-dessus pour me faire une grosse palette de *cash* dans mes poches. Mon père faisait des livraisons de chips et de *peanuts*, et il était payé en argent comptant. Quand il arrivait le soir à la maison, il déposait sur la table mille piastres. À la fin des années 1970, c'était du gros *cash*. Moi, j'avais envie d'avoir de l'argent dans la vie.

*Pour toi, l'argent rimait avec pouvoir?*
Il y a du pouvoir, tu as raison, mais le confort aussi vient avec l'argent. Je suis à l'aise, même si je n'ai pas la fortune des gens qui ont leur jet privé. J'ai une belle vie et j'en suis ravi. Cet argent me procure du confort mais n'amène pas le bonheur.

*Du haut de tes neuf ans, quand tu rêvais de gagner beaucoup d'argent, croyais-tu que le bonheur venait avec l'abondance?*
Je n'étais pas à la recherche du bonheur; je trouvais stimulante l'idée de faire de l'argent. Mais quand tu te retrouves couché en boule dans un coin parce que tu ne veux pas perdre ton argent, c'est assez loin de l'image qu'on se fait du bonheur. C'est malsain. J'ai perdu une partie de ma santé à vouloir être

au top dans le show-business. J'ai changé mon fusil d'épaule à propos de la gloire. Je ne veux pas être si glorieux que ça, finalement. Je me rends compte que, à partir du moment où tu ne tiens plus tellement à être au top, les choses arrivent et déboulent à ta façon. Ça s'appelle le «lâcher-prise». Alors, je n'ai jamais été aussi en équilibre que maintenant.

*Tu ne veux plus être au top?*
Je n'ai pas envie d'être au sommet de la pyramide. Si le show-business était un immeuble de condos, avec un *penthouse* au vingtième étage, disons que je voudrais être au dix-huitième ou au dix-neuvième étage.

*Tu as le vertige?*
C'est drôle que tu parles de vertige parce qu'un jour j'ai fait un rêve où j'avais un grand vertige, à l'époque où René Angélil nous a poursuivis pour avoir parodié la vie de Céline dans une chanson. Dans mon rêve, je me faisais aspirer par le haut et j'avais réussi à m'accrocher à une minitour, semblable à la tour Eiffel, mais toute mince, et j'étais debout là-dessus, j'avais le vertige. Ça a été la vision que j'ai eue le soir. Et c'est ce qui est arrivé. La mauvaise nouvelle en est devenue une bonne, parce que grâce à cette poursuite nous avons été propulsés au sommet dans le show-business. C'est un grand cadeau que René Angélil nous a fait sans le savoir. Sur le coup, moi, je pensais tout perdre. Dans ce cas, l'opinion publique était avec nous. Mais on était allés un peu trop loin dans la parodie. On avait disjoncté parce qu'on n'était pas conscients de l'impact qu'on avait à ce moment-là.

*À quelqu'un qui cherche la gloire à tout prix, comme tu l'as désirée un certain temps, que dirais-tu?*
Je lui dirais: «Méfie-toi de ton intention. Quelle est ton intention réelle? Vivre de la musique parce que ça te stimule et que tu te sens bien quand tu chantes ou être une vedette et faire chier ton voisin? Même si tu connais le succès, ça ne sera pas drôle et tu n'auras pas de plaisir si ton intention n'est pas saine. Elle va influencer la suite de ton succès.»

*Est-ce que le succès est à la portée de tous?*
Je pense que tout le monde n'est pas capable de *dealer* avec ce qui suit le succès. Durer dans le show-business, c'est difficile.

*Selon toi, que faut-il de particulier chez un individu pour que son succès dure?*
La détermination et l'entêtement… J'avais la chance d'avoir un partenaire très entêté et très déterminé, ça ne m'a pas nui. On se crinquait comme des fous.

*Le jeu en valait-il la chandelle? Au bout du compte, tout ce que tu as vécu en valait-il la peine, au nom de la gloire?*
(*Long silence*) Oui, les mauvais moments deviennent de bons moments plus tard parce qu'ils auront été nécessaires à notre évolution. Tu ne peux pas avancer dans une business, une carrière ou autre chose sans qu'il y ait des remises en question, des changements de cap. Aujourd'hui, je veux travailler longtemps dans le bonheur. Je ne tiens pas à être toujours au sommet parce que c'est plate, être tout seul au sommet. Au milieu de la vingtaine, j'ai commencé à changer d'idée sur ce que je voulais faire dans le show-business quand j'ai vu un documentaire sur la vie d'Elvis Presley. Il était dépressif. Il tirait des balles dans sa télé parce qu'il était malheureux et qu'il ne pouvait aller nulle part. Michael Jackson, c'est pareil. À part Céline Dion, qui semble être un peu plus équilibrée que les autres, ils finissent tous par être malades. Sais-tu pourquoi? Parce qu'ils sont dans leur tour d'ivoire, seuls, coupés du reste du monde. Un jour, j'ai entendu Enrique Iglesias dire en entrevue, à l'époque où il était au sommet de sa gloire: «Je n'ai jamais été aussi seul de toute ma vie. Je fais un show devant cent mille personnes, tout le monde trippe sur moi, et je finis tout seul dans ma chambre d'hôtel à une heure du matin.» J'ai trouvé ça triste.

> **Je pense que tout le monde n'est pas capable de *dealer* avec ce qui suit le succès.**

Véronique n'a que dix-sept ans lorsqu'elle fait son entrée, d'abord comme chanteuse, dans le monde du show-business en 1972. Tout est beau et tous les espoirs sont permis. C'est l'époque qui le veut ainsi. Dans son désir de durer, Véronique comprend assez tôt qu'elle doit faire preuve de polyvalence pour traverser le temps et les modes. Elle prête sa voix à Télé-Québec. Elle devient porte-parole des magasins Simpsons. Elle anime des émissions de télévision tant au Québec qu'au Canada anglais. Pendant vingt-cinq ans, elle connaît la gloire jusqu'au jour où tout lui échappe. La chance ne lui sourit plus. Elle perd sa maison de disques et son manager. Plus personne ne frappe à sa porte. Elle va vivre une période de remise en question qui la conduira à enterrer symboliquement la chanteuse qu'elle était dans un cimetière du sud-ouest de la France pour qu'elle puisse s'affranchir et assumer un nouveau rôle, celui de mère. La mère de mes enfants. Étrange expérience d'interviewer une de mes idoles de jeunesse devenue ma femme, mais indispensable pour bien comprendre qu'il y a une vie après la gloire.

# VÉRONIQUE BÉLIVEAU
# LA VIE APRÈS LA GLOIRE

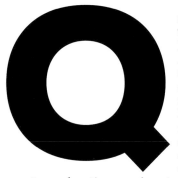**Q**UAND TU ÉTAIS PETITE, TU RÊ-VAIS DE DEVENIR BALLERINE. Je voulais être une danseuse. À cinq ans, apparemment, je mettais de la musique classique et je faisais comme une danseuse de ballet dans le salon chez nous. Quand mes parents ont vu ça, ils ont décidé de me faire suivre des cours de ballet à sept ans. Dès que j'ai commencé, ils m'ont mise en deuxième année puisque j'avais le physique d'une ballerine et que j'avais les aptitudes. Le médecin m'a arrêtée au bout de six mois car plus jeune j'avais eu des complications de santé. En apprenant la nouvelle, j'ai pleuré énormément parce que mon rêve venait de m'échapper. Chaque fois que je voyais un film avec du ballet, je me remettais à pleurer. J'ai gardé mes chaussons de ballet pendant des années par nostalgie.

*Quand l'idée de devenir chanteuse est-elle arrivée ?*
Je chantais pour le plaisir puisque tout le monde chantait chez moi dans les réunions de famille et au jour de l'An. À l'école, on me faisait chanter aussi. Quand j'avais dix ans, on me disait souvent : « Ah toi, c'est sûr que tu vas devenir chanteuse. » On m'a un peu mis ça dans la tête, mais pour moi c'était impossible. Ça ne se pouvait pas que des gens ordinaires comme moi puissent être chanteurs. Je me demandais ce que j'avais à l'intérieur de moi et autour de moi pour devenir chanteuse. J'ai toujours cru qu'il fallait des aptitudes particulières. Je n'ai jamais pensé que je pouvais les avoir. J'en rêvais, mais comme un rêve, c'est quelque chose que tu ne penses pas

> **" À l'époque, tu n'avais pas le droit de chanter en anglais**, c'était très mal vu. C'était comme une trahison envers le Québec. **"**

réaliser, ça restait au stade du fantasme. C'est quand j'ai eu quinze ans que c'est devenu presque une évidence que j'allais faire ce métier. Mes petites amies disaient déjà : « Moi, je veux avoir des enfants, je vais me marier. » Moi, c'était : « Non, je ne veux pas me marier et avoir des enfants, je veux être une chanteuse. » Je ne sais pas si c'était dû au fait que mon entourage me disait ça ou si ça venait vraiment de moi. Parfois, des conditionnements font en sorte que tu as l'impression que ça vient de toi, mais au départ, l'idée n'était pas de toi.

*Ta mère aimait chanter et ton père était artiste peintre. Avais-tu l'impression de prolonger le rêve d'un de tes deux parents ?*
Mes parents ne m'auraient jamais forcée à faire quoi que ce soit, même si ma mère aurait voulu faire ce que j'ai fait parce qu'elle avait une belle voix. Mon père était déjà un artiste et un bohème dans l'âme. Il faisait de la peinture. Quand ma mère a vu que je voulais chanter, elle était tout à fait d'accord avec mon choix. C'était une grande fierté pour elle. Ça n'a pas été un problème dans la famille, au contraire.

*Tu as dix-sept ans quand tu te lances dans le monde du showbiz. Comme c'était la mode à l'époque, tu changes ton prénom de Nicole pour Véronique, à l'instar des Michel Louvain, Dominique Michel et bien d'autres.*
À l'époque, en plus de changer de prénom ou de nom de famille, c'était aussi la mode d'avoir seulement le prénom comme identité. Il y avait Emmanuelle. Alors, on m'a appelée juste Véronique. Sincèrement, j'étais une petite fille de dix-sept ans qui changeait son prénom, je trouvais ça très excitant et j'étais contente. Il y avait un côté magique à tout ça. J'allais m'appeler Véronique et faire un disque. C'était le commencement de quelque chose.

*Comment les membres de ta famille ont-ils vécu ce changement de prénom ?*
Mon père et ma mère ont continué à m'appeler Nicole. Je me souviens que, quand j'allais dans ma famille, il y avait un malaise parce que je faisais de la télé et on s'imaginait que je n'allais plus être comme avant. Ce qui n'était pas le cas du tout. Je ne savais plus comment agir pour leur prouver que j'étais restée la même. Certains ont commencé à m'appeler Véronique, et je leur disais : « Ben non, ne m'appelez pas Véronique, appelez-moi Nicole. Je suis encore Nicole. »

*Tu as été chanteuse, animatrice, et selon plusieurs, tu as été mannequin. As-tu l'impression que tu as eu beaucoup à te justifier dans ta carrière ?*
Tout à fait. C'est fou, ça fait depuis l'âge de dix-sept ans que je dis que je n'ai jamais été mannequin. Je l'ai dit et redit en entrevue, mais c'était dans l'inconscient populaire. À un moment, j'ai fait quatre émissions spéciales qui portaient mon prénom, à Toronto. Je ne vivais pas là-bas, j'y allais une semaine de temps en temps et je revenais à la maison. Mais tout le monde pensait que je vivais là-bas en permanence.

*Tu étais parmi les premières de ton époque à chanter dans une autre langue que le français.*
À l'époque, tu n'avais pas le droit de chanter en anglais, c'était très mal vu. C'était comme une trahison envers le Québec, même si je n'arrêtais pas d'expliquer que je ne quittais pas le Québec et que c'était juste pour élargir mon public. Après ça, Céline est arrivée. Elle a réussi ce que je voulais faire.

*Mais elle a été critiquée aussi.*
Beaucoup moins que moi parce qu'elle avait un grand manager qui s'occupait d'elle et qui avait une vraie stratégie pour la propulser dans le monde. Ils ont fait tout ce qu'il fallait pour que le Québec ne se sente jamais abandonné dans cette conquête. Ils ont fait ça de la bonne manière. Moi, je n'étais pas entourée d'une équipe comme celle-là. Je me souviens d'avoir dit : « C'est Céline Dion qui va réussir cette histoire d'aller chanter en anglais. » Et c'est tant mieux parce qu'elle a un talent immense et exceptionnel.

*À partir de quand as-tu senti que tu connaissais la gloire ? À quel moment as-tu perçu qu'on te regardait autrement ?*
La gloire, c'est un gros mot ! J'ai eu cette conscience dès les débuts parce que, à partir du moment où tu es connue, tu es regardée et il faut que tu fasses attention. Tu dois toujours être à la hauteur de ce que les gens veulent que tu sois. Je ne me disais pas que je connaissais la gloire et la célébrité, je me disais plutôt que j'avais la responsabilité de ne pas nuire à l'image que les gens pouvaient avoir de moi.

*Au début des années 1980, dix ans après tes débuts, les portes semblent s'ouvrir davantage pour toi ici et même à l'étranger. Les espoirs sont clairement permis.*
Quand j'ai signé avec la maison de disques de Toronto A & M Records, on m'a fait miroiter que je pourrais avoir une carrière aux États-Unis et partout dans le monde. J'ai commencé à me dire que ça pouvait être gros, alors que moi, je ne voyais pas si gros que ça. En 1981, j'ai chanté le *medley* des chansons les plus populaires de la dernière année au Gala de l'ADISQ et je pense que ç'a été un tournant de ma carrière. J'étais dans un état lamentable ce soir-là, j'avais un trac fou, encore une fois, parce que je n'avais pas confiance en moi. Pourtant, j'ai connu ce que l'on pourrait appeler un triomphe. J'ai eu un *standing ovation* extraordinaire des gens de l'industrie musicale qui étaient assis devant moi dans la salle. Ce soir-là, les gens de A & M Records étaient aussi dans la salle et ils ont manifesté de l'intérêt pour moi. Quelques jours plus tard, j'ai fait un petit *showcase* pour eux. J'ai fait tout ce qu'il fallait, et là, j'ai décroché un contrat de disques pour le Canada avec A & M Records. J'ai senti qu'il pourrait se passer quelque chose. Plus tard, le grand patron de CTV Network au Canada anglais a décidé de me confier l'animation de quatre grands spéciaux de variété. En même temps, j'avais de la difficulté à croire que la petite Nicole pouvait devenir une star, même si je voulais vraiment avoir une carrière internationale.

*À ce moment-là, es-tu prête à mettre tous les efforts pour parvenir au sommet même si tu n'y crois pas totalement ?*
En partant, je n'ai pas confiance en moi, même si je sais que j'ai un certain talent. J'ai l'impression d'être un beau *package deal*, c'est-à-dire que je me présente bien, j'ai de la personnalité et, quand je vais rencontrer des gens, je suis capable de faire bonne impression, mais je ne me trouve pas si exceptionnelle que ça. À cette époque, je ne faisais que travailler

et être là quand il fallait que ça compte. J'étais extrêmement rigoureuse dans tout ce que j'entreprenais parce que je ne me voyais pas faire autre chose que chanter. J'adorais toutes les facettes de ce métier.

*Pendant ce temps, te compares-tu à d'autres chanteuses avec qui tu évolues ?*
Je me suis tout le temps dit : « Il me semble que je ne suis pas assez torturée pour être une artiste. Il me semble que ci, il me semble que ça. » Tous ces questionnements et inquiétudes de ne pas être à la hauteur ont commencé à me rendre malade. J'ai eu des problèmes d'intestins dès que j'ai commencé à faire ce métier-là. En fait, je n'ai pas fait le lien tout de suite, mais à un moment donné, j'ai dû le faire parce que la situation s'aggravait. Je me souviendrai toujours de ma première au Club Soda. Ça faisait trois jours que j'étais malade. Alors je téléphone à mon spécialiste, qui me reçoit d'urgence et me donne la médication pour que je puisse fonctionner et faire un show. Le soir de la première, je commençais à être faible. Je me disais que ça n'avait pas de bon sens. Je me mettais dans un état terrible parce que j'avais une première et que j'avais peur. J'ai réussi à monter sur scène de peine et de misère et j'ai chanté. Quand je suis sortie de scène, après la fin du spectacle, les gens demandaient un rappel, et moi j'ai failli perdre connaissance *backstage* parce que j'étais trop faible. Je suis remontée sur scène et j'ai fait mes deux chansons en rappel. Après tout ça, je me suis dit : « Je l'ai fait, mais à quel prix ? » Le prix de ma santé.

*Commences-tu alors à te dire que tu ne pourras pas continuer bien longtemps de cette façon, sinon il en ira de ta santé ?*
Non, sauf quand j'ai vu que ça me rendait malade de monter sur scène. Je me suis dit : « Peut-être que je ne suis pas faite pour ça. Je suis trop nerveuse et ça me rend malade. »

*Jusqu'à ce que tu apprennes que Normand Brathwaite a vomi longtemps avant de monter sur la scène, comme bien d'autres.*

> **« Je ne me disais pas que je connaissais la gloire et la célébrité,** je me disais plutôt que j'avais la responsabilité de ne pas nuire à l'image que les gens pouvaient avoir de moi. **»**

Oui, et que Brel vomissait avant de monter sur scène. J'ai compris que je n'étais pas la seule. Donc, au fond, ce n'est pas que je n'étais pas faite pour faire ce métier, c'est juste que je réagissais beaucoup trop au stress, sauf qu'à ce moment-là, ça n'a jamais été un moteur pour arrêter de chanter. Ça ne m'a pas amenée à conclure : « Il va falloir que tu arrêtes parce que ça te rend malade. »

> ## " Je voulais que ça marche, mais en même temps, j'avais très peur
> de ne pas être à la hauteur et de décevoir le public et les gens qui avaient investi en moi. "

*Te considères-tu comme quelqu'un d'ambitieux ?*
Je l'étais à l'époque. J'avais l'impression que c'était toute ma vie. Il n'y avait rien d'autre. C'est ça que je devais faire. Je voulais que ça marche, mais en même temps, j'avais très peur de ne pas être à la hauteur et de décevoir le public et les gens qui avaient investi en moi. C'est probablement pour ça que j'étais malade. Je manquais de confiance en moi parce que je n'avais personne à côté de moi qui me disait : « Vas-y, tu es capable, tu vas y arriver, tu peux le faire, t'es grande. »
Ça ne paraissait pas, que je doutais de moi, donc je ne peux pas non plus blâmer les gens de mon entourage. Ils ne pouvaient pas savoir à quel point j'avais besoin d'encouragements. J'étais sûre que si j'avouais aux gens avec qui je travaillais combien j'avais un manque de confiance, ils me diraient : « Ben voyons donc ! » J'avais encore peur de décevoir. C'est clair que je ne pouvais pas en parler à la maison de disques, parce qu'il faut toujours que tu aies l'air forte et dire : « Moi, je vais être capable et je peux. » Je me faisais croire que j'étais plus ambitieuse que je ne l'étais, au fond.

*Ce métier oblige aussi à une certaine solitude pour se concentrer sur ce que nous avons à faire et, inévitablement, l'isolement peut suivre. Sentais-tu de l'extérieur un regard qui était parfois sévère à ton endroit ?*
Je suis d'une nature solitaire en partant. Même à l'école, quand j'étais petite, j'ai toujours été jugée. Il n'y avait pas d'intimidation, mais je sentais souvent que l'on me prenait pour ce que je n'étais pas, même dans ma propre famille. Tout ça était amplifié par cette popularité et j'étais une personne réservée. Quand tu es constamment dans l'œil du public, ce n'est pas évident à la longue. Parfois, les gens pensaient que j'étais froide, mais plus on me jugeait,

plus on me regardait de travers, plus je me refermais. J'ai beaucoup souffert de cette perception qu'on avait de moi. Ça m'enlevait le peu de confiance que je pouvais avoir. Étrangement, quand les journalistes venaient me rencontrer pour la première fois et que l'on faisait une entrevue pour la sortie de mon disque, à la fin ils me disaient tout le temps : « Mon Dieu, vous êtes donc bien sympathique, c'est extraordinaire. »

*Ça veut dire qu'ils ne pensaient plus que tu étais froide.*
Oui. J'étais contente de savoir qu'après l'entrevue ils ne pensaient plus ça de moi.

*Tu as connu une carrière faite de hauts et de bas, d'espoirs et de désespoirs, mais tu as réussi à être dans le paysage télévisuel pendant vingt-cinq ans.*
C'était ce que je voulais depuis le début de ma carrière. Dans les années 1970, je voyais les petites chanteuses disparaître les unes après les autres. Elles faisaient un ou deux 45 tours, ça marchait, et après, c'était une autre et une autre. Quand j'ai commencé à dix-sept ans à faire ce métier, je me suis dit que, s'il y avait une chose que je voulais, c'était durer. Je ne voulais pas être une starlette qui va être à la mode pendant un an et disparaître par la suite. C'est probablement pour cette raison que j'ai aussi été animatrice. J'ai fait un paquet de petites affaires pour rester dans le paysage culturel.

*À quel moment dans ta vie ressens-tu l'essoufflement de ta carrière ?*
En 1989. J'ai vécu trois mois à Los Angeles. C'est quand même excitant, ce que je vis comme expérience, je fais mon album avec Richard Carpenter, des Carpenters. Au moment où mon disque doit sortir aux États-Unis, Herb Alpert, qui est le patron fondateur de A & M aux États-Unis, vend A & M Records à Polygram. Personne n'était au courant de cette transaction. Donc, j'ai perdu ma chance de sortir un album aux États-Unis. En fait, cet album-là est sorti au Canada, mais il n'a pas eu le succès escompté. Ensuite, je me suis retrouvée sans manager, le mien avait décidé d'arrêter, puis je n'avais plus de maison de disques parce qu'elle avait été vendue à Polygram.

*Comment te sens-tu quand tu vois que les choses semblent échapper à ton contrôle ?*
À cette époque-là, quand tout ça s'arrête, je me rends compte que je suis extrêmement fatiguée physiquement. On dirait que toutes ces années à essayer de faire avancer les choses, ça m'avait épuisée. Je me suis isolée pendant quelques années. J'ai beaucoup lu. J'ai fait une recherche intérieure parce que j'étais fatiguée de toutes ces démarches qui ne menaient à rien. Pendant cette période où je me repose, je n'ai plus d'argent. Je sors de l'argent que j'avais mis dans un RÉER, j'ai une maison qui ne se vend pas, donc je ne fais pas grand-chose de mes journées. Je ne fais que m'isoler. Je me cherche une nouvelle équipe, mais j'appelle des gens qui ne me rap-

pellent même pas ou, quand on me rappelle, je vais les rencontrer et ça ne donne rien. Cette époque est très difficile à vivre pour moi.

*Est-ce qu'il y a une partie de toi qui abdique ? Es-tu prête à passer à autre chose ?*

Non, parce que je voulais que ça revienne. J'ai alors envie de faire un disque qui me ressemble davantage. En même temps, je vois que c'est de plus en plus difficile. Je n'ai pas de manager. Il faut que je trouve les chansons moi-même, mais je travaille là-dessus. Tant que je suis dans la création, que je travaille avec quelqu'un pour trouver des chansons et que je sens qu'il pourrait se passer quelque chose, ça me garde tout simplement vivante.

*Il devait y avoir une motivation très grande qui te permettait de te battre contre vents et marées. Qu'est-ce qui faisait que tu voulais tant poursuivre malgré les obstacles qui se dressaient devant toi ?*

Ce qui me faisait garder le cap et l'espoir, c'est que je pensais ne pas être capable de faire autre chose puisque c'est tout ce que je connaissais. Je n'avais jamais rien fait d'autre dans ma vie. J'aimais ce métier profondément et, ce qui me plaisait plus que tout, c'était le travail d'équipe. Avoir l'impression de faire partie d'une gang, ça me rendait heureuse.

*Un jour, la fin de carrière s'annonce comme une évidence.*

Oui, c'est sûr qu'à un moment tout s'est arrêté. Je passais des auditions et je finissais toujours la deuxième. Pour animer un show de télé, pour faire une post-synchro, pour faire ci, pour faire ça. On ne me donnait plus rien et, comme par hasard, à cette époque-là tu partais en France. Je crois que la vie m'a tout enlevé pour que je parte en France avec toi.

*Étais-tu heureuse de changer de décor et appréhendais-tu le fait qu'en France personne ne se retournerait sur ton passage ?*

Je me promenais dans les rues de Paris et personne ne me reconnaissait, et ça, ç'a été comme d'énormes vacances. De ne pas me sentir regardée, observée, jugée et de n'avoir aucune responsabilité envers qui que ce soit, ça me faisait le plus grand bien. J'avais tellement ce réflexe d'être reconnue dans la rue depuis l'âge de dix-sept ans que ç'a pris du temps avant de m'en départir totalement.

*Commences-tu à mesurer l'ampleur de ce que ça voulait dire, être une vedette et connaître la gloire ?*

C'est à cet instant précis que je me suis dit que je pourrais arrêter ce métier. Il serait peut-être temps de passer à autre chose. Il n'y avait plus rien qui se passait pour moi, mais j'étais très heureuse d'être à Paris. Le simple fait de vivre à Paris, pour moi, c'était déjà un bonheur. Alors, je vivais ce bonheur-là.

*Quand tu voyais d'autres chanteuses réussir au Québec ou ailleurs, est-ce que ça suscitait l'envie chez toi ?*

Non, pas du tout. En fait, je me disais par contre que, si j'avais eu la bonne équipe, peut-être que j'aurais réussi davantage. J'aurais tellement aimé avoir quelqu'un qui me donne l'assurance absolue que j'étais dans la bonne direction, que ce soir-là, j'avais fait la bonne affaire. Je me sentais vraiment toute seule quand je faisais ce métier de chanteuse. C'est probablement pour ça que j'avais une maladie aux intestins, parce que tout reposait sur mes épaules. Depuis que j'ai arrêté, je ne l'ai plus.

*En 1996, tu prends une décision importante. Tu vas symboliquement mettre fin à la carrière de chanteuse de Véronique Béliveau parce que tu ne veux plus chanter et que tu désires vraiment passer à autre chose. Tu prends des photos qui ont marqué les époques charnières de ta carrière et qu'est-ce que tu fais avec ces photos-là ?*

J'ai décidé d'aller enterrer la chanteuse dans le cimetière de Mauvezin. Mauvezin est un petit village dans le sud-ouest de la France, où je suis beaucoup allée dans ma vie. C'est un endroit magnifique. Je connaissais des gens qui sont enterrés dans ce petit cimetière. Je ne suis pas sûre que je l'aurais fait ailleurs qu'à cet endroit. J'ai donc choisi des photos de moi sur scène, des photos significatives de cette carrière de chanteuse, et je les ai déchirées une à une pour ensuite les enterrer quelque part au pied d'un arbre dans le cimetière de Mauvezin.

*Est-ce que ça signifiait que tu allais reprendre ton prénom ?*

Non, j'allais continuer de m'appeler Véronique. Maintenant, mon identité, c'était Véronique, ce n'était plus Nicole.

*Qu'est-ce que ça te faisait chaque fois que tu regardais une de tes photos, que tu la déchirais et que tu la mettais en terre ?*

J'étais émue, mais j'étais rendue là. Pendant des années, dès que je parlais d'arrêter de chanter, je me mettais à pleurer. Ce jour-là, j'étais prête à passer à autre chose, mais je trouvais l'exercice difficile. Pourtant, j'étais très en paix avec ma décision de quitter ce métier.

*Quelque temps après, six mois plus exactement, te voilà dans la troupe de* Starmania, *dans le rôle de Sadia, pour une cinquantaine de représentations à Paris et ailleurs en France. Ensuite, tu quittes le spectacle pour faire partie de la distribution de la comédie musicale* La Vie en bleu, *sur la vie de Picasso, aux côtés de Mario Pelchat. Une mise en scène de ton idole, l'acteur et le metteur en scène Robert Hossein. Une centaine de représentations au total à Monaco et à Paris. 1997 aura été toute une année pour la chanteuse, celle que tu avais symboliquement enterrée quelques mois auparavant.*

Je pourrais dire que ç'a été une des années les plus heureuses de ma vie professionnelle. Les chanteuses solistes n'aiment pas trop aller chanter en troupe parce que chacune d'elles veut être la meilleure et ressortir le plus, mais je me suis rendu compte que, au fond, j'étais plus heureuse dans une troupe qu'en solo. Ironiquement, dans *La Vie en bleu*, je jouais le rôle d'une ballerine russe, Olga, l'une des femmes de Picasso.

> **" Est-ce que vivre la gloire, c'était ça ma vraie mission dans cette vie ? Je pense que ma vraie mission, c'est ce que je fais maintenant. "**

*À partir de 2000, tu ne fais plus rien sous les feux de la rampe, et ça correspond à l'arrivée des enfants, Antoine, et quatorze mois plus tard, Yasmeena. Ça te manque, la lumière des projecteurs ?*
Non. Je vais toujours aimer ce monde, mais depuis quelques années je travaille derrière la caméra. Avec le temps, j'ai constaté que je n'avais plus besoin d'être devant, et ça me rend heureuse et comblée. Je ne pensais pas avoir d'enfants. Je ne pensais pas du tout avoir la vie que j'ai aujourd'hui.

Vraiment pas. Je fais partie du passé en tant que chanteuse, mais pas en tant que personne. Je ne trouve pas que je suis une *has been* parce que je me sens très actuelle. Je ne suis pas quelqu'un qui vit dans le passé.

*Est-ce que tu t'es assise avec tes enfants pour regarder ton* scrapbooking *de toi comme chanteuse ou toutes les photos ont-elles été enterrées dans le cimetière de Mauvezin ?*
Il ne me reste plus beaucoup de photos de mon époque de chanteuse parce que je n'accorde pas beaucoup d'importance aux photos souvenirs. Mes enfants m'ont découverte sur You-Tube. Un jour, j'avais fait une performance à *La Fureur*. Ils étaient tout petits, mais ils m'avaient vue chanter là et ils étaient très impressionnés : « Maman, t'es à la télé. » Après ça, ils sont allés voir sur YouTube tout ce que j'ai fait. Et parfois ils me disent : « Maman, pourquoi tu ne chantes plus ? Ça serait cool ! » Et je leur réponds : « Non, maman n'en a plus envie. »

*Depuis ton retrait de la vie publique, t'es-tu demandé si tu étais faite pour faire ce métier et connaître la gloire ?*
Je sais que j'étais faite pour ce métier, sauf que je me suis demandé à plusieurs reprises depuis l'arrivée des enfants si c'était ça que je devais faire au bout du compte. Est-ce que

vivre la gloire, c'était ça ma vraie mission dans cette vie ? Je pense que ma vraie mission, c'est ce que je fais maintenant. De t'assister dans ta mission à toi et de m'occuper de mes enfants. J'ai la mission de ces deux enfants. Peut-être que tout ce que j'ai vécu dans ce métier pendant vingt-cinq ans m'amène à être plus pertinente dans ce que l'on fait aujourd'hui.

*Jamais la gloire et ses effets enivrants ne t'ont manqué depuis ?*
Non, le projecteur ne me manque pas. Ce qui pourrait me manquer, c'est d'aller tripper avec une gang et de chanter. Refaire un disque, remonter sur scène, faire de la tournée, me battre contre des critiques, me faire juger sur ce que j'ai fait ? Non.

*Ta carrière à toi a été beaucoup basée sur l'image.*
Étrangement, je me rends compte aujourd'hui de l'impact que j'ai peut-être eu chez certaines personnes parce que parfois elles m'arrêtent pour me dire que j'étais leur idole et qu'elles se coiffaient comme moi à l'époque. J'étais tellement absorbée par tout ce que j'avais à faire que je ne mesurais pas l'ampleur de l'influence que je pouvais avoir sur les gens.

*Est-ce que tu conseillerais à tout le monde de vivre la gloire, dans notre société où chacun est en quête constante de reconnaissance ?*
Il faut être fait fort pour vivre le succès. Moi, c'était mon corps qui réagissait et qui n'était pas assez fort pour supporter cette pression qui augmente à mesure que tu gravis les échelons de la réussite. Malgré tout, sur le plan mental, j'étais assez forte durant mon succès, parce que je n'ai pas basculé dans une espèce de folie de penser que j'étais au-dessus des autres. Je dis toujours qu'être reconnu, connaître le succès, ça amplifie tes qualités et tes défauts. Donc, si tu étais quelqu'un d'insécure, tu deviens cent fois plus insécure. Si tu étais quelqu'un qui se prenait déjà un peu pour un autre, tu bascules complètement dans l'impression de supériorité. Maintenant que je ne suis plus à l'avant-scène, je suis étonnée de constater que certaines personnes ont de si gros ego. Je sais que ça en prend pour monter sur scène, mais il ne faut pas que ça se traduise dans toute ta vie et dans ta relation avec les autres.

*Si ta fille Yasmeena ou ton fils Antoine veulent faire un métier public, qu'est-ce que tu leur diras ?*
Je leur dirai qu'il faut qu'ils fassent ce métier pour les bonnes raisons, pas pour être une star, mais plutôt parce qu'ils aiment ce qu'ils font. Il faut qu'ils restent bien ancrés dans la réalité de tous les jours. Je resterai toujours vigilante sur les intentions véritables qui motiveront leurs choix dans la vie.

Le chemin que Ricardo Larrivée a emprunté pour connaître la réussite et la renommée est parsemé de patience, d'impatiences, d'espoirs, de désespoirs, de joies, de peines, d'acharnement, d'intuitions, de réflexions, d'obsessions et de stratégies, mais surtout d'un travail soutenu, sans jamais perdre de vue l'objectif. Ricardo est un travailleur infatigable, un leader charismatique et un véritable entrepreneur. Certains lui prêtent des idées de grandeur : pour lui, il s'agit de défis. Impossible de vivre sans. Son prénom s'impose dans le monde de la cuisine ici, au Canada anglais et un peu partout dans le monde grâce à l'émission *Ricardo and Friends*. Aujourd'hui, « Ricardo » se décline sous la forme de magazines, de livres, de produits de cuisine, d'émissions de télévision. Il cultive son jardin de rêves et la récolte est abondante. Je suis allé lui rendre visite chez lui à Chambly et à Toronto, où il enfilait les entrevues l'une après l'autre, comme un véritable marathonien, pour la promotion de son livre sur les mijoteuses traduit en anglais. Mais l'homme reste le même, qu'il soit dans son intimité ou en représentation. Un homme de clan passionné par la vie, respectueux des rituels et des valeurs, mais qui a peur de ne pas pouvoir arriver à temps et tout faire si jamais...

# RICARDO
## CULTIVER SON JARDIN DE RÊVES

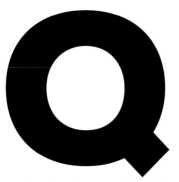

**Q**UAND TU ÉTAIS LE PETIT LARRIVÉE, *pensais-tu que tu allais devenir le grand Ricardo?*
Je l'ai espéré inconsciemment à partir de l'âge de huit ans, sans savoir pourquoi, ni ce que j'allais devenir dans la vie. À cette époque, j'ai découpé quelques photos dans les magazines, les catalogues et les calendriers, que j'ai collées sur un Coroplast. Je l'ai mis sur ma commode à vêtements. Chaque matin, je regardais ça. À ce moment-là, je ne savais pas que je faisais de la visualisation. Je suis allé à la messe tous les jours jusqu'en quatrième année du secondaire. À cette époque, j'étais croyant. Si tu savais le nombre de choses que j'ai promises à Dieu pour obtenir la réussite! Je n'avais pas une idée précise de ce que je ferais dans la vie, ni de ce que je voulais faire exactement, mais à douze ans je savais que je voulais être le meilleur dans ce que j'allais faire. Parfois, je pensais devenir agriculteur ou architecte. En échange, je promettais de construire des églises, de restaurer des monuments, de sauver tel patrimoine, de toujours être gentil avec les autres et de protéger ceux qui étaient comme moi et qui se faisaient rabaisser. Longtemps, j'ai eu de la difficulté avec ma mère sur ce point, parce que je ne tolérais pas que quelqu'un, si près de moi et que j'aime autant, n'arrive pas à se défendre. J'ai vu ma mère littéralement s'écraser devant la violence psychologique de mon père. Ma mère avait un très grand sens de l'abnégation. Son seul bonheur était celui de ses enfants. Elle aurait tout fait par amour pour ma sœur et pour moi. Autour de moi, maintenant, il n'y a que des gens forts à cause de la faiblesse que j'ai vue chez ma mère. Je veux des gens capables de se défendre et qui ne se laissent pas brimer, comme je l'ai fait moi aussi jusqu'à mes treize ans.

*Qu'est-ce qu'il y avait sur ces fameuses photos découpées?*
Il y avait une Mercedes décapotable rouge, un Jeep familial Cherokee, un gars en habit et une maison de style anglais entourée d'arbres. En fait, c'est la maison que j'ai aujourd'hui. Quand je regardais ces images, que j'ai toujours, je me disais: «C'est ça que j'aimerais avoir. Une femme, des enfants, une maison et une voiture.» Je n'étais bon ni à l'école ni dans les sports. Je n'étais un artiste accompli dans aucune discipline. Je n'étais encore rien, mais je savais à l'intérieur de moi que j'allais devenir quelqu'un, et c'est pour ça que je voulais avoir un trophée, pour exceller dans quelque chose.

*Considères-tu avoir eu le contexte familial idéal pour rêver grand?*
Je n'ai pas eu une famille qui m'a porté à rêver. Par contre, j'ai eu une famille qui ne m'a jamais brimé dans mes rêves. J'ai été aimé au maximum par ma mère et ma grand-mère. Dans ma chambre, au deuxième étage, juste au-dessus de la cui-sine, j'écoutais toutes les conversations d'adultes. Tant qu'ils ne se couchaient pas, je laissais la lumière allumée. J'étais passionné par tout ce que j'entendais et j'avais les odeurs de la cuisine qui montaient jusqu'à moi. Ma grand-mère, ma déesse, vivait avec nous: mon père, ma mère, ma sœur et moi, pendant un certain temps. J'ai vénéré ma grand-mère. Elle me donnait la permission d'être réellement ce que j'étais, mais elle ne verbalisait pas l'amour qu'elle avait pour moi, elle le faisait autrement. Après, je suis allé vivre à Beloeil. Ma mère avait un salon de coiffure dans la maison, et un mur seulement, avec une trappe d'aération, séparait ma chambre du commerce. J'étais témoin de toutes les histoires des clientes. J'étais fasciné par ce que j'entendais et, sans le savoir, c'est ce qui allait façonner en quelque sorte ma vie d'homme.

*Es-tu un rêveur?*
J'ai passé des années, de trois à quinze ans, à faire des plans d'architecture. Si j'avais une maison, elle n'était jamais assez grande. Je dessinais des palais et je refaisais des villes. Je dessinais des bases spatiales et j'essayais de trouver des systèmes révolutionnaires pour qu'on change de planète. Dans ma tête d'enfant, si j'étudiais Mars, on serait en mesure de vivre sur cette planète, mais il fallait que je règle les problèmes d'oxygène avant de déménager.

*Y a-t-il eu un moment dans ton enfance où quelqu'un a trouvé que tes rêves étaient farfelus?*
Jamais. Ma grand-mère m'a inculqué des valeurs très terre à terre. Le jardinage, la cuisine «bon enfant», l'amour des vieux bâtiments, le désir de planter un arbre qui sera encore là dans cent ans. Ma grand-mère disait toujours que ça ne donne rien de faire quelque chose pour soi, il faut le faire pour les autres. C'est étrange parce qu'elle avait peur de tout en vieillissant, mais elle ne m'a jamais empêché de faire quoi que ce soit. Un jour, du haut de ma jeunesse, j'avais dit à ma grand-mère: «Bon, ça me prend un arc et des flèches. Comme les Français mangent des pigeons, ça nous prend des pigeons aussi.» Et elle m'avait répondu: «Viens-t'en, on va aller au Rona et on va s'acheter un arc et des flèches.» Un autre jour, quand j'avais autour de douze ans, je lui ai dit: «Grand-maman, j'veux un terrain de golf.» Elle m'a répondu: «Fais-en un.» J'ai travaillé pendant tout l'été comme un esclave pour n'arriver à rien, mais dans ma tête, j'ai dessiné des cartes de membres. Je cherchais des membres et j'avais trouvé des activités pour les attirer. Je faisais tout ça seul. Je n'avais pas d'amis. Pendant les vacances, quand on était à Beloeil, je pleurais pour passer mes étés avec ma grand-mère à Marieville. Plus je pouvais être longtemps avec elle, mieux j'étais. Je cuisinais avec ma grand-mère. J'étais tout seul avec elle.

*Tu n'avais pas d'amis? Pourquoi?*
Je n'en voulais pas. Ça m'intéressait plus ou moins à cette époque. J'aurais aimé avoir des amis, mais je n'étais pas prêt à m'en occuper. Il aurait fallu que je leur explique mes jeux et comment je voulais refaire le monde. Je n'avais pas le goût.

*Rien n'était impossible pour ta grand-mère. Ta mère voyait-elle ta connivence avec sa mère d'un bon œil ?*

Ma mère s'est sentie toute sa vie écrasée par sa mère parce que ma grand-mère voulait un fils. Je pense que j'ai été le gars qu'elle avait tant souhaité. Je ne sais pas comment ma mère a pu endurer cette situation. Aux yeux de ma grand-mère, tout ce que je faisais était parfait, alors que rien de ce que ma mère pouvait faire ou dire n'était correct. Mon père est absent dans toute cette histoire parce que je crois, avec le recul, qu'il se sentait exclu de la symbiose qu'il y avait entre ma grand-mère, ma mère, ma sœur et moi. J'étais son seul fils. Il n'avait pas le même lien et la même proximité avec moi que les femmes de ma vie. Les femmes ont marqué mon enfance et ont eu un rôle prépondérant à jouer dans ce que je suis devenu comme père, comme mari et comme homme. Mon père, lui, m'a donné le côté *entertainer*. Tout le monde aimait mon père parce qu'il organisait des fêtes mémorables. Il y avait toujours à manger chez nous. Mon père, c'était vraiment une machine sociale, au travail comme dans la vie privée. Je lui ressemble. Même si un parent a eu de grosses lacunes, on peut admettre, peut-être pas à quinze ans, mais en vieillissant, qu'il avait de grandes qualités et qu'on a peut-être hérité de quelques-unes d'entre elles.

*Avais-tu peur d'être incompris ou jugé par les jeunes de ton âge ?*

Oui, peut-être d'être jugé. J'avais toujours peur d'être ridiculisé et peur du rejet si je donnais mon avis en classe. J'aurais voulu être assez fort et avoir assez de courage pour dire : « J'ai une bonne idée. » J'en étais incapable. Pourtant, j'entendais les autres dire ce que je n'osais pas dire à voix haute. Ça m'enrageait d'être comme ça. Un jour, je me suis dit : « Mais pourquoi je me fais ridiculiser ? » Je regardais les élèves de ma classe et je voyais que je n'étais pas plus laid qu'un autre, pas plus épais, pas plus mal habillé. Mais qu'est-ce qui faisait la différence à ce point ? En troisième secondaire, j'ai réalisé que, la grande différence, c'était l'humour. Les populaires de l'école, c'étaient ceux qui faisaient rire et qui pouvaient manipuler et détourner une conversation sans jamais avoir à se battre. Je trouvais ça fabuleux. Je me suis mis à observer les gens pour découvrir pourquoi quelqu'un avait mieux réussi qu'un autre. Pourquoi sa *joke* était mieux sortie. J'ai étudié ceux et celles qui connaissaient du succès et j'ai essayé de les imiter ou de les surpasser. Il arrive un moment où tu oublies l'autre et tu deviens juste toi. C'est devenu une obsession. En une année, je suis passé de *loser* à gars très populaire. Je m'étais préparé mentalement à changer dans le regard des autres. J'ai décidé de prendre ma vie en main, de sortir d'un tourbillon qui me rendait malheureux. Je voulais être un leader. J'ai trouvé les points faibles des méchants et j'ai commencé à vouloir leur faire payer ce qu'ils m'avaient fait.

*Ta réussite était-elle une forme de vengeance sur cette vie d'adolescent ?*

Quand j'ai eu mon premier contrat de télévision, ç'a été un grand bonheur, une jouissance de penser que tout le monde allait me voir. Je me disais : « Regardez-moi bien, je suis rendu à la télé nationale. » Mais ma première expérience ne s'est pas bien déroulée. Ç'a été épouvantable. J'ai payé. J'ai braillé tous les jours. C'était une grande leçon d'humilité parce que je croyais être au sommet, mais ça s'est avéré un enfer. Une personne a tout fait pour me détruire publiquement. J'étais au bout du rouleau, mais je n'avais plus treize ans et il fallait que je me défende, que je me batte si je voulais m'en sortir. Alors, j'ai travaillé deux fois plus fort et j'ai réussi. J'ai une bonne étoile, j'en suis certain.

*Ta grand-mère décède à quatre-vingt-dix-sept ans, tu en as alors trente-deux. En quoi ta vie change-t-elle à partir de ce moment ?*

Je me souviens de la journée où je me suis rendu à l'église en suivant le corbillard qui transportait ma grand-mère. J'étais seul dans la voiture et, à l'intérieur de moi, je savais qu'une grande partie de ma vie était morte avec elle, finie à jamais. Un bout de ma vie disparaissait avec elle et ne reviendrait jamais. Pour moi, son départ, c'était comparable à un jardin mort.

> **" Je voulais une reconnaissance publique.** Ç'a été très long avant qu'elle arrive, mais j'ai eu le temps de la cultiver. **"**

*Quand ta mère est décédée à son tour des suites d'un cancer, il y a quelques années, tu m'as dit : « Pour qui vais-je faire ce métier ? »*

Quand j'ai perdu ma mère, j'ai trouvé ça dur. Aujourd'hui, ma grand-mère, ma mère, mon père et mon parrain m'ont quitté. Je n'ai plus de modèles. Le passé est mort, mais surtout, il n'y a plus personne que je peux essayer d'impressionner avec une de mes réalisations. Je voudrais que mon père, ma mère, mes grands-parents ou mon parrain soient fiers de ce que j'accomplis.

*Vouloir impressionner a été longtemps ton moteur ?*

Le regard des autres sur moi me garde concentré. C'est important, ce que les autres pensent de moi. J'aime beaucoup la monarchie britannique parce que la reine d'Angleterre est un symbole d'abnégation et de choix volontaire. J'aspire à être comme ça. Il y a des obligations qui viennent avec le titre et la renommée. Moi, j'admire cette capacité de vivre avec une telle rigueur tous les jours, d'en faire un modèle de vie et de ne jamais en déroger. Qu'on soit parent, professeur ou animateur télé, on est tous une sorte de modèle, d'exemple à suivre pour d'autres. Alors, quand je vois quelqu'un qui est un modèle dans la société faire une bévue, surtout d'ordre moral, ça me blesse chaque fois. Cette personne a oublié son rôle, ce qu'elle représentait pour autrui.

*La gloire est arrivée lentement dans ta vie.*
Très lentement, même si j'en rêvais depuis longtemps. Il faut du temps pour se satisfaire. J'aime les marathoniens pour leur constance. J'aime la constance dans ma vie, celle de mon couple, de ma famille et de mes amis, ça me sécurise. Les rituels me sécurisent aussi. Je voulais une reconnaissance publique. Ça a été très long avant qu'elle arrive, mais j'ai eu le temps de la cultiver.

*Si tu avais connu une gloire instantanée, comme bien d'autres, serais-tu le même homme ? Est-ce que la lenteur avec laquelle s'est déployée la gloire dans ta vie t'a servi ?*
Je crois que oui. Si je n'avais pas fait de télé et qu'il n'y avait pas eu cette espèce d'œil de Dieu qui me suivait de là-haut, qu'est-ce que j'aurais fait ? Aurais-je dévié dans des *patterns* qui ne sont pas les miens ? Ce n'est pas ce que je voulais. Je ne voulais pas faire comme mon père et tomber dans des excès. Je refusais de lui ressembler de ce point de vue-là. Donc, les excès d'alcool, la démesure, les femmes, pour moi, c'est ce que mon père représentait. C'était la pire chose qui aurait pu m'arriver. Faire pleurer ma femme aurait été terrible pour moi. Ça aurait été dévastateur. Je suis un excessif, mais je me contrôle.

*L'excès est parfois indispensable à la conquête. On l'appelle aussi « obsession ». Quand on cherche la lumière des projecteurs, parfois, on est prêt à tout pour y avoir accès.*
Jusqu'à ce que j'aime Brigitte – j'avais vingt-cinq ans quand je l'ai rencontrée –, j'aurais tout fait et tout sacrifié pour réussir. D'ailleurs, je l'ai fait quand j'ai quitté le Québec pour aller travailler à la radio de Radio-Canada en Saskatchewan. J'ai sacrifié ma famille et mes amis alors que personne de mon entourage ne voulait que je parte. J'ai quand même consciemment quitté ma grand-mère, ma mère et ma sœur, qui étaient mes repères dans la vie, sachant que je les blessais et que je les inquiétais, mais je n'avais pas d'autre choix. Une seule porte s'ouvrait à moi. Je leur ai dit avant de partir : « Un jour, je vais m'arranger pour que vous compreniez pourquoi j'ai dû prendre cette décision de partir loin de vous. »

*Pourrais-tu donner une date précise du moment où tu as senti que tu avais réussi ?*
(Silence) Quand le Food Network à Toronto m'a dit : « *You have the show, son.* » Ça faisait des lunes que je disais à qui voulait l'entendre qu'il fallait faire un show en anglais. Je voulais être le Céline Dion des recettes ! Aller là où aucun Québécois n'était allé en cuisine. Où aucun Canadien n'était allé. Et le jour où mon équipe m'a demandé « On y va quand, Ricardo ? », je me suis dit : « Je leur ai mis cette idée dans la tête, maintenant ils me croient. Toute ma gang est persuadée que je suis capable. » Je ne pouvais plus reculer. Alors, j'ai fait ce qu'il fallait pour aller à Toronto faire mon *pitch* de vente et les convaincre que j'étais la meilleure personne pour animer une émission de cuisine au Canada anglais. Je suis entré dans le bureau. Je me suis dit : « Que le spectacle commence ! N'oublie pas tes paroles. *Checke* le *spot*. Suis du

regard la bonne personne et *entertaine*. » Ce sont les moments qui me rendent le plus fébrile. J'avais une seule chance et je ne l'ai pas laissée passer.

*De quoi voulais-tu les convaincre ?*
Il fallait qu'ils me croient, qu'ils voient en moi assez de passion pour passer par-dessus le fait que j'avais un accent quand je parlais anglais. Je voulais qu'ils disent : « Ce jeune-là est tellement plein de fougue qu'il mérite ça. Ce gars est si déchaîné, on sent que sa vie en dépend. Il vient de s'ouvrir les veines devant nous, il va donner tout ce qu'il a pour que ça marche. » À un certain moment, je leur ai dit avec le sourire : « Là, je m'excuse, j'ai mal ici dans le bas du ventre. J'ai même vraiment très mal, mais vous êtes mon plus grand moment. Si je meurs en sortant d'ici, *I have no problem with that.* » (*Il éclate de rire.*) Ils m'ont demandé si c'était vrai, et je leur ai répondu : « Oui, c'est vrai. Si vous pouviez appeler une ambulance… Quand je vais partir d'ici, j'aimerais me rendre à l'hôpital. » Ils trouvaient ça drôle. Comme ils étaient amis avec quelqu'un de l'hôpital St. Michael, ils m'ont assuré que je serais pris en charge après la présentation. J'ai fait mon numéro, j'étais heureux. J'avais découpé la grille des émissions de Food Network et enlevé la photo du gars de Toronto pour mettre la mienne. Pendant ce temps, j'avais tellement mal au ventre. Je savais que, même si je n'avais pas cette émission, je venais de marquer des points auprès d'eux.

*Finalement, tu t'es rendu à l'hôpital. Qu'est-ce que tu avais ?*
Je suis entré à l'hôpital d'urgence. J'ai reçu de la morphine. J'avais une crise d'appendicite.

*Combien de temps après as-tu su que tu allais travailler sur les ondes de Food Network Canada ?*
Je me suis réveillé le lendemain. Sur ma table, il y avait le plus gros bouquet de fleurs que j'ai vu de ma vie. Il devait mesurer quatre pieds de hauteur. C'était gigantesque ! Sur la carte qui l'accompagnait, c'était écrit : « Prends soin de toi, Ricardo, tu fais partie de la grande famille de Food Network. » Plus tard, ils m'ont commandé une émission type, un pilote. J'ai fait un et je le leur ai envoyé. À la suite du visionnement, ils voulaient treize émissions. Je leur en ai donné deux, ils en ont voulu vingt-six. Je leur en ai donné treize. Ils en ont voulu cinquante, et au total on en aura fabriqué quatre-vingts, et c'est maintenant diffusé un peu partout dans le monde.

*Comment Brigitte a-t-elle réagi quand elle a appris la nouvelle concernant ton embauche à Food Network ?*
Ma femme était la première personne à croire en moi. Elle était tellement heureuse, mais quand je suis parti pour Toronto, on avait appris quelques semaines plus tôt qu'elle avait le cancer. On venait de pleurer toutes les larmes de notre corps. Nous savions que nous nous dirigions vers un cauchemar. Brigitte et moi, nous nous étions planifié un voyage à Paris à mon retour de Toronto et avant qu'elle commence

les traitements de chimio. Ce voyage avait été décidé après que le verdict fut tombé. Nous étions dévastés par cette nouvelle. Notre vie venait de s'écrouler. Nous pensions à nos filles, qui n'avaient que deux, cinq et sept ans. Nous voulions faire ce voyage à Paris pour nous aimer encore plus fort et célébrer la vie ensemble avant d'affronter ce qui s'en venait : la guerre. Même si je venais de vivre un moment extraordinaire à Toronto, je devais retourner auprès de ma femme. Les médecins m'ont déconseillé fortement de prendre l'avion puisque je me remettais tout juste d'une opération. J'ai pris le train pour Montréal, et ensuite j'ai pris l'avion avec Brigitte pour Paris, malgré les mises en garde des médecins. J'avais tellement de prescriptions de pilules que, quand je suis arrivé aux douanes, ils m'ont interrogé. Avant de partir de Toronto, j'avais dit au médecin : « Donnez-moi tous les médicaments à titre préventif. Si la plaie ouvre. S'il y a infection. » Il m'a dit : « Tu vas en France, tu ne pourras pas marcher, tu ne pourras pas boire ni rire. » Pendant ce voyage à Paris, j'ai marché comme un fou, j'ai bu comme un cochon et j'ai ri aux larmes tous les jours avec Brigitte.

## " **Je dois tout à Brigitte.** Grâce à elle, j'ai trouvé mon équilibre familial, mental, un *focus*, une orientation que je n'avais pas. "

*Au moment où se concrétise ce que tu souhaitais le plus au monde, faire de la télé au Canada et dans le monde, Brigitte, ta partenaire, ta femme et la mère de tes filles, a le cancer. Vous entrez dans un processus que vous ne connaissez pas et que vous appréhendez. Ça venait assombrir l'idée même de la conquête du marché anglophone. As-tu eu peur que l'aventure ne puisse se faire ?*

Dès que je suis revenu au Québec, j'ai vraiment oublié Toronto. Pendant tout le trajet, je me suis dit : « Ça, je l'ai. Je l'ai accompli. Je ne sais pas ce qui va arriver dans ma vie, mais je peux dire aujourd'hui que je suis allé là où aucun Québécois n'est allé. » Brigitte m'avait donné dix ans de sa vie, je pouvais bien lui donner le reste de la mienne. Après, ce n'est pas la carrière qui a pris le dessus, c'est le rôle de père. Mon angoisse, ça a été : « Comment vais-je faire si elle n'est pas là ? » Je voyais une de mes filles et je me mettais à pleurer. Qui allait montrer à mes trois filles comment se maquiller, s'habiller et devenir un jour des femmes comme leur mère ? J'ai eu peur de me retrouver vraiment tout seul, sans femme à aimer, sans mère pour mes enfants. Je me disais aussi, quand je craignais le pire, qu'au moins j'avais mes filles qui allaient être une partie de Brigitte toute ma vie. À travers elles, j'aurais son souvenir. Être populaire, avoir beaucoup de monde qui m'aime, c'est peut-être le fun, mais si à la base je n'ai pas Brigitte, celle qui me stimule dans la vie, tout ça ne vaut rien.

*Y a-t-il eu un moment dans ta conversation avec Dieu où tu as voulu troquer quelque chose contre la santé ?*

Je ne troque jamais rien, je promets des choses. Intérieurement, je me suis dit : « Si Brigitte s'en sort, je vais m'occuper d'elle et des enfants, mais si elle me dit que ce que l'on fait est trop stressant, je suis prêt à faire le deuil de mon rêve pour elle. » Ma femme, je l'ai choisie. Tous les jours, on se choisit. Il y a quelque chose d'immuable. Je dois tout à Brigitte. Grâce à elle, j'ai trouvé mon équilibre familial, mental, un *focus*, une orientation que je n'avais pas. Elle contrebalance mes excès. Brigitte a un instinct pour dire : « Ça, ça marche. Ça, ça ne marche pas. » J'ai dû apprendre à lui vendre mes idées. Elle m'a permis de mieux préparer chaque *pitch*.

*Étant donné tes idées de grandeur et tes ambitions, crains-tu que certains te voient comme un mégalomane ?*

Non. Les gens que j'admire sont tous démesurés ou excessifs dans leur manière de faire les choses. Steve Jobs, Napoléon, Haussmann, René Lévesque sont des preuves qu'il faut avoir la fougue et la passion pour parvenir au sommet. Je suis un bâtisseur. J'aime bâtir. Ce n'est pas toujours évident d'aller où personne ne veut aller. Il faut convaincre les autres, mais en même temps le plaisir est dans la conquête. Une fois que j'ai atteint un objectif et réalisé un projet qui me tient à cœur, c'est fini. Je suis prêt pour le prochain défi.

*Qu'est-ce que la gloire a changé en toi ?*

Elle m'a apporté la paix de l'esprit. Le sentiment d'accomplissement. La liberté de choisir mes projets et la liberté économique. Le sentiment de pouvoir contribuer à la société. Ça procure cette espèce de sécurité familiale qui fait que le cocon est confortable et protégé. Ce que je voulais correspond à ce que j'ai. Le succès, c'est très réparateur. Mais pour arriver au type de gloire, entre guillemets, que j'ai, j'ai appris à mettre de côté l'orgueil, à éliminer les envieux et les jaloux qui sont inévitablement là quand le succès s'annonce grand. Ça vient avec le statut qui change. Il n'y a pas que moi qui ai vécu cette nouvelle réalité, j'en connais beaucoup d'autres.

*Qu'est-ce qui te manque, Ricardo ?*

La pérennité. Ça a changé quand Brigitte a été malade. Je serai complètement heureux quand cette compagnie, ce nom, tout ce qui a inspiré les gens continueront de le faire sans moi. Quand je pense à des Chanel, Versace ou encore à des grands noms du monde de la cuisine, c'est ce genre de renommée que je veux pour sécuriser ma famille et ceux que j'aime.

*As-tu peur de ne pas avoir assez de temps pour pouvoir réaliser tous tes rêves ?*

Je ne les réaliserai pas tous, je le sais déjà. J'aurais besoin de cent autres années, et plus encore, pour accomplir tout ce que j'ai en tête. Je suis certain que je n'aurai pas le temps de finir ce que je veux. C'est ce que je trouve triste en vieillissant.

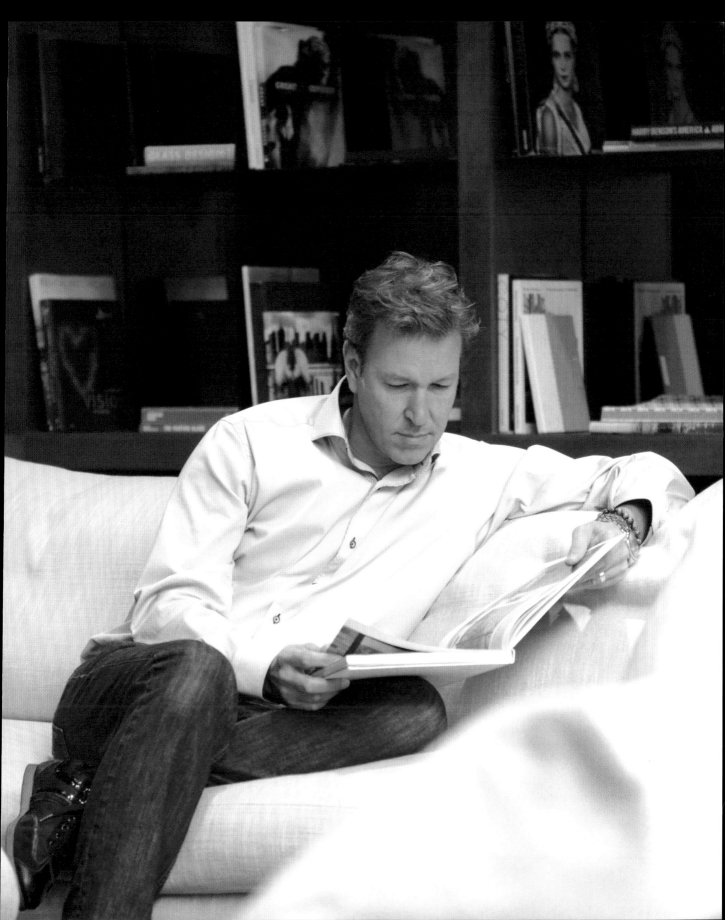

*As-tu l'impression parfois que tu vis la vie dont ta grand-mère et ta mère rêvaient?*
Celle de ma grand-mère, de ma mère, de mon père et même celle de ma famille élargie, jusqu'à un certain point.

*La gloire a-t-elle comblé une partie de ton vide intérieur?*
Une grande partie, mais c'est plus la reconnaissance du public que la gloire qui l'a comblé. Ça m'a épargné probablement vingt ans de thérapie, puisque le fait de se sentir aimé et apprécié par autant de monde vient vraiment régler quelque chose à l'intérieur de soi, et l'estime de soi ne peut qu'être réparée. La reconnaissance des autres me fait sentir mieux, elle confirme que j'ai une certaine valeur comme être humain à leurs yeux.

*Es-tu tombé dans les pièges de la réussite?*
J'espère avoir des amis qui sont assez honnêtes pour me dire: «Heille, t'es vraiment fendant, là!» Brigitte non plus n'est pas gênée de me remettre à ma place: «Woh, *slacke*, là!» En plus, je ne risque pas de l'oublier parce que je répète souvent à ma gang: «On ne fait pas de la chirurgie cardiaque. En ce moment, on sauve du temps à des familles. On leur trouve de bonnes idées. On s'organise pour que les familles s'aiment plus, qu'elles passent davantage de temps ensemble et qu'elles créent des traditions, mais il ne faut pas virer fous avec notre succès parce qu'il peut disparaître aussi vite qu'il est apparu. Il faut rester humbles et vigilants. Notre succès sera durable seulement si, ensemble, on le cultive avec la bonne intention en se disant: est-ce que l'on sert à quelqu'un?»

*Où te vois-tu dans dix ans?*
Je me vois dans la même affaire que nous avons, mais en plus gros. Il y a une phrase que j'aime: «Le meilleur nous convient très bien.» Pourquoi penser petit? Quand tu penses petit, c'est parce que tu es petit. Quand quelqu'un trouve ma façon de penser un peu intense, je lui dis: «Pourquoi? Si tu fais tout ce que tu peux pour être bon au travail, gentil avec les gens autour de toi, généreux avec ta famille, et que tu t'assures d'être une bonne personne, pourquoi n'aurais-tu pas le meilleur?» Si des problèmes surviennent, on s'en occupe. On les règle le plus rapidement possible et on continue. Il est déjà écrit dans le ciel qu'on va avoir des peines puisque, un jour, des personnes qu'on aime vont mourir. On n'est pas obligé de vivre en fonction de ça. Pourquoi ne pourrait-on pas avoir une vie où de belles choses arriveraient aussi en cours de route?

*Est-ce qu'on peut atteindre les hauts sommets en restant le plus près possible d'une certaine vérité?*
En tout cas, près de la sienne. Si tu te mens à toi-même, tu es mort. Quand je vais dans les écoles pour *La Tablée des chefs*, je dis aux jeunes: «Il n'y a rien de plus incroyable que de réussir quelque chose sans être obligé d'écraser quiconque sur son passage.» On peut réussir seulement parce qu'on est bon dans ce qu'on fait, peu importe ce que c'est. Pour moi, la réussite, c'était d'obtenir ce que j'avais mis comme images sur mes cartons quand j'avais huit ans. Je voulais une femme, des enfants, une maison et une voiture. C'était clair. Je suis venu au monde pour ça. Les malheurs qui me sont arrivés en cours de route avaient pour but de me calmer les nerfs, de m'amener à grandir et à devenir plus mature, de me rendre plus humble ou de me déstabiliser assez pour que je voie la vie autrement.

*Tu fais référence au cancer de Brigitte?*
Oui, mais aussi aux gens qui m'ont trahi. Je pense que tu ne peux pas réussir sans quelques trahisons sur ton chemin. La gloire vient avec la trahison. Elle nous a aidés puisque ça nous a prouvé qu'il n'y a que nous qui savions où nous allions. Après une trahison, tu es beaucoup plus fort. Dans mon métier, il n'y a plus personne qui me fera peur, mais j'aurai toujours peur que mes enfants soient malades, que Brigitte ait une récidive de cancer. On avance toujours dans sa famille à la vitesse du plus petit pas. Tu ne peux pas aller plus vite que la personne qui te tient à cœur. Pour moi, mon réseau est très simple, j'ai Brigitte, mes beaux-parents et mes filles. J'ai l'essentiel. Après ça, qui m'aime me suive. Demain matin, si Brigitte lâche, je lâche avec elle. J'ai une famille que j'aime. C'est quand même LA priorité. Je veux essayer d'aimer ma femme le mieux possible. Honorer ça. Au fond, c'est la plus grande réussite, parce que ce n'est jamais fini.

**Au nom de la gloire, j'ai dû faire les sacrifices suivants...**
Peut-être l'intimité en vacances, mais je n'ai pas fait beaucoup de sacrifices. Les gens sont très respectueux avec moi.

**Au nom de la gloire, j'ai perdu...**
Des amis, par manque de temps pour les voir. Certains d'entre eux ne peuvent pas te suivre dans ce que tu as envie de faire de démesuré. Je pense qu'il faut être prêt à sacrifier l'amitié ou plusieurs amitiés. C'est inévitable, tu vas **te retrouver avec moins de monde autour de toi.**

**Au nom de la gloire, j'ai gagné...**
La possibilité de rendre du monde heureux, de donner du travail et de protéger des personnes que j'aime, ma famille en priorité.

Jean-Marc Parent est un être à part, au parcours de combattant. Dès son jeune âge, il se heurte à une dure réalité : la perte de ses parents. Ces événements ont une influence déterminante sur sa vie. De nouvelles balises remplacent les certitudes de sa vie passée. Tout désormais lui semble fragile, chancelant, précaire. Il va s'intéresser à la psychologie, vaste laboratoire de la vie. C'est comme intervenant social qu'il commence à servir avant de connaître la gloire comme humoriste. En 1988, il personnifie un handicapé au festival Juste pour rire. Le numéro crée un malaise vite dissipé grâce à la justesse de son propos et à la force de son jeu. Ce soir-là, on le consacre grande révélation de l'humour. Suivent des marathons d'humour sans limites de temps et l'animation de *L'Heure JMP*. Des milliers d'admirateurs acceptent de faire *flasher* les lumières de leur maison et de leur voiture au signal de Jean-Marc Parent, qui soulève littéralement les foules et déchaîne leurs passions. Il remplit le Forum de Montréal et le Colisée de Québec à une quinzaine de reprises. Un jour, la gloire du gars « ben ordinaire » dérange. Il attire les foudres et le mépris de certains journalistes, qui lui prêtent des intentions qu'il n'a pas. La confiance de Jean-Marc Parent est ébranlée et met un temps fou à lui revenir. Mais comme l'humoriste ne sait faire qu'une chose, être lui-même, il revient, triomphant, avec *Urgence de vivre* et, quelques années plus tard, *Torture*, spectacles qui lui permettent de rafler les honneurs au Gala Les Olivier. Le 24 octobre 2013, Jean-Marc Parent me donne accès aux coulisses de son spectacle et de sa vie avec une générosité du cœur qui se voit rarement.

# JEAN-MARC PARENT
## LA GLOIRE D'UN GARS « BEN ORDINAIRE »

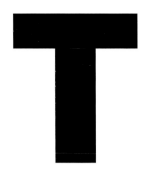**U AS CINQ ANS QUAND TA MÈRE DÉCÈDE.** *Tu en as quatorze quand ton père meurt. Te voilà orphelin en pleine adolescence. Crois-tu que ces pertes capitales ont eu un effet direct sur l'être que tu es devenu et sur celui qui a été propulsé dans la lumière?*
Probablement. C'est difficile de l'affirmer avec conviction, mais je pense que oui. Assez rapidement, j'ai été obligé de voir la fragilité extrême de la vie. Tout de suite, c'est comme si on m'avait dit : « N'aie pas confiance en la vie. » Nous autres, les humains, on établit des règles parce qu'on essaie de se sécuriser et de tout contrôler, et c'est pour ça qu'on s'invente plein de façons de penser. Nous voulons que ça rentre dans des cadres. Nous voulons nous rassurer, mais tout ça pour moi, je crois que c'est du vent.

*Tu n'es pas croyant. Est-ce que tu es devenu athée avec la disparition de tes parents, en te disant : « Si c'est ça que la vie me propose, je ne crois plus en rien »?*
Je ne suis pas croyant, mais je suis pour toutes les façons de penser et pour toutes les croyances, parce qu'elles nous aident à vivre ici. Après notre mort, ça ne nous sert à rien. Le bout le plus dur à vivre est ici. Avant que tu arrives ici, tu étais dans un genre de néant. Je ne vois vraiment pas pourquoi on n'y retournerait pas après. Tu remarqueras que, quand on s'en va, peu importe les croyances, on s'imagine toujours que c'est une prolongation de ce que l'on vit ici. On ne veut pas se résigner à se dire : « Ça va peut-être être juste ça. »

> **" Si tu savais comme je ne me vois pas comme un dieu quand je monte sur scène. Je me vois comme un spectateur de plus, mais qui est sur le stage. "**

*Contrairement à d'autres enfants, tu n'as jamais rêvé d'être dans la lumière, de connaître la gloire et de devenir ce que tu es devenu, un phénomène de l'humour.*
Je n'ai jamais rêvé d'être connu. J'étais plus occupé à survivre qu'à rêver. Ma vie, c'était vraiment un survivre au jour le jour. Je recevais un coup sur la gueule et je me disais tout le temps : « Je vais commencer par passer à travers… » Je ne me préoccupais pas de rêver. Par contre, je me préoccupais de réussir quelque chose. C'est pour ça que j'ai continué l'école.

*Pourquoi voulais-tu réussir quelque chose?*
Parce que j'étais tellement conscient que j'étais tout seul.

Je n'avais plus de mère, je n'avais plus de père. Mon père avait beaucoup d'éducation, donc ma vision, c'était : « Je vais essayer d'avoir une scolarité qui a de l'allure. » Il fallait que j'aie au moins ça dans ma vie. C'était la seule chose à laquelle je pouvais m'accrocher parce que, tout le reste, je voyais bien que ça pouvait me glisser des mains n'importe quand.

*Comment as-tu réussi à survivre malgré l'absence de tes parents?*
Je me suis entouré d'êtres humains. C'est pour ça que l'amitié, la loyauté, c'est d'une importance capitale à mes yeux. L'amitié, c'est l'une de mes plus grandes valeurs. Ainsi que mes vraies racines, mes deux sœurs que j'aime tant, Denise et Céline, et Léonie, ma deuxième mère, qui m'a aimé comme son propre fils.

*L'amitié est plus solide que l'amour?*
Si l'amour est solide, c'est qu'il y a une amitié à la base de la relation. L'amitié, c'est très fort. C'est peut-être à cause de ça que j'ai survécu.

*As-tu l'impression que le fait de toujours vouloir t'attacher à quelqu'un et de privilégier les amitiés solides t'a aidé à garder les pieds sur terre au moment où le triomphe t'est tombé dessus?*
Ça m'a aidé. Chose certaine, ça m'aidait à garder la tête froide. Je me rappelle les spectacles que je faisais au Forum, l'émission *L'Heure JMP*, c'était tellement gros pour un humoriste québécois. Je n'ai pas le profil d'une rock star, mais ce qu'il y avait alentour était vraiment impressionnant. Le souvenir que j'en ai, c'est que je trouvais ça épeurant.

*Y a-t-il un moment où tout ce triomphe donne le vertige?*
Oui, je voyais ça pour des artistes américains, anglais ou français, mais je ne pensais pas que je me retrouverais là un jour. On faisait *L'Heure JMP* à la télé. Des écrans permettaient à quinze mille spectateurs au Forum de suivre l'émission. Quand je finissais, à vingt et une heures, je montais dans un autobus escorté par les policiers qui avaient barré toutes les rues et j'entrais dans le Forum, où je commençais mon show à vingt-deux heures, qui durait parfois jusqu'aux petites heures du matin.

*Était-ce comme de vivre un rêve par procuration? Si tu n'étais pas une rock star, au moins, tu pouvais pendant quelques heures avoir l'impression d'en être une?*
Oui, effectivement. À l'époque, le Forum de Montréal était mythique à mes yeux. C'est là que j'assistais aux spectacles de mes idoles à moi, Pink Floyd, Genesis, Jethro Tull. De me retrouver au même endroit qu'eux à offrir un spectacle à mon tour, c'était, oui, un rêve par procuration.

*Éric Lapointe, dans notre entretien pour ce livre, parle de cette sensation incroyable d'être sur scène, de se sentir plus grand que nature et du vide qu'on éprouve ensuite quand les lumières s'éteignent et que la salle se vide…*

Tu touches un point important. Si tu savais comme je ne me vois pas comme un dieu quand je monte sur scène. Je me vois comme un spectateur de plus, mais qui est sur le *stage*. C'est vrai qu'après une telle dose d'amour, un grand vide se crée quand tu es seul au volant pour rentrer à la maison. Mais je retrouvais vite l'équilibre auprès des miens en quelques heures.

*Jamais ces triomphes devant vingt mille personnes t'ont fait sentir plus grand, plus fort et plus puissant ?*
Non. Tu demanderas aux gens autour de moi, ils vont te répondre la même chose. Dans la vie, tu ne peux pas être plus terre à terre et plate que moi. J'haïs ça, me conter des histoires. Ça ne veut pas dire que je n'en profitais pas. J'étais content des coups que j'avais réussis. C'est comme si tu m'avais mis dans une agence de pub et que j'avais fait une méchante belle *shot* ! Même aujourd'hui, je suis encore comme ça. Je suis loin de me considérer comme un dieu même s'il y avait vingt mille personnes dehors qui attendaient pour assister au show. Il y a déjà eu cinquante mille ou soixante mille personnes. Quand j'arrive sur scène, je suis vraiment un spectateur de plus, mais c'est moi qui ai le micro. Peut-être que cette façon de voir m'aide à rester bien ancré dans la réalité. Si j'arrête de faire ce métier, j'aurai zéro *down*. Je ne suis pas nourri par la gloire. Je ne dis pas que je ne trouverai pas ça plate. Je serais déçu que ça marche moins, mais mon bonheur ne repose pas du tout là-dessus.

*Quand tu vois que les gens sont encore au rendez-vous après toutes ces années, que tes salles sont pleines à craquer, que tes spectacles sont d'une durée presque illimitée et que les spectateurs te suivent comme des fidèles, éprouves-tu un brin de fierté ?*
J'ai une fierté de réussir. J'ai une fierté de continuer à faire ce que j'aime le plus au monde et à intéresser encore les gens. Intéresser les autres sans être dénaturé. Moi, j'ai passé à travers des coups de bâton et j'ai réussi à rester ce que je suis. Ma fierté, c'est ça.

*Tu n'as pas changé. Tu es resté ce que tu étais.*
Sais-tu qui a renforcé cette pensée-là ? Charles Aznavour. Il y a une dizaine d'années, il avait dit dans une entrevue : « Il y a un moment dans la vie où je n'étais plus au goût du jour. J'aurais eu beau faire n'importe quoi, je n'étais plus au goût du jour. Quand je suis revenu, pourquoi ça a marché si fort ? Parce que j'étais exactement le même que quand les gens se sont détournés. » J'ai toujours pensé de cette manière. C'était le fun de voir un artiste qui est plus grand que nature dire la même affaire que moi.

*Ton côté terre à terre, crois-tu qu'il est intimement lié au drame de ton enfance ?*
Dans le sens que je n'ai pas le droit de me réjouir... Oui, j'ai peur. Si je me réjouis, on dirait que j'ai peur que quelque chose casse, mais je ne boude pas mon bonheur pour autant.

*Tu es quelqu'un d'extrêmement rigoureux, discipliné et organisé.*
Je suis très conscient que j'ai un talent limité. Je suis un bon conteur et j'ai de bonnes idées, mais ça s'arrête là. Je ne suis pas un homme-orchestre qui fait vingt-huit affaires. C'est pour ça que tu ne me vois pas dans vingt-huit affaires.

*Si la gloire n'est pas un objectif pour toi, est-ce que la quête de la reconnaissance en est un ?*
Certainement. On aspire tous, peu importe ce que l'on fait, à une certaine reconnaissance. Quand on sent qu'on veut nous écarter volontairement d'un podium, c'est terriblement blessant. C'est ce qui m'est peut-être arrivé.

*Est-ce que tu te sens une responsabilité supplémentaire de ne pas échouer maintenant que tu as atteint le genre de sommet où tu te trouves actuellement ?*
Je me suis toujours senti une responsabilité supplémentaire de ne pas échouer même quand le monde ne me connaissait pas.

> **" J'ai passé à travers des coups de bâton et *j'ai réussi à rester ce que je suis. Ma fierté, c'est ça.* "**

*Quand on touche aux sommets, il y a le regard des autres qui change, et parfois même ça suscite l'envie. Faut-il faire preuve de résilience pour tenir là-haut ?*
J'ai eu les beaux succès des premiers shows, les spectacles au Forum, *L'Heure JMP*, c'est là que j'ai connu un lynchage en règle. Quand on parle de cette période, on dit qu'on s'est fait brasser. Ils ont réussi à détruire ma confiance pendant un certain temps. La période trouble a duré sept ou huit ans, le temps de se reconstruire une confiance. Je me rappelle d'un moment en particulier où Chantal Brisson, ma gérante et ma meilleure amie, et moi étions dans un chalet, et ça allait mal. On recommençait tout à zéro ! Je venais de vivre l'aventure de *L'Heure JMP*, où on avait battu des records. J'avais fait une quinzaine de Forum de Montréal et de Colisée de Québec réunis. Après ça, je me suis fait brasser. Il y a des gens qui m'ont attaqué publiquement.

*En plus, tu avais perdu beaucoup d'argent. Et il y avait des gens qui quittaient le bateau parce que l'eau commençait à monter...*
J'avais fait beaucoup, beaucoup de sous à une certaine époque, et comme ça avait été mal géré, j'en ai aussi perdu beaucoup. Ça s'était envolé. J'ai dit à Chantal : « Au moins, la seule affaire que j'ai encore, ce sont mes idées. » Je ne savais pas si les gens allaient revenir, mais je savais que j'avais besoin de Chantal pour retrouver la confiance. Je lui ai demandé de m'aider, on allait faire un autre show. Elle n'était pas scripteure, mais elle était mon ancienne blonde, ma meilleure amie, comme ma demi-sœur. Et surtout, elle y croyait.

On avait réussi à écrire pas mal de textes, mais à un moment donné, j'ai regardé ça et j'ai pensé : « C'est de la marde, ça ! » Je ne croyais plus en rien. J'étais tanné et j'étais sûr que j'allais devoir arrêter ce métier. Et comme j'avais étudié en psychologie, je me voyais retourner travailler comme intervenant, retourner donner des cours de ski alpin et faire de la photo, une de mes grandes passions. À un moment précis, il y avait un foyer dans le chalet où nous étions, j'ai pogné les feuilles et je les ai sacrées dans le feu. Chantal s'est levée pour aller les récupérer, mais je lui ai dit : « Laisse-les brûler. C'est mauvais. » On a tellement ri de cet épisode-là… Tranquillement, au fil des mois, le naturel a repris le dessus et la confiance a repris sa place.

## « Si tu fais ça pour être connu ou pour être riche, il y a peu de chances que ça fonctionne. Si tu fais ce métier parce que tu aimes ça profondément, tu ne t'en rends même pas compte, tout le reste et les sous vont arriver. »

*Qu'est-ce que Chantal pensait de tes intentions de tout quitter ?*
Elle m'a dit : « T'es le même gars qui faisait le Forum. T'es le même gars qui faisait *L'Heure JMP*! Tu vois comme c'est important, la confiance. »

*C'est une forme d'intimidation que tu as vécue ?*
C'était ça. On détruisait une personne intérieurement. Tu n'as plus confiance en toi. On m'attaquait sur mon physique. S'il y avait une cause injuste à cette bataille, c'était celle-là. C'est ce qui faisait le plus mal et, en même temps, ce qui était rassurant, c'est qu'on m'a rarement attaqué sur ce que je faisais. Donc, ce n'était pas ce que je faisais qu'ils n'aimaient pas, c'était ce que j'étais.

*Crois-tu qu'aux yeux de ces personnes tu représentais une machine à faire de l'argent et que ça pouvait les déranger ?*
Peut-être qu'à l'époque on parlait d'argent, mais aussi on veut toujours expliquer des choses qu'on ne comprend pas. On se demandait pourquoi un gars ordinaire comme moi était passé entre les mailles du système. Il y en a tellement qui travaillent comme des fous parce qu'ils ne rêvent qu'à ça, alors que moi, je ne rêvais pas à ça et je connaissais un grand succès. J'ai toujours dit : « Si tu fais ça pour être connu ou pour être riche, il y a peu de chances que ça fonctionne. Si tu fais ce métier parce que tu aimes ça profondément, tu ne t'en rends même pas compte, tout le reste et les sous vont arriver. Les journalistes n'étaient pas capables d'expliquer mon succès. C'est comme avoir peur d'une

souris. Finalement, une souris, ce n'est pas méchant. On l'écrase parce qu'on a juste peur. C'est un peu ça qu'on a fait avec moi.

*Durant cette période, qui semble durer une éternité quand on la vit, as-tu senti un vide se créer autour de toi ?*
Non, parce que je suis entouré d'amis assez proches. Il y en a eu quelques-uns qui ont disparu, mais ce n'est pas la majorité.

*As-tu eu des regrets d'avoir dépensé des sommes astronomiques en faisant plaisir à tes amis ?*
Pantoute. J'ai trouvé ça plate que des grosses sommes soient parties, mais je ne me suis jamais dit : « Je vais aller récupérer les cadeaux que j'ai faits. » Les cadeaux que j'ai offerts, j'étais ultracontent de les avoir offerts. J'ai adoré avoir de l'argent, mais quand c'est parti, on s'est dit : « On pourra toujours ben dire qu'on a eu du fun. » J'en ai profité et j'en ai fait profiter plein de monde. Je n'ai pas un mauvais rapport avec l'argent. Je suis content d'en avoir et quand je n'en ai pas je m'adapte très bien. L'argent, ça ne vaut rien, ça procure du temps sur la vie. Aujourd'hui, c'est dur d'avoir du temps. Ça fait que, quand j'ai des sous, la première chose qui me vient en tête, c'est que je vais pouvoir me payer du temps !

*As-tu déjà pensé que le succès que tu connais est une forme de compensation pour le commencement de ta vie, qui a été particulièrement éprouvant avec la perte de tes deux parents ?*
Non. Je voulais être photographe, instructeur de ski alpin. J'ai fait tout ça, mais pendant de courts laps de temps. J'aurais pu être aussi heureux là-dedans. J'aurais pu avoir la revanche en tête, mais je pense que pour être bien dans la vie il faut seulement se réaliser dans quelque chose. C'est tout. Tu n'as pas besoin d'avoir trente mille personnes qui te regardent. Moi, j'aime observer les autres. Je vois des artistes et je me dis que certains veulent être dans toutes les fenêtres de la maison jusqu'à la petite fenêtre de la salle de bain parce qu'ils ont besoin d'être vus. Pour ma part, une belle grande fenêtre de salon me convient.

*Est-ce que tu affirmes ça parce que tu connais le succès ?*
Je pense que c'est plus une question de personnalité. Il n'y a pas de bonne ou de mauvaise façon de fonctionner, il n'y a que celle qui nous rend confortable.

*Qu'est-ce que la gloire t'a apporté ?*
Tu me dis ça, on dirait que tu parles à quelqu'un d'autre. La gloire ! Moi, dans ma tête, je n'ai jamais vécu la gloire. J'ai vécu un gros succès…

*As-tu eu peur que ton succès rime avec pouvoir ?*
J'étais conscient du risque de basculer dans un trip de pouvoir. À l'époque, ceux qui ne m'aimaient pas rêvaient que ça arrive et ce n'est jamais arrivé.

*Est-ce que ça te perturbait même si tu avais une grande réussite ? Voulais-tu convaincre à tout prix ceux qui ne voulaient pas adhérer à ce que tu faisais comme humour ?*
Oui. C'est une autre affaire que j'ai comprise avec le temps : ceux qui ne t'aiment pas, ce n'est pas parce que tu n'es pas bon, ils n'ont même jamais écouté ce que tu fais, c'est toi qu'ils n'aiment pas. Ceux qui ne t'aiment pas, ils ne t'aimeront pas. Par contre, si tu changes, ceux qui t'aiment, tu vas les perdre. Donc il vaut bien mieux t'occuper de ceux qui t'aiment et rester ce que tu es.

*Toute cette attente crée un stress. Ça n'a pas été la cause de tes problèmes de santé qui sont survenus il y a cinq ans ?*
Le problème de santé est beaucoup plus lié au brassage que j'ai vécu qu'à ce beau stress-là. C'est comparable au bon cholestérol et au mauvais. Ça, c'est du bon cholestérol. Me faire brasser, c'est du mauvais cholestérol.

*Est-ce que le succès, la renommée et la réussite ont modifié quelque chose en toi ?*
Ça m'a rendu craintif. La gloire m'a fait me méfier. Je me souviens lorsque j'ai gagné les trois prix au Gala Les Olivier pour mon spectacle *Urgence de vivre*, il m'est venu en tête que je payerais pour ça d'une façon ou d'une autre. Tout comme le trophée de l'ADISQ quelques années auparavant pour mes spectacles de six heures au Forum. Je m'étais tellement fait brasser après qu'en arrivant chez moi j'avais remisé le trophée dans la garde-robe en me disant : « Si c'est ce que ça provoque de gagner un prix, je préfère être deuxième ! »

*Gilbert, Luce et Lucie Rozon ont été, avec Chantal, ceux qui croyaient à ton retour.*
Je dois beaucoup à Gilbert et à Juste pour rire, et quand je lui dis ça, il me répond tout le temps que c'est grâce à mon talent. Et je lui dis : « Je suis d'accord, mais c'est important que j'aie eu un beau magasin, une belle vitrine, un beau coin de rue pour être vu parce qu'il y en a d'autres qui ont autant de talent mais il y a des risques qu'on ne le sache jamais. » Les Productions Juste pour rire me l'ont offert, eux. Au début, Chantal et moi étions craintifs, on faisait tout tout seuls, mais plus aujourd'hui. Maintenant, tout ce que j'ai à faire, c'est avoir des idées et performer sur scène. Chantal fait un genre de clôture autour de moi et elle vérifie que tout est bien. C'est tout. On ne s'occupe plus de rien d'autre. On fait confiance aveuglément aux Productions Juste pour rire.

*Aurais-tu aimé que ton talent traverse les frontières ? Il en a déjà été question en France ?*
J'aurais aimé, effectivement. On a essayé à Paris, et je vois encore Gilbert Rozon courir dans tous les sens au théâtre du Gymnase. Il se tenait la tête et il disait : « Ça va être effrayant. Ça va marcher. Ce que tu fais, ça n'existe pas. »

*Et pourquoi ça n'a pas marché ?*
Parce que j'ai eu un infarctus à quarante-six ans. On était en train de décoller en France. J'avais l'impression de décevoir un grand frère. Un jour, j'ai dit : « Gilbert, la France, je pense qu'on va oublier ça. J'ai fait un infarctus. Je suis fatigué, je ne veux pas mettre ma vie entre parenthèses pour réussir. Si tu m'envoies à Paris, c'est comme si tu prenais ma vie et que tu la mettais en suspens. » Et il m'a répondu : « Si ça réussit, tu reprendras ta vie après en sortant. » Je lui ai dit : « Ça ne me tente pas. Si j'y vais, je veux avoir du fun tout le long. Il ne faut pas que ce soit un détour. Il faut que ça fasse partie du courant. » Gilbert a répondu : « C'est correct ! Bon, on parle d'autre chose. » Il a appelé devant moi aux bureaux de Juste pour rire. L'équipe avait déjà fait les démarches avec les producteurs français, j'étais mal, Gilbert a dit à son équipe : « OK, pour Jean-Marc, arrêtez tout ça là. » Il a raccroché. J'avais peur qu'ils m'en veuillent, et il m'a dit : « Ils ne peuvent pas t'en vouloir, Jean-Marc, tu contribues déjà au succès de ce bureau. C'est ton choix. On fera d'autres choses. »

*Est-ce que c'est un regret, Jean-Marc ?*
Parfois, je dis à Chantal : « Ah, j'aurais aimé ça… » Mais on ne le regrette pas parce que j'ai eu un infarctus, et deux ans plus tard Chantal a eu deux AVC…

*C'est ce qui explique que tu as revu ton calendrier et que tu as décidé de prendre des périodes de pause en Floride ?*
Aujourd'hui, que ce soit en Floride ou ailleurs, ces moments de répit sont devenus très importants dans ma vie. Je tire tellement la plogue pendant quatre mois. C'est épeurant parce que je deviens comme mon oncle « Gérard » en vacances. J'ai du fun avec le monde qui m'entoure. Je ne suis pas obligé d'en avoir cent mille qui m'aiment pour être heureux. Douze autour de la table qui sont crampés, qui sont pliés en deux, je suis bien heureux, et quand je reviens sur scène après mes vacances, j'ai hâte de retrouver les gens pour leur raconter mes nouvelles histoires. C'est ce que j'aimerais faire pour encore dix ans et que les salles soient archipleines tout le temps. Ça, c'est mon rêve professionnel.

*Qu'est-ce que tu veux qu'on retienne de toi ?*
Sérieusement, essayez donc de vous souvenir de moi pendant que je suis ici. Après, ça ne veut tellement rien dire. Si tu me trouves le fun, dis-le-moi donc pendant que je suis là, encore vivant !

*Tu es revenu en force. Ton triomphe est aussi grand qu'avant, malgré ceux et celles qui ont tenté de te le détruire.*
D'ailleurs, c'est la plus belle fierté que j'ai. Beaucoup de diffuseurs de spectacles de la province me disent : « On a rarement connu au Québec un aussi beau retour. » Ça fait plaisir à entendre.

Gilbert Rozon est loin de toujours s'adonner à l'humour dans la vie. Il est aussi un homme de réflexions, de convictions et d'engagements. Parfois, cela exige de sa part beaucoup de fermeté, de la droiture et un flegme à toute épreuve pour faire ce en quoi il croit profondément et convaincre les autres d'adhérer à ses idées. Gilbert Rozon est un homme qui voit grand. Très tôt, il s'imprègne de la culture d'autres pays. Il analyse les habitudes et les attentes des peuples qui y vivent. Créateur des festivals Juste pour rire et Just For Laughs, il déploie ses diverses marques de commerce dans plus de cent cinquante pays. Depuis 2006, il est l'un des juges de l'émission *La France a un incroyable talent*. Il est devenu une star de la télévision française, lui qui a passé une grande partie de sa vie dans l'ombre des stars. Il est toujours, entre autres, le producteur de Jean-Marc Parent, de Stéphane Rousseau et d'André Sauvé. Un jour pas si lointain, Gilbert Rozon, grâce à son audace et son bagout, a convaincu Charles Trenet de revenir sur scène. Le retour a été triomphal. Il sera son imprésario jusqu'à la mort du grand homme. Quand on entre dans le bureau de Gilbert Rozon, la présence de Trenet est indéniable. Les objets hétéroclites et colorés qui ornent la pièce démontrent tous les aspects de la personnalité complexe mais attachante du maître des lieux.

# GILBERT ROZON
## Y'A D'LA... GLOIRE !

**D**ANS TA VIE, CROIS-TU AVOIR TOUCHÉ À LA VRAIE GLOIRE ?
Ma petite *gloria* au Québec est liée surtout à la durée. Je me vois comme une personnalité publique plutôt que comme quelqu'un qui a une vraie gloire. Au Québec, j'ai senti que je devenais connu malheureusement au moment des événements du manoir Rouville. Tu veux être au sommet sur une crête et tout à coup tu manques ta vague, tu te ramasses dans les récifs et tu es tout déchiré. C'est la même personne, le même journaliste ou photographe qui te photographie et qui te dit : « Pardonne-moi, mais je suis obligé de faire ma job. » Le côté négatif du miroir m'est arrivé dans une période de ma vie où j'avais été pas mal varlopé, alors je comprenais que c'était vraiment une arme à deux tranchants. En France, j'ai goûté à une gloire de variété totalement différente. Là-bas, on me voit comme un personnage, un *performer* qui a de la répartie et qui est audacieux dans sa participation comme juge à l'émission *L'Incroyable Talent*.

*Qu'est-ce que ça te fait, quand tu te retrouves à l'avant-scène et que tu connais la célébrité dans un pays qui n'est pas le tien, alors que tu es un faiseur de carrières depuis toujours ici et là-bas, en Europe ?*
Heureusement que c'est arrivé tard parce que, si cela m'était arrivé quand j'étais jeune, ça me serait monté à la tête. Souvent, quand tu as un sentiment d'imposture, en attendant de le régler tu oscilles entre l'arrogance et l'humilité. Tu ne parviens pas à te stabiliser, à être plus serein. Quand je me suis vu monter, j'avais vraiment de l'humilité par rapport à ça. J'étais content que l'on me reçoive au restaurant. Je trouvais sympathique que l'on me demande des autographes, je m'y prêtais de bonne grâce, même si j'étais fatigué, mais à aucun moment je ne me suis dit : « Wow, c'est extraordinaire. » J'ai une distance que je n'aurais jamais eue à vingt, vingt-cinq, trente ans. Je prends ça avec un grain de sel, mais j'ai aimé ça, à cinquante ans, avoir une petite gloriole en France, pour les avantages que ça donne. En plus, je suis un personnage, celui qu'on aime détester. Je suis le *tough*. Je peux dire n'importe quoi et je ne m'en prive pas. J'ai un fun noir à agir ainsi. Les autres collègues n'en reviennent pas de ce que je dis aux artistes parce que, eux, ils veulent être aimés. Moi, je m'en fous, d'être aimé.

*As-tu mieux compris l'artiste en campant ce rôle de juge ? Est-ce que ça t'a donné un autre point de vue sur l'artiste ?*
J'étais comme l'entraîneur olympique qui peut se permettre d'être un peu bedonnant et de dire à son athlète : « Il faut que tu manges bien, il faut que tu fasses ceci, il faut que tu te couches tôt. » Dans le fond, je n'avais pas ce stress. Mais en passant devant les caméras, je peux t'assurer que j'ai vu ce que c'était d'avoir des journées de tournage de douze heures ou de faire un direct de trois heures, le soir, alors que le lendemain on veut que je me lève à huit heures pour aller donner une entrevue. Comme producteur, quand je demandais aux artistes : « Fais-moi donc un petit tournage de plus, une petite entrevue », je voyais bien que la personne était irritée ou irascible…

*Est-ce que le succès rime avec pouvoir ?*
Absolument, ça rime avec pouvoir. C'est un pouvoir. Tu donnes le micro à quelqu'un, il devient fou.

*Quand tu étais plus jeune, croyais-tu que l'on conférait au succès tous les pouvoirs ?*
Je me pensais éternellement jeune. Je n'avais pas de sentiments. On te pardonne des choses, de quinze à trente ans, parce que tu es jeune et que tu es en train d'entrer dans la vie. On te pardonne moins de choses entre trente et quarante ans. Les gens s'attendent à ce que tu sois devenu un peu plus mature. Jusqu'à vingt-huit ans, j'ai eu une existence presque monacale. Je ne faisais que travailler. Je ne buvais pas. J'étais très strict envers moi-même. Mon père m'avait élevé à la dure, et tout à coup, à vingt-huit ans, je découvrais ce que c'était, faire le party. J'ai été sur le party un peu tard dans ma vie.

*Les études démontrent clairement que le père a un rôle prépondérant dans la réussite d'un individu.*
Je suis complètement d'accord, en tout cas, moi, ç'a été mon cas. Il y a toute cette envie d'être aimé. Les comiques, par exemple, ont ce besoin d'être aimés par tout le monde, à vouloir avoir cent pour cent des votes. C'en est presque maladif. Je ne sais pas comment gérer ça. Personnellement, et ç'a été mon tort avec certains artistes, je leur ai dit : « Toi, tu as un talent, tu as la volonté, je suis sûr que je peux t'aider à devenir une star. Je peux même te le garantir. Non pas que ce n'est pas présomptueux, mais je connais la route, je vais être ton sherpa. Je vais t'y amener, mais je te préviens : quand ça va t'arriver, plein de choses vont tellement changer dans ta vie qu'il va peut-être falloir que je prenne une batte de baseball pour te frapper sur la tête afin de te ramener sur terre parce que tu ne seras plus parlable. Tu ne seras peut-être plus capable d'entendre des critiques, tu ne seras peut-être plus avec nous. » Ils me répondent : « Oui, fais-le, s'il te plaît » et quand ça arrive… Je me suis fait jeter par des artistes. C'est encore plus particulier quand tu « montes » un artiste, c'est presque paternaliste. Et un jour ils ont besoin de s'émanciper du père, comme un ado, pour exister par eux-mêmes parce qu'ils veulent cent pour cent du crédit.

*Qu'est-ce qu'il faut comme qualités pour que quelqu'un puisse connaître le succès et rester au sommet le plus long-temps possible ?*
Il faut être prêt à se renouveler continuellement. Il faut de la volonté et de la persévérance. Il faut être capable d'endurer des cycles baissiers. C'est un peu comme la Bourse, tu ne peux pas toujours monter. Je pense qu'il faut que tu tombes une fois, et là, tu peux remonter. Parfois, tu ne remontes pas. Tu dois le vouloir drôlement, et arriver à construire une œuvre qui va te porter…

*Est-ce que, aujourd'hui, tu as encore envie de pousser des talents vers les cimes ?*

J'ai été gâté, je me suis occupé de Charles Trenet. C'est quand même l'artiste ultime. Ç'a été une expérience extraordinaire parce que c'était un parcours parfait. Parfait sur toute la ligne. Sur le plan humain aussi, en ce qui a trait à donner du bonheur à quelqu'un et qu'il ait de la gratitude parce qu'il comprenait tout l'effort fourni derrière. Lui, il était vraiment conscient. Dans sa carrière, il était devenu *has been* et il avait renoncé. C'était fini. Un jour arrive un gars du Québec qui lui dit : « Je suis un fan et je veux travailler pour vous. »

*Pour travailler avec lui, tu as été acharné, obsessif, tenace et convaincant. Tu étais devant sa porte à Paris pendant des jours. Tu voulais le convaincre de te laisser les rênes de sa carrière, alors que lui-même avait en quelque sorte abdiqué sur la suite de sa destinée. Je ne connais personne qui se serait assis devant sa maison, à attendre là tous les jours, dans l'objectif de persuader un talent de la trempe de Trenet de faire un bout de chemin avec lui. Il faut une forme de folie pour se lancer dans une telle entreprise. Presque de l'arrogance.*

Il faut de la foi. Une foi obsessive. À ce moment-là, j'ai fait quelque chose que je ne referais plus. Maintenant, je suis très attentif à ça parce que, à cinquante-huit ans, je considère que je ne peux pas faire les mêmes folies que si j'avais vingt ans. Aujourd'hui, c'est d'autres folies. Tu poses nécessairement un regard plus épuré sur les choses. Ce n'est pas tout le monde qui vaut la peine qu'on fasse autant d'efforts. Je me protège davantage. Tu veux être au service des autres, mais tu as toujours peur de t'impliquer énormément et émotivement dans un projet pour ensuite être trahi au premier détour. Aujourd'hui, je ne ressens plus la trahison comme avant. Je me dis : « L'artiste ne me doit rien, je ne lui dois rien. » Donc, je m'implique moins. Trenet ne m'a jamais lâché et je n'ai jamais lâché Trenet jusqu'à sa mort.

*Avec le temps, es-tu devenu méfiant ? Les expériences de la vie t'ont-elles appris à l'être davantage ?*

Je ne m'engage plus de la même façon. Je me souviens d'avoir dit à Trenet : « Faites-moi confiance. » Il m'avait répondu : « On ne demande pas ça. À un certain moment, je vais le sentir, ça s'acquiert. » Au bout de cinq ans, il m'a fait confiance. Mais ces cinq années, il m'a *drillé* comme dans l'armée. J'avais l'impression d'être un soldat. Je devais être à l'heure. Le payer toujours à temps. Jamais un retard. Ça m'a éduqué. Ça m'a formé. Ça a fait que j'attends ça des autres. Mais pourquoi aurais-je ces exigences-là envers les autres ? Toute la question de la loyauté, je l'ai évacuée d'une manière simple : si dans ma vie un rapport humain s'installe naturellement, il y aura nécessairement de la loyauté, mais je ne la demande plus parce que ça ne se demande pas. C'est une business. Avoir tous ces rapports affectifs, ce n'est pas obligatoire, mais souvent les gens veulent ça parce qu'ils veulent de l'amour.

*Mais tu l'as fait pendant des années. Tu leur as donné ce qu'ils voulaient.*

Maintenant, je suis plus pondéré qu'avant. Je fais plus attention pour me protéger et pour ne pas me faire mal. Si je m'embarque dans une affaire avec quelqu'un, je me désâme, je me défonce. Puis tout à coup, j'apprends que, pour trois pour cent de moins, la personne s'en va ailleurs. Neuf fois sur dix, c'est une question d'argent. Les gens parfois te quittent, et tu te dis : « *Oh boy !* Ça ne valait pas cher, notre relation… »

*Contrairement à ce que certains croient, l'argent n'est pas une motivation profonde chez toi.*

Non, ça ne l'a jamais été.

*Le jour où tu deviens millionnaire, est-ce satisfaisant ? En veux-tu de plus en plus ?*

Je pense que j'en ai voulu plus. Ça n'a pas été une motivation, mais parfois je me dis que ça aurait dû l'être, j'aurais dû m'en occuper plus parce que je vaudrais beaucoup d'argent si je vendais tout. Mais pourquoi vendre ? Je gagne très bien ma vie.

*Quand tu regardes ton parcours, te dis-tu : j'aurais dû être plus homme d'affaires ?*

Je suis ce que je suis, mais c'est très dur de ne pas se comparer. Quand tu te compares, tu souffres parce que tu essaies d'imaginer la personnalité d'un autre qui rentrerait dans la tienne. Tu veux t'incarner dans les autres. Mais à un moment donné, tu te dis : « Écoute, voilà le bolide que j'ai, et il faut que j'en tire le plus possible. » J'ai eu ces cartes-là à ma naissance. Je voudrais bien avoir juste des as et une quinte *flush* royale, mais ce n'est pas le cas. Tu reçois certaines cartes, tu dois les abattre intelligemment. Donc, j'ai essayé d'abattre les cartes que j'avais selon mon intelligence, qui est limitée, et de faire le mieux que je pouvais. Ç'a été ça, mon parcours, avec ses hauts et ses bas.

*Veux-tu encore conquérir le monde ?*

Oui, mais je suis très, très patient.

*Qu'est-ce qui fait que tu es plus patient qu'avant ?*

Sans doute parce que j'ai des enfants. L'autre jour, j'ai entendu Gilles Vigneault dire que s'impliquer auprès des enfants, c'est « une parcelle d'éternité ». Il ne l'a peut-être pas dit de cette façon, mais c'est vrai que, tout à coup, tu prends conscience que la vie va continuer après toi. Tu essaies de mettre de l'ordre avant que ça arrive. Il y a trois ou quatre ans, j'ai eu un gros accident de moto. La nuit d'avant, j'ai rêvé que j'avais un accident de moto et je me suis dit : « Si ça arrive, je vais faire un roulé-boulé comme on voit dans les films. » Je ne suis pas

> « **Trenet ne m'a jamais lâché** et je n'ai jamais lâché Trenet jusqu'à sa mort. »

cascadeur. Je me suis imaginé faire un roulé-boulé, imagine-toi! Le lendemain, je suis sur une moto, dans l'Utah, à mille ou mille cinq cents mètres d'altitude, je rencontre un autobus qui prend tout le chemin. J'ai le choix entre plonger dans le vide ou rentrer là où il y a plein de pierres. J'ai fait un roulé-boulé dans la pierre, ce qui m'a sauvé la vie. J'avais visualisé mon roulé-boulé dans mon rêve, la veille, et je l'ai fait. Mais ce qui est intéressant, c'est que pendant les secondes que ça a duré je n'ai pas pensé à ma vie ou à quel point j'étais triste de mourir, j'ai juste pensé: «J'espère que, pour les survivants, j'ai tout mis ça propre.»

*Est-ce que tu avais tout «mis ça propre»?*
Pas mal.

*Toi qui te sentais éternel.*
Mais on pense tous ça, on est insouciant…

*À partir de quel âge devient-on plus conscient et lucide qu'on va mourir, comme tout le monde?*
Ça m'a frappé de façon consciente à cinquante ans, et de façon inconsciente à quarante ans. À l'époque, c'est un cliché, j'ai eu la crise de la quarantaine. Je t'ai vécu ça… On aurait pu écrire un livre sur moi. À cinquante ans, c'est un autre cliché, je me suis vu aller à mon propre enterrement. Un jour, tu t'aperçois que la vie continue et qu'il te reste vingt, trente, quarante ans à vivre. J'ai pensé à ça comme tout le monde. Comme dirait Charlebois, je suis un gars ben ordinaire.

*Est-ce que c'est désolant de découvrir que l'on est finalement bien ordinaire?*
Non, ultimement, c'est la meilleure chose qui peut t'arriver. Un ingrédient de la gloire qui me fait toujours peur et qu'il faut tellement doser, c'est l'ego. Maintenant, quand j'interviewe quelqu'un, s'il a trop d'ego, je me dis: «*Oh boy!* C'est un ennemi, mais en même temps ça peut être un carburant.» J'ai vu des gens qui n'avaient pas tant de talent que ça réussir. J'ai vu aussi des gens au talent moyen me surprendre sur la distance. J'en ai vu d'autres se réorienter. Je ne sais pas si c'est parce qu'il y a beaucoup de médias aujourd'hui, mais ç'a l'air plus facile qu'avant de réussir.

*Qu'est-ce qu'il faut avoir pour connaître la gloire?*
Je ne crois pas qu'il y ait de réponse générale ou universelle à ça. Bien sûr, il faut que tu aies un talent, quel qu'il soit, une intelligence et un peu de chance. C'est ta base, tes fondations. Certains sont nés pour réussir. De vrais génies. Mozart était de ceux-là. Van Gogh, à la limite de la folie, a aussi été porté par un vrai talent. Trenet était né pour réussir. Lui, il n'a jamais rien calculé de sa vie, et à dix-sept ans il était déjà au sommet de la gloire parce qu'il avait du talent à vomir. À côté de ça, il y a des gens qui se sont forgé un succès, comme moi, je pense, avec un petit talent, mais qui sont issus d'un milieu familial, d'un contexte social qui leur a fait dire: «Moi, je vais m'en sortir.» Il faut de l'entrepreneurship. Si mon père avait été très riche, qu'il m'avait tout donné tout cuit dans la vie,

que j'avais été rentier de naissance, peut-être que je serais en train de me promener sur des terrains de golf à ne rien faire, ou à gérer la fortune paternelle, ou à la dilapider, on ne sait pas! Ç'a aidé, d'être dans la misère.

*Que veux-tu, maintenant que tu as connu la réussite et que tu connais la gloire? Es-tu rassasié?*
Ah non. Pas du tout. J'ai lu que quelqu'un, dans ses dernières paroles, a dit: «Il me reste tant à faire.» J'ai l'impression que ça me ressemble. Jusque sur mon lit de mort, je veux être en phase avec la réalité pour ne pas me sentir «déconnecté» des affaires. J'adore travailler, mais je veux travailler différemment.

*Crois-tu que la réussite puisse devenir une drogue?*
Dans le sens addictif? Je n'arrive pas à le voir comme ça parce que, entre réussir et échouer, c'est certain qu'on aime mieux réussir. Mon problème, quand je réussis, c'est que mon angoisse recommence environ une demi-heure après. Je suis déjà dans le prochain défi. Je ne prends pas beaucoup de temps pour apprécier la victoire, à moins qu'elle soit colossale. Je n'ai pas été un bon contemplatif. Je le suis peut-être plus en vieillissant. En fait, je suis un anxieux, je suis né comme ça. Je vis plein d'anxiétés, sur tout…

*Vu de l'extérieur, ça ne paraît pas. On sent plutôt une grande confiance chez toi. Un homme qui maîtrise tout, sans doutes ni peurs.*
Ma façon de le gérer a été d'utiliser l'humour. Un jour où on me demandait pourquoi je faisais de l'humour, j'ai répondu: «Je fais de l'humour parce que ça m'aurait coûté trop cher en thérapie.» L'humour, ç'a été ma façon de *crouncher* mon angoisse, tout le temps. Mais ce n'est pas une angoisse qui me terrorise. Sauf que, si on avait une mauvaise entrevue, ça pourrait créer de l'anxiété, je voudrais te rappeler pour corriger le tir, pour être sûr que tout finisse rond. Tout doit finir rond. Toujours. J'haïs ça quand ça finit tout croche! Dans un rapport humain, j'essaie de faire en sorte que tout se passe bien. Aussitôt qu'il y a une chicane – à moins de détester quelqu'un fondamentalement –, ça vient me chercher, ça me dérange. Le soir, je me couche en me disant: «Quand j'étais avec telle personne, me semble que j'ai trop parlé, j'aurais dû écouter plus ou je n'aurais pas dû dire cette affaire-là, cela a dû la blesser, c'était une phrase de travers.» Je repasse tous les moments de la journée. C'est anxiogène, ça.

*Es-tu reconnaissant à l'égard de la vie?*
Je pense que oui. J'ai de la chance et j'en suis conscient. Dans la grande loterie divine, on ne s'en rend pas compte, mais le fait de naître en santé, dans un pays en paix, d'avoir de bons parents ou des parents qui te soutiennent, ce n'est pas donné à tout le monde. Quand on t'a donné ça, *you're gifted*, comme ils disent en anglais…

*Il y a comme un devoir qui vient avec…*
Il me semble. Il faut que tu fasses quelque chose avec ça. Je trouve que j'ai eu trop d'échecs. J'aurais pu les éviter. Ça m'a

beaucoup turlupiné pendant des années. «Pourquoi tu as eu besoin de vivre cette crise-là?» Un acte manqué, peut-être, parce que je crois à cette théorie, même si elle est un peu trop récupérée à toutes les sauces. Certaines fois, j'ai mal géré les projets, et je me demande s'il fallait que je vive autant d'échecs. Pour m'encourager, je me dis qu'au moins j'ai essayé. Je pense que mon esprit avait besoin d'être capable en même temps de faire une comédie musicale, une pièce de théâtre, d'écrire un livre, de sortir un CD, d'organiser trois tournées. Il y a toujours ici cent projets en cours. J'avais envie de goûter à tout ça. Et c'est toutes sortes d'émotions qui me ressemblent parce que, moi, je ne vis pas une seule sorte de vie.

*Te définis-tu comme quelqu'un d'impulsif? Dans tes choix, dans ce que tu veux faire, dans ta façon de gérer ton entreprise, de regarder la vie?*

Je ne me considère pas comme étant impulsif, malgré le fait que j'aie eu certains élans d'impulsivité. C'était souvent en réaction à une pression extérieure qui, à un moment donné, me faisait sentir coupable et m'amenait à prendre une décision à chaud, ce qui n'est jamais bon. Je pense plutôt que je suis quelqu'un d'intuitif.

*Quand on est un personnage public, il y a des regards posés sur soi et des jugements erronés qui se font. Est-ce que tu leur accordes de l'importance?*

Ça, c'est l'aspect de la gloriole qui me fait le plus rire parce que j'ai l'impression d'être au centre d'un canular. Si on me dit que je suis gai, je réponds: «Oui, oui, c'est vrai.» Si on me dit que je suis radin, je vais l'amplifier. J'aime savoir qu'on n'a aucune idée de qui je suis. Ça m'amuse. Quelqu'un qui fait trois secondes de recherche peut avoir une bonne idée de qui je suis. Alors, les accusations qu'on me lance au visage ou la façon dont on me voit, ça me fait vraiment rire. Sérieusement, je n'ai pas de problème à habiter ce personnage-là. Je deviens ce qu'ils veulent que je sois parce que je trouve ça trop irréel. Je ne peux pas me mettre sur la défensive tout le temps. Ceux qui pensent que je suis un mauvais garçon vont continuer à le penser. Je ne suis pas dans une campagne électorale, je n'essaie pas de me faire élire.

*Est-ce que parfois ça peut te toucher quand les attaques vont trop loin?*

Ça dépend. Si je suis reposé, ça ne me fait rien. Si je suis fatigué et plus fragile, à ce moment-là je vais peut-être essayer de me défendre, mais j'essaie d'éviter d'entrer là-dedans. Il ne faut pas tout expliquer ni essayer de tout comprendre et de tout excuser. Je suis très imparfait. J'ai fait des tonnes d'erreurs. J'ai mérité à peu près tout ce qui m'est arrivé dans la vie, *that's it*.

*Quand on a cinquante-huit ans et que l'on a eu des réussites comme celles que tu as eues, qu'est-ce qui motive encore à poursuivre sur la même voie?*

Il y a beaucoup de motivations. De l'énergie, j'en ai énormément. Je connais plein de jeunes de vingt ans qui n'arrivent pas à me suivre. Je ne le dis pas pour montrer que je suis grand et fort, mais pour illustrer que j'ai une sorte d'énergie de marathonien. J'ai une bonne constitution. J'ai toujours peur de devenir un *has been*. Je veux me sentir pertinent. J'avais peur de ça à vingt ans, imagine-toi à cinquante-huit ans! J'engage des jeunes pour qu'ils me fassent compétition. Je veux voir à travers leur prisme, ça me challenge. Au lieu d'aller les planter sur leur propre terrain, j'essaie de comprendre les nouveaux médiums et d'évoluer. Peut-être que je n'arriverai pas à tout faire ce que je veux parce qu'il faut renoncer aussi, il faut accepter que *there's only so much you can do*. Il y aura des choses que je ne pourrai pas faire, mais je compenserai autrement...

*À mesure que tu avances sur le chemin de la réussite, crois-tu qu'il y a une forme de solitude qui s'installe parce que peu de gens se rendent au sommet? Est-ce que la gloire appelle la solitude? Y a-t-il un isolement qui est inévitable avec la venue du pouvoir et de la réussite?*

Ça dépend de la sorte de gloire que tu connais, mais je crois que, ultimement, oui. Ce n'est pas parce que tu es entouré que tu n'es pas seul. L'autre jour, je racontais à une amie ma solitude. Elle imaginait mon job autrement. Je lui disais: «Tu sais, quand je prends telle décision par rapport à telle personne, parfois je me fais bouder pendant trois mois, six mois. Ça peut aller jusqu'à un an.» C'est une entreprise familiale. Mon fils travaille ici, mes sœurs aussi. Ma femme n'est pas très loin. J'ai plein d'amis de trente ans qui travaillent avec moi. Quand je prends une décision qui peut toucher tout ce monde-là, je suis seul. Parfois je suis mélancolique, mais j'ai pris la décision que je croyais être la meilleure pour l'entreprise. Il y a à peu près dix ans, je me suis dit: «Là, t'es payé pour livrer des résultats, ça fait que...» Alors, tu t'isoles. Les gens te voient changer et ils ne comprennent pas. Je ne déteste pas être aimé, mais je n'en fais pas une obsession. Ça aussi, c'est nouveau, ça fait sept ou huit ans. Le matin où j'ai réglé cette question avec moi-même, ç'a été une petite victoire personnelle. J'ai eu bien d'autres victoires, mais je t'avoue que, pour celle-là, j'étais content de moi. Je venais de comprendre que je ne serais pas toujours aimé, mais que je serais respecté. J'aime mieux être respecté. Je n'aurais pas dit ça à trente ans, ni à vingt ans.

*Quand tu vois des jeunes qui veulent réussir à tout prix, quand certains d'entre eux frappent à ta porte pour que tu les produises ou qu'ils se présentent devant toi à l'émission* L'Incroyable Talent, *en France, que leur dis-tu?*

Ça dépend du degré de talent. Il y a des talents tellement forts, comme Trenet, qu'ils ne demandent pas de travail, mais en général c'est un talent correct. Je dirais: «Persévérez, travaillez.» Après, je leur donnerais des trucs de base, qui sont souvent oubliés, et je leur conseillerais: «Soyez gentil! Soyez gentil!» On n'est pas obligé de faire chier le monde quand on fait ce métier-là.

*Gilbert, as-tu toujours été quelqu'un de gentil?*

Plus qu'on pense. Je n'ai peut-être pas été toujours gentil, mais j'ai été plus gentil que la légende veut bien le laisser croire. S'il y a une légende! Je peux être dur parfois, mais comme certaines personnes sont avec moi depuis trente-cinq ans, je ne peux pas être un monstre.

*T'arrive-t-il encore de rêver même si une grande partie de tes rêves s'est réalisée?*

Je rêve encore comme un fou, sauf que je ne me mets pas la même pression qu'avant pour réaliser ces rêves, parce que je ne veux pas être déçu après. Si je te parle des États-Unis, peut-être que dans dix ans je vais avoir vécu autre chose. Mais là, les États-Unis, je les aborde avec une forme de virginité. Il n'y a pas de rapport malsain; il y en avait un avec la France, et je l'ai réglé.

*Est-ce qu'il t'a coûté cher, ce rapport malsain avec la France?*

Il m'a rapporté beaucoup, mais en même temps ça m'a privé de certaines choses.

*Te considères-tu plus comme américain dans l'âme?*

Maintenant, oui. En fait, je suis très admiratif de la société américaine dans sa capacité à se renouveler et dans le risque immense qu'elle prend.

*Pourquoi n'as-tu pas tenté de conquérir ce marché? Parce que, quand tu me parles comme ça…*

C'est mon erreur. Je le comprends mieux aujourd'hui. Il a fallu que je le compare. J'ai un fils qui est né aux États-Unis. J'en ai un autre qui étudie à Los Angeles. Ce sera leur mission à eux, et ils n'ont pas les mêmes tares que j'avais. Moi, je suis né à Saint-André-d'Argenteuil, et les Français m'impressionnaient. Je suis allé en France et j'ai peut-être fait des choix simplistes.

*Toutes ces réussites que tu as vécues et qui t'ont fait connaître une certaine gloire, ont-elles valu le coup?*

Je n'ai jamais pensé à la gloire. La gloire est arrivée, et ç'a été plaisant comme un repas goûteux, comme une épice, comme un bon voyage. J'ai gagné aussi un ego moins enflé. J'ai aimé que mon ego diminue. J'ai gagné des milliers d'histoires. J'ai la tête pleine d'histoires que j'ai entendues. J'ai vécu à cent milles à l'heure. J'ai gagné de l'argent. J'ai rencontré des gens extraordinaires grâce à cette réussite. Ça ne paraît pas, mais quand tu as un peu de gloire, beaucoup de portes s'ouvrent devant toi, ce qui te permet de côtoyer des gens auxquels tu n'aurais peut-être pas accès autrement. Cela te fait avancer dans la vie, c'est utile.

*Pourquoi est-ce si important de connaître la gloire?*

Parce que c'est grisant. J'ai lu des milliers de livres. J'ai voyagé et j'ai deux ou trois mots qui me viennent comme ça, mais, de là à dire que c'est génial, c'est galvaudé. J'ai été à côté d'un génie qui s'appelait Charles Trenet. Il pouvait mériter toute sa gloire. C'était Picasso en chanson. C'était aussi fou que ça. La gloire comme une finalité, c'est malade mental. Pour moi, c'est l'œuvre qui t'amène la gloire, et la gloire, tu vas avoir à la supporter pour porter ton œuvre. L'une va aider l'autre, mais c'est l'œuvre qui doit être, d'abord et avant tout, la quête! Si tu n'as pas d'œuvre, de grâce, n'y va pas que pour la gloire.

*Qu'est-ce que tu avais de différent des autres qui t'a amené là où tu es parvenu?*

D'abord, à vingt ans, j'ai senti que j'étais possédé, qu'il fallait que je fasse quelque chose. Plus je vieillis, plus je découvre une chose simple : j'ai besoin de bâtir. Ça peut être bâtir une cabane à chien, une clôture, une maison. J'ai toujours besoin de bâtir. Je pense que j'aime organiser. J'aime que ça change. J'aime l'évolution, le mouvement. Quand j'ai commencé à *jogger*, j'avais seize ans, et les dix, quinze premières années de ma vie de *jogger*, je le faisais sans doute parce que marcher, ce n'était pas assez vite à mon goût. C'était l'idée du mouvement qui me plaisait.

**"Je n'ai jamais pensé à la gloire. La gloire est arrivée, et ç'a été plaisant comme un repas goûteux, comme une épice, comme un bon voyage."**

*Quelle est ta plus grande gloire personnelle?*

C'est tellement cliché ce que je vais te dire : c'est mes enfants, c'est ma famille. D'avoir réussi à être avec la même femme depuis trente ans. D'avoir mené pendant trente et un ans une boîte qui existe encore. C'est toute une affaire, de durer. D'avoir duré et d'être encore là après toutes ces années, c'est l'une de mes grandes fiertés. Il y a tellement de raisons d'arrêter. Il y en a à toutes les semaines.

Ma rencontre avec Wilfred LeBouthillier date de son audition à *Star Académie*, peu avant son entrée à la maison de Sainte-Adèle, d'où il sortira vainqueur de la première édition de la célèbre émission. Ce jour-là, il tient sa guitare sans faire preuve de la moindre nervosité, avec un regard puissant à fendre la mer en deux. Dès que les dernières mesures s'égrènent, la timidité et la pudeur s'emparent de lui. Ce n'est plus le même jeune homme qui vient d'interpréter, déchaîné, le *Jean Batailleur* de Zachary Richard. Tout au long de son séjour à l'Académie, il se fait discret. Il lui arrive de longer les murs de la maison, sachant que des caméras l'épient, mais dès qu'il monte sur la scène pour disputer sa place, une transformation s'opère en lui. Il a la volonté de bien faire et une grande rigueur dans son travail. Quand la victoire tombe sur lui, elle est lourde à porter. Son intimité est un peu volée. Il connaît la gloire instantanée, celle qui bouscule tout, celle qui fait du bien, celle qui fait mal parfois. Aujourd'hui, les projecteurs braqués sur lui ne sont plus aussi aveuglants qu'avant, mais cela lui permet de mieux vivre tout en continuant de chanter ses propres œuvres pour le plus grand plaisir de ses fans.

# WILFRED LEBOUTHILLIER
# LA GLOIRE INSTANTANÉE

**Q**UAND ON VIENT D'UN PETIT VILLAGE APPELÉ TRACADIE-SHEILA, *au Nouveau-Brunswick, et qu'on est pêcheur de homards de génération en génération, est-ce que la pêche en haute mer incite à la rêverie ?*

Je te dirais que la personne qui m'a permis de rêver, c'était Jean-François Breau, qui est du même village que moi. On avait été à l'école ensemble. À cette époque, il avait gagné le Gala de la chanson de Caraquet, le Festival de Saint-Ambroise et celui de Granby. Il était de la distribution de *Notre-Dame de Paris*. Il avait déjà signé un premier album. Je me demandais pourquoi je ne pourrais pas rêver de faire une telle carrière si un petit gars de chez nous, avec qui j'étais allé à l'école, avait réussi à le faire. Ce à quoi je rêvais, c'était chanter en français et en vivre.

*Quand vous étiez ensemble sur votre bateau, ton père et toi, parliez-vous de ce rêve que tu caressais ?*
Non. Mon père et moi, on ne parle pas beaucoup.

*Lorsque tu étais jeune, est-ce que ce monde de la musique et des célébrités te faisait rêver ?*
Quand j'avais six ou sept ans, j'imaginais que j'étais Michael Jackson. C'était mon idole. J'avais une petite guitare, je mettais un pantalon de cuir et un manteau. Je dansais dans le salon. Dans ma tête, j'étais dans un stade et il y avait plein de monde qui me voyait. Cependant, j'ai tout le temps été un gars à qui il ne faut rien imposer. Aussitôt que je sentais qu'on me poussait, au lieu de m'attirer, ça avait l'effet contraire. J'étais gêné et timide. Je me souviens qu'il arrivait parfois du monde chez nous que je ne connaissais pas et ma mère disait: «Vas-y donc, chante.» Ça me brûlait. Dans ma vie, il y a eu une pause de la musique de huit ans jusqu'à treize, quatorze ans. Pendant cette période, je ne chantais plus.

*Sentais-tu que ta mère voulait que tu fasses ce métier publiquement ?*
Je ne pense pas qu'elle voulait que je le fasse publiquement, mais elle me faisait chanter parce qu'elle aimait ça. Alors que mon père ne m'a jamais parlé de la musique. Il ne m'a jamais poussé dans rien.

*Ton père ne t'a jamais poussé pour que tu deviennes, comme lui et comme vos ancêtres, un pêcheur ?*
Non. J'ai été attiré par la musique probablement parce qu'il n'y avait personne qui me poussait à faire ça.

*Plus tard, à l'adolescence, l'envie de faire de la musique t'est revenue grâce à ton ami Frédéric.*
Frédéric a commencé à suivre des cours de guitare, et j'ai voulu aussi en jouer. Je m'étais acheté un livre des accords de musique et j'ai appris tout seul. Un jour est né notre *famous* groupe, Fred et Wilfred. (*Il éclate de rire.*) À ce moment-là, j'ai seize ans. Toute notre adolescence, on a fait de la musique. Je ne rêvais pas de faire carrière, c'était juste pour le plaisir. Quand Frédéric a déménagé à Moncton pour aller à l'université, on montait à Moncton la fin de semaine avec nos guitares et on chantait toute la soirée. C'était le party. Je me souviens que, le jour à l'école, je longeais les murs, alors que le soir je chantais devant des gens. Je n'avais pas confiance en moi. La première fois que j'ai chanté devant les gens, j'ai vu leur regard sur moi changer. C'était bizarre comme *feeling*. Je suis encore de même. C'est drôle, mais je n'aime pas quand les regards sont sur moi. Sur une scène, ça n'a pas cet effet-là. Je me suis rendu compte que je souffre d'agoraphobie. Quand je suis au milieu d'une foule, je panique, mais sur un *stage*, je n'ai pas ce sentiment. On dirait que la musique me met en confiance. Avant, j'angoisse, et une fois que je suis sur scène, je me demande pourquoi j'ai angoissé autant. Ce que je vis sur scène, c'est comme une espèce de drogue et je veux revivre cette sensation-là tout le temps.

*À quel moment l'idée d'en faire une carrière commence-t-elle à germer en toi ?*
Quand je chantais, il y avait du monde qui me disait: «Tu chantes bien.» Mais ce n'était pas venu me chatouiller l'esprit que je pourrais en faire une carrière. On a joué dans les bars pendant au moins cinq ans. La personne qui a été la plus importante dans tout ça, ça a été ma blonde parce qu'elle était la seule à qui je chantais mes compositions. Elle me disait: «T'as vraiment un don pour la musique. Tu ne peux pas juste laisser ça mourir et chanter dans les bars.» Je me disais que c'était gros, percer ce milieu-là. Je ne savais pas comment m'y prendre. J'ai suivi des cours de chant tout l'hiver et des cours d'interprétation, et je me suis dit que j'allais m'essayer dans les concours l'année suivante. Je me suis présenté à Granby de nouveau, je suis retourné à Caraquet: je pouvais y aller comme interprète parce que j'avais déjà gagné comme auteur-compositeur. Et à Petite-Vallée. Je n'ai été choisi dans aucun des trois. Ça a été un coup difficile. J'ai pensé que je m'étais fait des accroires.

*Pendant tout ce temps, poursuis-tu ton travail de pêcheur avec ton père ?*
Oui. L'été, on pêchait le maquereau, l'automne, le hareng, et l'hiver, je jouais dans les bars et je gagnais ma vie comme ça. Je me disais que j'essayerais à un autre moment de tenter ma chance, quand je sentirais l'opportunité.

*Soudainement, il y a eu un lâcher-prise de ta part ?*
À cette époque-là, oui.

*Quelque temps après, tu vois une annonce à la télévision qui parle d'un concours qui va s'appeler* Star Académie.
Quand j'ai vu l'annonce, j'ai eu la même vision que quand j'étais petit et que je rêvais de faire ce métier. Je me voyais dans une salle de spectacle et je chantais. J'ai dit à ma blonde,

Denise : « Il y a un concours comme Granby, mais ça va être à la télévision. J'ai comme un drôle de *feeling*, un pressentiment. » Mais elle ne m'a pas pris au sérieux, cette fois-là. Je suis allé passer les auditions à Carleton. Arrivé là, à dix heures du matin, j'ai figé. J'avais un blocage. Sur le mont Saint-Joseph, à Carleton, il y a une église. Je suis allé sur le haut de la montagne, j'ai réfléchi. J'ai pensé à mon affaire. J'ai essayé d'arrêter d'angoisser jusqu'à ce que je sente que : « OK, c'est le temps. » C'était ma dernière chance. Je me suis dit : « Arrête de stresser, va faire ça et mets-toi pas de pression sur les épaules, de toute façon, tu n'as rien à perdre. Tu as tout à gagner. »

*Quand tu es accepté à* Star Académie, *comment annonces-tu à ta famille que tu pars pour la grande ville participer à un concours qui va être diffusé à la télévision à une heure de grande écoute ?*
La façon dont je l'ai su, c'est que Julie Snyder est débarquée chez nous à trois heures du matin. Tout le monde était excité, mais à ce moment-là, je n'avais aucune idée que je m'en allais faire un gala et que les gens me verraient. Je ne l'avais jamais vraiment imaginé. Pendant que je le vivais, moi, j'étais là pour gagner, sans prétention. Dans ma tête, je n'étais pas là pour faire un show de télé.

*Quand as-tu compris l'ampleur du phénomène ?*
Je l'ai compris au lancement de l'album de *Star Académie* au Métropolis de Montréal, quelques semaines après le début de l'émission, et ça m'a déstabilisé. On était tous un peu paranoïaques, on se disait que les gens qui étaient dans la salle et qui criaient étaient sûrement des figurants. Quand on a commencé à présenter les participants, ç'a été le moment marquant, et je ne pense pas que l'équipe de production avait prévu ce que ça allait créer. Quand ils m'ont nommé, ça criait tellement que je me suis dit : « Ben, c'est quoi ça ? » Je ne comprenais plus rien. Pendant ce temps, il y a plein d'affaires qui te viennent en tête. La première, ç'a été : « Je pense qu'il y a assez de monde qui crie pour être capable de faire un album. » (*Il rit.*)

*Quelle est la première émotion ressentie quand tu constates ton niveau de popularité, mais surtout quand tu connais les balbutiements de la gloire ?*
C'est une dose d'adrénaline assez incroyable. J'étais fier de tout ce que j'avais fait avant ça, y compris de m'être remis en question. Au lieu d'abandonner, je m'étais relevé les manches.

*En retournant à l'Académie, après un tel triomphe, vous étiez dorénavant tous conscients de ce qui venait de se produire, et que la suite des choses se dessinait pour être tout aussi impressionnante. D'ailleurs, cette prise de conscience arrivait avec son lot de problèmes. Maintenant que tu te savais dans l'œil des caméras, as-tu commencé à perdre ton naturel ? Agissais-tu en fonction du regard qu'on avait sur toi en permanence ?*

Non, mais ç'a peut-être mis la barre plus haut, dans le sens qu'il fallait que je sois vraiment à la hauteur.

*Y a-t-il eu un moment où la peur s'est emparée de toi parce que tu te rapprochais allègrement de la finale ?*
On a vraiment vu ça évoluer chaque fois qu'on arrivait à Sainte-Adèle après le gala du dimanche soir. La première fois, il n'y avait personne. La deuxième fois, il y avait un peu de monde. Plus les semaines avançaient, plus il y avait de monde. Mais à la finale, Marie-Élaine et moi étions seuls à revenir à Sainte-Adèle. Ce soir-là, c'était la folie. Une foule incroyable nous attendait. Il devait y avoir mille personnes. Tout Sainte-Adèle était là.

*Et c'est là que tu as commencé à avoir peur ?*
Oui, parce que l'autocar nous débarquait, et on devait marcher sur un petit chemin pour nous rendre à la maison. Ce soir-là, le monde criait beaucoup. Marie-Élaine et moi, on faisait « Allô » et à un moment donné les clôtures se sont cassées et le monde s'est mis à courir après nous. Les gardiens de sécurité ont vraiment perdu le contrôle de la foule et ils nous ont crié : « Courez ! Courez ! Courez ! » C'était une marée d'amour qui arrivait sur nous. Il y avait tellement d'amour qu'on avait peur de se faire écraser, mais en même temps, on ne voulait pas non plus passer pour des personnes qui se sauvent du monde qui les aime.

*Tu remportes la victoire la semaine suivante.*
Quand je repense à tout ça, c'est tellement flou. Quand tu repenses à un rêve, on dirait que tu essaies de te rappeler les détails et ça se défait dans ta tête. Ça fait ça avec les souvenirs de cette époque.

*Après la victoire de la première édition, c'est la tournée, qui s'arrêtera quatorze soirs au centre Bell. Et quelques mois après la sortie de l'album, cinq cent mille disques trouveront preneurs. Du jamais vu au Québec. Comment vis-tu cette gloire instantanée ?*
C'était quelque chose de gros que personne n'est prêt à vivre, mais en même temps, c'est un beau trip. C'était au-delà de ce que je pouvais imaginer.

*Tu es quelqu'un de timide. Dans tes chansons, tu te dévoiles plus, mais tu dis aussi : « Je n'exprime pas beaucoup mes sentiments. » Est-ce que la gloire ne vient pas bousculer ta nature et t'obliger à te faire violence pour exprimer tes sentiments véritables ?*
À un moment donné, tout ça a fait que je me suis refermé sur moi-même, encore plus que je l'étais avant. D'avoir participé à une forme de téléréalité, je me suis rendu compte que je n'avais plus de vie privée. Le petit peu qui me restait de privé, les gens voulaient le connaître. Au lieu de continuer d'ouvrir le livre, j'avais juste envie de le refermer et de trouver une petite place pour moi.

*Est-ce que cette place, c'était au Nouveau-Brunswick, à Tracadie-Sheila?*

Quand j'ai débarqué chez nous, ça m'a donné un coup. La maison était devenue l'attraction de la place. Il y avait du monde stationné devant chez nous. Je m'en allais là-bas pour trouver la tranquillité. J'avais une semaine. C'était la première semaine de vacances que j'avais depuis longtemps. J'étais content d'aller chez nous et je vivais tout ce tourbillon. Il y avait au moins quarante-cinq personnes sur le terrain de la maison, qui prenaient des photos. Mon père et ma mère devant la maison, en train de s'installer pour prendre des photos avec du monde, tout ça, ça m'a étourdi.

> **"Quand j'ai débarqué chez nous, à Tracadie-Sheila, ça m'a donné un coup.** La maison était devenue l'attraction de la place. Il y avait du monde stationné devant chez nous. **"**

*Tu vivais un grand succès, mais aussi une intrusion importante dans ton intimité.*

J'étais heureux de vivre ça, mais en même temps c'était très intense. Malgré moi, mes parents et ma blonde sont devenus des personnalités connues à cause de moi. Je m'en suis voulu parce que mes parents ont vécu tout ça. Le premier été, ils ont mis des livres pour que le monde signe. Il y avait trente-cinq mille signatures dans ces livres-là. Ça n'avait aucun sens.

*Sentais-tu que tes parents souffraient de cette popularité soudaine et démesurée?*

Je n'ai jamais senti ça de leur part. En tout cas, ils ne m'en ont jamais parlé. Ils ont ouvert la porte à tous ceux qui venaient cogner chez eux. Ils n'ont envoyé promener personne, ils ont parlé avec tout le monde. Après les spectacles, certains spectateurs arrivaient avec des photos prises avec mes parents parce qu'ils étaient passés par chez nous, et ils me disaient: «On a rencontré tes parents, ils sont super gentils. On a jasé avec eux.» Je savais que c'était grâce à ces gens-là que j'avais la chance de vivre ce métier. Ils avaient voté pour moi, et c'était une façon de les remercier, mais tu n'as plus de vie, là.

*Tu m'as déjà dit que tu ne t'es jamais senti aussi seul que pendant cette période intense de succès et de réussite, qui a duré au moins trois ans.*

Oui. Je n'étais pas bien avec tout ça. Aujourd'hui, je ne le vivrais peut-être pas de la même façon. Je ne changerais rien, c'est juste que ma personnalité serait prête à vivre ça. C'est le choc qui a été difficile.

*Il a fallu aussi que tu annonces à ton père que tu ne retournerais plus en mer avec lui parce que le succès nécessitait ta présence à Montréal. Était-ce difficile à dire?*

Je venais de passer un hiver à Montréal à faire de la musique, je sentais que quelque chose m'allumait plus que de faire le métier de pêcheur. Quand j'ai commencé à croire que je pouvais réussir comme chanteur, je ne voulais plus être pêcheur. Parfois, j'étais en pleine tempête en mer avec mon père et je n'avais pas envie d'être là parce que je faisais maintenant de la musique. Je regardais les mains de mon père, qui sont larges comme des raquettes, et je me disais: «Moi, j'ai des mains de musicien, je ne suis pas fait pour ce métier.»

*Nous avions l'impression, de l'extérieur, que tu ressentais une certaine tristesse à quitter ce monde de la pêche, qui t'avait vu grandir.*

Dans ce monde, il n'y a pas de fonds de pension. Quand mon père m'a annoncé qu'il pourrait vendre son permis et prendre sa retraite, il m'a offert de l'acheter. «Regarde, j'ai eu une offre et je pourrais vendre, mais si toi, tu me dis que tu veux l'avoir…» Mon choix était clair, mais ça me faisait beaucoup de peine parce que ce permis venait de l'arrière-grand-père. Depuis des siècles, les LeBouthillier étaient des pêcheurs de métier. C'était moi qui brisais la chaîne en disant non. Tout ça me trottait dans la tête. Je pense que ce qui peut rendre ton père le plus fier, c'est que tu fasses le même métier que lui. C'est un métier noble.

*Quand tu as fait ta première apparition à* Tout le monde en parle, *nous avons remarqué chez toi une émotion forte et intense, qui t'a même empêché de parler, quand il a été question de ton métier de pêcheur et de ton lien avec ton père.*

Quand j'ai craqué sur le plateau, c'était à cause de toute cette émotion-là mélangée à la nervosité de faire une émission où tu es observé par un million de personnes, qui sont suspendues à tes lèvres pour savoir ce que tu vas dire. Le lendemain, dans le journal, on écrivait: «Wilfred, es-tu heureux?» Je ne comprenais pas que les gens aient interprété ça comme ça. Il y avait plein de monde qui disait n'importe quoi aussi, comme: «Il veut faire pitié parce que son album ne décolle pas.»

*Toi qui avais vécu le triomphe pendant trois années consécutives, voilà que tu dois faire face aux revers de la gloire. Ça commence un peu avant TLMEP, au Gala de l'ADISQ, où les gens de l'industrie sont perplexes devant le phénomène de* Star Académie. *Cette année-là, vous avez remporté trois prix. À leurs yeux, tu es celui qui incarne cette nouvelle réalité dans le paysage de la musique québécoise.*

Cette victoire a tout le temps été amère. Je me suis rendu compte que cette émission-là est un chemin facile pour être connu, mais c'est le chemin le plus difficile pour être reconnu. Tu as l'impression que, peu importe ce que tu vas faire, tu ne seras jamais reconnu. Malgré ça, il faut trouver la façon d'être heureux. Heureux dans tes choix. Après mon premier album, j'aurais pu continuer cette recette-là, d'aller chercher des auteurs connus, mais quand je suis parti de ma ville pour faire de la musique, c'était pour me faire connaître comme auteur-compositeur-interprète. Je voulais sortir mon deuxième album en y mettant mes compositions. C'était ça qui comptait le plus pour moi. Ç'a été un album important, même si ç'a été dramatique comparativement au premier, qui avait fait deux cent mille ventes.

*Comment on fait, alors?*
À un moment donné, je me suis dit que je devais faire mes affaires parce que c'est ça qui me rendait heureux. Je savais que j'allais perdre du monde, mais au moins mes spectacles allaient me ressembler. Les gens qui seraient là y seraient vraiment pour qui je suis. Ils m'aimeraient pour moi. Pas parce que j'ai un accent, pas parce que je suis un pêcheur qui vient du Nouveau-Brunswick.

*Mais le personnage, il te ressemblait? C'était ton histoire à toi…*
Il me ressemblait. C'était moi, mais je sentais que ça prenait plus d'importance que la musique que je faisais. C'est pour ça que je me suis senti seul un moment avec tout ça, parce que je n'ai pas senti que j'avais accompli le but que je m'étais fixé. J'étais parti de chez nous, ce n'était pas cette gloire-là que je recherchais, je voulais faire ma musique.

*Est-ce que cette gloire-là, tu l'as maudite un jour?*
Non, parce que la personne que je suis devenu aujourd'hui, c'est grâce à tout ça. Ça m'a fait grandir comme artiste. Ça m'a fait prendre des décisions. Qu'est-ce que je voulais? Qu'est-ce que je ne voulais plus? Je suis fier d'être passé par là.

*Tu as connu un immense triomphe. Les dernières années, ça s'est calmé en termes d'intensité. Tout est redevenu à peu près normal. Est-ce que tu voudrais revivre un triomphe semblable?*
On ne sait jamais quel genre de triomphe nous attend. J'aimerais mieux sentir que les gens qui trippent sur moi trippent pour la musique que je fais, comme les histoires que je raconte. Sentir que mes chansons touchent les gens. C'est pour ça que je fais ce métier-là.

*Vaut-il mieux une petite gloire ou une grande gloire?*
Ça se mesure tout le temps par l'ampleur du nombre de personnes dans la salle, mais quand tu sais que tu as touché les gens, quand tu arrives sur scène pour un spectacle et que tu vois des personnes chanter tes chansons, que tu les vois pleurer, ça, ça remplit de bonheur. Pour moi, c'est une grande gloire, ça.

*Qu'est-ce que la gloire a changé le plus chez toi?*
Ça n'a pas changé grand-chose. J'ai peut-être été trop méfiant. À une époque, j'ai peut-être trop voulu toucher à tout, j'ai trop voulu prendre le contrôle de tout.

*Par peur que quelqu'un d'autre le prenne?*
Non, juste par peur de me faire imposer des choses qui ne venaient pas de moi. Ça revient à ce que je te disais du temps où j'étais petit garçon, je ne voulais pas qu'on m'impose quelque chose. J'ai toujours été comme ça. Aujourd'hui, j'ai aussi appris à profiter de l'expérience des autres et à prendre du recul par rapport à ce que je fais.

*Maintenant que tu connais ce que tu connais et que tu sais ce que tu sais sur la gloire instantanée, quel est le plus grand sacrifice que tu auras eu à faire?*
Le plus gros sacrifice, c'est de dire adieu à ta vie privée. Je ne suis pas le genre de personne qui donne des conseils aux autres, mais si j'en ai un seul à donner à quelqu'un qui du jour au lendemain va devenir une personnalité connue, comme je l'ai vécu, je lui dirais peut-être: «Ce soir, c'est ta dernière soirée avant de devenir connu, va t'asseoir autour d'une table avec tous tes amis, ta famille, et vis ce moment-là pour la dernière fois. Profites-en pour la dernière fois, parce que tu dois vraiment dire adieu à ce que tu étais avant tout ça.»

*Quel est le plus beau compliment que ton père, homme de peu de mots, t'a fait au moment de ton triomphe?*
Mon père ne m'a jamais beaucoup parlé de ça. Je suis capable de dire comment est telle personne et ce qu'elle pense. Avec mon père, ç'a tout le temps été de même. Il n'avait pas besoin de parler, je savais ce qu'il ressentait. Je sais qu'il a ressenti beaucoup de fierté.

*Ta popularité et son rayonnement lui auront permis de profiter davantage de la vie?*
Oui, beaucoup. Probablement que tout ça l'a beaucoup dégêné, ça l'a rendu moins timide.

*Ton fils sait-il qui est son père sur le plan professionnel?*
Depuis peu. Je n'ai jamais voulu que mon fils me voie comme ça (*long silence*). Il est la seule personne qui me connaissait pour qui je suis, et je voulais que ça reste ainsi le plus longtemps possible.

*Mais c'est inévitable, Wilfred…*
Oui, mais je tenais à faire durer ce moment-là le plus longtemps possible. Un jour, on était au centre commercial, et il m'a dit: «Papa, pourquoi tout le monde nous regarde?» Il avait quatre ans. Là, je n'ai pas eu d'autre choix que de lui expliquer, et il m'a répondu: «Papa, moi je suis chanceux.» Je lui ai demandé pourquoi il se trouvait chanceux, et il m'a répondu: «Ben moi j'aime ça, mon papa, c'est un chanteur.» Il avait cette fierté-là… Je ne l'avais pas envisagé de la bonne façon. C'est juste de la fierté, tout ça…

> **"La personne que je suis devenu aujourd'hui, c'est grâce à tout ça."**

Le destin de Cornelius Nyungura, alias Corneille, bascule alors qu'il n'a que seize ans. En 1994, un groupe armé entre dans sa maison et décime toute sa famille : son père, sa mère, ses frères et sa sœur. Il assiste à la scène, impuissant. Seulement quatre-vingt-dix jours auront suffi pour tuer huit cent mille Rwandais. Certains parlent d'un million de victimes. Corneille doit poursuivre sans les siens. Quelques années plus tard, il connaîtra la gloire, celle qui est réservée aux grands, en chantant sa peine et sa douleur de vivre avec l'absence. Ses chansons se hissent au sommet du palmarès, ses albums se vendent par centaines de milliers et ses concerts sont événementiels. Malgré le triomphe, la renommée et l'abondance, Corneille se sent de plus en plus « seul au monde » jusqu'au jour où il rencontre Sofia, celle qui deviendra sa femme et la mère de son enfant, Merik. Dès lors, il cherchera l'autre gloire. Celle que l'on trouve dans l'intimité. Corneille, le prince de la chanson.

# CORNEILLE
# À LA GLOIRE DES SIENS

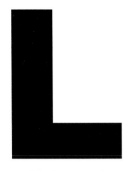

**L**ORSQUE TU ÉTAIS ADOLESCENT, rêvais-tu de faire le métier de chanteur ?

Quand j'ai formé mon premier groupe, il y a deux choses qui m'importaient : chanter et en faire une carrière. Quand on grandit dans un continent comme l'Afrique, et avec les parents que j'ai eus, surtout dans les milieux urbains, on vit avec l'idée que, pour réellement réussir sa vie, il faut partir, mais pour y revenir parce que la belle vie on l'espère quand même au Rwanda. D'ailleurs, le schéma typique, c'est que les gens les plus doués sortaient des universités rwandaises pour aller dans d'autres universités en Europe ou en Amérique du Nord et ensuite revenir en roi et diriger le pays.

*Était-ce bien vu, dans le monde intellectuel, qu'un fils décide de faire une carrière comme chanteur et doive s'exiler pour ça ?*

Je pense que c'était encore prématuré. À part pour mes parents, mon père surtout, qui était très rêveur, cela ne voulait pas dire grand-chose. C'était encore un rêve. Pour les autres adultes, ça avait l'air d'un passe-temps plus qu'autre chose. Personne ne prétendait faire de la musique un métier sérieux parce qu'il n'y avait pas d'industrie musicale au Rwanda comme on en connaît ici. Cependant, il y avait une mini-industrie, des groupes qui faisaient des albums et des tournées.

> « Un jour, je lui ai dit : « Papa, quand j'aurai vingt-six ans, j'aurai un million de dollars et je l'aurai gagné en faisant de la musique. » »

*À quoi rêvais-tu quand tu étais tout petit ?*

Un jour, j'ai entendu Jacques Brel dire, et je pense qu'il l'a repris d'un grand philosophe, qu'on arrête de rêver à l'âge de dix-sept ans. À partir de dix-sept ans, on ne rêve plus, on fait ou on ne fait pas les choses. On réalise ou on ne réalise pas ses rêves. Je me suis rendu compte que j'avais trois grands rêves, peut-être même quatre. Le premier a été de devenir un joueur de soccer. Tout le monde jouait au soccer, et j'adorais ce sport. Le deuxième rêve était de me réaliser dans les arts martiaux. Je pense que j'ai regardé quatre-vingt-dix pour cent des films occidentaux d'arts martiaux qui existent. Le troisième était celui de mon père : suivre ses traces et devenir architecte. Mais ça, ce n'était pas un vrai rêve, c'était un rêve construit, un rêve où l'enfant en moi commençait à devenir adulte et à vouloir se mêler dans la foule. Mon quatrième rêve était de faire de la musique et de chanter.

*À seize ans, le jour où tu lui as dit que tu voulais chanter et en faire un métier, quelle a été sa réaction ?*

Mon père a financé mes premières sessions d'enregistrement en vue de faire les démos de mon groupe, formé de quatre membres. Il a été le seul parent à le faire. Ç'a été un message très important pour moi. J'avais l'approbation de mon père. La première fois qu'il m'a entendu chanter, il ne s'est pas moqué de moi, il m'a plutôt dit : « Ah, tu chantes bien. Ça me fait penser à du Tracy Chapman. » Il était un grand fan de Tracy Chapman.

*Crois-tu qu'il l'a fait afin de combler ta passion pour la musique et, en même temps, pour te diriger vers un chemin plus conventionnel ?*

Aujourd'hui, c'est une des questions que j'aimerais tellement lui poser. Connaissant mon père, dont je me souviens de la fantaisie, je pense avec le recul qu'il devait s'imaginer que je pouvais le faire. D'ailleurs, je me demande s'il n'était pas un peu un artiste refoulé. Un jour, je lui ai dit : « Papa, quand j'aurai vingt-six ans, j'aurai un million de dollars et je l'aurai gagné en faisant de la musique. »

*Et tu as gagné ton premier million de dollars alors que tu avais vingt-six ans. Les mots peuvent avoir une telle portée. Les tiens en ont eu.*

Effectivement, c'est arrivé à cet âge.

*Tu dis te souvenir de la fantaisie de ton père. En avril 2014, ça fera vingt ans que les événements au Rwanda ont eu lieu. Comme le temps avance et t'éloigne de cette époque, as-tu peur de ne plus te souvenir avec autant de précision ?*

C'est ma grande peur. J'entretiens tous mes souvenirs, mais ce que je crains, c'est de ne pas pouvoir raconter mon histoire à mon fils. Je ne veux rien oublier. C'est une des raisons pour lesquelles je veux y retourner : pour me rappeler. Je sens que ça va arriver bientôt. Comme toute grande décision dans la vie, je ne pense pas que je pourrai le planifier. Un jour, je vais me réveiller et je vais me dire : « Je suis prêt. »

*Est-ce que tu appréhendes ce fameux printemps 2014, qui marquera les vingt ans du génocide au Rwanda ?*

Je ne l'appréhende pas particulièrement cette année, je l'appréhende tous les ans. J'appréhende les anniversaires. C'est un triste anniversaire, mais c'est néanmoins un anniversaire. J'appréhende parce que je suis en train de vivre l'après beaucoup plus que l'avant. Et pourtant, je redeviens le « moi d'avant », avec toute la mémoire que j'ai eue jusqu'à l'âge de dix-sept ans. Le 15 avril 2011, j'ai dit à ma femme, Sofia : « Ça fait dix-sept ans. J'ai passé autant de temps sans ma famille qu'avec elle. » C'était un an après la naissance de mon fils. Ça m'a foutu la trouille.

*Quand les événements terribles arrivent en avril 1994, toute ta famille est décimée sous tes yeux, puis tu te retrouves seul devant ton destin. As-tu eu peur que ton rêve de faire de la musique ton métier ne voie pas le jour parce que l'environnement venait de changer du tout au tout ?*

Je savais que mon rêve allait se réaliser. Non seulement je savais que le rêve ne s'arrêterait pas, mais j'étais persuadé que je n'allais pas y passer. Je ne sais pas pourquoi, j'en avais la conviction. Je savais que j'allais survivre, que j'allais me rendre de l'autre côté de la Méditerranée et de l'Atlantique. Les choses étaient déjà vaguement dessinées pour moi. À l'époque précise où ça eu lieu, je me souviens que je chantais tout le temps des chansons que j'aimais. Il n'y avait pas de chanson en particulier, mais des amis m'avaient dégoté une cassette du premier album de Mariah Carey et un Walkman, et c'est la seule musique que j'avais. Pendant le génocide, je fredonnais tout ce que j'entendais. Ma voix était probablement la partie de moi qui me rappelait le plus que j'étais encore en vie. Je m'entendais chanter et je me rappelle le son de ma voix à ce moment-là, qui a d'ailleurs beaucoup changé depuis. La musique est devenue mon seul et unique ancrage et la seule chose qui faisait en sorte que je puisse exister encore. J'étais obsédé par la musique mais pas par la gloire. Je suis en train de défaire ça aujourd'hui. Il y a une partie de mon cerveau qui est pratiquement manquante parce qu'elle est tellement absorbée par la musique. Ça me nuit dans la vie de tous les jours.

*En 2003, ton premier album,* Parce qu'on vient de loin, *parle du drame, de ses dommages et de ses ravages dans ta vie. Une vie sans les tiens. Quand le succès se présente à toi et qu'il est intimement lié à l'histoire du génocide, que tu racontes dans tes chansons, crains-tu l'après, quand tu vas parler d'autre chose ?*

J'ai commencé à y penser plus tard, avec le recul. Je me suis mis à me poser ces questions-là quand je me suis rendu compte que le succès commençait à me coûter psychologiquement, et j'étais fatigué. À la fin de ma grosse tournée en 2006, j'étais au bord du *burnout*. Quand j'ai senti ça venir, j'ai décidé de tout arrêter.

*Quand la gloire se fait belle pour toi, ressemble-t-elle à l'image que tu en avais ?*

Pas du tout. En fait, je me rends compte que je n'avais jamais pris le temps ou que je n'avais jamais eu la clairvoyance d'imaginer le succès. Pour moi, l'image du succès ressemblait à des biens matériels. Je voyais une Porsche, une belle maison, mais ce que j'allais vivre intérieurement, je ne me suis jamais arrêté pour y penser.

*Comment te sens-tu quand tu touches à la gloire ?*

En état de choc. Je l'ai vécu inconsciemment très longtemps à cause des événements. Entre 2003 et 2006, quand ma carrière a explosé, je l'ai vécu avec, d'une part, un maximum d'inconscience et, d'autre part – ça, c'est la contradiction en moi –, une très grande lucidité subconsciente. Je me suis rendu compte que je ne pouvais pas en profiter sans les miens. J'ai eu de grands moments, comme jouer une semaine à l'Olympia de Paris, mais j'ai été incapable de les apprécier.

Je pense que, sans que j'en aie conscience, ils me mettaient encore plus face à mon vide intérieur.

*Tu aurais aimé que les tiens soient là et vivent ce triomphe avec toi ?*

J'aurais aimé qu'ils y soient. À défaut d'avoir les miens, j'aurais aimé avoir d'autres personnes avec qui le partager. Certaines situations aujourd'hui me semblent être de très, très grands instants, alors qu'à l'époque elles m'auraient paru banales. Parce qu'il y a des gens avec qui je peux les partager et avec qui j'ai envie de les partager. J'ai encore envie de vivre de tels moments pour pouvoir les partager.

*Quand tu as franchi les premiers plateaux des sommets, y a-t-il eu des jours où tu te sentais vraiment seul au monde ?*

Je vivais une grande solitude. Quand je réécoute *Seul au monde*, je suis estomaqué de voir que j'ai pu écrire quelque chose d'aussi vrai. Je vivais ça réellement, mais je n'en étais pas conscient. Je n'avais aucune conscience de cette solitude extrêmement pesante. C'est assez incroyable que mon inconscient contribue à l'écriture de mes chansons. Quand je l'ai écrite, cette chanson, je ne me sentais pas si seul que ça. J'étais à Montréal. J'avais un coloc avec qui j'avais commencé une *business*. J'étais jeune, j'avais la vie, la santé. J'étais vivant. Je n'étais pas si seul au monde que ça. C'est quand je la chantais devant sept mille personnes que je l'étais, seul au monde.

*Quand tu as entrepris une thérapie, plusieurs années après tes débuts, et que tu as découvert l'étendue des dégâts intérieurs et l'état dans lequel tu étais véritablement, étais-tu dévasté ?*

J'ai découvert à quel point j'étais seul et démuni. Je devais me convaincre que l'avenir, ce qui était devant moi, était plein de lumière et que tout irait bien. C'est seulement aujourd'hui, avec du recul, que je me rends compte que je n'étais pas heureux à cet instant précis de ma vie.

*Dans ton succès, y a-t-il eu des moments où tu goûtais un peu à une certaine forme de bonheur ?*

(*Il réfléchit.*) Le vrai bonheur était dans la création et pendant les deux heures que je passais sur scène, c'était le vrai bonheur. Sur scène, je n'étais pas tiraillé entre quoi que ce

> **" Pendant le génocide, je fredonnais tout ce que j'entendais.** Ma voix était probablement la partie de moi qui me rappelait le plus que j'étais encore en vie. **"**

soit. J'étais moi. C'étaient de vrais instants de communion, d'échange et de grâce aussi. J'ai une sincère reconnaissance de les avoir vécus parce qu'ils me faisaient du bien. Cela ne durait pas plus tard que la sortie de scène, mais pendant ces deux heures, c'était réel. Je précise deux heures parce que, juste avant et juste après le spectacle, c'était le vide jusqu'à ne pas savoir pourquoi je faisais ce que je faisais.

*Tu vivais ce sentiment de vide profond alors que tu étais en plein triomphe ? À ce moment-là, tu ne connaissais pas le bonheur du conquérant ?*

Le bonheur, c'est un mot qu'on lance comme ça, à tort et à travers. C'est seulement aujourd'hui que je comprends ce que peuvent être ces instants-là. Mais le vide que je vivais était de ne pas savoir pourquoi je montais sur scène. J'étais mort de fatigue parce que j'avais fait la promo du matin au soir, que j'étais en plein décalage horaire, mais j'étais obligé de me couper de cette fatigue et de ne pas la ressentir. Aujourd'hui, quand je suis fatigué, je me le dis, mais je vais monter sur scène quand même parce que j'ai envie que les miens soient fiers de moi. J'ai envie d'appeler Sofia après le spectacle et de lui dire que j'ai fait un show incroyable, que le public était avec moi et que j'étais avec lui. Avant, je n'avais pas ça, mais je continuais à le faire quand même. C'était terrible.

*Le faisais-tu pour ton public, celui qui te suivait incondi-tionnellement sans savoir ce que tu ressentais réellement au fond de toi ?*

J'étais pris avec une obligation que je sentais envers ces gens-là. Ce sont les seuls envers qui je me suis senti une obligation quelconque. Ils m'ont beaucoup donné. Quand j'étais en pleine thérapie et en pleine colère, j'ai renié une partie de ce qu'ils m'avaient offert. Mais aujourd'hui, j'ai retrouvé l'équilibre. Je sais qu'ils m'ont apporté quelque chose et que cela a une grande valeur. En fait, je l'ai mal interprété et mal vécu. J'attendais que ce qu'ils me donnaient, superficiellement, mais qui avait l'air tellement énorme, remplisse mon vide intérieur. Ça ne le remplissait jamais. Donc, j'ai eu une espèce de colère passive envers cette chose-là, qui était l'amour du public. Je commençais à remettre en question la vérité de ce que mon public m'offrait.

*Est-ce l'une des raisons pour lesquelles tu as décidé de tout arrêter avant de sombrer ?*

C'est la raison pour laquelle j'ai arrêté. Je commençais à détester mon métier, alors que je devais aimer ça. J'ai toujours aimé ça. Aujourd'hui, je commence à mieux le comprendre. J'ai fait un amalgame entre recevoir cet amour-là du public et payer le prix de ma liberté en échange. Je ne me sentais plus libre parce que je ne pouvais plus dire : « Je suis en colère, foutez-moi la paix ! » Le public me disait : « Tu nous fais tellement de bien par le fait que tu ne cries pas ta colère. Regardez, lui, il sourit toujours. » J'en étais très conscient. Je me suis tellement privé du droit de crier ma colère que j'ai trouvé un autre exutoire, une autre façon de

le faire. C'était de vivre dans l'inconscience la plus complète. J'aurais pu me faire mal à très long terme avec beaucoup de gestes que j'ai faits parce que je m'en foutais. Il y a peut-être une partie de moi qui ne voulait plus être, une partie de moi qui voulait rejoindre les miens. Une fois que j'avais traversé, que j'avais atteint le fameux sommet que tout le monde désire – parce que, qu'on le veuille ou non, monter sur la scène d'un festival où trente mille personnes reprennent ton refrain en chœur, ça fait quelque chose –, je n'y croyais pas. Et soit tu y crois, soit tu n'y crois pas. Moi, ça me posait un problème. Je me disais : « Pourquoi je ne suis pas en train de le vivre ? Pourquoi je ne suis pas en train de croire que je suis quelqu'un ? »

*Pourquoi n'y croyais-tu pas alors que cette gloire était bien réelle ?*

Mon problème, c'était que je n'arrivais pas à m'approprier ça.

*Ceux qui te côtoyaient disaient-ils de toi que tu étais insatiable et que rien ne pouvait te satisfaire pleinement ?*

Sûrement. Sofia me l'a reproché. On a tous des reproches à faire à l'autre. Je lui reproche des choses, elle m'en reproche d'autres. Un des défauts qu'elle m'a toujours reprochés, c'est mon incapacité à dire : « Ah, je suis bien, c'est assez. Je suis content avec ça. » Pendant longtemps, j'en ai été incapable.

*Es-tu encore comme ça ?*

Beaucoup moins. J'ai le bonheur plus facile. Je pense que les parties de moi qui sont encore insatiables sont celles qui, pour une raison pas très logique, veulent se souvenir du moi de cette époque-là.

*Tu m'as déjà confié que cette attitude de déni t'a aidé à traverser l'épreuve que tu as vécue. Cela justifiait-il beaucoup de choses que tu faisais au nom de ta propre survie ?*

Je me suis construit une raison d'être. Je me suis dit que ça valait le sacrifice. J'étais conscient, Sofia pourra te le dire. Quand on a commencé à se fréquenter, je disais des choses absolument surréalistes du genre : « Je suis investi d'une mission, j'ai souffert pour faire du bien. » Non seulement ce n'est pas nécessaire, mais ce n'est pas réaliste. Tu ne peux pas faire du bien quand tu as mal. J'ai dû me sacrifier à cause de ce rôle que je m'étais donné. J'avais l'impression qu'il y avait peut-être des parties de moi qui ne plaisaient pas, qui n'avaient pas le droit d'être parce qu'elles allaient contre ce que les gens attendaient de moi.

*Quel est le premier sentiment qui t'habite quand tu commences à comprendre que ce que tu fais non seulement cartonne ici et en Europe, mais te procure beaucoup, beaucoup et beaucoup d'argent ?*

Je vivais sur un fil très fin entre l'inconscience et la lucidité. Inconsciemment, je me disais que je l'avais mérité, que je n'avais aucun complexe à avoir. Mon côté le plus lucide me mettait en garde : « Oui, mais attends, ça va changer. » Chaque année, en France, on sort dans les journaux le nom des artistes qui ont gagné le plus en indiquant le montant à côté du nom. Quand mon succès a commencé à se chiffrer, j'ai pensé que mon capital de sympathie allait en prendre un coup.

*C'est ce qui s'est passé?*
Pas du tout, mais à un moment donné j'étais persuadé que ça s'était passé. Aujourd'hui, je vois que c'était dans ma tête plus que dans celle des autres. J'appréhendais et j'anticipais tellement ce revers de situation que je l'ai rendu vrai dans mon esprit.

*Est-ce que c'est allé jusqu'à l'autosabotage?*
Bien sûr. Ma lucidité et mon intuition sont mes plus grands protecteurs. Toutes les fois où j'ai failli me planter, elles sont arrivées pour me faire faire les choses les plus absurdes et les plus bizarres. Les gens disaient : « Mais pourquoi il fait ça? » À titre d'exemple, le fait d'arrêter en 2006 et de produire un album en anglais, d'un point de vue d'affaires et de marketing, ça n'avait aucun sens. J'étais à mon *peak*. Tout ce que je devais faire, c'était sortir un autre album en français. Volontairement, je me suis saboté et j'ai saboté ma carrière.

*Et si c'était à refaire…*
… je referais exactement la même chose. Il y a une définition conventionnelle du succès, qui se chiffre, qui peut se matérialiser, mais il y a un autre succès, c'est la façon dont tu te sens, toi. Ce succès-là, très peu de gens en parlent. J'ai saboté ma carrière pour préserver l'autre succès, mon bonheur personnel. Sachant très bien ce que j'allais perdre, je l'ai fait quand même avec beaucoup de conviction. Rien ne pouvait m'arrêter. J'ai appelé le directeur de ma maison de disques en France et je lui ai dit : « Écoute, j'arrête là, j'ai besoin d'une pause, je ne sais même pas si j'ai envie de refaire ça. » C'était très sérieux. Je ne voulais plus être dans un élément où j'étais complètement perdu et où je risquais de me perdre encore plus, parce que les plus belles drogues sont dans le succès.

*Tu t'es mis à dépenser sans compter.*
Je me suis saboté financièrement aussi. Je vivais dans l'abondance, mais je n'appréciais pas les choses que j'achetais. Je pense que j'étais tellement en colère que l'argent me permettait de vivre ma colère sans trop m'en justifier. Malheureusement, avec l'argent et le statut, on peut pratiquement tout faire. On nous excuse tout. On me laissait faire. L'argent et le succès, c'étaient juste des instruments pour que le monde me foute la paix. Des instruments de diversion. Je n'avais personne avec qui partager. Aujourd'hui, je connais la valeur de l'argent parce que je commence à penser au fonds de scolarité de mon fils, parce que j'aime voir Sofia choisir un sac qu'elle aime. Ça me procure encore plus de joie que quand j'acquiers quelque chose pour moi. Je ne connaissais pas ce sentiment-là avant. Avant, c'était moi, moi, moi, moi, moi. En fait, ce n'était même pas moi réelle-

ment, c'était ma peine, ma peine, ma peine. Je n'arrivais pas à la guérir.

*T'es-tu senti coupable de dépenser autant?*
Bien sûr. J'ai l'impression d'avoir eu dix vies en une. Les artistes parlent de sommets financiers suivis d'une chute et d'une reprise… Je l'ai vécu. J'ai connu une illusion de creux financier qui correspondait à la naissance de mon fils, mais j'avais besoin de cette expérience pour apprendre. Je n'aurais pas appris autrement. À ce moment-là, je me suis dit : « J'aurais pu gérer ça mieux. » Là, je commence à sortir de cette culpabilité.

*Y a-t-il eu un moment où tu as eu peur de perdre tout ce que tu avais gagné?*
Je n'ai eu aucune peur. Il y avait la fameuse culpabilité du survivant. Je croyais que ce qui allait me rattraper ne toucherait pas ma carrière. Ma carrière, c'était la moindre des choses que le bon Dieu ou l'univers me devait après ce que j'avais vécu. Il était en train de rembourser sa dette. Cette dette était à vie. C'est aussi probablement à cause de cette attitude que je n'ai rien pu apprécier parce que, pour moi, c'était un dû, c'était légitime. La vie m'avait tellement pris qu'elle me devait du succès. À mes yeux, il n'était pas question que ça finisse un jour, c'était clair. Ce qui me faisait peur, par contre, c'est le monde qui changeait autour de moi. L'argent change la perception de tout le monde parce que tu n'en deviens que le symbole.

*Pendant ce tourbillon, provoqué par les obligations et les devoirs liés à la gloire, as-tu pensé aux conseils que tes parents auraient pu te prodiguer s'ils avaient été encore de ce monde?*
Malgré le drame que j'ai vécu, tout ce que j'ai traversé dans ma vie, qui semble complètement hors norme pour la plupart des gens, j'ai la mémoire d'avoir reçu énormément d'amour. J'ai la mémoire d'avoir compté pour les deux seules personnes qui devaient me donner cette impression-là. J'ai le sentiment que j'ai été aimé. J'avais ce sentiment-là au moment où j'étais sur le point de me laisser entraîner dans cette espèce de tourbillon, quand le public te donne et arrive à peine à remplir le trou. Ma vie s'est interrompue à l'âge de dix-sept ans. J'avais tout rêvé, et ça s'est arrêté. J'avais des rêves très clairs qui incluaient ma famille. Un jour, j'allais avoir un mode de vie comme celui de mon père. J'allais me marier avec la femme de mon choix. J'allais avoir une belle maison, peut-être pas au Rwanda. Mes enfants allaient faire de grandes études. Je voyais tout ça. J'ai essayé de retrouver cette mémoire pendant ce grand succès. Il y avait des moments où je conduisais ma Porsche et où j'essayais de retrouver ça et de le ressentir. Je n'y arrivais pas parce que j'étais incapable de renouer avec cette mémoire.

*La même qui te faisait tant souffrir?*
Elle me faisait trop souffrir. J'étais incapable de réinviter mes parents dans mon présent, dans ma famille. La première fois

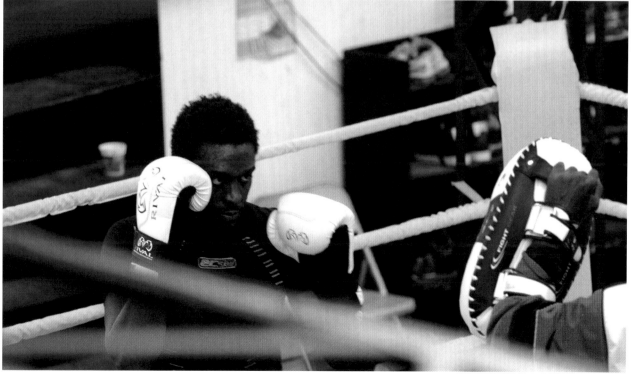

que ça s'est passé, j'étais seul dans la piscine à la maison, je me rappelle m'être dit : « Ah, si mon père me voyait ! J'ai une maison avec une piscine au Canada. » C'était avant que mon fils, Mérick, naisse. Aujourd'hui, mon père, il est là tout le temps. Même dans les temps très, très durs que j'ai eus, où c'était le bordel total. Même dans ces moments-là, je l'invitais parce que je voulais qu'il me parle, qu'il me conseille et, quand j'en suis sorti, je lui parlais encore.

*Est-il de bon conseil ?*
Il était de bon conseil ne serait-ce que par ses erreurs. J'ai vu toutes ses erreurs, j'en ai fait l'inventaire. C'est exactement l'inverse qu'il faut que je fasse.

*Tu le disais naïf. Tu ne voulais plus être naïf comme il l'avait été ?*
Absolument.

*Y a-t-il eu un moment où tu as senti que la gloire venait de te happer ?*
Je ne l'ai pas vécu comme ça. Le succès n'a jamais rien marqué dans ma vie. Il n'a jamais marqué la fin d'une vie et le début d'une autre. Les instants marquants de ma vie n'ont rien à voir avec le succès. Le premier moment important, c'est quand j'ai tout perdu. C'est quand ma famille a disparu, que je me suis retrouvé seul et que j'ai dû quitter mon pays vers je ne sais où. Je ne savais même pas où j'allais. J'ai atterri ici, et finalement je suis resté. Mon deuxième, c'est quand j'ai rencontré Sofia, parce qu'elle m'a redonné goût à la vie et elle m'a reconnecté à la vie. Ce qui s'est passé entre les deux, je le vivais très inconsciemment. J'ai même envie de dire que, quand j'essaie de retrouver des petits instants de bonheur, les exemples qui me viennent sont arrivés avant mon succès. Après, je sais qu'il y a des instants remarquables, je me les rappelle, mais je ne les ai pas vécus en me disant : « Wow ! Je serre la main de Jacques Chirac ! Je suis allé à l'Élysée. » J'étais gelé un petit peu, je pense, pendant toute cette époque-là. Il y a eu matière à célébrer plusieurs fois, mais je ne l'ai jamais fait.

*Vaut-il mieux être gelé, pour reprendre ton expression, afin de mieux faire face à l'adversité ?*
L'homme se protège bien ; il est fait ainsi. C'est tout ce que j'avais. Je n'avais pas d'autre arme pour me préserver, mais ç'a fait son temps. Il arrive un moment où il faut en sortir.

*Quand la carrière aux États-Unis n'atteint pas les objectifs escomptés, qu'est-ce que tu te dis ?*
Que je ne l'ai pas voulu assez. Quand j'ai signé mon contrat avec Motown et qu'ensuite j'ai fait mon album en anglais, je n'avais pas commencé ma psychanalyse encore. Donc, je ne savais rien de rien sur moi, mais je savais que j'étais en train de faire des choses qui n'allaient pas m'aider. Quand on te propose une grosse affaire et que, d'une part, tu souhaites réussir ton couple, et d'autre part tu sors d'une folie et tu n'es pas sûr de vouloir recommencer, il y a l'enfant rêveur en toi,

mais il y a l'adulte qui regarde ça et qui demande : « Tu ne te souviens pas d'où tu viens ? Est-ce que tu en as vraiment envie ? » Mon autre conscience, c'était Sofia, qui me disait : « Écoute, moi, je te soutiens, mais veux-tu réellement revivre la même chose ? Maintenant ? Plus tard peut-être ? »

*Tu sentais que les choses pouvaient se dérouler aux États-Unis de la même manière qu'en France ?*
J'ai eu tous les signes possibles qui m'indiquaient que ça allait marcher très fort pour moi aux États-Unis, et ça n'a pas marché. J'ai eu un article absolument dithyrambique dans le magazine *O*, intitulé « *The birth of a sensation* ». J'ai eu la première page de *People Magazine*. J'ai parlé à Oprah sur Skype. J'ai eu *USA Today*. Toutes les conditions étaient réunies. Dans le milieu, j'ai eu des réactions et des portes ouvertes que très peu de gens ont. J'ai eu des invitations à la télé. J'ai parlé à des gens dans le milieu des médias auxquels je n'aurais jamais eu accès autrement que grâce à mon histoire et le fait que j'ai eu un grand succès en France, et que 2008 a correspondu à l'arrivée d'Obama.

*Ça te rendait heureux et confiant pour l'avenir ?*
J'étais heureux de me faire dire que c'était possible, ça confirmait ce que j'avais en tête. Je savais ce que je venais de vivre et j'ai vu ce qui m'attendait.

*À quoi t'attendais-tu ? À la même expérience qu'en France ?*
Prise deux… en pire ! En plus grand. S'il y a un endroit où justement tu peux te perdre dans un rôle et t'investir d'une mission qui n'est pas la tienne, c'est dans le *showbiz* américain. Je savais que je m'en allais là-dedans. Ça commençait déjà. Tout était là.

*Sauf toi…*
Sauf moi. Il y a une part de moi qui disait : « Non, non, non… » Mon succès a arrêté d'être ce qu'il était à partir du moment où je me suis aperçu que je n'en avais pas besoin tant que ça. Ç'a été une prise de conscience. J'avais toujours pensé que ma carrière faisait partie de qui j'étais, mais je me rendais compte qu'au fond ce n'est pas ce que je désirais le plus. Donc j'ai eu l'impression de m'être trahi en quelque sorte, jusqu'au jour où je me suis dit : « Mais non, j'avais besoin de faire quelque chose. » Les événements se sont enchaînés. J'ai commencé à être obsédé à l'instant où ma passion s'est transformée en un métier et que le métier est devenu ce qui allait me permettre de subvenir aux besoins de ma famille. L'obsession n'était plus le succès. L'obsession était de déterminer comment, dans une industrie où tout est en train de partir à la dérive, je me garantirais une place sans forcément retomber dans mes vieux schémas de pensée, où mes obsessions me faisaient oublier le reste de la vie.

*As-tu réussi à trouver une réponse à cette question fondamentale ?*

J'ai trouvé une réponse, et elle marche pour moi. Je dois suivre, sans concession, le plus possible, mon intuition.

*Es-tu prêt à ravoir de l'abondance ?*
Oui, mais pas l'abondance comme j'ai pu l'imaginer avant. L'abondance comme un dû, ça ne marchait pas. L'abondance matérielle a des limites. Je l'ai constaté quand le vrai dû est arrivé. Quand je me suis dit : « Ah, ma famille n'est plus là, mais je m'en construis une autre. Grâce à cette famille-là, je peux réinviter celle que j'ai perdue dans ma vie, ne serait-ce que spirituellement. » Je me rapproche de plus en plus du bonheur. Quand on me demande ce que je désire pour ma carrière, je ne sais plus quoi répondre. Je bégaie. J'espère que ce qui se passe en ce moment va durer. J'ai du mal à formuler et à matérialiser des vœux et des souhaits.

*Est-ce que tu rêves encore ?*
Je rêve encore. Je n'ai plus de nouveaux rêves, ce sont des anciens qui reviennent. C'est génial parce que je retrouve mon enfance, dont je m'étais coupé, et je vois resurgir mes rêves. Je parle de la famille, mais aussi de ma carrière. La musique est une chose que je sais faire, mais il y en a d'autres qui peuvent m'occuper. J'ai un amour pour le partage du peu de connaissances que j'ai dans n'importe quel domaine. Récemment, j'ai recommencé à pratiquer les arts martiaux. Un jour, j'aimerais maîtriser les arts martiaux, assez pour l'apprendre à des jeunes. C'était un de mes quatre rêves d'enfance.

*Aujourd'hui, j'imagine que la définition de la gloire a inévitablement changé pour toi. Au fil du temps, elle s'est transformée et elle a montré son vrai visage. Maintenant, que signifie le mot « gloire » pour toi ?*
Je me rends compte que la gloire correspond à une forme d'équilibre, mais un vrai équilibre. J'ai envie de vivre de mon métier parce que je trippe à le faire, donc si demain ma carrière s'arrêtait, j'en serais malheureux. Mais je ne suis pas obligé d'être connu partout dans le monde. Je me pose la question chaque fois que je vois le succès de quelqu'un comme Justin Timberlake ou Bruno Mars, par exemple, et je me dis : « J'aurais pu être dans un truc qui ressemblerait à ça… »

*Si on te donnait ce genre de succès aujourd'hui, est-ce que tu le voudrais ?*
Ça me fait peur. Il y a quelque temps, je suis allé chanter avec M Pokora à Bercy. Avant de monter sur scène, je me suis dit : « Ah, ça va être cool, je vais visiter ce qui va probablement m'arriver dans un an ou deux parce que ma carrière commence à reprendre, et c'est fantastique de vivre ça. » Après le spectacle, je me suis surpris à envier la scène plus petite que j'avais faite la veille, en tournée. Ça ne veut pas dire que je ne veux pas faire un Bercy.

*As-tu la carrière que tu voulais ?*
Je n'ai pas eu la carrière dont j'ai rêvé quand j'avais quinze ans, mais c'est un choix, et je l'assume parce que je vis au quotidien le résultat de ce choix-là. Tous les jours, je me réveille avec une conscience de moi : je me sens, je me touche, je suis vivant, je ne l'étais pas avant. Ça ne ment pas. Je me regarde en photo et je n'ai plus le même regard. Maintenant, mon succès me comble. Je sais à quel point c'est précieux. Mon obsession m'a amené à me réaliser de manière assez solide pour me permettre de vivre de mon métier avec le plus de liberté et d'indépendance possible. C'est le meilleur des deux mondes. Aujourd'hui, quand des gens me disent que ce que j'ai chanté les a touchés, je l'apprécie. Avant, j'en étais incapable parce que c'était devenu une couche de plus à ma prison. Il aurait fallu que je voie cela tout simplement comme si quelqu'un disait : « Tu sais quoi ? Merci ! » Et moi, je devrais juste répondre : « De rien. » C'est tout. Entre 2003 et 2005, je pensais être investi d'une mission et avoir été choisi pour accomplir quelque chose. Ce que je devais réaliser n'était pas très bien dessiné, mais je croyais que ça devait être important du point de vue humanitaire. J'étais perdu là-dedans. J'avais mis un mur autour de moi.

*Crois-tu que tu aurais connu le même genre de carrière si les événements terribles n'avaient pas eu lieu ?*
J'aurais fait une grande carrière parce que j'avais une passion très profonde pour la chanson, pour la musique et pour cette création-là. Cependant, ça n'aurait pas résonné de la même façon et ça n'aurait pas été la même carrière. Je pense que le génocide du Rwanda a forcé les événements et a créé un prétexte.

**Au nom de la gloire, j'ai dû faire les sacrifices suivants…**
Je me suis oublié.

**Au nom de la gloire, j'ai perdu…**
C'est dur pour moi de répondre puisque, ce que j'ai perdu, je l'ai retrouvé, mais au nom de la gloire, j'ai perdu ma liberté.

**Au nom de la gloire, j'ai gagné…**
Je pense que je me suis retrouvé grâce à la gloire. Ma gloire m'a mis dans des situations où je devais me connaître. Je n'avais pas le choix. La gloire m'a forcé à me découvrir.

Paris
Aria
Aria
RESORT & CASINO
MANDALAY BAY
Monte Carlo
BALLYS
ENTRANCE

Véronic DiCaire, la petite fille d'Embrun. Un tout petit village en Ontario. C'est là, dans sa jeunesse florissante, qu'ont pris naissance en elle des rêves. Chanter, chanter et chanter, tel était son désir. Atteindre les hautes sphères de la chanson d'ici et d'ailleurs était un des rêves qu'elle caressait. Mais ce monde lui paraissait bien grand, vu de son univers à elle. Appliquée, disciplinée et travaillante, elle a franchi chacune des étapes avec succès, comme une élève douée. Sur son chemin est arrivé Rémon Boulerice. Son homme, son phare et son complice de tous les instants. Elle a animé. Elle a dansé. Elle a joué. Elle a chanté. Des participations remarquées sur scène dans *Grease* et *Chicago*. Deux albums à son actif. Chaque caillou que Véronic et Rémon ont posé sur leur route les a préparés à ce qui allait devenir leur prochaine destination : la gloire ultime. Aujourd'hui, le nom de Véronic DiCaire est connu ici et en Europe. Elle est au panthéon des grandes stars. Son prénom trouve écho à Las Vegas avec son spectacle *Voices*, présenté depuis juin 2013 au Jubilee Theater de l'hôtel Bally's, juste avant de conquérir le monde, parce que *she has what it takes to make it happen*, comme diraient les Américains. Je suis allé à leur rencontre. J'ai vu à travers ses imitations, au-delà des voix, l'âme de chacune d'elles. Véronic est toutes ces femmes.

# VÉRONIC DICAIRE
# LES VOIX DE LA GLOIRE

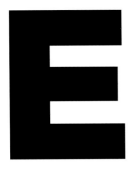**N 2008, IL Y A EU UN POINT DE BAS-CULE**, *comme l'appelle l'auteur Malcolm Gladwell. Tu fais la première partie des concerts au centre Bell de la tournée Taking Chances, de Céline, et ta vie se transforme du jour au lendemain. C'est la consécration. Ton nom est sur toutes les lèvres. Rémon et toi étiez-vous conscients du changement qui allait s'opérer au moment où ça se passait?*

**Véronic :** C'est le deuxième soir que je l'ai vraiment constaté. Le premier soir, tu n'as pas le temps de vivre quoi que ce soit. Le deuxième, René Angélil nous a dit : « Si ça vous tente, on pourrait travailler ensemble. » On s'est pris par la main. On est allés tout seuls dans la loge. On a barré la porte. On s'est écroulés et on a pleuré.

**Rémon :** Je ne me souviens pas d'avoir pleuré...

**Véronic :** Arrête !

**Rémon :** J'étais en mode affaires.

**Véronic :** Tu pleurais, t'étais trop beau.

**Rémon :** Je me souviens d'avoir été ému et d'avoir eu les yeux pleins d'eau parce que, enfin, Véronic avait le *spotlight* sur elle. On était tout à fait conscients que ça changeait ce soir-là.

*Mais tu ne t'attendais quand même pas à avoir un tel triomphe en faisant des imitations?*

**Véronic :** On ne peut pas s'attendre à ça.

**Rémon :** On l'espère, mais on ne s'attend pas à ça.

*Véronic, te sentais-tu prête à relever un tel défi?*

**Véronic :** Mon véhicule a commencé tout petit et, à un moment donné, je suis arrivée avec un bon « char ». Quand ils m'ont donné le feu vert, j'étais prête.

*Un jour, quelques semaines après ce triomphe, tu as eu à prendre la décision de quitter le métier de chanteuse pour devenir imitatrice à temps plein. As-tu senti un tiraillement avant de te lancer dans cette nouvelle aventure?*

**Véronic :** Le rêve de devenir chanteuse était tellement enraciné dans mon cœur et dans mes cellules depuis que j'étais jeune. Ça m'a pris du temps à le déprogrammer de mon cerveau. Quand je regardais des artistes chanter à la télévision, je voulais faire comme eux. Lorsque Rémon m'a dit qu'il croyait que je devais faire la première partie de Céline en tant qu'imitatrice et que mes amis autour de moi me disaient la même chose, je ne voulais pas l'entendre, jusqu'à ce que j'arrive à la croisée des chemins et que je me rende compte que c'était une évidence.

**Rémon :** Pour moi, Véronic était plus qu'une imitatrice, c'était une *entertainer*.

**Véronic :** Il m'arrive de penser que j'étais audacieuse de me lancer dans une telle aventure et de laisser la carrière de chanteuse, même si je chante dans tous les spectacles. Je ne pense pas que j'aurais eu cette audace si je n'avais pas eu mon partenaire de jeu, Rémon, avec moi. J'en suis certaine.

*C'est beau, ce que tu viens de dire à propos de Rémon, ton manager et aussi ton conjoint. Tu l'appelles affectueusement ton « partenaire de jeu ». Est-ce à dire que tu considères le métier comme un jeu?*

**Véronic :** Je vois ça comme une partie de hockey parce qu'il faut que tu fasses les bonnes passes. C'est stratégique, une partie de hockey, le métier aussi. Quand Rémon et moi avons décidé que j'arrêterais la carrière de chanteuse pendant un certain temps et que j'allais devenir seulement imitatrice, j'attendais la rondelle sur la palette pour *scorer*.

*Visiblement, tu as scoré quand c'était le moment. Ces soirs de 2008, en première partie de Céline au centre Bell, t'ont portée littéralement aux nues et ont tracé une nouvelle route. Dorénavant, tu étais dans la cour des grands.*

**Véronic :** J'ai marqué des points. Je pense que j'ai cette facilité, peut-être par naïveté, à me concentrer sur ce que j'ai à faire. Si j'avais été une athlète, je serais allée aux Olympiques, je le dis sans prétention. C'est ma capacité de *focusser* qui change tout. Pourtant, à l'école, j'en étais incapable.

*Y a-t-il une préparation physique ou psychologique particulière pour incarner toutes ces chanteuses?*

**Véronic :** Il y a des heures d'entraînement vocal avec mon professeur de chant, Monique Cardinal. Mes imitations sont appuyées par une composante physique. Je dois garder mon corps en forme. Pour ce qui est du psychologique, Monique et moi on travaille aussi sur le mental. Une fois sur scène, lorsque la voix est « placée » dans mon corps, mes imitations deviennent des pensées et des images que je rattache à chaque chanteuse. Je dois vraiment être dans ma bulle avant le spectacle et suivre ma routine pour y parvenir. C'est surtout un travail de concentration et de focus. En fait, je dois bien me préparer moi, la chanteuse Véronic DiCaire, pour pouvoir être dans une zone neutre afin de visiter les autres.

*Comment doit-on se préparer pour se prendre pour l'autre? Prétendre en quelque sorte que c'est semblable à l'original?*

**Véronic :** Se prendre pour les autres, je ne l'avais jamais vu comme ça. Le travail est surtout dans l'écoute et dans l'observation de ce que l'autre chanteuse est sur scène. Une fois que la voix est installée en moi, je regarde tout ce qui peut m'aider à bien saisir la chanteuse, mais aussi son personnage. Lorsque je suis sur scène, puisque mes imitations sont accompagnées d'images associées aux chanteuses, ça devient une préparation mentale.

*Comment fait-on pour quitter une chanteuse et pour entrer dans la peau de la suivante sans qu'il reste des bouts d'elle en toi et dans ta voix?*

**Véronic :** Ça demande surtout de la pratique.

*Qu'est-ce qui peut faire varier d'un soir à l'autre la réussite absolue de l'incarnation?*

**Véronic :** Plein de choses. De toute façon, quand on est en tournée ou dans une longue série de spectacles, c'est normal

que de soir en soir certaines imitations soient plus ou moins réussies. Avec le temps, on peut s'éloigner petit à petit d'une voix jusqu'au moment où il faut la retravailler. C'est souvent Rémon qui me lève un drapeau en me disant « Vé, faudrait que tu écoutes Adèle demain… » ou encore « Je pense que ta Amy Winehouse a besoin d'aide ». *Practice makes perfect.* Il ne faut rien tenir pour acquis.

## « Rémon, c'est mon équilibre, mon port d'attache. **Rémon, c'est tout.** »

*Comme une athlète de la voix, à chacune de tes incarnations tout est à refaire. Tu ne peux pas, comme une chanteuse qui fait son propre concert, performer sur l'ensemble. Chaque imitation est une performance en soi. Comment fais-tu pour tenir le souffle jusqu'à la fin du spectacle même si tu crois que tu as moins réussi une imitation en particulier ?*

**Véronic :** J'imagine que j'ai développé le réflexe de penser à la prochaine voix et à la prochaine chorégraphie – un peu comme au golf. Si tu manques ton coup sur un trou, il faut laisser tomber et se concentrer sur le prochain. J'accepte mieux maintenant de ne pas être cent pour cent juste. C'est encore difficile, mais il faut accepter que c'est à la fin que ça compte. Si les spectateurs sont heureux, ce n'est pas trop grave. Ce que je trouve difficile, c'est quand je suis enrhumée ou malade. Dans ces moments-là, j'aimerais bien juste chanter avec la voix de Véronic DiCaire car je me connais, je sais comment trafiquer ma voix pour atteindre telle ou telle note. Ce qui est merveilleux avec mon spectacle, c'est que, si pour une imitation j'ai manqué de justesse, je peux me reprendre à la prochaine et *go*, on continue. Le lendemain, au test de son, je tente de corriger. Il n'est pas question de me tromper une autre fois.

*Est-ce exigeant de devoir t'incarner en elles chaque soir ?*
**Véronic :** Ce n'est pas l'incarnation que je trouve difficile, c'est quand les fans viennent te voir avec cet amour…
**Rémon :** … et qu'ils ont des attentes.
**Véronic :** Je trouve difficile de *dealer* avec ça. Je ne sais pas comment y arriver, en fait. Même encore aujourd'hui, ça me déstabilise.

*Est-il vrai que tu as dit à René Angélil, quand il vous a proposé une suite à ces premières parties de Céline : « Dis-moi où il faut que j'aille, et je vais y aller » ?*
**Véronic :** Oui. « Dis-moi juste ce que j'ai à faire, et je vais le faire. »

*De quoi avais-tu le plus peur au commencement de cette aventure ?*
**Véronic :** Après les premières parties de Céline au Québec, j'avais beau avoir eu du succès, il fallait que je m'en aille faire le tour du Québec avec quatre-vingt-dix minutes de spectacle.

**Rémon :** Il y avait beaucoup d'attentes. On voulait être à la hauteur tous les deux. On avait de la pression tous les deux. Un jour, René Angélil s'est assis à la table et il m'a demandé : « Peux-tu toujours être là ? » Je me suis dit qu'il choisissait de garder Véronic et me demandait si je pouvais participer à ça. René, c'était comme mon idole. On veut être à la hauteur de la chance qu'il nous donne.

*As-tu craint de ne pas être à la hauteur ?*
**Rémon :** Je n'ai jamais voulu être le *weakest link* dans l'équipe de Véronic. En fait, ça, c'est mon moteur. S'il faut que je me pousse plus fort, s'il faut que je travaille plus longtemps, que je me lève plus tôt, c'est tout simplement parce que je ne veux pas être celui qui retarde, celui qui fait planter le projet.

*As-tu déjà pensé te retirer de l'aventure ?*
**Rémon :** Jamais, parce que j'ai toujours cru que j'avais un rôle à jouer auprès de Véronic. Mais on a un *deal* entre nous : à partir du moment où quelqu'un d'autre peut mieux faire quelque chose, c'est lui qui le fait.
**Véronic :** Oui, mais je pense qu'aujourd'hui il n'y aurait jamais eu personne d'autre que Rémon pour faire ce qu'il a fait pour moi.
**Rémon :** C'est un business. Ils ont *checké* ce qu'on pouvait faire. Ils ont vu que Véronic travaillait fort et que j'avais une tête sur les épaules. J'ai gagné mes galons, sans prétention de ma part. Je trouve que je défends bien les intérêts de Véronic. Ça, personne ne peut me l'enlever et personne ne peut le faire mieux que moi. C'est ma blonde, je le fais pour elle.

*Tu ne ferais jamais ce métier s'il n'était pas à tes côtés ?*
**Véronic :** Non. Je n'aurais pas cet équilibre-là. Rémon, c'est mon équilibre, mon port d'attache. Rémon, c'est tout. C'est lui qui est sur l'autre plateau de la balance.
**Rémon :** On se complète bien.

*Tu connais un succès retentissant depuis six ans un peu partout au Québec, en Europe et maintenant à Las Vegas, comme chanteuse imitatrice. Que reste-t-il en toi de la petite fille d'Embrun, en Ontario ?*
**Véronic :** Elle est toujours là, la petite fille d'Embrun. Ce qui est toujours présent, ce sont mes racines. Pour moi, c'est fondamental. Je vais toujours avoir la petite fille d'Embrun en moi. C'est juste que son rêve à elle est différent, il s'est modifié en cours de route.

*As-tu eu peur de te perdre dans le tourbillon qu'occasionne un succès de cette ampleur ?*
**Véronic :** Non, parce que chaque fois que je vois mes parents, je redeviens la petite fille d'Embrun. Mes parents sont près de moi et ils me voient encore comme la Véronic qui était dans sa chambre en bas et qui chantait en tenant la brosse à

cheveux. Mon père est chauffeur de bétonnière, et ma mère, secrétaire à l'école primaire. Ce sont des gens normaux. Ils ne sont pas du tout impressionnés par le métier. Un jour, ils ont rencontré Céline, et ma mère était très intriguée par la femme avant tout. J'ai emmené mes parents à ma première à l'Olympia et je les ai invités à venir à Las Vegas. Je trouve que c'est un grand privilège de vivre un succès parce que je peux le partager avec mes parents, leur donner un aperçu de ce que je vis. Quand je retourne chez moi, je n'ai pas d'autre choix que de retourner sur le plancher des vaches. Je ne peux pas arriver là-bas et péter plus haut que le trou, c'est impossible. Ce n'est pas ça, la vraie vie.

**Rémon :** On les perdrait, ces gens-là.

*Tes parents ont-ils eu peur que tu changes ? As-tu senti qu'ils te regardaient différemment après l'arrivée du succès ?*

**Véronic :** Non. Mes parents ont une grande confiance en Rémon. Ça les rassure de voir que Rémon est dans le scénario. Je me souviens d'être allée à une soirée alors qu'on venait à peine d'arriver de Las Vegas. Nous étions là parce que c'était important pour nos amis, mais j'étais fatiguée et il fallait qu'on se lève tôt le lendemain. Ma mère l'a bien vu. À un moment précis, elle m'a prise par la main et m'a dit : « Je m'en vais te coucher. » C'est comme si elle était devenue hyperprotectrice avec moi. Ça m'a rassurée et impressionnée de la voir faire ça.

*Tu sembles garder une grande lucidité par rapport au succès que tu vis.*

**Véronic :** Je ne sauve pas des vies, je vends du rêve. J'en suis très, très consciente. Quand j'étais plus jeune, je voulais être infirmière, mais je n'avais pas les notes à l'école pour le devenir. J'ai donc décidé de prendre soin des gens autrement.

*Quand le triomphe s'annonce, on doit entrer dans une forme de sacerdoce et avoir une vie monastique pour être en mesure de respecter chacun des rendez-vous et être à la hauteur de ceux-ci. Est-ce que cette vie te plaît ?*

**Véronic :** J'étais nulle à l'école, je n'aimais pas ça. Ceux qui réussissaient et qui avaient tout le temps des étoiles dans leur cahier me faisaient suer parce que je me disais que je ne cadrais pas avec le système scolaire. J'ai trouvé ce que je voulais faire. Maintenant, la vie est mon école, mon université. Je crois qu'on m'a mise dans l'école de la vie que j'aime, que je veux mener et dans laquelle je suis bonne. J'aime cette vie.

*Fais-tu ce métier pour être aimée par le plus possible de gens ?*

**Véronic :** Je n'ai pas besoin de faire ce métier pour être aimée. Je suis aimée de ma famille, de mon chum et de mes amis. L'amour que je reçois des fans, je l'apprécie énormément parce que c'est comme des beaux cadeaux chaque fois. L'essentiel est de faire du bien aux gens en leur faisant oublier leurs tracas.

*Comment est-ce pour toi de vivre toute cette gloire ?*

**Véronic :** J'ai de la difficulté avec le mot « gloire » parce que j'ai peur que ce soit éphémère. Pour moi, le succès, ce n'est pas un disque de platine, ce n'est pas un hit à la radio, c'est la longévité. Ce que je vis en ce moment, c'est comme si on me donnait des petits collants et que j'ajoutais une étoile à mon cahier et à mon bulletin. Je suis tellement dans le projet, dans ce qui se passe présentement, que je suis incapable de me dire que c'est glorieux, ce que je vis. Il faut que je retourne en France, au Québec et à Vegas pour que ça continue. Ce n'est que la première étape. C'est quelque chose que je construis au fur et à mesure.

**Rémon :** Véronic met souvent l'accent sur le fait que le succès est éphémère. J'ai l'impression que, maintenant qu'elle le vit, elle ne veut pas que ça lui glisse entre les doigts, donc elle ne veut pas dire qu'elle le vit à cent pour cent. Il ne faut pas s'attendre à ce succès-là ou à cette réussite-là tout le temps.

*Est-ce que vous savourez quand même ce qui vous arrive ? Véronic, t'arrive-t-il de t'arrêter et de contempler le chemin parcouru ?*

**Véronic :** Certainement. C'est comme escalader l'Everest et voir le sommet : il faut que tu t'arrêtes à chacune des étapes et que tu regardes plus bas tout ce que tu as monté.

**Rémon :** Pour nous, c'est plus le mot « réussite » qui décrit notre parcours. On a réussi l'étape qu'on est en train de vivre. On vient juste de faire les quarts de finale, on n'a pas encore gagné la coupe.

*Mais quand croyez-vous gagner la coupe ?*

**Rémon :** On ne veut jamais la gagner. On veut toujours avoir un but à atteindre, une place à conquérir. Je parle pour moi, mais Véronic a un peu la même vision.

*Est-ce que ça te donne le vertige quand tu regardes de si haut ?*

**Véronic :** Dans la vie, j'ai le vertige, mais pas dans ma carrière.

*As-tu l'impression d'être une élue, entre guillemets ? Comme si quelqu'un t'avait choisie pour faire quelque chose de particulier de ta vie ?*

**Véronic :** Je pense que je suis protégée. J'ai une super bonne étoile. Je sais que je suis chanceuse. Peut-être à cause de ce que j'ai eu au cœur quand j'étais petite, quand je me disais : « Pourquoi moi ? » Parce qu'il fallait que j'aie ça pour réaliser d'autres choses dans la vie.

*Quand tu regardes ton succès, te dis-tu qu'il faut que tu donnes davantage parce que tu reçois énormément de la vie ?*

**Véronic :** Ah mon Dieu, Seigneur, oui !

**Rémon :** Véronic a toujours le sentiment qu'elle reçoit beaucoup et qu'il faut qu'elle redonne. Elle fait ce métier pour les bonnes raisons. Elle mène une bonne vie. Elle est généreuse. Ça, l'univers s'en rend compte. Ce n'est pas la foi chrétienne, c'est une autre forme de foi, c'est quelque chose qui s'occupe de nous.

**Véronic :** Je ne suis pas pratiquante, mais je crois en quelque chose de plus fort que moi, qui est là, et je me dois d'être reconnaissante. Si je suis un véhicule de bonheur pour les autres, je n'en abuserai pas et je ne tiendrai jamais rien pour acquis.

*Le fait d'avoir été opérée au cœur, est-ce que ça fait en sorte que tu es plus lucide par rapport à ce que tu vis comme succès ? Dirais-tu que ça t'aide à rester bien ancrée dans la réalité et ainsi à mieux comprendre la précarité de la vie ?*

> **" C'est parfait pour moi d'avoir eu à parcourir une longue bretelle avant de faire mon entrée sur l'autoroute. "**

**Véronic :** Je n'étais pas en train de mourir à cause de la maladie que j'avais, mais ça remet les choses en perspective. J'ai réalisé qu'avant l'opération, en 1998, je vivais toujours dans la crainte. C'est difficile de s'en départir encore aujourd'hui. Je commence tranquillement à laisser cette peur. Ça fait partie de mon cheminement en tant qu'être humain, mais en même temps, ça me pousse à aller au maximum de ce que je suis capable de faire. Je carbure aux défis et j'aime ça.

**Rémon :** Véronic sait ce que signifie avoir des problèmes de santé, c'est la raison pour laquelle elle ne tient rien pour acquis.

*Y a-t-il eu des moments où tu en as eu marre de carburer aux défis et de pousser ta machine, ton corps, à ses limites ?*

**Véronic :** J'ai trouvé ça difficile surtout en fin de tournée quand parfois j'étais malade. Ce métier sollicite tellement notre corps, notre vie et notre santé que, oui, il m'est arrivé de me demander si tout ce travail en valait la peine, et où ça allait me mener. Ces périodes de questionnement ne durent pas longtemps. Heureusement, il y a plus de parties géniales que pénibles.

**Rémon :** Avec le temps, on a appris qu'il est important de prendre des pauses. Aujourd'hui, on se les impose.

*Qu'est-ce que le succès t'a enseigné que tu ne savais pas ?*

**Véronic :** Quand j'étais petite, je pensais que, ce métier, c'était comme ce qu'on voit dans les vieux films, quand Fred Astaire ou Marilyn Monroe arrivent tout *cute* avec leur belle auto pour chanter quelque part. Je m'imaginais que ça se passait comme ça dans la vraie vie. Quand tu te retrouves à Rennes, en France, avec tes valises, que tu t'en vas prendre le train et que tu mets toi-même ta valise dans le TGV, ça, c'est la réalité.

*La première fois que tu le réalises, est-ce décevant ? Est-ce que ça ternit l'image du film que tu avais en tête ?*

**Véronic :** Non, parce que ça te ramène à la réalité. Rémon et moi, nous tenons à vivre les choses de cette manière. À un moment donné, à Paris, on nous a demandé si on voulait avoir un chauffeur. On en a eu un pendant deux jours et on n'était plus capables parce qu'on ne pouvait pas se parler librement.

**Rémon :** On ne pouvait pas tout se dire. Nous, après un spectacle, si la prochaine ville est à deux heures de route ou moins, on la fait ensemble, tout seuls dans la voiture. C'est notre moment de décompression. On fait notre *reality check*. C'est notre routine, notre rituel. C'est la zone de *buffer* entre Véro-Rémon, le couple professionnel, qui redevient Véro-Rémon, le couple dans la vie.

*Est-ce que le réseau d'amis se rétrécit quand le succès arrive ?*

**Véronic :** Il se redéfinit.

**Rémon :** Rares sont ceux qui nous ont coupés de leur vie. Il y a des cercles qui se sont installés, donc il y a des amis qui sont devenus de bons amis et d'autres qui sont restés des amis que l'on voit moins. On n'en a pas perdu beaucoup, sauf ceux qui ont décidé de ne plus être là.

*Es-tu contente que le succès mette parfois un certain temps à s'installer afin que tu puisses mieux t'acclimater aux changements que la gloire procure ?*

**Véronic :** On n'a pas eu le temps de faire ça avec la France. Comme Rémon dit souvent, chaque fois que l'on commençait quelque chose, qu'on finissait de manger un morceau de gâteau, il y en avait un plus gros qu'il fallait manger. Gérer tout ça, c'était difficile.

*Réussit-on à gérer l'abondance ? Faut-il l'apprendre à la dure ?*

**Rémon :** C'est plus une gestion du succès. Quand le public te propulse, il faut que tu gères où tu es rendu. Ce n'est plus la même *game* en haut. Tu as plus de demandes, plus d'entrevues. Tout change. Il faut apprendre à gérer tout ça. Et pour nous, c'était du nouveau chaque fois, on ne l'avait jamais vécu avant. Je pense que, la seule façon d'apprendre, c'est en le vivant.

**Véronic :** Est-ce que ça s'apprend à la dure ? Oui. Certaines personnes pensaient que c'était plus facile pour moi parce que j'avais signé avec René et Céline. Ce n'est pas plus facile que pour n'importe qui.

**Rémon :** Au contraire.

**Véronic :** René Angélil me donne la clé, mais c'est à moi d'ouvrir la porte. Il faut que j'aille faire ce que j'ai à faire. Je dois être à la hauteur.

**Rémon :** Je pense qu'il faut le vivre. Si le score de la partie de hockey est égal à la fin de la troisième période, il faut envoyer les cinq patineurs pour *scorer*. Mais il y en a qui veulent la *puck* et d'autres qui ne la veulent pas. Certains veulent juste rester sur le banc.

*Véronic, toi, tu veux la* puck. *Jusqu'où veux-tu aller avec?*
**Véronic:** J'aimerais faire une tournée mondiale. J'aimerais vivre ça avec mon chum et avec ma gang. C'est toujours le défi qui m'attire et me stimule.
**Rémon:** Le plan de match, pour l'instant, c'est d'aller au bout de cette nouvelle aventure d'imitation, donc ça veut dire conquérir le plus possible de marchés. D'ici deux à trois ans, je veux qu'on puisse dire: « *World tour.* »

*Est-ce que tu aimes entendre ça, Véronic?*
**Véronic:** Je trouve magnifique d'avoir des projets comme ça, parce que je me vois partir là avec mon chum, mon agent, mon gérant, mon amant... Heureusement, c'est une seule personne! Je me vois faire le tour du monde avec lui. En Europe, on se promenait souvent en voiture pour aller de ville en ville, et à un moment donné on arrêtait le char et on disait: « Heille, *checke* ça, comment on est chanceux de vivre ça. Et on le vit ensemble. » Ah, moi, je me vois vivre ça. On va être allés au bout de cette aventure et on ne l'aura pas juste faite à moitié.

*La maladie est-elle devenue chez toi une peur omniprésente? Cela vient-il avec la réussite, parce que les exigences sont de plus en plus fortes et que les enjeux sont plus grands?*
**Véronic:** Je suis vigilante sur le plan de la santé. C'est mon véhicule, qui va m'emmener loin dans cette aventure. Je suis devenue névrosée par rapport à ma santé. J'essaie de l'être moins. Si tu es malade, tu ne peux pas faire de show. Je touche du bois, je n'ai jamais eu à annuler de spectacles. Ce soir-là à l'Olympia, quand je suis montée sur la scène, malade, j'ai réussi à me rendre jusqu'au bout grâce à mes années d'expérience de cours de chant. Je me suis dit: « *OK, let's go.* » Là, en tant qu'être physique, je me suis surpassée.

*À l'avenir, vas-tu repousser encore plus loin tes limites?*
**Véronic:** Non. Je ne voudrais pas revivre ça. C'est une grande leçon. Céline m'a souvent dit et elle l'a aussi dit à Rémon: « Ne laissez pas les gens pousser ces limites. »
**Rémon:** Elle m'a dit: « Fais attention à elle. » Elle sait que, quand le vent est fort et que ta voile est gonflée, tu n'y penses plus.
**Véronic:** Elle m'a aussi dit: « Laisse pas les gens faire de toi

un juke-box. Chaque fois qu'ils te voient, il faut que tu pèses *play*. » Ça me fait du bien d'être à l'affût.

*Trouves-tu que le vent souffle trop fort dans tes voiles?*
**Véronic:** Ça m'arrive très rarement parce que les hublots de mon bateau sont assez gros. Je peux voir quand même assez bien le paysage. J'ai trente-six ans, tout ça m'arrive à un âge où je pense que je suis assez mature pour le vivre.

*À vingt ans, comment l'aurais-tu pris, si tu avais eu un tel succès?*
**Véronic:** Je ne suis pas sûre que j'aurais eu le même succès. Probablement que je n'aurais pas eu la force que j'ai là. Je pense que c'est parfait pour moi d'avoir eu à parcourir une longue bretelle avant de faire mon entrée sur l'autoroute.
**Rémon:** Tu aurais eu de l'impatience. Tu aurais peut-être changé et tu aurais perdu de vue la petite fille d'Embrun?
**Véronic:** Probablement.

*Pendant ce temps-là, vous avez été témoins de gens qui connaissaient le succès et qui roulaient à vive allure sur l'autoroute, alors que vous rouliez sur la voie de desserte. Véronic, éprouvais-tu une forme d'envie quand tu regardais les autres réussir?*
**Véronic:** Non, mais je n'aimais pas voir les artistes qui réussissaient tenir ça pour acquis et ne pas faire attention à eux. Ça m'énervait. Voir une personne arriver sur un plateau ou sur une scène et ne pas être en forme pour chanter...
**Rémon:** ... ne pas respecter la chance qu'elle avait.
**Véronic:** Exactement. Je me disais: « Pourquoi ça leur arrive, à eux, et qu'ils ne font pas attention à ce qu'ils ont ? »

*Maintenant que c'est à ton tour de connaître la gloire, pourrais-tu vivre sans? Est-ce devenu une drogue?*
**Véronic:** Non, c'est rendu une *drive*. Le fait d'avoir travaillé fort pour aller chercher mon public, d'avoir sué de tout mon corps, elle est là, ma satisfaction.

*Qu'est-ce qui est le plus exigeant quand on s'élève dans les hautes sphères de la gloire?*
**Véronic:** Je ne sais pas. Je te le dirai si un jour je m'y rends.

---

## Au nom de la gloire, j'ai dû faire les sacrifices suivants...
**Véronic:** Du point de vue familial. On ne peut pas être là pour les anniversaires de notre filleul et de nos nièces, par exemple. Ça, c'est un peu difficile. Heureusement qu'on a Skype.

## Au nom de la gloire, j'ai perdu...
**Véronic:** J'ai perdu? J'ai tout gagné.
**Rémon:** Tu as perdu le doute.

## Au nom de la gloire, j'ai gagné...
**Véronic:** J'ai gagné tellement sur le plan personnel. J'ai vu que je pouvais me surpasser. J'ai réalisé que, quand on me donne un défi, je suis capable de le relever.

Le 6 juillet 2013 à 1h14 du matin, à Lac-Mégantic, les citoyens plongent dans l'horreur. Le déraillement d'un convoi à la dérive de soixante-douze wagons-citernes contenant du pétrole brut provoque des explosions et un énorme incendie, qui détruisent une partie du centre-ville et fauchent de nombreuses vies. Du haut de ses quatre pieds et quelques pouces, une grande femme répondant au nom de Colette Roy Laroche, mairesse des lieux, prend la situation en main pour en maîtriser les répercussions sur son monde. Elle sait trouver les bons mots pour réconforter les endeuillés, diriger les opérations de secours et échanger avec les médias. Tout cela dans le respect, le calme et la bienveillance, comme l'aurait fait une bonne mère de famille. Madame Roy Laroche redonne ses lettres de noblesse à la fonction de politicien. Il aura suffi d'une seule femme pour nous redonner envie de croire et d'espérer le meilleur d'eux. Par la force des événements, Colette Roy Laroche connaît une gloire circonstancielle, qu'elle aurait préféré ne jamais vivre, une certaine nuit de juillet 2013.

# COLETTE ROY LAROCHE

## LA « GLOIRE » CIRCONSTANCIELLE

OUS AVEZ PRIS VOTRE
RETRAITE DE L'ENSEIGNEMENT
*en 1999. Vous êtes arrivée
en politique en 2002. Votre
cheval de bataille a tou-
jours été la revitalisation
du centre-ville. Rêve ultime
que vous partagez avec vos
citoyens. Vous avez toujours
dit qu'une ville est symboli-
sée par son centre-ville. C'est
ironique de voir qu'en juillet
2013, un train fou aux wagons remplis de matière explo-
sive va détruire ce que vous aviez tous ensemble imaginé
et bâti, en plus de vous arracher des vies. Près d'une cinquantaine au total. Quand vous apprenez la nouvelle,
est-ce qu'une partie de vous ne peut croire à une telle
tragédie?*

Lorsqu'on m'a annoncé en pleine nuit qu'un train avait
explosé au centre-ville et qu'on voyait du feu, je n'en revenais
pas. Tout le monde était convaincu que c'était grave. Moi
la première. Quand je suis arrivée sur les lieux, je me suis
dit que tout le centre-ville allait y passer. Quelques minutes
plus tard, j'ai même pensé
que toute la ville brûle-
rait. C'était épouvantable
à voir et à vivre pour tout
le monde. En même temps,
une partie de moi se disait
que ça ne se pouvait pas. Il y
a comme une contradiction
à l'intérieur de soi. Pourtant,
tu le vois. Tu es présent. Tu
entends les explosions, les
petites comme les grosses.
Tu vois les flammes. Tu vois une espèce de champignon qui
monte à perte de vue, et il fait clair comme en plein jour. Ma
première préoccupation a été: «Est-ce qu'il y a des morts?
Est-ce qu'il y a des blessés? Des évacués?» J'ai demandé où
se trouvaient toutes les personnes évacuées. On m'a répondu
qu'elles étaient dans des voitures, dans le stationnement du
centre commercial. Alors j'ai commandé à des gens d'ouvrir
la polyvalente. Il fallait que ça se fasse rapidement. Les gens
se sont mis à l'abri.

> **"Je n'ai jamais
> senti le besoin
> d'être autre
> chose que
> moi-même. "**

*À partir de ce moment précis, vous avez pris les choses en
main, aidée et épaulée par des centaines de personnes.
Vous avez su diriger les opérations sans paniquer et avec
un aplomb étonnant. Vous êtes devenue une personnalité
publique connue de tous. On réclamait votre présence
partout pour expliquer la situation, pour rassurer les
endeuillés et veiller au bon fonctionnement des mesures
d'urgence. Vous étiez soudainement en pleine gloire, une
gloire circonstancielle puisque liée à un drame terrible.
À quel moment avez-vous senti qu'il y avait une attention
particulière sur vous?*

Ça'a pris un certain temps avant que je constate ce dont vous
parlez. Je n'ai pas vu les entrevues et les points de presse parce
que je n'avais pas le temps, j'avais des choses plus importantes
à faire que de me regarder. Il y a un moment où je me suis
dit: «Qu'est-ce qui se passe?» Il a fallu au moins un mois
avant que je réalise l'effet que ça avait sur les gens et toutes
les demandes d'entrevues qui s'accumulaient. Je me rendais
compte que c'était gros, ce que l'on vivait. Les appels, les
médias et les journalistes à gérer. Il y en avait de partout
dans le monde. Ça'a pris une telle ampleur... Pendant cette
période intense, et encore aujourd'hui, avant d'aller devant
une caméra ou devant un micro, je suis toujours stressée
et j'ai toujours peur. Je veux que mes paroles soient bien
comprises, qu'elles ne soient pas mal interprétées. Je veux
donner la bonne information, pour que les gens soient ras-
surés et pour être le plus transparente possible sur ce qui se
passe réellement. J'ai toutes ces préoccupations à prendre en
compte. Je suis soucieuse de la qualité du message.

*Y a-t-il eu un moment où vous vous êtes dit qu'il ne fallait
pas que vous deveniez plus importante que le message?
Avez-vous ressenti un tiraillement intérieur causé par
cette notoriété soudaine?*

Il y a eu plusieurs tiraillements par rapport à la popularité
que j'ai eue parce que je n'étais pas seule et je voulais qu'on
le sache. Si on a su assez bien mener les opérations pendant
cette catastrophe, c'est parce qu'il y avait une équipe très
compétente et de nombreuses personnes derrière moi. C'est
difficile de faire voir cet aspect-là. Il y avait moi, mais aussi
plein de gens à la tâche qui faisaient que tout roulait. Les
premiers intervenants, les pompiers et les policiers ont fait
un travail capital.

*Quand vous avez commencé à constater cette popularité,
avez-vous eu peur de perdre votre spontanéité? Avez-vous
eu peur de toutes ces caméras braquées sur vous, qui vous
obligeaient à être quelqu'un d'autre? Comme la chose
politique peut parfois l'exiger?*

Non, les personnes qui me conseillaient aux communications – j'ai eu le soutien du service des communications de
la Ville de Québec – me disaient: «Madame Laroche, ce qui
fait que les gens vous écoutent, c'est que vous êtes vraie et que
vous êtes vous-même. Restez comme ça.» Alors, je n'ai jamais
senti le besoin d'être autre chose que moi-même.

*Est-ce que ça a mis une pression supplémentaire sur vous
parce que soudainement on vous observait à la loupe?
Sentiez-vous une certaine obligation de ne pas décevoir,
de ne pas tomber, de ne pas vous épancher sur la place
publique? De garder votre sang-froid?*

En fait, le stress que j'ai vécu, et que je vis encore, c'est d'être
respectueuse malgré l'ampleur de la situation. De faire
preuve de considération dans mes relations avec les gens,
dans ma façon de les aborder et de communiquer mes messages. J'ai toujours eu la grande préoccupation, tout en étant
vraie, d'être respectueuse avec tout le monde, parce qu'il faut

aussi être conscient de cet aspect quand un drame survient, pour que les émotions ne dirigent pas nos actes.

*Êtes-vous parfois dépassée par l'ampleur de votre popularité?*

Je fais le travail qui doit être fait dans la fonction que j'occupe et je suis la même. Je n'ai jamais compris pourquoi je suis devenue si populaire. Peu importe où je vais au Québec, on me reconnaît. C'est étrange, ce phénomène. Le troisième de mes enfants, Frédéric, qui a trente-six ans, dit aux gens qui l'interrogent sur moi: «Ma mère, je l'ai toujours connue comme ça. Comme vous la voyez. Les gens de Lac-Mégantic n'étaient pas surpris de la voir réagir de la sorte.»

*Croyez-vous que la tragédie personnelle que vous avez vécue à l'âge de vingt-cinq ans a forgé la personnalité que vous avez aujourd'hui? Vous avez une fillette d'un an. Votre mari, Germain, meurt des suites d'un cancer, dix-huit mois après l'annonce du verdict. Au moment où le compte à rebours est amorcé, vous êtes à peine mariée et vous êtes enceinte de six mois. C'est une épreuve qui arrive tôt dans une vie à l'instant où tous les rêves sont permis.*

Je crois que ça a sûrement joué un rôle important dans ma façon de voir la vie. Ces événements remontent à quarante-cinq ans et ils me touchent encore quand je vous en parle. Lorsque Germain est décédé, il avait vingt-sept ans. Le 2 janvier 1967, nous avons appris que le cancer dont il souffrait était virulent et incurable. C'était la maladie de Hodgkin. À l'époque, les traitements n'étaient pas ce qu'ils sont aujourd'hui. Ça a été d'abord une année et demie de maladie. Une hospitalisation à l'hôpital Notre-Dame à Montréal parce que le centre hospitalier de l'Université de Sherbrooke n'existait pas. Les traitements contre le cancer ne se donnaient qu'à Montréal. Au moment du diagnostic, on lui donnait environ un an à vivre. C'était quelques mois après notre mariage. J'étais enseignante ici, à Lac-Mégantic, à l'école primaire depuis cinq ans. J'imagine que oui, ça m'a fait vieillir rapidement, considérant que j'étais alors enceinte et que je voulais voir ce bébé venir au monde en bonne santé; en plus, j'avais un mari qui était vraiment très déstabilisé par la nouvelle. Et je ne pouvais pas perdre mon emploi d'enseignante parce que j'aurais à faire vivre cet enfant, cette famille après la mort de mon mari.

*Est-ce que vous paniquez quand vous prenez réellement la mesure de ce qui vous attend?*

Non. J'avais tout ça dans ma tête. Ça tournait, mais je ne me posais pas trop de questions parce que j'avais la responsabilité de l'accompagner du mieux possible dans cette épreuve. Je devais aussi m'assurer d'avoir financièrement les moyens de vivre pendant cette période. Je voyageais de Lac-Mégantic à Montréal toutes les semaines. Je prenais le train ici, le samedi matin vers quatre heures, j'arrivais vers huit heures et demie à Montréal; je passais la fin de semaine avec lui et je revenais le dimanche soir pour enseigner le lendemain. J'ai fait ça un

bout de temps. Les rêves que je nourrissais, c'était d'abord que mon mari soit à Lac-Mégantic quand j'accoucherais, pour qu'il puisse voir sa fille, et qu'il y soit revenu lorsque la fin de sa vie arriverait. Mes deux rêves se sont réalisés. Lorsque j'ai accouché au mois de mai, mon mari était ici, à Lac-Mégantic. Quelques mois plus tard, je suis allée le chercher, le 2 juillet 1967, et il est décédé neuf jours plus tard à Lac-Mégantic. J'analyse ce que je vous dis au fur et à mesure que je vous le raconte et je constate que les petits rêves que j'ai faits à cette époque-là ressemblent un peu à ceux que je fais maintenant pour ma ville quant à la reconstruction du centre-ville. Comment je vois la prochaine étape...

*Comment votre mari encaisse-t-il le choc de la nouvelle le concernant?*

On ne pouvait pas croire que c'était vrai parce que, physiquement, rien ne paraissait. Germain ne le croyait pas. Ça a été comme ça pendant un an. Les six derniers mois, c'était évident qu'on s'en allait vers la fin. Si je peux me permettre de faire la comparaison avec les sinistrés de Lac-Mégantic, les gens ont de la difficulté à croire que cette catastrophe est arrivée en juillet 2013. Ça prend du temps avant de le comprendre et d'admettre que ce soit vrai.

*Ça s'appelle le déni, c'est l'une des étapes du deuil. Quand votre mari décède, votre enfant a un an. Comment avez-vous fait pour survivre à un tel drame?*

J'avais probablement commencé à faire mon deuil avant. Je me sentais une responsabilité à l'égard de cette enfant, et j'en sentais une aussi envers mon mari, qui savait que la fin approchait. Alors, je me suis oubliée. Je ne pouvais pas faire autrement. Même si je trouvais la situation très difficile après sa mort, je devais faire en sorte que la suite des choses se passe le mieux possible. Je voulais que ma fille puisse avoir une vie à peu près normale.

*Avez-vous l'impression que tout cela vous a changée?*

C'est évident. Je vous avouerai que, pendant ces moments difficiles, j'ai découvert qu'il y avait quand même des instants de bonheur. J'ai aussi appris avec les années que la vie est bonne malgré tout. J'ai rencontré un autre homme avec lequel je me suis mariée en 1970 et avec qui j'ai eu deux garçons.

*Avez-vous peur de craquer un jour parce que les émotions liées au drame de Lac-Mégantic pourraient vous rattraper? Je sais que tout le monde vous pose la question, mais je me dois de vous la poser à mon tour.*

Oui, j'ai peur, parce que je sais que ça peut arriver. Mais comme je suis à retardement, ça n'arrivera pas pendant que je suis en fonction. (*Elle rit.*) Comme dans ma période de deuil après la mort de mon mari, les six premiers mois, tout allait bien, jusqu'à ce que quelque chose déclenche tout. Il y a toujours un déclencheur. Six mois après la mort de mon mari, ma grand-mère décède. Elle avait quatre-vingt-six ans, c'était ma marraine, et j'étais très proche d'elle. Aux funérailles, à l'église, je me mets à brailler. Ça n'arrête plus. Je m'en retourne chez nous et je ne suis plus capable de m'arrêter. Comme je ne suis pas d'une nature braillarde, je me suis demandé ce qui m'arrivait. Les jours ont passé et ça n'allait pas mieux. J'avais le cafard. J'ai téléphoné à mon médecin et il m'a suivie pendant presque une année. Je n'ai pas craqué complètement, je n'ai pas fait une grosse dépression, mais j'ai connu une période où tout allait mal. Il n'y avait pas grand-chose de beau. Oui, c'est possible qu'un jour la tragédie de Lac-Mégantic me rattrape émotivement.

*Croyez-vous que les obligations de votre fonction de mairesse vous sauvent en quelque sorte de cette éventualité? Qu'elles vous forcent à ne pas abandonner en cours de route et à tenir le coup pour les deux années supplémentaires de votre mandat parce que tout est à faire et à refaire?*

Probablement. Je dirais que, instinctivement, c'est ça, mais je ne me pose même pas cette question parce qu'il faut que je sois là. Il faut que je sois en forme pour atteindre les objectifs que nous nous sommes fixés.

## « Je ne me dis jamais « Je n'y arriverai pas », mais plutôt : « Comment on va y arriver? »

*Connaissez-vous vos zones de fragilité, qui pourraient être un déclencheur d'émotions et raviver certaines blessures?*

Oui, je les connais. Quand je n'y vais pas, ça va. Ça pris trois semaines avant que je marche sur les lieux de la tragédie. J'aurais pu y aller avant, mais j'en étais incapable. Je savais que je n'étais pas prête à voir les lieux de près parce que ça me bouleverserait trop. J'avais une équipe à diriger.

*Mais on n'est jamais prêt à voir ça, même trois semaines après…*

Pourtant, j'étais plus solide quand j'y suis allée. J'ai trouvé ça difficile, les odeurs et tout ça. J'en suis ressortie peinée, bouleversée, mais j'avais mesuré que j'étais capable d'y aller. C'est certain que si j'avais vécu une catastrophe semblable à quarante ans, je ne serais sûrement pas comme je suis aujourd'hui.

*Vous l'auriez vécu de quelle façon?*

Les colères, je les aurais probablement manifestées beaucoup plus. J'ai du mal à expliquer ça parce que je vis toutes les émotions en même temps. C'est une philosophie de vie que j'ai développée avec les épreuves. J'ai souvent dit à mes enfants: «Oui, c'est difficile, ce qu'on vit là, oui, c'est pénible, tu ne vois pas de lumière au bout du tunnel, mais dis-toi que si tu as confiance que, après, il y aura encore quelque chose de beau, tu vas passer à travers. Mais il faut que tu y croies.» Mes gars me répondent: «Maman, c'est facile à dire,

mais moi, je ne suis pas là-dedans, c'est dur.» Aujourd'hui, après toutes les épreuves, les dossiers difficiles, que ce soit à la commission scolaire ou à la ville, je suis convaincue qu'on a la force pour se relever, s'en remettre, mais il faut croire en nous. Je suis persuadée qu'après ça, le soleil sera encore là pour nous.

*Comme dans tous les deuils de la vie, le temps qui passe nous distancie de la souffrance vécue, et les priorités changent. Vous l'avez dit en entrevue: «Ma plus grande crainte, ce n'est pas pour maintenant, c'est dans quelques mois, quand les médias vont s'intéresser à d'autres sujets, parce qu'il y aura d'autres sujets…»*

Et que la population du Québec va s'intéresser aussi à autre chose. Je pense que, si on fait le rapprochement avec un deuil, en apparence, on peut bien aller six mois plus tard ou un an plus tard, mais ça ne veut pas dire qu'on a complètement tourné la page. C'est très long avant de tourner la page complètement.

*Avant la tragédie, vous aviez annoncé votre départ de la politique active en prétextant vouloir consacrer plus de temps aux vôtres. Les deux prochaines années seront exigeantes à bien des égards, et vous avez maintenant soixante-dix ans. Comment envisagez-vous l'avenir?*

Un peu comme j'ai toujours pris les événements qui sont survenus dans ma vie et qui m'ont fait changer de cap. La catastrophe est là. On ne peut rien y faire, rien y changer. J'ai accepté de continuer deux ans et de reporter ma retraite. Je n'ai pas hésité. Une fois que ma décision a été prise, je l'ai assumée. Je ne passe pas mes journées ou mes heures à dire: «Ah, j'aurais donc dû…» Non. Je n'ai jamais fonctionné comme ça de ma vie. Maintenant que j'ai pris cette décision, je me dis: «Comment on fait pour vivre ça le mieux possible, pour réussir le plus possible, pour avancer le plus loin possible?»

*Est-ce qu'il vous arrive de vous dire «Je n'y arriverai pas»? Ou «Je vais y arriver plus difficilement»?*

Je ne me dis jamais «Je n'y arriverai pas», mais plutôt: «Comment on va y arriver? Comment on va faire pour y parvenir? Comment on va faire pour régler ça et pour passer à travers?»

*Quel chemin allons-nous devoir emprunter?*

C'est ça.

*Aujourd'hui, votre popularité vous donne-t-elle le droit et le privilège d'avoir une tribune pour être écoutée?*

La visibilité que Lac-Mégantic a, et la visibilité que j'ai aussi, sans vouloir me donner trop de gloire, c'est un avantage parce que, partout où je me présente pour exposer notre problématique et demander de l'aide, je sens spontanément beaucoup d'écoute et d'empathie. C'est important pour la communauté de Lac-Mégantic. C'est très important pour la suite des choses.

9 octobre 2013

Karine Vanasse a connu une gloire précoce. Depuis, elle a grandi sous nos yeux. La petite Vanasse de Drummondville est devenue la grande Karine de Los Angeles. Elle y vit à mi-temps pour jouer dans la troisième saison de *Revenge*, une des séries les plus vendues dans le monde. Ce 12 septembre 2013, nous nous sommes engouffrés dans un petit restaurant bondé de la rue Sherbrooke, à Montréal, où les odeurs de café venaient chatouiller notre odorat. À peine assis sur nos tabourets devant l'immense fenêtre qui montrait un jour de pluie, nous avons plongé dans une discussion animée, passionnée et profondément humaine, entrecoupée par le bruit incessant de la porte d'entrée qui battait à tous vents. Pourtant, nous nous connaissions peu. Nous nous étions vus ici et là, métier oblige. J'avais l'impression de revoir une amie. À la fin, parce qu'il faut bien finir, il y avait encore à dire et à réfléchir sur le sujet. Ce n'était qu'un au revoir. Les semaines suivantes, nous avons poursuivi nos échanges jusqu'au jour où il a fallu se rendre à l'évidence : la gloire est un sujet inépuisable.

# KARINE VANASSE
## LA GLOIRE PRÉCOCE

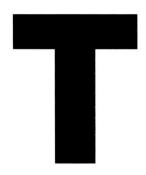

**T**U AS ONZE ANS *quand tu fais ta première apparition à l'écran. Avec le film* Emporte-moi, *tu es devenue une personnalité. En exerçant ce métier public aussi tôt dans ta vie, as-tu cherché le regard approbateur d'un de tes deux parents ou des deux pour te donner la motivation ?*

Au début, cette recherche de reconnaissance était, étonnamment, beaucoup liée à mon père. Dans mon journal intime, quand j'avais sept ou huit ans, j'écrivais que mon rêve était de faire du cirque avec lui. Je me souviens de nos performances d'acrobaties dans le salon inspirées des spectacles du Cirque du Soleil. Mon père a ce côté clown qui m'amusait beaucoup quand j'étais petite, une sensibilité toute en retenue aussi qui a certainement influencé mon jeu dans mes premiers projets. Ma mère a par contre été, dès l'âge de dix ans, celle dont le regard a le plus compté lorsque j'ai commencé à travailler plus sérieusement. La discipline du travail, transformer le jeu en quelque chose d'élaboré, repousser mes limites. Plus ma carrière s'est developpée, plus j'avais l'impression de me rapprocher de ma mère et de m'éloigner de mon père. C'est intéressant de voir, dans une même famille, ce que la gloire peut faire.

*Est-ce que ton père avait un regard sévère sur la chose publique ? Avait-il l'instinct protecteur du père qui a peur de voir sa fille se perdre dans les méandres de la gloire ?*

Je n'ai pas senti que mon père avait peur pour moi. Je me souviens d'avoir gagné un prix à Drummondville. Mes grands-parents étaient fiers de moi, mais mon père ne semblait pas vouloir y accorder trop d'importance. C'était peut-être sa façon à lui de me protéger. Je pense qu'il y a quelque chose qui ne le fascinait pas tant que ça dans tout ce milieu-là.

*Ta mère a été à tes côtés au début de ton parcours.*

Voir plus loin, veiller à l'organisation derrière et me pousser au dépassement, ça, c'est ma mère qui me l'a donné assez rapidement dans ma vie.

*En 1999, ton rôle d'Hanna dans le film de Léa Pool* Emporte-moi *te projette littéralement dans le tourbillon de la popularité. Par la force des événements, tu deviens une enfant prodige. Comment vivais-tu ça de l'intérieur ?*

J'ai le souvenir d'avoir passé beaucoup de temps toute seule sur les plateaux. J'ai toujours adoré être sur les plateaux, mais j'avais tendance à observer plutôt qu'à tenter d'intégrer le groupe. Il y avait une certaine timidité derrière tout ça. Le fait de rester plongée dans le travail plutôt que d'appartenir à une gang, d'aller fêter avec elle, m'a aidée à continuer de voir le métier comme un travail. Il y a peut-être des gens du milieu qui m'ont jugée parce qu'ils pensaient que je ne voulais pas faire partie du groupe. Ce n'est pas ça du tout. Encore aujourd'hui, quand je passe sur un plateau, je suis là

pour travailler, mais de plus en plus j'y développe des amitiés qui restent. Je regarde les amis que j'ai maintenant dans le milieu et je constate que j'en ai beaucoup plus depuis que j'ai fait *Pan Am* que durant toutes les années où je me suis juste impliquée au Québec. Je crois que durant les premières années dans ce métier, c'était ma façon de me protéger, de bien séparer le travail et le reste.

*Je t'ai eue en entrevue à plus d'une reprise, et tu te protégeais aussi en te dévoilant peu ou pas. Qu'est-ce que tu craignais le plus de laisser découvrir ?*

Je ne sais toujours pas pourquoi je me protégeais à ce point-là. Je pensais que c'était ce qu'il fallait faire. Dans ma tête, je m'ouvrais quand je jouais. J'aimais ça, aller à l'école, j'étais assez performante. J'avais tendance à miser juste sur la perfection dans les examens et les exposés. Je prenais les entrevues un peu de cette manière. Au début, je ne me rendais pas vraiment compte que je répondais sans répondre, parce que les gens ne me le disaient pas, ils me laissaient aller. On ressent aussi un malaise à se faire poser autant de questions à quinze ans. On ne pense pas être si intéressante que ça. J'essayais d'utiliser de beaux mots et de paraître intelligente. Ça cachait seulement l'impression que je n'avais rien à dire et que je ne méritais pas l'attention qu'on me donnait.

*Tu as grandi devant nous, entourée d'adultes. Était-ce pour toi une chance que les choses se passent ainsi ?*

Quand tu grandis sur des plateaux, c'est le fun parce que tu es inspirée par des adultes, mais il y a quand même une partie de toi qui est exclue. Tu entends des discussions auxquelles tu ne peux pas t'intégrer parce que ton vécu n'est pas le même, tu n'es pas encore rendu là. Tu oublies aussi l'âge que tu as. Tu oublies que tu n'as pas leur âge, que c'est normal de ne pas avoir ce vécu.

*Tu avais l'air de posséder une grande maturité pour ton âge.*

Je ne le voyais pas. Je voyais seulement l'expérience que je n'avais pas, le vécu que je n'avais pas. J'avais l'impression que j'étais bonne dans l'exécution de mon travail, mais qu'à part ça je n'avais rien à dire.

*Qu'est-ce qu'on attend d'une enfant actrice ?*

On ne veut pas les mêmes choses que d'un adulte acteur. C'est la raison pour laquelle je pense qu'il y a autant d'enfants vedettes qui n'arrivent pas à faire le passage à l'adolescence. Quand tu es jeune, tu as l'air du petit prodige qui réussit tout. Ce qui fait de toi un enfant mature. Plus tu réussis, plus on va dire que tu es formidable. Mais quand tu deviens adulte, ce n'est plus ce que l'on veut de toi. On veut que tu sois cru. On veut que tu nous montres tes failles. Quand ce n'est pas ça qu'on a encouragé pendant toute ton adolescence, pourquoi tout d'un coup faut-il que ça change ? Je ne comprenais pas ce changement à faire. C'est à ce moment précis que j'ai senti qu'on n'attendait plus la même chose de moi, et il a fallu que je commence à me demander ce que moi j'attendais de moi-même.

*À cette période, j'ai senti que tu as voulu casser cette image volontairement. Tu t'es ouverte davantage en entrevue en répondant plus spontanément aux questions et en livrant les véritables sentiments qui t'habitaient.*

Un changement s'est fait. Il ne s'est pas fait tout seul ni du jour au lendemain. J'ai constaté que, en ne disant rien, tu ne mens pas mais tu ne dis pas la vérité. Il y a des choses que tu n'exposes pas, comme cette vulnérabilité, qui est juste humaine. J'étais émotive, mais je gardais tout en dedans.

*Pourtant, ton jeu ne souffrait pas de retenue ni d'une certaine pudeur. Nous avions l'impression que tu te lançais corps et âme à chaque occasion.*

Pour moi, le jeu a été un exutoire. C'était la seule façon dont j'arrivais à extirper mes émotions. Voilà sans doute pourquoi, au début de ma carrière, j'avais autant de facilité à me lancer dans des projets dramatiques, parce que j'avais l'émotion à fleur de peau. C'était tellement facile de m'amener dans cette zone, j'étais prête à déborder. Prête à dire : « Vous voulez quoi, là ? Je l'ai juste ici et je vais vous le donner. » Cette pudeur, je ne l'avais pas du tout dans le jeu. Vraiment pas. Ailleurs, je l'avais. Et c'était correct d'avoir de la pudeur, c'est probablement ce qui m'a empêchée de penser que j'étais quelqu'un de spécial parce que je faisais ce métier.

*Avais-tu l'impression que tu devais te métamorphoser pour répondre à des standards qu'on exigeait de toi, alors que ta nature profonde n'était peut-être pas celle qu'on espérait de toi ?*

Au début, j'ai essayé de m'adapter, mais ce n'était pas moi. Quand j'ai commencé à travailler avec ma professeure de chant, Lucie, qui est aussi professeure de piano et qui est devenue un peu ma coach artistique, ç'a changé mon parcours pour mener à la carrière que j'ai maintenant. Le travail intérieur que je faisais avec elle m'a aidée car il me ramenait constamment à l'essentiel. Ce n'est pas parce que les gens du milieu semblent t'encourager à aller dans une direction qu'il faut que tu y ailles. De toute façon, ils vont finir par te le reprocher. L'important, c'est : qu'est-ce que tu veux, toi ? Veux-tu plaire à une certaine communauté ? Veux-tu avoir l'air cool ? Veux-tu avoir l'air de *fitter* dans le décor ? Ou tu veux faire des projets qui inspirent les gens et auxquels tu vas être fière d'avoir participé ? Pourquoi fais-tu ça ? La gloire, est-ce si important ? C'est quoi, vraiment, la réussite ? Chaque semaine, j'avais un point d'ancrage avec Lucie.

*Cette rupture avec ce que tu étais s'est faite au moment où tu travaillais à titre de productrice sur le projet du film* Polytechnique, *que réalisait le cinéaste Denis Villeneuve.*

J'avais vingt et un ans. C'était un projet important pour moi, dans lequel je me suis investie totalement. J'avais besoin de dire : « Écoutez, j'ai quelque chose à dire. C'est un sujet qui me touche. » Je venais de faire le film *Ma fille, mon ange*, j'étais un peu mêlée. Pourquoi je faisais ceci ou cela ? Qu'est-ce que le public recevait de ce que je lui proposais ? Qu'est-ce que je voulais que le public reçoive de moi ? Je vivais aussi un déta-chement par rapport au fait que je faisais mes choix sans ma mère, cette femme qui m'avait longtemps accompagnée, et j'en venais à me demander : « Pourquoi fais-tu ce métier-là ? »

*Et pourquoi le faisais-tu ?*

Au début, pour le plaisir de m'amuser à faire mes petits shows. Ça vient de mon père. Après ça, la rigueur de bien le faire, c'est venu de ma mère. Le regard de ma mère a pris le dessus. C'est elle qui était présente à mes côtés aussi. J'avais l'impression de trouver ma place dans cette espèce de recherche d'excellence que je visais pour mes parents.

*Tu as eu trente ans le 24 novembre 2013 ; tu as une feuille de route extrêmement impressionnante. Qu'est-ce qui a changé fondamentalement en toi ? Qu'est-ce que tu as fait dans la vingtaine que tu ne feras plus dans la trentaine ?*

Je suis plus détachée par rapport au succès. J'attends moins que les gens me confirment que ma participation à tel ou tel projet était bonne. Par exemple, j'ai fait une brève apparition dans *Midnight in Paris*, un long métrage de Woody Allen. Quand il est sorti, tout le monde disait que je n'avais qu'une phrase dans le film. Dans le montage final, il y a une phrase, mais moi j'ai passé deux jours sur le tournage de Woody Allen. Je ne pensais jamais avoir cette chance-là dans ma vie. Je suis fière de l'avoir fait. Certaines personnes me disent que c'est plate que la série *Pan Am*, dans laquelle je jouais le rôle de Colette Valois, soit finie. Je pense plutôt que je suis chanceuse d'avoir réussi à jouer dans une série comme celle-là, même si ça s'est terminé tôt. La *plug* n'a pas été tirée après deux épisodes comme c'est le cas de bien des séries améri-caines. Même si le pilote que j'ai fait pour Natalie Portman pour une autre série n'a pas été diffusé, je l'ai tout de même fait. Combien y a-t-il de pilotes qui se tournent par année ? Déjà d'y avoir participé, c'est formidable.

*Te sens-tu toujours dans l'obligation de te justifier par rapport aux résultats que tu obtiens ?*

Je me sens souvent obligée de le faire.

*As-tu eu l'impression que tu étais dans une moins bonne séquence ces dernières années ? Les choses semblaient ne pas connaître l'essor qu'elles auraient mérité. Parfois, ne vaut-il pas mieux se retirer et pratiquer le lâcher-prise ?*

À vingt ans, j'avais tellement reçu de la part du milieu que c'était comme trop parfait. Les projets qui ont été moins bien perçus m'ont permis de revenir à des choses auxquelles je crois, à des projets que j'avais envie de mener à bien parce que j'apprends à travers eux, c'est tout. Je suis certaine que mon attitude de lâcher-prise lors de l'audition de la série *Pan Am* a fait toute la différence. Je voulais y jouer, mais j'étais surtout fière de juste passer l'audition. Je venais de vivre la première d'un projet de théâtre au Québec pour lequel on sentait que les critiques ne seraient pas très bonnes. J'ai passé mon audition pour mon propre plaisir et pour la fierté de la faire. Dans mon cellulaire, j'ai une photo prise dans le taxi quand je revenais de mon *screen test* à New York, avant de savoir que j'avais obtenu le rôle. Je suis dans le taxi. Il pleut. Je photographie un autre taxi. J'adore cette image. Comme si je vivais un rêve en toute intimité, en tout anonymat dans ce taxi. Si ce *screen test* avait été le plus haut où je m'étais rendue, j'aurais été à l'aise avec ça.

*Qu'est-ce que tu as appris le plus sur toi à travers les projets qui ont connu du succès et ceux qui n'en ont pas eu?* J'ai été surprise de découvrir que j'avais le complexe de l'imposteur. J'ai toujours pensé que je n'étais pas assez belle pour faire ce métier-là. J'allais en voyage et, sur la fiche des douanes, lorsque venait le temps d'écrire le métier que je pratiquais, j'avais du mal à mettre «actrice». J'étais certaine que les douaniers ne me croiraient pas quand je passerais aux États-Unis. Je l'écrivais de peine et de misère. Ça me donnait vraiment mal au cœur.

*À quel moment as-tu inscrit «actrice» dans la case «profession» en l'assumant pleinement? Quand as-tu posé un regard bienveillant sur toi en te disant «C'est ce que je suis, un point c'est tout»?* Quand j'ai fait la série *Pan Am*. Pour moi, le fait de travailler aux États-Unis m'a confirmé que, malgré la tête que j'ai, ça peut bien marcher quand même là-bas.

*Qu'est-ce qu'elle a, ta tête?* C'est comme si je me voyais trop *girl next door*. Finalement, ce que je croyais être un désavantage aux États-Unis a été mon atout. Il y a différents types d'acteurs et d'actrices, et on est attirés par eux pour différentes raisons. En fait, on a envie de s'identifier à certaines personnes; il y en a qui t'impressionnent à l'écran et d'autres qui vont juste te permettre de «connecter» avec quelque chose. C'est ça qui m'intéresse, la connexion. J'ai la face qui me permet de faire ça avec le public. Ma participation à *Pan Am* m'a amenée à valoriser ma différence. Je n'ai pas besoin d'être le stéréotype que j'avais en tête pour que ça marche. Cependant, il faut que je me le rappelle souvent.

*As-tu l'impression que ton rôle de Maxim Bouchard dans 30 vies a été un tournant? Il y a longtemps que tu n'avais pas eu un projet aussi fédérateur pour toi au Québec.* Je l'ignore, mais ce que je sais, c'est qu'il m'a permis de montrer une autre facette de moi. Je voulais revenir passer du temps ici. J'avais plus peur de revenir au Québec que de continuer à travailler aux États-Unis, parce que le public ne m'avait pas vue depuis longtemps. Quand je revenais ici,

> "Dans ma tête, je ne suis pas en train de vivre la gloire, **je suis en train d'essayer de faire mon petit chemin.**"

j'avais l'impression que les gens ne savaient plus trop comment je jouais. Ça faisait trop longtemps que je n'avais pas fait une série au Québec aussi. Ce que j'ai découvert de moi aux États-Unis, la spontanéité, ce que je peux faire de différent, il fallait que je le ramène ici. On dirait que j'avais peur de ne pas être capable de le ramener tout à fait ici.

*En participant à 30 vies, tu mettais une pause sur le développement de ta carrière ailleurs dans le monde.* Quand j'ai décidé de faire *30 vies* l'hiver dernier, j'ai manqué toute la saison de pilotes. Mes agents aux États-Unis n'étaient pas du tout en accord avec ma décision. Quand *Pan Am* a été annulé, ABC m'a mise sur un autre pilote. Il n'a pas été pris, mais je profitais encore de l'élan de *Pan Am*. C'était la dernière année où j'allais profiter de cet élan. Après, d'autres séries seraient diffusées. D'autres acteurs arriveraient. Finalement, j'ai fait *30 vies*, et ABC m'a tout de même proposé *Revenge*. Ça a valu la peine de suivre ce que je croyais être la bonne chose pour moi.

*Maintenant, avec ta participation à cette série, tu touches à une gloire plus importante en raison de son rayonnement. La série Revenge est l'une des plus vendues à travers le monde. Considères-tu que tu connais enfin la gloire?* Je ne m'étais pas questionnée à ce sujet avant de te rencontrer aujourd'hui. Je croyais que ton livre était sur la performance. J'ai un rôle secondaire dans une série américaine, je dois y prendre ma place. Dans ma tête, je ne suis pas en train de vivre la gloire, je suis en train d'essayer de faire mon petit chemin. C'est comme si ça brillait trop, le mot «gloire». C'est un mot galvaudé, il ne veut plus dire grand-chose. Je ne suis pas sûre de le valoriser tant que ça. Je dois apprendre à moins valoriser la reconnaissance et la performance dans le résultat, et plutôt à regarder le chemin parcouru, qui est tout aussi valable.

*Karine, ne faut-il pas croire en ce que nous sommes pour atteindre les plus hautes cimes?* Il ne faut pas croire en cette gloire-là. C'est peut-être pour cette raison que certains finissent par craquer. Humainement, tu ne peux pas être réduit à ça. Personne ne mérite de se faire dire qu'il est dans une classe à part et qu'il est spécial. À partir du moment où tu seras devenu spécial, on va pouvoir prouver que tu n'es pas si spécial que ça. On t'amène là et, une fois que tu y es, on te dit que finalement ce n'est pas vrai. C'est une contradiction. C'est ça qui est fou quand ça t'arrive très jeune. On ne va pas te porter aux nues longtemps, et tu n'as pas la maturité de le prévoir.

*Dans ton jeune passé, tu avais déjà tenté à quelques reprises de conquérir le marché américain.* J'avais essayé, mais pas tant que ça. Je suis partie à dix-neuf ans pour les États-Unis. Je venais de tourner *Un homme et son péché*. J'avais un super beau succès. Je recevais des offres très intéressantes au Québec, mais j'avais besoin de faire autre chose. Finalement, ma mère m'a dit: «OK, va passer tes six mois à New York ! Va pratiquer ton anglais. » Ma mère a été extraordinaire à ce moment-là parce qu'il y a bien des agents qui n'auraient pas accepté ça. Quand j'étais au primaire, elle me disait : « Tu es bonne, tu devrais prendre des cours d'anglais. » Elle voyait déjà plus loin que moi. Je n'avais jamais pris ça au sérieux.

*Est-ce que ton départ pour New York était intimement lié au succès que connaissait alors le film* Un homme et son péché ? *Il s'agit du film québécois qui a attiré le plus de spectateurs dans l'histoire du cinéma au Québec.*
C'était plutôt lié au fait que j'avais beaucoup travaillé. J'avais vécu des choses à l'écran que je n'avais même pas vécues dans ma vie. Je n'avais pas été amoureuse vraiment... À un certain moment, même si tu développes une conscience additionnelle pour traduire le vécu de tes personnages, en passant par leur cœur à eux, il faut que ton vécu à toi balance aussi là-dedans, sinon tu vas être en déficit. Je pense que, après *Un homme et son péché*, j'étais en déficit. Je ne dis pas qu'il faut avoir vécu tout ce que les personnages ont vécu, mais je sentais qu'il fallait que ma vie prenne de la densité. J'avais beau donner aux personnages, je devais m'assurer d'avoir ce qu'il fallait en moi pour leur donner quelque chose de moi. Ça a été un signal d'alarme. Le décalage entre ma vie réelle et la fiction était devenu trop grand. Il y avait un gros mensonge. J'avais aussi peur de me répéter parce qu'on donne seulement ce qu'on connaît. Ce fossé m'inquiétait. Quand je suis partie à New York, j'ai fini par faire du yoga. J'étais quasiment sur le point de m'ouvrir une école de yoga avec quelqu'un que j'avais rencontré là-bas. Les premières journées, tout s'enchaînait. J'ai même rencontré un directeur de casting. Puis j'ai changé de direction. Je voulais faire ce métier, mais j'en avais très peur, ce qui fait que je n'y croyais pas.

*De quoi avais-tu le plus peur ?*
Je n'avais pas l'impression que ça pouvait marcher tant que ça pour moi. Je n'étais pas aussi prête que maintenant. Il y a des choses que je devais accomplir, moi, avant d'accepter l'idée de la conquête. Ce n'est pas pour rien qu'à dix-neuf ans le yoga ou cette recherche spirituelle semblaient plus attirants pour moi que la gloire en soi.

*As-tu déjà été obsessive jusqu'à vouloir à tout prix que ça marche ?*
C'est sûr. Quand tu es jeune et que tu réussis bien, c'est comme si on t'habituait à être le premier. Tu es conditionné à ça. Cette motivation-là, c'est correct de l'avoir, mais il ne faut pas que ce soit tout ce qui compte. Tu ne peux pas avoir pour motivation d'être en avant de tout le monde parce que c'est impossible. C'est un jeu, ça varie constamment. Le comprendre prend du temps. C'est difficile aussi, car tu te frustres toi-même à éprouver ce sentiment compétitif. Il est bon parfois de se *challenger* soi-même, mais quand c'est juste en comparaison avec les autres, on se sent honteux de s'en rendre compte.

*Au moment de notre rencontre, tu vis à Los Angeles. Tu es exactement dans la ville où il faut être pour montrer qu'on existe. Difficile de travailler sur un plan strictement spirituel puisque c'est l'ego qui est valorisé là-bas si tu veux parvenir au sommet de la gloire.*
Tu as raison, la ville n'encourage pas ce cheminement du tout. Tu es constamment choisi, ou pas choisi surtout, par rapport à un autre. Tu considères toujours que, si l'autre est là, toi, tu ne peux pas y être. Tu penses à ton propre parcours, mais plus je passe de temps ici, plus je réalise qu'il y a de la place pour autre chose si tu cherches un peu.

*Mais qu'est-ce que ça fait d'être dans une ville aussi narcissique, où l'on développe le culte du corps parfait au détriment de l'épanouissement de l'âme ?*
Ça peut donner l'impression que si on développe l'âme, c'est pour avoir quelque chose à dire en entrevue, pour avoir une personnalité en apparence plus dense et plus le fun en entrevue. Je n'avais jamais habité à Los Angeles, alors je ne savais pas ce que c'était, vivre là-bas. À New York, il y a une pression du travail. Ne jamais lâcher, peu importe ce que tu fais. La mentalité à New York, c'est beaucoup selon le discours de Martin Luther King Jr : « *If you're a street sweeper, be the best street sweeper the world has ever seen.* » Peu importe ce que tu fais, arrange-toi pour être le meilleur et bien le faire. À Los Angeles, c'est : « Fais tout pour te rendre là. » Au début, je pensais que ça ne m'atteindrait pas, mais c'est un peu sournois. Ça vient te prendre dans tes tripes. Un jour, tu commences à voir dans tes réflexions que tu es ramenée plus rapidement à toi, à ta carrière, à ce que les autres pensent de toi. Les autres sont rendus à telle place. Toi, tu es où ? La comparaison tranquillement commence à s'insinuer.

*Comment fais-tu pour garder ton équilibre ?*
Le comédien Benoît McGinnis, quand on faisait *30 vies* ensemble, m'a dit que René Richard Cyr lui avait fait le commentaire que Benoît exerçait son métier comme un boulanger. Il arrive le matin, il pétrit la pâte, il la travaille, car elle ne se mélangera pas toute seule, elle ne gonflera pas toute seule. Quand le pain est au four, c'est fini, la job du boulanger est faite. Rien de plus, rien de moins. L'important, c'est de garder cette façon de voir les choses. Ce n'est pas toujours évident à respecter, mais il faut y croire assez pour que ça vaille la peine de travailler ainsi. Le vrai défi, c'est quand tu veux faire ton métier à ta façon. Si c'est le cas, fais-le à ta façon, c'est tout. Ce sera peut-être moins rapide, tu n'arriveras peut-être pas là où les autres vont arriver, mais c'est ton choix.

*Es-tu prête à accéder moins vite au sommet parce que tu as choisi un autre chemin, moins conventionnel ?*
Pendant *Pan Am*, j'ai eu à prendre des décisions concernant mes agents. C'est important d'être bien entourée. J'ai fait certains choix, mais il y a des choses que je n'étais pas prête à faire. Au début, je me disais : « Merde, je ne suis pas capable de jouer cette *game*-là. » Si je travaillais avec des gens avec

qui je ne peux pas partager mes états d'âme, avec qui je dois toujours donner l'impression d'être en contrôle de tout, peut-être que j'y arriverais plus vite. Si j'acceptais qu'on se foute de savoir si je suis fatiguée ou pas, si je suis en forme ou pas, ou si c'est vrai ce que je dis ou pas, ce serait cher payé. « Tu n'es pas à l'aise avec ça, penses-y pas. Fais-le pareil ! » Il y en a peut-être qui vont dire que je réfléchis trop, mais moi, cette façon d'agir ne me ressemble pas.

*Te définis-tu comme quelqu'un d'ambitieux ?*
Oui, je suis ambitieuse, mais pas à ce point-là. Je dois apprendre à ne pas critiquer ceux qui fonctionnent comme ça. La recherche de la vérité, c'est personnel. Pour justifier ma propre vérité, il ne faut pas que je conteste la vérité de l'autre.

*Est-ce que tu penses que tu l'aurais fait à tout prix à vingt-deux, vingt-trois, vingt-quatre ans ?*
J'étais partie pour ça. Est-ce que les gens s'en seraient rendu compte ? Probablement. Mais moi, j'aurais su à un moment donné que je n'étais pas alignée. En fait, je ne me posais pas la question. Mon professeur me répète souvent qu'il faut avoir de grandes qualités humaines quand tu as beaucoup d'argent, mais aussi quand tu as beaucoup de succès. Plus tu avances dans le succès, dans cette espèce de pouvoir qu'on te donne, plus c'est difficile de développer les qualités humaines. On te dit que ce n'est pas grave si tu ne les as pas parce que tu as du succès, et c'est ça que l'on valorise. Le reste finit par prendre le bord. Si tu ne le fais pas toi-même, ce travail intérieur, personne ne va t'encourager à le faire.

*Est-ce que tu espères beaucoup de Margaux LeMarchal, le personnage que tu campes dans la troisième saison de Revenge ?*
Pour bien le faire, il ne faut pas que j'espère trop de ce rôle-là. C'est ça, l'affaire. C'est sûr qu'une partie de moi souhaite que les auteurs soient inspirés par le personnage et ce que j'en ferai et décident de me garder plus longtemps, mais on verra.

*Est-ce un défi pour toi de mettre tes attentes de côté dans ce projet et de faire confiance à ce qui est là ?*
J'ai le contrôle seulement sur ma performance. Même si je meurs dans deux épisodes, ce n'est pas grave. Ça me garde présente dans le portrait télévisuel. Donc je tomberai de moins haut s'ils me tuent dans deux épisodes. Il faut faire ce métier avec un certain détachement, mais surtout apprécier ce qui est en train d'arriver. Il faut que je me le rappelle de

temps en temps parce que je n'y parviens pas toujours. C'est quand on se détache que de belles choses se passent.

*As-tu le sentiment qu'avec l'arrivée de la trentaine il y a quelque chose de nouveau en toi ?*
Je me sens plus prête à essayer des trucs. Tout ça se prépare depuis les dernières années. Dans la trentaine, je pense que je vais moins m'excuser. Ce sont les traces d'un malaise vécu plus jeune de prendre trop de place à cause du succès. Moins me justifier aussi. Je le fais encore beaucoup trop. C'est un but d'arriver à me détacher de ce que les gens pensent de moi. Je suis prisonnière de ça. J'en suis un peu l'esclave parce que ce métier-là est en quelque sorte basé là-dessus. Maintenant, je dois m'assurer de faire les choses avec lesquelles je suis en accord, et non parce que je veux prouver quelque chose ou m'excuser de quelque chose.

*Cela vaut-il le coup de vivre la célébrité et de connaître la gloire ? Devons-nous tous vivre cette expérience pour être heureux dans la vie ?*
Il ne faut pas vivre ça absolument. Ça ne devrait vraiment pas être un but dans la vie. Plus c'est un but, plus c'est dangereux. Cependant, si tu réussis à faire ce métier en restant toi-même, en suivant ton instinct et en étant fidèle à ce que tu es, il y a des défis intéressants à relever. Si tu prends au sérieux le fait d'essayer de naviguer dans ce métier avec les intentions les plus pures possible et de te réajuster constamment, ça offre quand même de belles choses. Je n'y parviens pas complètement encore, mais c'est cet exercice qui m'intéresse de plus en plus.

*Est-ce que tu dis « merci » à la gloire pour quelque chose ?*
Je dis merci à la gloire pour les opportunités qu'elle m'a offertes et les gens que j'ai rencontrés, comme Denis Villeneuve, qui a réalisé le film *Polytechnique*. Quand je pense à lui, je trouve ça beau, le succès qu'il connaît. Tu ne sens pas, avec son film *Prisoners*, qui met en vedette les acteurs Hugh Jackman et Jake Gyllenhaal, que Denis veut réussir à Los Angeles à tout prix. Il a plutôt pris un projet qui lui ressemble. Il l'a fait avec sa propre personnalité. Je sais que Denis n'ira pas sacrifier ça au nom de la gloire. L'affaire dont je suis le plus fière dans ma carrière, c'est *Polytechnique*. Quand un projet entier porte quelque chose auquel tu crois, c'est puissant. Dans ce métier, il y a de gros *high*. Je pense que cette impression ne se fait sentir que quand les projets fonctionnent bien, parce qu'il y a une « hyperconnexion » avec un grand nombre de gens. C'est un privilège.

**Au nom de la gloire, j'ai perdu...**
L'anonymat. La célébrité ou la gloire fait en sorte que tu ne peux pas jeter de nouvelles bases.
C'est le fun d'être capable de dire que ce qui a été fait avant ne compte pas. C'est ce que je suis
maintenant qui compte. Tu es souvent ramenée à ce que tu portes avec toi. C'est correct aussi.

**Au nom de la gloire, j'ai gagné...**
De l'insécurité. Plus il y a de gloire, plus il y a d'insécurité.

En 1995, cinq gars du Québec ont décidé de faire de la musique ensemble, comme bien d'autres. Mais l'intention d'aller «un peu plus haut, un peu plus loin» était en eux comme un leitmotiv. Ils ont fait le nécessaire pour parvenir au sommet. Aujourd'hui, Simple Plan connaît la gloire. Des centaines de milliers de kilomètres parcourus aux quatre coins de la planète. Des concerts mémorables devant des foules de toutes nationalités. Dix millions de disques vendus. Des prix, des distinctions et des honneurs ornent leur feuille de route remarquable. Le 12 novembre 2013, ils présentaient leur concert bénéfice *Simple Plan et amis* pour leur fondation, qui vient en aide aux jeunes dans le besoin depuis 2005. J'ai assisté aux répétitions de l'après-midi, à la conférence de presse de la fin de journée et au concert du soir. J'ai rarement vu des gens aussi gentils, vrais et disponibles, malgré l'ampleur de leur succès.

# SIMPLE PLAN
## ALL AROUND THE WORLD

# DAVID DESROSIERS
## (basse et voix)

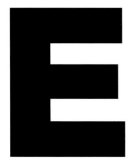

**E**S-TU CONSCIENT DE LA DIMEN-SION EXCEPTIONNELLE DE VOTRE RÉUSSITE ?

On ne s'en rend pas vraiment compte. Parfois, il faut prendre du recul. L'énergie de la foule en folie lors d'un spectacle me rend un peu plus conscient de ce qui se passe réellement. Le livre *Simple Plan, l'histoire officielle*, qui est paru en novembre 2012, où on revenait sur notre carrière, m'a permis de mieux comprendre ce qu'on a vécu en revoyant les photos. C'est en parlant aussi avec ma mère, mon père et les gens de mon entourage proche, qui ont lu le livre, que j'ai pu mesurer l'ampleur de tout ça. Ça nous a fait du bien de faire le point sur nos dix dernières années.

*Quelle est la part attribuée au travail, au talent pur et à la chance, dans votre réussite ?*

Le talent et le travail en premier, et ensuite, trente pour cent de chance peut-être. Si tu as du talent mais que tu n'es pas prêt à travailler, ça ne donnera rien. Faire une carrière partout dans le monde, c'est un travail très demandant physiquement, mais c'est ce que l'on a toujours voulu faire. Parfois, c'est une question de *timing*, comme si les étoiles s'alignaient pour que les choses arrivent. C'est ça qui nous est arrivé.

*Qui as-tu cherché à impressionner dans cette quête vers les hauts sommets ?*

Je n'ai pas vraiment fait ça pour impressionner qui que ce soit. Je l'ai fait par amour de la musique. J'ai toujours voulu faire ce métier. J'étais dans ma chambre quand j'étais petit et je jouais de la guitare devant le miroir. Je chantais des chansons de Green Day.

*Quand as-tu touché à la gloire pour la première fois ?*

D'après moi, c'est quand nous avons fait le centre Bell et que c'était complet. C'était vraiment impressionnant. Quand j'étais jeune, je regardais beaucoup les émissions américaines de fin de soirée à la télévision, comme celles de Jay Leno, Conan O'Brien et David Letterman, et on a eu la chance de jouer dans ces shows-là. Pour moi, c'était incroyable.

*Quel est le sentiment, la sensation qui t'habite à cet instant précis où la gloire devient palpable ?*

L'excitation. Je me disais : « Wow, on est ici, je n'en reviens pas. » J'étais comme un enfant qui recevait un cadeau de Noël pour la première fois de sa vie.

*Quand tu goûtes à cette gloire, est-ce aussi bon que tu l'avais imaginé à Matane alors que tu étais enfant ?*

Oui, mais c'est moins la fête qu'on pense. Ç'a été un tout petit peu plus de travail que j'imaginais. Évidemment, pendant nos premières années, on fêtait plus que maintenant. Mais à un moment donné, tu te rends compte que, juste pour bien se remettre des déplacements d'une ville à une autre et d'un pays à un autre, il faut faire attention à son corps et à ce qu'on mange.

*L'obsession d'en vouloir toujours plus est-elle omniprésente ? Est-ce que c'est une des clés de la réussite, cette volonté de se dépasser ?*

Énormément. Le désir de se dépasser est indissociable de la réussite. Il y a des artistes qui ont un succès incroyable avec un album, et quand ils en sortent un autre, c'est comme s'ils ne s'étaient pas forcés. Les Beatles voulaient toujours se dépasser et se réinventer. C'est essentiel d'avoir cette motivation. Chuck, c'est ça qu'il a, il s'acharne.

*Gloire rime avec pouvoir. Vient-elle avec une tentation d'abuser de ce nouveau pouvoir ? Y a-t-il eu un moment où tu t'es dit « Je pourrais me perdre là-dedans » ? La gloire peut être enivrante quand elle brille de tous ses feux.*

C'est vrai, mais l'important, ce sont tes racines. C'est ça qui fait que tu peux échapper aux pièges. Moi, je suis resté proche de mes racines. Ça dépend aussi beaucoup de la manière dont tu as été élevé. Mes vrais amis de Matane, qui vivent à Québec ou à Montréal maintenant, me remettront toujours sur la bonne voie si jamais je déraille. J'ai fait des folies. J'aime faire des folies, mais jamais au point où mes amis pourraient me renier ou me dire : « Heille, pousse, mais pousse égal, là ! » Je suis content de pouvoir compter sur ces gens-là.

*Est-ce que la gloire t'a donné une leçon de vie ?*

La gloire m'a montré à ne pas me prendre la tête et à ne pas me croire meilleur qu'un autre. On est sur la Terre parce qu'on a tous notre voyage à vivre. On a tous notre mission à accomplir. Si tu t'entoures des bonnes personnes, il y aura quelqu'un pour te taper sur la tête si jamais elle enfle. Malheureusement, certaines vedettes ont peut-être été entourées des mauvaises personnes. Quand tu deviens populaire, beaucoup de gens gravitent autour de toi, de toutes les sortes. Certains veulent t'entraîner dans des affaires qui ne te tentent pas nécessairement, d'autres veulent profiter de toi. Il faut faire attention, bien choisir ceux qui t'entourent. Je pense que j'ai eu cette chance-là. Amy Winehouse n'a pas eu cette chance, elle ne s'est pas entourée des bonnes personnes.

**"** Si tu t'entoures des bonnes personnes, **il y aura quelqu'un pour te taper sur la tête si jamais elle enfle. "**

*Justin Bieber, c'est ce qu'il vit présentement.*
Ses chums sont tous des *bad boys*. Ils peuvent te faire descendre une pente très rapidement, et ça, c'est malheureux.

*Crois-tu qu'il faut des échecs préalables pour être en mesure de connaître un succès?*
Je pense que oui. Ça fait que tu l'apprécies vraiment à sa juste valeur.

# SÉBASTIEN LEFEBVRE
## (guitare et voix)

**M**ESURES-TU LA DIMENSION EXCEPTIONNELLE DE VOTRE RÉUSSITE? C'est difficile d'en être conscient parce qu'on en fait partie. On en a un aperçu de l'extérieur à l'occasion, comme lors d'événements où, par des témoignages, on constate l'impact qu'on a sur les autres, ou grâce à notre Fondation Simple Plan, par exemple. Quand on a publié le livre *Simple Plan, l'histoire officielle*, on a fait une rétrospective de tout ce qu'on a réalisé, et c'est à ce moment-là que ça m'a frappé. Parfois, on est dans le tourbillon. Qu'on joue dans des grandes ou des petites salles, quand on embarque sur scène, on fait sensiblement la même chose à chaque spectacle. Ce n'est pas toujours évident d'en saisir l'ampleur, donc il faut prendre le temps de s'arrêter et de regarder ce que nous avons accompli.

*Quelle est la part attribuée au travail, au talent pur et à la chance, dans votre réussite?*
Je n'accorderais pas beaucoup de place à la chance, parce que je trouve vraiment que notre carrière s'est faite de façon graduelle. À la base, les chansons devaient être bonnes, elles ont accroché le public. On a travaillé extrêmement fort. Ça devrait donc être un des plus hauts pourcentages dans notre cas. On est allés partout dès que quelqu'un voulait nous entendre.

*Qui as-tu cherché à impressionner dans cette quête vers les hauts sommets?*
Ma famille m'a toujours soutenu dans ce que je faisais. Quand j'étais à l'école et que j'étudiais en ingénierie, mes parents me soutenaient aussi. Quand j'ai décidé de lâcher l'école pour aller dans un groupe, ils m'ont appuyé. Ils trouvaient que c'était un beau rêve, qui est devenu réalité depuis. Je pense que tu réalises que c'est important d'impressionner les gens quand tu te fais dire «Bravo» par quelqu'un que tu respectes.

*Quand as-tu touché à la gloire pour la première fois? Était-ce aussi bon que tu l'avais imaginé?*
En fait, je n'imaginais rien. C'est sûr que c'est bon. On aime ce que l'on fait. Tous nos succès jusqu'à maintenant sont attribuables au fait qu'on est les cinq ensemble et qu'on joue de la musique ensemble. À la base, c'est ça. Un des moments où j'ai vraiment senti qu'on était *big*, c'est quand on est montés sur la scène du centre Bell en décembre 2005. Le concert était *sold out*. On ne s'entendait pas jouer tellement les gens criaient fort.

*Quel est le sentiment, la sensation qui t'habite à cet instant précis où la gloire devient palpable?*
Le *feeling* que j'avais, c'était: «Wow, c'est donc bien fort!» On était émus par ce qu'on vivait pendant presque toute la première moitié du spectacle. On n'en revenait pas. Finalement, à Montréal, les gens venaient nous voir et ils nous aimaient. Ça a été un des grands moments de notre parcours. On était impressionnés par l'engouement soudain parce que, l'année d'avant, on n'avait pas été capables de vendre tous les billets du Métropolis. On revenait un an plus tard, c'était au centre Bell et ça affichait complet! Ce n'était que du bonheur.

*Est-ce que la peur de perdre cette popularité est un moteur qui vous pousse à défier les limites, à vous dépasser?*
Absolument! De perdre cette espèce de loyauté de la part de nos fans, qui décideraient que, la dernière chanson, ils ne l'aiment pas, qui n'achèteraient plus nos albums, qui n'iraient plus voir nos spectacles, ça nous toucherait énormément. Chaque fois qu'on fait un nouvel album, on repart à zéro. On est un nouveau groupe. Qu'est-ce qu'on fait maintenant? Comme il y a des fans qui nous aiment, il faut qu'on garde l'essence de Simple Plan. On est des musiciens et on aime explorer des choses ensemble. Un son est ancré quand les cinq musiciens jouent ensemble et c'est ça qui fait que Simple Plan est ce qu'il est. On ne dérogera jamais de ça.

*L'obsession d'en vouloir toujours plus est-elle omniprésente?*
Oui, absolument. En ce moment, le grand défi, c'est de continuer, d'avoir une longévité dans notre carrière. On est chanceux de durer depuis plus de dix ans déjà. On a quatre albums à notre actif, mais le prochain, c'est le meilleur hit ou le meilleur *flop*. C'est toujours comme ça. Alors, il faut qu'on se dépasse encore une fois. On ne quittera pas le studio tant et aussi longtemps qu'on ne pensera pas que c'est notre meilleur album.

**"Chaque fois qu'on fait un nouvel album, on repart à zéro.** On est un nouveau groupe.**"**

*Y a-t-il un moment où vous vous êtes dit « mission accomplie » ?*

En carrière, la mission n'est jamais accomplie. Elle continue toujours d'évoluer.

*As-tu célébré et savouré pleinement les petites et les grandes victoires tout au long du chemin que vous avez parcouru ?*

La raison numéro un pour laquelle on a commencé à faire ce métier, c'est parce qu'on aimait jouer ensemble. On aimait jouer devant un public. L'heure et demie passée sur scène chaque soir, c'est le moment où l'on apprécie exactement ce qu'on fait. Quand on franchit des grandes étapes, par exemple la fin d'une tournée ou une participation à une émis-

sion comme celle de Jay Leno, on se dit : « *Good*, parfait. On passe à la prochaine étape. »

*Est-ce que la gloire t'a enseigné quelque chose sur la vie ?*

Quand on allait voir des groupes au Spectrum ou au Métropolis, on essayait d'aller les rencontrer après le spectacle, de les accrocher quand ils passaient de la salle à l'autobus, et ils ne voulaient même pas signer un autographe. Ils s'en allaient. Je ne veux jamais être comme ça. Nous, dès le début, on allait rencontrer nos fans à la table des tee-shirts et on signait des autographes. On a vraiment une connexion avec nos fans. On comprend que c'est important pour eux que l'on soit disponibles, et c'est important pour nous d'avoir ce contact parce que c'est grâce à eux si on est là.

# CHUCK COMEAU
## (batterie et textes)

**C**OMPRENDS-TU LA DIMENSION EXCEPTIONNELLE DE VOTRE RÉUSSITE ?

On sait qu'on a accompli quelque chose de spécial. Quand on a commencé à envisager cette carrière, le succès international, sans être un rêve irréaliste, ce n'était pas nécessairement le parcours normal et attendu pour un groupe du Québec. Il y a beaucoup d'appelés, mais peu d'élus. Je trouve que c'est vraiment cool, ce qu'on a réussi à faire, mais on aurait pu en faire encore plus.

*La gloire est-elle une drogue ? En veut-on toujours plus, au point de n'être jamais réellement satisfait et rassasié ?*

Je veux en faire toujours plus parce qu'il y a des buts qu'on n'a pas encore atteints. C'est comme une insatisfaction perpétuelle.

*L'obsession d'en vouloir toujours plus est donc omniprésente ?*

C'est intéressant d'avoir du succès, mais pour moi, c'est peut-être plus d'avoir des buts qui importe. On veut être au *top*, sans être les meilleurs, parce que c'est subjectif. On a envie d'accomplir autant que les autres artistes.

*Toi, tu regardes toujours les deux aspects d'une situation ?*

J'aime considérer les deux côtés de la médaille. Quand les autres du groupe sont *down* parce qu'il est arrivé quelque chose et que ça va moins bien, je vais être le gars positif qui leur remonte le moral. Quand tout le monde est *high* et fier, je vais souvent être le gars qui va dire : « Ce n'est pas pire,

mais on aurait pu faire ça mieux » ; je suis toujours un peu à l'opposé.

*Tu as déjà dit de toi-même que tu es quelqu'un d'obsessif, d'ambitieux et que tes parents, entre autres, t'ont transmis des valeurs assez exceptionnelles. Tu disais de tes parents qu'ils n'étaient jamais totalement satisfaits, ce qui fait que tu ne l'es jamais complètement non plus.*

J'ai sûrement hérité un peu de ça. Je pense qu'on a été chanceux. Ce n'est pas évident, la chimie entre cinq personnes pour qu'elles soient sur la même longueur d'onde. Nous sommes tous différents les uns des autres. On avait des visions différentes, mais on avait les mêmes buts. Tout ça a bien fonctionné ensemble. Si on était cinq comme moi dans le *band*, ça n'aurait pas pu marcher.

*Comment te définis-tu, Chuck ?*

Je peux être *control freak*. J'aime avoir l'idée, lancer le projet, le vendre et l'expliquer aux gars. C'est ça qui m'inspire.

*Y a-t-il un moment où il faut trancher ? Qui le fait ?*

On a un système de vote. On est cinq, ça tombe bien. Tout le monde donne son opinion. Ce qui est plate, c'est quand c'est deux contre deux et que le cinquième est obligé de trancher. En tant que *band*, on prend trop de temps, on tourne la décision cinquante fois de bord. On n'est pas très impulsifs. On va tout analyser. Parfois, ça peut même nous paralyser parce qu'on n'est pas certains de ce qu'on devrait faire, mais c'est notre façon de fonctionner.

*Quelle est la part attribuée au travail, au talent pur et à la chance, dans votre réussite ?*

Un tiers, un tiers et un tiers.

**"** Quand on a donné un spectacle au centre Bell devant vingt mille personnes, **j'ai eu des grands moments d'émotion. C'était incroyable. "**

*Tu es quelqu'un de cartésien et pourtant tu crois en la chance à hauteur de trente-trois pour cent dans votre réussite?*

Si quatre des cinq membres n'avaient pas étudié au collège Beaubois, le groupe ne se serait pas formé. J'habitais à Laval, et l'école était à Pierrefonds. Jeff habitait à côté, c'est normal qu'il y soit allé, mais Pierre venait de L'Île-Bizard, et moi, de Laval. J'ai décidé d'aller là-bas et les trois autres avaient pris cette même décision. Je pense souvent à ça, à ce hasard. Si j'étais allé au collège Charlemagne ou je ne sais où, je n'aurais pas rencontré ces gars-là. On avait onze ans quand on a fait ce choix-là. Je ne pouvais pas imaginer ce qui s'en venait pour moi, pour nous. On s'est rencontrés. Pierre et moi, nous étions dans la même classe et on est devenus amis. Pourquoi? On a formé un *band*…

*Mais il y a eu une séparation?*

On s'est chicanés pendant un certain temps, mais on a été capables de revenir ensemble. C'est ça qui compte.

*Quand as-tu touché à la gloire pour la première fois?*

On a eu des révélations, des occasions où on se disait: «Wow, on a une chance que ça arrive!» La première fois qu'on a signé un contrat avec une compagnie de disques aux États-Unis, ç'a été une de ces occasions. On a été choisis. On avait réussi à être invités dans la *game*. Ça ne veut pas dire qu'on allait être bons dans la *game*, mais on avait une chance de se faire valoir. Une autre, c'est quand on a donné un spectacle au centre Bell devant vingt mille personnes. J'ai eu des grands moments d'émotion. C'était incroyable.

*Est-ce que le succès peut exister sans échecs préalables?*

Si on avait signé un contrat de disques en deux secondes, si on n'avait pas eu un *band* avant, si on n'avait pas eu à travailler fort pendant cinq ans, si on ne s'était pas chicanés, je pense qu'on n'aurait pas apprécié autant le succès qu'on connaît. Ç'a *shapé* notre attitude, notre vision par rapport à tout ça. Comme on vient du courant punk rock, qui ne valorise pas le fait d'être populaire et connu, on n'a pas honte d'avoir du succès, mais on a toujours voulu rester les mêmes et ne pas être flamboyants. On aime quand les gens nous reconnaissent, mais en même temps il y a toujours une part de nous qui reste les deux pieds sur terre.

*Chuck, quand tu montes sur scène avec les autres membres de ton groupe et que vous jouez devant vingt-cinq mille personnes, dans plusieurs villes du monde, il faut avoir un minimum d'ego pour croire que le nom du groupe, Simple Plan, qui est inscrit sur le billet, c'est le vôtre. Vous devez savoir qui vous êtes, sinon, ça ne passera pas. Doit-on se croire un peu plus grand que l'on est pour affronter ces foules?*

On sait que, ensemble, on peut être bons. On a de bonnes chansons. On a des fans. Quand on embarque sur une scène, on peut faire un méchant bon show, mettre de l'énergie là-dedans et avoir une réaction de la foule. Ce qui a renforcé le groupe, c'est qu'on n'a pas été les favoris des critiques. On s'est souvent fait ramasser par d'autres *bands* plus rock, plus agressifs, qui nous disaient qu'on était trop pop. On a toujours voulu leur montrer de quoi on est capables. Ça te fait jouer mieux et plus intensément. Ça te donne envie de faire un meilleur show.

*Qu'est-ce que la gloire t'a enseigné sur la vie?*

La plus grande leçon que j'ai apprise, c'est que tu peux facilement perdre ce que tu as. Dans notre premier groupe, à Pierre et moi, on était tous des bébés. On se chicanait pour des niaiseries. J'avais mauvais caractère. Un jour, quand j'ai perdu mon *band* avec Pierre, j'ai réalisé que si tu ne contrôles pas tes émotions, si tu n'es pas rationnel, si tu n'es pas capable de faire des compromis, tu peux perdre la chose la plus précieuse pour toi. J'ai toujours cette leçon en tête. Quand Simple Plan a commencé à être connu, que ça s'est mis à rouler de façon plus importante et que les décisions à prendre sont devenues plus sérieuses, il nous arrivait de ne pas être d'accord. C'est dans ces cas-là qu'il faut toujours se rappeler que, si tu commences à crier, ça va se déchirer et ça n'existera plus. Maintenant, plus le temps passe, plus on trouve ça précieux, ce qu'on a bâti ensemble. On y fait attention.

*Pierre et Jeff qualifient le troisième album d'échec. Pourtant, plusieurs de vos fans l'ont beaucoup aimé. Comment as-tu vécu cette période?*

J'ai trouvé ça très difficile. Aujourd'hui, je le vis mieux parce que ça nous a permis de faire le quatrième album d'une autre manière. Au troisième album, on était un peu perdus et on s'est éloignés de notre identité en tant que groupe. On était un peu brûlés, un peu tannés. On a réalisé qu'on avait oublié pendant quelques mois ou quelques années à quel point on était chanceux. Pour le quatrième album, on en était plus conscients. Maintenant, ce qui me fait peur, c'est que j'ai trente-quatre ans, j'ai fait quatre albums. C'est plus que la moyenne. Tu n'es pas censé faire quatre albums dans un *band* rock. Habituellement, tu en fais deux ou trois, tu disparais et tu deviens de plus en plus marginal. On se bat contre ça.

*Qu'est-ce que tu veux pour toi? J'ai lu quelque part que tu disais avoir un gros travail à faire pour trouver l'équilibre entre le personnel et le professionnel.*

Oui. Au cours de la dernière année, on était plus en congé; les premiers mois, je m'assoyais chaque jour à ma table et j'essayais d'inventer des choses à faire. Depuis quelques mois, j'accepte l'idée que c'est correct de prendre un *break* et de faire des activités que tu aimes. J'ai commencé à jouer au golf et je trippe là-dessus. Je me suis donné le temps et le droit d'avoir du fun et d'aimer ça.

*Parce que tu n'as pas eu de fun pendant que tu ne pensais qu'au boulot?*

J'avais du fun, mais je travaillais tout le temps.

*Qu'est-ce que tu souhaites pour Simple Plan?*
Je souhaite qu'on puisse continuer à faire ce métier d'une façon qui permette à tous les membres du groupe d'être heureux et de s'épanouir. Il faut pouvoir profiter de cette liberté. Ça nous donne plus d'occasions de faire des choses comme on le veut, de nous impliquer comme on le fait dans la Fondation Simple Plan. Le succès apporte une liberté de choisir, le pouvoir de réaliser des projets. Quand tu as moins de succès, tu es plus à la merci des autres. Mon souhait est de maintenir ce succès pour qu'on puisse continuer à faire ce métier à notre façon.

# JEFF STINCO
## (guitare)

**R**ÉALISES-TU, D'UNE FAÇON RATIONNELLE, LA DIMENSION EXCEPTIONNELLE DE VOTRE RÉUSSITE? Quand j'ai vu le livre qui était consacré à notre carrière jusqu'à maintenant, ça m'a surpris. Ça m'a remémoré certains événements dont je me souvenais à peine. Ça'a passé tellement vite. Je réalise que le groupe Simple Plan est beaucoup plus gros que les cinq membres individuellement. Il y a quelque chose de spécial dans ce groupe. Parfois, je trouve ça gros, mais en général je manque de perspective pour le réaliser. Ce genre de livre, ça me le rappelle. Quand on fait des séances de signature d'autographes où c'est la folie furieuse, ça me le rappelle aussi. Je ne conduis pas une Rolls-Royce. Je ne vis pas dans un château en Angleterre. Je vis à Montréal. Je travaille fort. Ma réalité au quotidien est vraiment très, très simple, malgré tout ce succès.

*Quand as-tu touché à la gloire pour la première fois?*
Au départ, notre premier album n'a pas été une réussite. On en vendait très peu à sa sortie. Le premier *single*, intitulé *I'm just a kid*, a beaucoup tourné ici mais peu ailleurs. À cette époque, je pense qu'on vendait deux mille albums par semaine aux États-Unis. On risquait même de perdre notre contrat de disques si les ventes n'augmentaient pas. Un jour, il y a eu une sorte de relance de l'album autour de Noël. Mon gérant m'a appelé pour que je devine le nombre d'albums vendus cette semaine-là. Je lui ai demandé si c'était beaucoup, et il m'a dit que oui. Alors j'ai dit: « Cinq mille? » Et il a répondu: « Cette semaine, tu en as vendu quatre-vingt-dix mille! » J'étais sur la rue Fleury à Montréal, au club vidéo. C'était vraiment marquant comme moment. Je me souviens que je n'arrivais pas à comprendre cette nouvelle, comment on avait pu du jour au lendemain en vendre autant.

*Est-ce bon à entendre? Quel est le sentiment, la sensation qui t'habite à cet instant précis où la gloire devient palpable?*
C'est super bon à entendre! C'était rassurant. À ce moment-là, ça enlevé beaucoup de stress au groupe.

*Qui as-tu cherché à impressionner dans cette quête vers les hauts sommets?*
Ma mère m'a acheté ma première guitare. C'est elle qui m'a inscrit au conservatoire de musique et qui m'a vraiment poussé. Mon père, lui, était contre le fait que je fasse de la musique. Ça devait rester un hobby. Comme j'avais une certaine facilité à l'école, pour lui, c'était important que je poursuive mes études. Pour mon père, un immigrant italien qui s'est établi ici, la réussite, c'était devenir médecin, avocat ou exercer un emploi noble. C'était sa perception des choses. Il est décédé avant de pouvoir voir le succès du groupe. J'aurais aimé qu'il le voie et qu'il fasse partie un peu de cette histoire-là. C'est une grande déception, mais en même temps, en raison de mes croyances, j'ai quand même l'impression qu'il le ressent d'une certaine manière. J'ai eu tellement de chance que je sens qu'il y est pour quelque chose.

*Est-ce que la gloire t'a donné une leçon de vie?*
L'humilité, c'est important. Je me souviens d'avoir rencontré Tom Hanks dans les studios de MTV et de ne même pas avoir remarqué qu'il était juste à côté de nous. Ça m'a pris plusieurs minutes avant de réaliser que c'était lui. Il nous a demandé des billets de spectacle pour ses enfants, quand on jouait à Los Angeles. Pour moi, c'est un grand personnage. C'est un acteur qui me fascine. De voir cet homme tranquille et posé alors qu'il est ce qu'il est, je trouvais ça beau.

*Gloire rime avec pouvoir. Vient-elle avec une tentation d'abuser de cette nouvelle puissance?*
Au Québec, on dirait que c'est très disproportionné, le succès par rapport à l'ego. Ici, il y a des gens qui réussissent moyennement mais qui ont un ego démesuré en comparaison avec d'autres gens. Je le vois vraiment au quotidien. Je côtoie des gens que je trouve complètement imbus de leur personne et ça me trouble, j'essaie donc de me souvenir d'où je viens. Je suis entouré aussi de gens très talentueux, alors ça me rappelle souvent à l'ordre. Par mon attitude, je ne voudrais pas décevoir les autres membres du groupe. C'est embêtant de savoir que tu as fait attendre quatre autres personnes. Si tu agis de la sorte, tu es le « poche » qui manque de respect envers les autres.

**❝ Moi, je ne recherche pas la gloire.** Par contre, je suis une personne sensible. Je souffre énormément de l'échec. ❞

*La gloire est-elle une drogue? En veut-on toujours plus, au point de n'être jamais réellement satisfait et rassasié?*

Moi, je ne recherche pas la gloire. Par contre, je suis une personne sensible. Je souffre énormément de l'échec. C'est quelque chose qui me blesse, qui m'affecte. Je ne suis pas capable de le supporter. Ma peur de l'échec est peut-être un peu une obsession. Alors, je m'arrange pour ne jamais échouer, selon mes standards à moi, mes objectifs à moi, qui sont malheureusement très élevés. Souvent, les standards augmentent en fonction de ma réussite, ce qui fait que je n'arrive jamais à vraiment les atteindre. Il y a quelque chose d'impalpable et d'intouchable dans cette quête. Je recherche la réussite parce qu'elle est une réponse à cette peur de l'échec. C'est une espèce d'insécurité que je dois apaiser. Je me force de temps en temps à relativiser les choses. Il y a de belles choses dans ma vie et il faut que je me concentre là-dessus pour me souvenir que c'est strictement de moi que vient cette pression.

*Est-ce que la peur de perdre ce succès est un moteur qui vous pousse à défier les limites, à vous dépasser?*

La peur est un petit pourcentage. Nous sommes complètement en contrôle de ça puisqu'on est cinq gars assez intelligents pour comprendre ce qu'il faut faire pour durer. Si ce qu'on fait est de qualité, si on persévère en nous assurant que le produit est exceptionnel, et si nos fans sont heureux, ça ne s'arrêtera pas. Est-ce que notre succès va diminuer à certains moments et augmenter à d'autres pendant notre parcours? Absolument. Mais je crois que l'on a créé, depuis les treize années que nous sommes ensemble, un lien de loyauté avec nos fans. On l'a prouvé avec notre quatrième album.

*Votre troisième album n'a pas connu le même succès que les précédents. Comment as-tu vécu ça?*

S'il n'y avait pas eu le quatrième album, qui a connu le succès, ça serait une période très noire dans notre carrière.

*L'obsession d'en vouloir toujours plus est-elle omniprésente? L'obsession de durer est-elle une motivation profonde chez vous?*

Je trouve ça parfois lourd à vivre. À chaque album, on se doit de se dépasser et de se réinventer. On l'a vécu, le grand succès du nouveau groupe. Dans l'histoire du rock, la nouveauté dure entre trois et quatre ans, et après, ça chute. Un groupe comme le nôtre aurait dû disparaître. Un groupe de pop punk sorti en 1999 ne devrait même plus exister. Il y a des artistes qui réussissent à faire des *come-back*, mais on parle d'exceptions. C'est notre cas, on fait partie de ces exceptions. Chaque fois qu'on produit un album, on est si difficiles, si exigeants qu'on met trois ans pour le faire. Tout est à recommencer. On a le sentiment de devoir toujours «réénergiser» ça. Il faut se mettre vraiment dans un état d'esprit de batailleur. Il faut monopoliser les troupes puis vendre l'idée à notre gérant et à notre compagnie de disques. Après, on repart en promotion et en tournée de spectacles.

# PIERRE BOUVIER
## (chanteur-compositeur)

**ONÇOIS-TU LA DIMENSION EXCEP-TIONNELLE DE VOTRE RÉUSSITE?** Quand certaines personnes montent sur la scène et nous disent que c'est incroyable ce que l'on fait, nous, on se dit: «Wow, c'est si incroyable que ça?» En relisant le livre *Simple Plan, l'histoire officielle*, j'ai vu qu'il y avait beaucoup de moments que j'avais oubliés. Quand on est dans le feu de l'action, ça passe tellement vite. On ne s'en rend même pas compte. Par exemple, on a joué dans les studios de MTV pour *New Year's Eve 2004*. On était le *band* qui jouait à minuit. Il fallait que tu sois vraiment *big* pour participer à ça. Quand on l'a fait, pour nous, c'était comme un autre show. On venait de faire deux cents spectacles l'année d'avant. Je pense que ce livre nous a donné un peu de perspective sur ce que nous avons vécu et ce que nous sommes. On se rend compte de l'ampleur de ce qui s'est passé et de ce qui se passe encore aujourd'hui.

*Il faut donc un temps d'arrêt pour vraiment mesurer l'impact que vous avez sur votre public et le rayonnement mondial de votre gloire?*

Malgré les moments glorieux qu'on peut connaître quand on est membre d'un groupe, ça ne veut pas dire qu'on mène une vie de superstars riches et célèbres. Quand on vole en groupe, si on est en première classe, c'est parce qu'on a fait l'ajustement avec nos points. Au jour le jour, quand on fait des tournées, qu'on est dans un autobus en Angleterre, qu'on dort dans des petits lits de deux pieds sur six, qu'il faut sortir en pleine nuit parce qu'on passe aux douanes et que le douanier veut nous questionner à quatre heures du matin, ce n'est pas une vie de *glamour*. En plus, on a un show à faire le lendemain.

**❝ Nous sommes perfectionnistes, persévérants et tellement ambitieux,** c'est comme ça que tu crées tes propres événements, tu crées ta chance, tes opportunités. ❞

*Quand tu as goûté à la gloire pour la première fois avec ton groupe, était-ce aussi bon que tu l'avais imaginé? Quel est le sentiment, la sensation qui t'habite à cet instant précis où la gloire devient palpable?*

Il y a eu trois moments. Le premier, c'est quand on a signé un contrat de disques avec un gros label aux États-Unis. Pour moi, c'était: «*OK. You made it. You got signed!*» Même si je savais qu'il y avait beaucoup de travail à venir, dans ma tête, je me disais: «*This is a huge landmark!*» On était un groupe de Montréal, je faisais des shows depuis l'âge de quatorze ans, et on venait de signer chez un *major*. C'était énorme, et je me disais: «*We're gonna be a big band. We have the chance to be a big band.*» Le deuxième moment est lors du tournage du premier vidéoclip. Quand ça jouait sur MTV, ça jouait aussi sur MusiquePlus et sur Much Music. C'était important d'en avoir un. Le budget était assez élevé. Je pense que notre premier clip a coûté trois cent mille dollars. Aujourd'hui, c'est impensable de faire ça avec ces moyens. Cet autre événement a été, pour moi, le signe qu'on avait réussi. On n'avait même pas encore de succès et il y avait trois remorques, des acteurs et des caméras pour faire cette vidéo. Et le troisième moment, c'est la première fois qu'on a vendu à guichets fermés notre concert au centre Bell, ici à Montréal. Il y avait vingt mille personnes. C'était infernal, le bruit que ça faisait. Quand on a joué, je me suis rendu compte de ce que c'était, le *feeling* de faire partie d'un groupe à l'immense popularité. La foule était gigantesque. C'est un autre instant où je me suis dit: «*OK. We are huge!*» Ce soir-là, il y avait dans la salle notre professeur de musique, mes parents, ma grand-mère, nos oncles et nos tantes.

*Qui as-tu cherché à impressionner dans cette quête vers les hauts sommets?*

J'ai été élevé par des parents qui m'ont tout le temps donné l'impression qu'ils étaient fiers de moi, peu importe ce qui arrivait. J'ai toujours eu l'approbation de mes parents. Ils m'ont beaucoup soutenu. Jamais ils ne m'ont dit: «Tu perds ton temps avec la musique, pourquoi fais-tu ça? Tu vas te ramasser sans un sou et devoir rester chez nous toute ta vie!»

*Mais quand la carrière s'est mise à marcher et qu'elle a explosé sur plusieurs continents, as-tu eu envie de leur dire que le jeu en valait la chandelle?*

Ils ont vu la carrière du groupe évoluer. Dès les premières petites réussites, les étapes qu'on a franchies, qui menaient peu à peu vers le succès, ils étaient là avec moi. Ils voyaient bien que ça pouvait être un grand succès. Pour moi, ce qui compte aussi, c'est l'approbation des gens que je respecte pour leur musique ou leurs spectacles. Quand j'apprends que quelqu'un du milieu m'écoutait quand il était plus jeune, je me dis: «Wow, OK, il n'y a pas juste nos fans qui nous adorent, qui nous écoutent.» Récemment, j'ai rencontré Demi Lovato, qui est une grande artiste aujourd'hui, alors qu'on faisait une entrevue à la radio. Elle était là, et quand elle est passée elle a dit: «*Oh my God! Simple Plan! I love you guys! When I was in school, you were my favorite band!*» C'est fantastique. C'est tellement cool, ça.

*Quelle est la part attribuée au travail, au talent pur et à la chance, dans votre réussite?*

Dur de ne pas citer Edison, qui disait que, le génie, c'est un pour cent d'inspiration et quatre-vingt-dix-neuf pour cent de transpiration. Répondre que c'est zéro chance serait de la mauvaise foi. En termes de pourcentages, j'évaluerais ça à dix pour cent de chance et à quatre-vingt-dix pour cent de travail. La persévérance. *Never, ever take no for an answer.* Quand tu travailles vraiment fort, tu crées tes chances. Nous avons beaucoup travaillé. Nous sommes perfectionnistes, persévérants et tellement ambitieux, c'est comme ça que tu crées tes propres événements, tu crées ta chance, tes opportunités. Ce n'est jamais assez pour nous. Quand les gens disent qu'on est *big* comme groupe, c'est vrai, mais on n'est pas si gros que ça. Il y a des groupes plus importants que nous et plus célèbres que nous. Un jour, on veut atteindre ce niveau-là. Il ne faut pas se le cacher, c'est ça, la réalité.

*L'obsession d'en vouloir toujours plus est-elle omniprésente?*

Je suis entouré de gens qui sont obsessifs! Je suis convaincu que chacun de nous est une partie indispensable du puzzle. Sans telle ou telle personne, ça ne fonctionnerait pas. Moi, sans ces gars-là, j'aurais une belle vie quand même, mais je n'aurais peut-être pas ce que j'ai aujourd'hui. Il ne faut jamais se laisser dissocier. Ne jamais laisser les chicanes briser le groupe. Ne jamais dire non à une occasion qui vaut la peine d'être vécue. Nous sommes tous des gars qui ont une tête sur les épaules et qui veulent la même chose. Cette synergie existe entre nous et a créé tout ce qui s'est passé jusqu'à maintenant. Ça, c'est plus important que la chance.

*La gloire est-elle une drogue? En veut-on toujours plus, au point de n'être jamais réellement rassasié?*

Il y a des gens qui sont incapables d'être rassasiés. Moi, je suis déjà heureux dans la vie. Je suis satisfait de ma carrière. Si ça finissait demain, je pourrais reconnaître que ce que j'ai fait a été fantastique et qu'on a bien réussi. Mais je suis ici. J'ai la chance de continuer, alors pourquoi ne pas le faire? Est-ce que je suis complètement accroché à ça? Je ne pense pas. Même que, parfois, je suis un de ceux dans le groupe à qui ça fait peur de devenir trop célèbre.

*Qu'est-ce qui te fait peur dans le fait d'être une plus grande star?*

J'aime avoir ma vie privée. Quand on me reconnaît trop souvent, ça me fatigue un peu. Quand je me sens regardé, je suis mal à l'aise. Je n'ai pas toujours envie d'être observé et de me faire photographier. J'ai l'obsession de protéger ma vie privée. Avec la renommée, c'est quelque chose que tu dois sacrifier, mais à notre niveau, c'est encore tolérable parce que je n'ai pas à le sacrifier tant que ça. Je peux vivre quand même d'une façon assez anonyme.

*Pierre, est-ce pour toi une fierté, une réussite de savoir que ça dure encore après tant d'années?*

288

Absolument, mais notre objectif, c'est d'être capables de surmonter les préjugés, *beat the odds*. À mon humble avis, notre dernier disque, malgré le succès incroyable qu'il a eu, en aurait eu au moins deux fois et même trois fois plus s'il avait été produit par un nouveau groupe dont personne n'avait entendu parler. Maintenant, dans le métier, c'est l'obsession de la nouveauté, du *who's the hot new thing*. On est donc conscients que, si ce que l'on fait n'est pas exceptionnel, c'est la disparition du groupe. On est encore ici aujourd'hui, on a réussi à lever des fonds pour la fondation, on a fait un show au centre Bell, l'album se vend bien, la tournée a bien été, on s'en va en Australie, on a fait une tournée mondiale. Ces réussites nous rappellent qu'on est capables de surmonter ces épreuves-là, dans le fond. La barre est vraiment haute, mais quand on réussit à l'atteindre, on se dit : « *Yeah !* » La seule fois où on a peut-être moins agi comme ça, c'était pour le troisième disque. Même si nos fans l'ont accepté et qu'il est considéré comme un de nos meilleurs albums par certaines personnes, ç'a été un échec par rapport à nos attentes.

*Est-ce difficile pour toi, pour vous, d'admettre que le troisième disque est peut-être un échec ?*
Non, parce qu'on l'a surmonté avec le quatrième. Pour le troisième disque, je me rappelle que certaines personnes avaient des résistances, et on aurait peut-être dû les écouter quand elles nous disaient : « *I don't think we have the right songs yet.* » On a balayé ça du revers de la main : « Pfff ! On les a, les chansons. *This is amazing. This is great !* » On avait vendu quatre millions d'exemplaires des deux albums pré-

cédents, on se disait que ces gens-là ne savaient pas de quoi ils parlaient. Au fond, ils avaient peut-être raison…

*C'est une belle leçon d'humilité ?*
Oui, mais après ça, on a écrit soixante-quinze chansons pour le quatrième album !

*Pour n'en choisir que douze.*
Exactement.

*Est-ce que la gloire t'a enseigné quelque chose sur la vie ?*
L'humilité. Ce qui nous aide, c'est qu'on est cinq personnes. Pour un artiste solo, il n'y a personne pour lui dire : « Heille, tu te prends pour qui, là ? » Au contraire, je dirais qu'un artiste solo a une équipe qui l'entoure et qui le pousse plus à devenir une star. « Qu'est-ce que tu veux ? Tu ne le sais pas ? Tu n'es pas bien ? Tu veux quelque chose ? » Nous sommes cinq gars et nous n'avons pas d'entourage, même si nous pourrions en avoir un. Par exemple, nous nous étions dit qu'il fallait tous être dans le lobby de l'hôtel à huit heures parce que nous sommes en déplacement. Si tu arrives à huit heures deux, trois, quatre, ou cinq, ton téléphone va *buzzer* : « Qu'est-ce que tu fais ? T'es donc ben en retard ! On t'attend ! » Tu vas te faire bouder un peu, et ce n'est pas agréable. C'est ça qui nous a aidés à rester humbles aussi. Alors que si tu es un artiste solo, tout le monde t'attend. Si tu arrives à huit heures et demie, il n'y a personne qui t'engueule. Non, ils vont te dire : « Ça va bien ? T'es correct ? OK, on y va. »

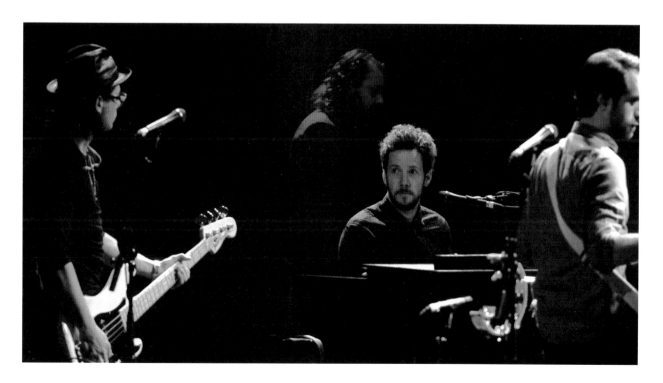

# La Gloire
## VUE PAR...

## PÉNÉLOPE MCQUADE

Animatrice

**" La gloire est une forme de pouvoir,** et on ne veut jamais que celui-ci tombe entre de mauvaises mains. **"**

**QUELLE EST VOTRE DÉFINITION DE LA GLOIRE ?**

C'est un mot qui me met mal à l'aise. Il est trop gros, il représente quelque chose d'irréel, un concept pour moi lié à l'ego et à la nourriture dont il a besoin pour gonfler. On parle rarement de gloire ici, on parle de succès, de réussite, de popularité, de célébrité, peut-être parce qu'on éprouve tous ce malaise envers ce mot immense. Je sais que j'ai une vision négative de la gloire, mais que le principe, lui, ne l'est pas. On peut atteindre la gloire sans se vautrer dedans. Une partie appartient à la personne qui en fait l'objet, mais une partie lui échappe également, cette partie appartient au public qui glorifie. À tort ou à raison. La gloire que j'admire est celle du triomphe qui l'emporte sur l'adversité. C'est la seule pour laquelle j'accepte d'être félicitée.

*D'aussi loin que vous vous souveniez, la gloire faisait-elle partie de vos rêves ?*

Je ne crois pas, non. Comme tout le monde, ado, je faisais des shows dans mon sous-sol où j'imaginais une foule en délire, mais je n'étais qu'un des personnages du groupe Kiss, un membre d'une équipe, pas une star qui monopolisait tous les projecteurs. J'ai toujours été mal à l'aise avec ça par la suite.

*Quand vous avez obtenu la gloire, vous a-t-elle paru différente de l'image que vous en aviez ?*

Quand j'ai commencé à faire de la télé, j'ai repoussé longtemps la reconnaissance publique. Je ne voulais pas que ma « gloire » soit liée à celle de mon père. Il y a eu certains moments en début de carrière où j'ai senti comment la popularité pourrait m'enfler la tête. Je n'ai pas aimé ce goût. Heureusement, je ne suis jamais devenue une vedette extrêmement populaire, je ne pense pas avoir atteint la gloire.

*Par votre métier, vous côtoyez la gloire des autres. Est-ce que ça vous donne un autre point de vue du phénomène ? Une meilleure vue d'ensemble ?*

Je suis toujours étonnée, à la fois admirative et sceptique devant des gens qui sont à l'aise avec leur gloire comme un poisson l'est dans l'eau. Pourtant, je sais qu'ils la méritent, la chérissent, ne l'ont pas obtenue oisivement, mais bien à force d'un travail acharné. Je trouve rarement leur ego démesuré et suis très heureuse pour eux de la reconnaissance que leur art leur procure. Cela dit, je préfère nettement ceux qui vivent leur réussite dans un genre de clair-obscur, la lumière qu'ils dégagent est tellement plus forte que les projecteurs braqués sur eux.

*Est-ce que ça vous permet de vous distancier de votre propre gloire et d'éviter ainsi certains pièges inhérents au phénomène ?*
Je crois me tenir assez loin de ma propre « gloire ». Occuper l'espace public m'a été très inconfortable à certains moments de ma carrière, particulièrement dans les dernières années. Il y a eu de grands bouts où j'aurais aimé exercer mon métier et seulement mon métier, loin du filtre populaire que lui confèrent les projecteurs. On m'a déjà dit que je souffrais d'anorexie de l'ego. Je ne l'ai donc pas assez grand pour penser que je mérite la gloire, ni pour qu'elle fasse partie de ce que je suis profondément.

*Selon vous, quel profil faut-il à un individu pour atteindre les hauts sommets et vivre la consécration, la gloire ?*
Je pense que, pour accéder à la gloire, ici du moins, il faut afficher de l'accessibilité, de l'humilité, une confiance en soi dénuée d'arrogance, une détermination à toute épreuve, un amour profond et inconditionnel de son métier et un grand respect pour ceux qui l'apprécient. Il faut savoir triompher dans l'adversité, voir les opportunités dans les endroits les plus sombres et en faire jaillir la lumière. Pour vivre la consécration, il faut avoir touché les gens, leur avoir permis d'entrevoir une parcelle de bonheur dans ce qu'on leur offre. Personne ne peut prétendre avoir accédé à la gloire seul ; pour atteindre les hauts sommets, il faut avoir une immense reconnaissance envers ceux qui permettent de grimper et qui le font à nos côtés, pas derrière.

*Pourquoi les gens ont-ils tant besoin de vivre leurs quinze minutes de gloire ?*
Si on connaissait la réponse à cette question, j'espère bien qu'on inventerait un vaccin pour contrer ce besoin ! C'est fou… Dans nos sociétés occidentales, la reconnaissance individuelle qui mène à l'importance collective est presque devenue un besoin de base. Déséquilibre de l'un et de l'autre ? Manque d'estime de soi et de foi dans la société qui nous forge ? Carences qui mènent aux excès ? Je n'ai pas la réponse.

*Est-ce une tare ou un privilège de vivre la gloire ? Ou les deux ?*
Impossible pour moi de penser que je vis dans un monde où les valeurs sont tellement embrouillées que la gloire serait vécue comme une tare. J'entends parfois des gens célèbres énumérer les aspects négatifs de leur très grande célébrité. Chut ! Tais-toi ! La célébrité est un immense privilège qu'il ne faut pas prendre à la légère ni tenir pour acquis. L'affection est une denrée rare sur la Terre en ce XXIe siècle, tous ceux qui la reçoivent sont privilégiés. Surtout ceux qui en reçoivent des doses massives. Moi, ça m'a aidée à guérir après mon accident. Sans équivoque.

*Est-ce que vous suggéreriez à quiconque de vivre l'expérience de la célébrité ?*
Pas à quiconque. La gloire peut rendre fou, détruire, mener à une ruine personnelle. On a tous des exemples en tête. Mais elle peut aussi être un catalyseur, servir de preuve que tout est possible, qu'on a le droit de rêver grand, de sortir de son milieu social, intellectuel, affectif. Mais la gloire est une forme de pouvoir, et on ne veut jamais que celui-ci tombe entre de mauvaises mains.

# DENIS BOUCHARD
### Acteur, auteur et metteur en scène

## " Il faut beaucoup d'humilité avec la gloire. "

**QUELLE EST VOTRE DÉFINITION DE LA GLOIRE ?**
C'est un mélange de succès et de reconnaissance. Le succès, c'est la fierté que tu as de ce que tu as fait, et la reconnaissance, c'est ce que les autres en pensent.

*D'aussi loin que vous vous souveniez, la gloire faisait-elle partie de vos rêves ?*
Je recherchais la reconnaissance, oui. Moi, je voulais juste plaire aux femmes et j'étais trop petit pour jouer au hockey !

*Quelle forme prenait-elle ?*
Faire le clown en classe ou sur scène.

*Quand vous avez obtenu la gloire, vous a-t-elle paru différente de l'image que vous en aviez ?*
C'est venu beaucoup plus tard. Après des années de travail et d'acharnement. J'entends par là se faire un nom et être reconnu dans la rue. Par contre, la gloire comme telle, par exemple gagner un prix, je continue à me méfier de ça, de pas trop y croire, car je sais que c'est très passager et éphémère.

*Par votre métier, vous côtoyez la gloire des autres. Est-ce que ça vous donne un autre point de vue du phénomène ? Une meilleure vue d'ensemble ?*

Oui et non. Je vois ceux qui ont une attitude critique à l'égard de la gloire et qui gardent toujours une petite distance par rapport à celle-ci, et je vois ceux qui tombent dans le piège de façon pathétique. La gloire leur monte à la tête et les pourrit à jamais.

*Est-ce que ça vous permet de vous distancier de votre propre gloire et d'éviter ainsi certains pièges inhérents au phénomène ?*

Je suis tombé dans tous les pièges que la gloire amène, mais jamais longtemps. Du syndrome de l'imposteur à celui d'avoir l'impression d'être arrivé quelque part ou d'être consacré ! Je pense que je suis d'une nature très terre à terre finalement. Il faut comprendre que la recherche de reconnaissance au départ est une bonne chose, et ce doit être appris par les parents. Maintenant, si les parents ne font pas leur travail, deux choses peuvent se produire : soit un manque de confiance chez l'enfant, soit une recherche de reconnaissance à l'extérieur de soi. Comme si la personne, à défaut de s'aimer ou de savoir comment le faire, décidait de compenser avec l'amour des autres. Et avec un peu de talent et beaucoup de courage, ça marche ! Quand on finit enfin par se réconcilier avec soi-même ou du moins se reconnaître soi-même, la recherche de la gloire devient un peu futile et obsolète. Cela dit, c'est toujours agréable d'être nommé ou reconnu pour ce qu'on fait, mais on dirait que, en vieillissant, l'assentiment de l'autre prend moins de place que l'estime de soi.

*Selon vous, quel profil faut-il à un individu pour atteindre les hauts sommets et vivre la consécration, la gloire ?*

Beaucoup d'ambition et un peu de mésadaptation socio-affective qui te poussent à te dépasser et à vouloir que l'autre le reconnaisse. On parle ici de vraie gloire, qu'on mérite après plusieurs années de travail, et non pas de gloire instantanée, sur laquelle je ne connais pas grand-chose et dont les règles doivent être bien différentes.

*Pourquoi les gens ont-ils tant besoin de vivre leurs quinze minutes de gloire ?*

Probablement pour se convaincre qu'ils vivent !

*Est-ce une tare ou un privilège de vivre la gloire ? Ou les deux ?*

Les deux, ça dépend vraiment comment c'est vécu. Il faut beaucoup d'humilité avec la gloire. Il y a un proverbe hollywoodien que j'aime beaucoup et qui dit : *Smile when you go up because when you'll go down, you'll see the same faces.*

*Est-ce que vous suggéreriez à quiconque de vivre l'expérience de la célébrité ?*

On le vit tous au moins une fois dans sa vie ! Une femme qui accouche, une personne qui en aide une autre… Ce n'est pas nécessairement à la télé et devant des milliers de personnes… mais quelle importance ? Être célèbre, c'est comme être riche : on l'est tous un peu, c'est juste qu'il y en a qui le sont plus que d'autres… (*Il rit.*)

# PIERRE LÉGARÉ

Humoriste

## " **Je me méfie de la gloire.** Tout comme le reproche ou le compliment, elle peut être menteuse. "

**QUELLE EST VOTRE DÉFINITION DE LA GLOIRE ?**

La reconnaissance d'une personne par un groupe, en fonction des valeurs de ce groupe, selon l'époque et sa culture. Avoir une famille nombreuse, avoir un curé dans la famille : c'était la gloire d'il y a cinquante ans au Québec. Avoir le plus d'amis Facebook, passer à la télé, rouler en BMW sont d'autres « gloires ». Tuer sa fille pour sauver son honneur, avoir un fils qui s'est fait sauter dans un attentat suicide sont aussi d'autres gloires, et il est probable qu'aux États-Unis certaines personnes tirent leur gloire d'avoir eu le plus de membres de leur famille tués en Irak ou en Afghanistan.

*D'aussi loin que vous vous souveniez, la gloire faisait-elle partie de vos rêves ?*

Non. La reconnaissance par autrui est souvent agréable, même utile, mais je valorise plutôt l'appréciation mutuelle et solidaire qu'on obtient après avoir partagé des rêves, trimé dur ensemble et franchi des obstacles pour les réaliser. À la reconnaissance par un groupe, conditionnelle aux envies, humeurs ou valeurs de ce groupe, je préfère la reconnaissance et le respect de chaque individu, unique et différent.

*Quand vous avez obtenu la gloire, vous a-t-elle paru différente de l'image que vous en aviez ?*

L'image que j'en avais, et que j'en ai encore, est que la gloire est conditionnelle aux valeurs du groupe qui l'attribue. Or, même si un million de personnes considèrent qu'un acte ou un statut est glorieux, ça ne démontre absolument pas que cet acte ou ce statut a de la valeur. Van Gogh n'a jamais connu la gloire de son vivant. À l'opposé, il y a sans doute plusieurs peintres de la même époque qui ont connu la gloire parce qu'ils étaient au goût du jour, et dont on a aujourd'hui complètement oublié le nom ou la contribution à la peinture. Je me méfie de la gloire. Tout comme le reproche ou le compliment, elle peut être menteuse.

*Par votre métier, vous côtoyez la gloire des autres. Est-ce que ça vous donne un autre point de vue du phénomène ? Une meilleure vue d'ensemble ?*

Ce qui m'intéresse le plus chez les personnes « connues », c'est d'observer parfois une grande différence dans leur attitude et leur comportement, selon qu'elles sont, ou non, en public. On peut alors voir celles qui se préoccupent en priorité de respecter les conditions que leur impose le public pour qu'elles conservent leur gloire. Des personnes que je connais pourtant bien et depuis longtemps deviennent totalement méconnaissables, étrangères. Il y a aussi bien sûr, et heureusement, des gens qui restent absolument les mêmes, imperméables à ce jugement conditionnel.

*Est-ce que ça vous permet de vous distancier de votre propre gloire et d'éviter ainsi certains pièges inhérents au phénomène ?*

Ma décision de côtoyer ou non la « gloire des autres », par exemple lors de lancements, vernissages, premières, galas, repose sur le critère suivant : est-ce que je serai à l'aise avec ces « autres », est-ce que je les reconnaîtrai comme je les connais dans la vraie vie, ou seront-ils plutôt factices, lointains, en train d'incarner leur personnage public ? Le leurre à éviter, pour moi, est là : me retrouver piégé parmi des personnages, alors que j'espérais voir des personnes.

*Selon vous, quel profil faut-il à un individu pour atteindre les hauts sommets et vivre la consécration, la gloire ?*

Il lui suffit d'incarner une ou plusieurs des facettes considérées comme valorisantes aux yeux du groupe, tout en conservant les facettes que le groupe considère comme identitaires. Exemples de facettes valorisantes ici, à notre époque : partir de rien et réussir, dire tout haut ce que beaucoup pensent tout bas, proposer un but dont rêvent beaucoup de gens, être un modèle. Les facettes identitaires pourraient se résumer par : « Il/elle est comme moi, comme nous. » En prime, on pourrait ajouter : « Il/elle est resté/e comme moi, comme nous, malgré la gloire. »

*Pourquoi les gens ont-ils tant besoin de vivre leurs quinze minutes de gloire ?*

Je ne suis pas certain que tous les gens ont ce besoin. J'ai tendance à penser que cette quête de reconnaissance, même éphémère, est proportionnelle au degré d'anonymisation de notre société. Comme si certains, pour savoir qui ils sont eux-mêmes, qui est leur « je », avaient besoin d'une confirmation – même de seulement quinze minutes – de la part du groupe auquel ils estiment appartenir.

*Est-ce une tare ou un privilège de vivre la gloire ? Ou les deux ?*

Comme pour tout ce qui nous arrive, ça peut être l'un ou l'autre. C'est une occasion. Ce qu'on décide d'en faire dépend de chacun. La gloire, comme tout le reste, a seulement l'importance qu'on décide de lui accorder. Les soldats de Napoléon qui avaient risqué leur vie et finissaient souvent mutilés alors qu'ils n'avaient même pas vingt ans recevaient une médaille « pour la gloire dont ils s'étaient couverts aux yeux de la nation ». Avant d'aller leur remettre personnellement ces médailles, Napoléon disait : « Allons distribuer les hochets. »

*Est-ce que vous suggéreriez à quiconque de vivre l'expérience de la célébrité ?*

Si une personne me posait la question à propos d'elle-même, j'essayerais plutôt de l'aider à se questionner pour qu'elle trouve sa propre réponse.

# GUY CORNEAU

Psychanalyste, auteur et conférencier

## " Parfois, la gloire bouffe toute la vie d'un individu, qui ne se permet plus d'être lui-même, même en privé. "

**QUELLE EST VOTRE DÉFINITION DE LA GLOIRE ?**

Grande renommée, célébrité universelle et durable due à des qualités, des actions, des œuvres exceptionnelles. Voilà la définition officielle de la gloire. Dans mon enfance, la gloire était réservée à Dieu. « À toi seul, la gloire ! » répète l'assemblée des pénitents à la suite du prêtre en s'adressant à Jésus. Chez les Grecs, la gloire était le fait des dieux et des héros, qui non seulement possédaient la capacité de briller de tous leurs feux, mais avaient en plus le don d'immortalité. Pourtant, l'Olympe grec punissait sévèrement les héros qui outrepassaient leurs mandats en agissant pour des motifs personnels au lieu de servir la communauté. Ces préventions visaient à protéger les hommes de l'orgueil suprême qui consiste à tomber dans une inflation psychique où la grenouille se fait plus grosse que le bœuf. Dans notre culture, la gloire s'associe pour moi à la célébrité, au fait d'être reconnu par un grand nombre de personnes et de voir le reflet de cette reconnaissance dans le regard de ceux qui en sont les témoins admiratifs et même envieux. Elle cache souvent le désir inavouable de briller plus que toutes les étoiles dans le ciel et de mettre la mort en échec en faisant sa marque ou en laissant une trace lumineuse.

*D'aussi loin que vous vous souveniez, la gloire faisait-elle partie de vos rêves?*

Très tôt, j'ai voulu être reconnu. Reflet d'une blessure d'amour ou envie légitime d'être accueilli avec mes talents? Je crois que les deux motifs se confondaient. Je me souviens que, fréquentant le Petit Séminaire de Chicoutimi, je voulais devenir prêtre. Je m'efforçais d'entendre la «petite voix» qui confirmerait ma vocation. Toutefois, lorsque j'ai appris que seuls les Italiens pouvaient être papes, j'ai perdu peu à peu mon intérêt pour la prêtrise! La gloire, le pouvoir et l'immortalité, voilà sans doute ce qui m'attirait inconsciemment.

*Quelle forme prenait-elle?*

Parler en public, être sur scène, jouer au théâtre, donner la réplique, cela me fascinait. Enfant, j'organisais des sketches de théâtre payant, une bouteille vide comme prix d'entrée, ou encore des lectures de Tintin au rétroprojecteur chez mes voisins. Puis ce furent les cours de diction, les premières pièces de théâtre et les concours oratoires. Mes genoux tremblaient sous la soutane pour la lecture de l'Évangile, mais je voulais absolument faire vibrer ma voix (et sans doute être admiré).

*Quand vous avez obtenu la gloire, vous a-t-elle paru différente de l'image que vous en aviez? Du fantasme imaginé?*

D'abord, il ne me semble pas que je connaisse la gloire, une réputation enviable peut-être, mais pas la gloire. Rien à voir avec ce que peut vivre un chanteur populaire. Un jour, j'étais au Salon du livre avec Richard Séguin. Nous allions de kiosque en kiosque en jasant. Mais nous étions arrêtés tous les dix pas par les hordes de fans de Richard réclamant des autographes. De mon côté, j'avais plutôt droit à des sourires et des clins d'œil discrets. Là, j'ai compris la différence. Ma notoriété m'apparaît surtout comme une opportunité formidable de faire valoir des idées et d'influencer les attitudes d'une société. Elle me permet de participer à la création collective qu'est l'humanité, avec mon talent. Je me sens privilégié et très reconnaissant de cela.

*Par votre métier, vous côtoyez la gloire des autres. Est-ce que ça vous donne un autre point de vue du phénomène? Une meilleure vue d'ensemble?*

Je suis allé voir l'exposition *Les Beatles* à Montréal. De la formation du groupe en 1962 à sa dissolution en 1970, à peine huit ans, c'est incroyable! Les quatre musiciens incarnaient toutes nos aspirations à la liberté et à la créativité. Des gens incarnent des dimensions pour nous, à des moments précis, ils nous inspirent, nous les aimons pour cela. J'incarne un certain idéal de connaissance et de résilience pour des gens. D'autres incarnent la beauté, la délicatesse ou le talent brut. Toutefois, avoir une image publique a ses exigences et ses risques. Parfois, elle bouffe toute la vie d'un individu, qui ne se permet plus d'être lui-même, même en privé. On devient plus facilement prisonnier de son personnage quand on est sous l'œil du public.

*Est-ce que ça vous permet de vous distancier de votre propre gloire et d'éviter ainsi certains pièges inhérents au phénomène?*

L'humour, l'autodérision, l'humilité, les engagements affectifs et une vie spirituelle riche sont les facteurs qui selon moi permettent le mieux de faire échec au personnage public et de ne pas en devenir le jouet. Je trouve toutefois que l'effort intérieur pour rester libre de son personnage est quotidien. Chaque jour, il faut revoir ses convictions, reconsidérer la relativité absolue de toute vie et rafraîchir ses intentions. Le but n'est pas d'être connu, il est de se connaître. «Connais-toi toi-même et tu connaîtras l'univers et les dieux», disait Socrate. Dans ma vie, c'est la faiblesse engendrée par des périodes de maladie qui m'a permis de ne pas me prendre pour un autre.

*Selon vous, quel profil faut-il à un individu pour atteindre les hauts sommets et vivre la consécration, la gloire?*

Chaque personnalité que je connais et qui dure aux yeux du public allie à la fois détermination, énergie, talent et travail. Je ne connais personne qui dure sans travailler à faire valoir son talent. Sinon, il s'agit d'une gloire éphémère. Janette Bertrand, Janine Sutto, Guy A. Lepage, Geneviève Borne, Corno, Éric Salvail, Richard Séguin, Gilles Vigneault, René Simard, Mouffe, Véro et bien d'autres encore sont tous des gens talentueux, créatifs, et des travailleurs assidus.

*Pourquoi les gens ont-ils tant besoin de vivre leurs quinze minutes de gloire?*

La peur de ne pas exister est l'angoisse la plus profonde d'un être humain. Voilà pourquoi le regard des parents est si important dès le départ. Le bébé se voit dans ce regard, il se sent bienvenu, il sent qu'il est bon qu'il soit là. Il intériorise par la suite ce regard bienveillant, et cela devient la source de son estime et de sa confiance en lui-même. Il croit qu'il y a une place pour lui et ses talents dans le monde. Être reconnu permet de mettre en échec l'angoisse du vide et de la non-existence, une angoisse puissante et archaïque qui peut fragmenter un être. Dans un monde où l'on se sent de plus en plus seul parmi tant d'autres, les quinze minutes de gloire permettent de se rassurer.

*Est-ce une tare ou un privilège de vivre la gloire? Ou les deux?*

Un fléau peut-être, une catastrophe personnelle dans certains cas, mais sûrement pas une tare ou un défaut. Cela dépend surtout de comment cette gloire a été acquise. Passer à la commission Charbonneau apporte une certaine célébrité, mais cela dépend de quel côté de la barre vous vous trouvez. Bien entendu, être connu a plus d'exigences depuis l'apparition des réseaux sociaux parce qu'ils demandent de l'interactivité. C'est la face difficile de la reconnaissance: répondre à son public. Toutefois, pour moi, être reconnu représente surtout un privilège. L'aspect faste réside dans le fait de pouvoir utiliser l'attention dont on est l'objet pour proposer des projets originaux et déployer sa créativité.

*Est-ce que vous suggéreriez à quiconque de vivre l'expérience de la célébrité ?*

Je pense qu'il faut œuvrer humblement à être soi-même et à faire valoir ses talents sans fausse modestie. Si cela attire l'attention des autres, les inspire, et nous permet de nous déployer d'une façon qui nous semble juste, alors, il faut saisir les opportunités qui s'offrent à nous avec gratitude. La célébrité ne saurait être un but en soi. Elle ne répond alors qu'à une souffrance, celle de ne pas avoir été reconnu enfant, qui risque de ressurgir avec force dès que la gloire publique se dissipera. Apprendre à s'aimer, à se connaître en profondeur pour trouver la source de joie en soi et non dans les yeux des autres demeure l'enjeu le plus important pour un être humain, qu'il soit connu ou inconnu.

# MARIO DUMONT

Animateur

## " Les gens qui recherchent de façon obsessive cette reconnaissance publique appelée la gloire réduisent leurs chances réelles d'y arriver. "

### QUELLE EST VOTRE DÉFINITION DE LA GLOIRE ?

La gloire est une extension de la réussite. On peut obtenir toutes sortes de réussites, même exceptionnelles, qui resteront personnelles ou s'étendront à un cercle restreint. On parle de gloire lorsque la réussite suscite l'admiration d'un large public, à cause de son ampleur (médaille olympique), de son impact (invention d'un nouveau médicament) ou du domaine (par exemple, la politique ou la scène).

*D'aussi loin que vous vous souveniez, la gloire faisait-elle partie de vos rêves ?*

Mon premier réflexe est de dire que je n'ai jamais couru après ça. Président bruyant des jeunes libéraux, je me suis réveillé un beau jour dans un centre commercial, en pre-

nant conscience que ma face était reconnue. Mais, au fond, toute personne qui se met à l'avant-scène dans son domaine recherche – peut-être inconsciemment – une reconnaissance de son travail et de ses qualités, qui s'apparente à la recherche de gloire.

*Quelle forme prenait-elle ?*

Même les personnes assez sûres d'elles (dont je suis) ne sont pas indifférentes au regard des autres. C'est encore plus vrai à un jeune âge, alors qu'on se définit davantage par l'appréciation d'autrui. Si tu fais de bonnes choses et que tu en es convaincu, c'est bien. Mais si la foule applaudit, c'est facile de se laisser enivrer et d'y voir LA preuve que tu es vraiment bon !

*Quand vous avez obtenu la gloire, vous a-t-elle paru différente de l'image que vous en aviez ?*

Dans des montagnes russes, tu atteins le sommet lorsque la chaîne de remontée te lâche, et là… il arrive quoi ? Ça repart pour la suprême descente. La politique, c'est des montagnes russes. Donc la première fois que tu te trouves au sommet, tu te crois bien bon. Les fois suivantes, tu repasses au sommet avec un regard plus lucide. Je suis convaincu que l'image des montagnes russes s'applique au succès dans bien d'autres domaines.

*Par votre métier, vous côtoyez la gloire des autres. Est-ce que ça vous donne un autre point de vue du phénomène ? Une meilleure vue d'ensemble ?*

Interviewer des gens qui sont dans leur tournée des studios de télé et de radio après un grand succès représente une expérience en soi. On apprécie en un instant les différentes réactions à la gloire. Ceux qui savourent le moment sainement, ceux qui pensent qu'ils sont arrivés au sommet pour y rester toujours, ceux qui se sentent obligés de partager la gloire avec leur entourage et de réels timides modestes qui ne savent pas quoi faire avec ça sur la place publique.

*Est-ce que ça vous permet de vous distancier de votre propre gloire et d'éviter ainsi certains pièges inhérents au phénomène ?*

Le piège à éviter, c'est de se croire arrivé. La gloire survient généralement après des efforts énormes. Il est donc sain de la savourer. Or, pour profiter pleinement d'un moment béni de gloire ou de célébration de la réussite, il faut en connaître le caractère éphémère. Il faut réussir à savourer le moment en ayant les pieds sur terre et faire le plein d'ondes positives en vue des jours plus difficiles.

*Selon vous, quel profil faut-il à un individu pour atteindre les hauts sommets et vivre la consécration, la gloire ?*

Je ne crois pas qu'il y ait un profil particulier. Par contre, je crois que les gens qui recherchent de façon obsessive cette reconnaissance publique appelée la gloire réduisent leurs chances réelles d'y arriver. Il vaut mieux croire à ce que l'on fait, croire aux objectifs que l'on se fixe et prendre la gloire comme la cerise sur le sundae en cas de succès bœuf.

*Pourquoi les gens ont-ils tant besoin de vivre leurs quinze minutes de gloire ?*

De tout temps, une petite dose de reconnaissance élargie a dû faire chaud au cœur. Par contre, depuis une génération, la téléréalité a amené une nouvelle recherche de gloire instantanée qui est un tout autre phénomène. Certaines téléréalités n'ont aucun objet : pas de chant, pas de danse, pas de talent particulier. On vit devant l'œil de la caméra avec comme but premier de devenir connu. Fragile gloire, si c'en est une.

*Est-ce une tare ou un privilège de vivre la gloire ? Ou les deux ?*

La gloire comporte bien sûr ses risques et ses désagréments, mais elle demeure un privilège. Si vous savez savourer la gloire, c'est un moment merveilleux. Si vous dérapez à cause de la gloire, c'est une expérience qui vous fera grandir. Malheureusement, il y a quelques cas de dérapages irréparables qui ont brisé la vie de personnes ayant connu la gloire.

*Est-ce que vous suggéreriez à quiconque de vivre l'expérience de la célébrité ?*

Je ne suggérerais jamais à quelqu'un de courir aveuglément après la célébrité pour la célébrité. Mais si quelqu'un poursuit des objectifs valables et que l'atteinte de ceux-ci a le potentiel d'amener ce bel effluve de reconnaissance publique appelée la gloire, alors je lui dis : « Vas-y ! »

# GENEVIÈVE BORNE

Animatrice

## " Le piège de la gloire serait de croire en notre personnage social. "

### QUELLE EST VOTRE DÉFINITION DE LA GLOIRE ?

Une situation qui transpose temporairement ou de façon permanente la personne dans un contexte unique et démesuré d'admiration.

*D'aussi loin que vous vous souveniez, la gloire faisait-elle partie de vos rêves ?*

Je crois que oui. J'ai toujours aspiré à vivre des expériences hors du commun.

*Quelle forme prenait-elle ?*

Je me suis toujours projetée dans le monde de la musique. Mon rêve s'est réalisé quand je suis entrée à MusiquePlus en 1992. Appartenir encore à cet univers vingt ans plus tard me fait chaud au cœur.

*Quand vous avez obtenu la gloire, vous a-t-elle paru différente de l'image que vous en aviez ? Du fantasme imaginé ?*

C'est la perte de la vie privée qui est étrange. Tout comme la perception que les gens ont de nous. Il y a souvent un décalage entre ce que nous sommes et ce que les gens croient que nous sommes.

*Par votre métier, vous côtoyez la gloire des autres. Est-ce que ça vous donne un autre point de vue du phénomène ? Une meilleure vue d'ensemble ?*

J'ai compris que la plupart des artistes recherchent la reconnaissance. Parfois à grande échelle. La reconnaissance a peu à voir avec l'argent. Les plus grands, qui sont souvent très riches, la recherchent encore ! Ils peuvent se sentir malheureux lorsqu'ils ne réussissent plus à toucher le public avec leurs œuvres. Même s'ils possèdent une fortune.

*Est-ce que ça vous permet de vous distancer de votre propre gloire et d'éviter ainsi certains pièges inhérents au phénomène ?*

Le piège serait de croire en notre personnage social. Il ne faut pas se donner une trop grande importance. Une des sources du bonheur est de ne pas avoir d'ego. Cela est bien difficile à atteindre lorsque notre carrière consiste à cultiver notre propre mythe.

*Selon vous, quel profil faut-il à un individu pour atteindre les hauts sommets et vivre la consécration, la gloire ?*

Beaucoup de travail. Une unicité et une certaine dose de charisme.

*Pourquoi les gens ont-ils tant besoin de vivre leurs quinze minutes de gloire ?*

Notre époque glorifie la célébrité à travers les émissions de téléréalité. On croit à tort qu'avec la célébrité arrivera le bonheur. Or, le bonheur est à l'intérieur de soi.

*Est-ce une tare ou un privilège de vivre la gloire ? Ou les deux ?*

La gloire apporte son lot d'avantages et de privilèges. Mais la tranquillité d'esprit et la vie privée sont des aspects très précieux qui peuvent malheureusement être menacés lorsque arrive la célébrité.

*Est-ce que vous suggéreriez à quiconque de vivre l'expérience de la célébrité ?*

Oui. Du moins pour une journée ! Pour comprendre ce que c'est.

# NICOLE BORDELEAU

Maître en yoga

## " La gloire est un état d'esprit, une attitude à l'égard de la vie qui consiste à donner plus que ce que nous avons reçu. "

**QUELLE EST VOTRE DÉFINITION DE LA GLOIRE?**

Au sens de notoriété, de célébrité, d'honneur ou de renommée, la gloire semble être une expérience enivrante, coûteuse et éphémère qui se crée, se mérite ou s'achète. Cette gloire-là fait la première page des magazines et trône au sommet des palmarès. Mais il existe une autre forme de gloire, qui est lumineuse, éternelle et durable, et c'est celle de « rendre gloire » à quelque chose ou à quelqu'un de plus grand que soi.

*D'aussi loin que vous vous souveniez, la gloire faisait-elle partie de vos rêves?*

Oui, car j'ai la certitude que chacun de nous est venu sur cette terre pour faire une différence dans la vie des autres. Et plus une personne est connue et reconnue, plus sa responsabilité envers les autres est grande. Mais pour y arriver, pour faire une différence notable, il faut rêver de la « gloire » dans le sens noble et lumineux du terme, car la renommée est un outil puissant pour changer les choses. Il est toujours plus difficile de participer à un changement de société en étant dans l'ombre.

*Quelle forme prenait-elle?*

La gloire est comme un crayon marqueur, elle trace le contour d'un talent qui nous a été prêté par la vie. Qu'on soit chanteur ou chercheur, qu'on soit top modèle ou leader spirituel, la gloire est un état d'esprit, une attitude à l'égard de la vie qui consiste à donner plus que ce que nous avons reçu.

*Quand vous avez obtenu la gloire, vous a-t-elle paru différente de l'image que vous en aviez?*

Je ne suis connue que d'une certaine partie du grand public, mais cette renommée se doit, chaque jour, d'être méritée. Je me dois d'être authentique, en harmonie avec ce que j'enseigne en yoga et en méditation. Que je sois en public ou en privé, mon intention est de demeurer fidèle à ce que je suis et à mes valeurs profondes.

*Par votre métier, vous côtoyez la gloire des autres. Est-ce que ça vous donne un autre point de vue du phénomène? Une meilleure vue d'ensemble?*

J'ai remarqué que les êtres qui ont atteint la véritable gloire, qui vivent dans sa lumière, ont une grandeur d'âme. Ce sont généralement des personnes nobles et très humbles. Leur gloire est liée beaucoup plus à ces qualités d'être humain qu'à ce qu'ils font comme métier dans la vie.

*Est-ce que ça vous permet de vous distancier de votre propre gloire et d'éviter ainsi certains pièges inhérents au phénomène?*

Lorsque la gloire est liée à ce que l'on fait, elle est vouée à l'impermanence, elle peut changer de forme, fluctuer et disparaître. Dans ces moments-là, il est important de ne pas s'y agripper de toutes nos forces, car la recherche et la poursuite de la gloire peuvent devenir une sorte de dépendance et engendrer une grande souffrance.

*Selon vous, quel profil faut-il à un individu pour atteindre les hauts sommets et vivre la consécration, la gloire?*

La dignité et le courage. La dignité d'apprendre à naviguer sur les vagues du changement qu'apporte la gloire. Et le courage de rester droit, de ne pas fléchir devant les difficultés, le courage aussi de ne pas se trahir pour atteindre de plus hauts sommets, de ne pas mentir pour augmenter son profit personnel, et le courage de se remettre en question pour ne pas tomber dans la complaisance et la facilité qu'apporte la renommée.

*Pourquoi les gens ont-ils tant besoin de vivre leurs quinze minutes de gloire?*

Tout être humain possède le besoin profond et viscéral d'être entendu, vu, touché et surtout aimé par les autres. Lorsque les gens ne se sentent pas « reconnus » par leur entourage, ils ne se sentent pas totalement vivants, alors ils cherchent un éclairage plus fort.

*Est-ce une tare ou un privilège de vivre la gloire? Ou les deux?*

La gloire n'est pas une fin en soi. Elle doit venir avec un esprit en paix et la sensation de participer à quelque chose de plus beau et de plus grand que notre renommée personnelle. Sinon, la gloire devient petite, étroite, étouffante, paranoïaque, vulnérable et de courte durée.

*Est-ce que vous suggéreriez à quiconque de vivre l'expérience de la célébrité?*

À part les tracas financiers, la gloire ne résoudra aucun problème personnel. Au contraire, elle jette un éclairage plus fort sur les attachements, les névroses et les angoisses de ceux qui vivent dans la lumière brillante de la célébrité. Si elle est utilisée comme une forme de fuite, elle isole celle ou celui qui la vit et risque de rendre cette personne encore plus malheureuse. Toutefois, si la gloire est considérée comme une voie, un chemin dont l'ultime forme est la satisfaction d'un travail bien fait, le bonheur et la paix de notre esprit, je la recommande à tous!

# SOPHIE THIBAULT

Chef d'antenne, TVA-LCN

## " Les gens finissent par se persuader que la gloire est synonyme de bonheur. "

**QUELLE EST VOTRE DÉFINITION DE LA GLOIRE ?**

Dans bien des cas, c'est pour moi la manière « adulte » de répéter : « Regarde, maman (ou papa), ce que je peux faire ! » Une recherche de reconnaissance parfois malsaine. Mais bien souvent, c'est tout simplement une lumière crue et aveuglante sur nos succès, exploits, réussites exceptionnelles.

*D'aussi loin que vous vous souveniez, la gloire faisait-elle partie de vos rêves ?*

Je n'ai jamais rêvé de gloire, mais d'une certaine singularité, dans l'espoir de laisser une petite marque dans le cours des choses. Mais je crois que je voulais inconsciemment distraire ma mère, paralysée par la vie… lui offrir une « vie de secours », de l'excitation par procuration.

*Quelle forme prenait-elle ?*

J'aimais le micro, je devenais Donald Lautrec ou Judith Jasmin, pour chanter ou questionner les passants… Je voulais devenir une grande astrophysicienne ou une sorte de Françoise Dolto. Pas une vaine gloire, mais devenir « quelqu'un » dont on reconnaît le souci pour autrui.

*Quand vous avez obtenu la gloire, vous a-t-elle paru différente de l'image que vous en aviez ? Du fantasme imaginé ?*

Je n'ai jamais eu l'impression de l'avoir obtenue… Une certaine popularité, sûrement, mais pas la gloire, qui est pour moi la célébrité et la réussite conjuguées au plus-que-parfait, qui rime avec postérité ! Les autographes, les flashes, les tapis rouges, c'est de l'éphémère. Mais ce sont des marques de reconnaissance qui nourrissent l'ego dégonflé ! On y est plongé sans cours préparatoire. C'est un apprentissage sur le tas !

*Par votre métier, vous côtoyez la gloire des autres. Est-ce que ça vous donne un autre point de vue du phénomène ? Une meilleure vue d'ensemble ?*

Oui, d'une certaine façon. J'arrive à tracer un certain tableau à partir des comportements des glorieuses et glorieux que je rencontre. J'entrevois parfois ses ravages. J'ai beaucoup d'es-

time pour ceux et celles qui savent la gérer avec simplicité et humour.

*Est-ce que ça vous permet de vous distancier de votre propre gloire et d'éviter ainsi certains pièges inhérents au phénomène ?*

Tout part de soi, les autres n'y changent rien. Si on est prédisposé à la vanité, l'exemple d'autrui a bien peu d'influence. Si le sous-sol est plein de fissures, le rez-de-chaussée va finir par s'effondrer. Certaines gloires rendent les plus carencés de ce monde complètement fous.

*Selon vous, quel profil faut-il à un individu pour atteindre les hauts sommets et vivre la consécration, la gloire ?*

Tous les profils s'y trouvent : les brillants, les hypersensibles, les « poqués » de la vie, les grands narcissiques, les premiers de classe, les chanceux, les talentueux, les cas uniques, les leaders naturels, les ambitieux…

*Pourquoi les gens ont-ils tant besoin de vivre leurs quinze minutes de gloire ?*

C'est lié à l'histoire de l'humanité… Mais c'est plus que jamais dans l'air du temps, parce que notre société centrée sur l'ego, l'image et l'instantanéité la valorise plus que jamais, parce que les médias, sociaux ou pas, alimentent ce faux besoin. Parce que les gens finissent par se persuader que la gloire est synonyme de bonheur. Parce qu'on croit qu'être quelqu'un c'est avoir son nom dans le dictionnaire…

*Est-ce une tare ou un privilège de vivre la gloire ? Ou les deux ?*

Ça peut être très embêtant pour une nature timide qui fuit le regard des autres ! Je suis un peu paradoxale à cet égard : dans mes jeunes années de télévision, j'ai confondu, à tort, le regard admiratif avec le coup d'œil curieux et impoli des gens qui se demandaient de quoi souffrait ma mère en fauteuil roulant, quand j'étais ado. J'ai donc assimilé cette popularité naissante à une sorte d'agression, une terrible perte de liberté. Avant de pouvoir enfin détricoter mes fausses perceptions.

Reste que la popularité nous procure de grandes joies : tout le monde est très gentil avec ceux qui brillent, qu'on reconnaît dans la rue. Mais j'ai un malaise avec les injustices profondes que ces privilèges peuvent provoquer : pourquoi moi parce que je suis connue, mais pas l'autre qui fait des merveilles dans l'ombre ?

*Est-ce que vous suggéreriez à quiconque de vivre l'expérience de la célébrité ?*

Pas particulièrement. Pour moi, il n'y a qu'une seule gloire : aimer et être aimé.

# HERBY MOREAU

Animateur

## " La gloire, **c'est quand tout le monde veut un morceau de toi. "**

**QUELLE EST VOTRE DÉFINITION DE LA GLOIRE ?**

La gloire, c'est connaître une popularité qui fait quasiment l'unanimité. Plus qu'un succès, c'est un triomphe. C'est se sentir infaillible, voire invincible. Dans mon métier, j'ai pu observer cette gloire de très près. Les flashes des photographes, les ovations, les trophées ne sont pas donnés à tout le monde, et c'est cette rareté qu'on appelle d'une certaine manière la gloire. Elle est rare, mais aussi fragile et éphémère si on ne sait pas la gérer. La gloire, c'est quand tout le monde veut un morceau de toi.

*D'aussi loin que vous vous souveniez, la gloire faisait-elle partie de vos rêves ?*

Tous les enfants qui jouent au hockey dans la ruelle derrière chez eux et qui se prennent pour P. K. Subban ont en quelque sorte une envie de connaître la gloire. Ils rêvent, en portant le chandail de leur idole, de vivre une émotion pareille à celle des plus grands sportifs. Ils s'imaginent sur la patinoire, sous les applaudissements, soulevant même à bout de bras la fameuse coupe Stanley. Pour ma part, quand j'étais jeune, mon idole n'était pas Guy Lafleur mais plutôt Michael Jackson. Rassurez-vous, je n'avais pas envie de lui ressembler physiquement, mais j'espérais être capable d'éveiller les mêmes réactions que lorsqu'il se mettait à danser. J'espérais un peu impressionner, voire en quelque sorte épater la galerie. C'est probablement le souvenir le plus lointain que j'ai d'un désir de gloire.

*Quand vous avez obtenu la gloire, vous a-t-elle paru différente de l'image que vous en aviez ?*

Obtenir la gloire n'a jamais été un objectif. J'ai plutôt l'impression d'avoir le beau rôle puisque je vis constamment à un degré de séparation de la gloire sans jamais avoir à vivre cette responsabilité. C'est très bien comme ça ! Effectivement, la gloire vient avec son lot de contraintes : il faut constamment être à la hauteur des attentes d'un public souvent insatiable. Je ne pourrais pas supporter la pression constante de pouvoir décevoir. Quand je vois un acteur comme Robert De Niro,

qui a connu ses heures de gloire pendant trois décennies mais qui peine aujourd'hui à trouver un rôle qui le remettrait au top du box-office, je me dis que je préfère connaître une série de petits succès, plutôt que de passer ma vie à tenter de répéter un moment du passé. C'est peut-être pour cette raison que j'ai choisi d'être aux premières loges de la gloire des autres, en tant que journaliste artistique qui couvre les tapis rouges d'ici et d'ailleurs depuis plus de vingt ans.

*Est-ce que ça vous donne un autre point de vue du phénomène ? Une meilleure vue d'ensemble ?*

Au fil des années, j'ai pu observer les artistes gérer de manières différentes leur gloire. Il y a ceux qui la vivent pleinement et sainement, en sachant qu'elle pourrait s'envoler du jour au lendemain : ils apprécient ce qu'ils vivent et ne tomberont pas de haut si ça doit s'arrêter. Mais j'ai aussi pu observer ceux qui s'accrochent à la célébrité comme si c'était le leitmotiv de leur carrière, et qui en fin de compte s'essoufflent à force de courir après cette gloire. Et enfin, il y a ceux que je préfère : les personnes qui vivent la gloire sans même savoir qu'elles sont dedans. C'est souvent le cas des sportifs ou des artistes introvertis qui ont seulement hâte de retourner à l'entraînement ou dans leur studio.

*Est-ce que ça vous permet de vous distancier de votre propre gloire et d'éviter ainsi certains pièges inhérents au phénomène ?*

J'ai l'impression d'avoir connu un certain succès grâce aux émissions que j'ai animées, mais je suis loin d'avoir connu la gloire. Je n'ai pas l'impression de faire l'unanimité, et c'est très bien comme ça. Pour certains, faire un million de cotes d'écoute à la télé est synonyme de gloire. Mais pour moi, le succès, c'est plutôt d'être capable de durer dans le temps, en restant soi-même, sans se travestir pour plaire au plus grand nombre. Pour certains, la gloire, c'est être applaudi par une salle entière de spectateurs debout, pour d'autres, ce sera plutôt la reconnaissance d'une personne qu'ils admirent. Pour moi, c'est lorsque mon prof préféré du primaire me croise dans la rue et que je sens la fierté dans ses yeux et dans ses paroles.

*Selon vous, quel profil faut-il à un individu pour atteindre les hauts sommets et vivre la consécration, la gloire ?*

Il faut avant tout savoir à quoi s'attendre, être préparé à vivre ça. Ceux qui connaissent la gloire du jour au lendemain ne durent pas. Peu importe les pays ou l'époque, les Édith Piaf, Michael Jackson, Whitney Houston, Elvis, Dalida, Heath Ledger, Amy Winehouse ont eu du mal à vivre avec leur succès. Pour éviter de tomber dans certains pièges de la gloire, il faut être bien entouré, savoir se remettre en question et accepter les critiques, même si certains peuvent choisir d'être entourés de personnes qui leur disent ce qu'ils veulent entendre.

*Pourquoi les gens ont-ils tant besoin de vivre leurs quinze minutes de gloire ?*

Pour vivre une certaine adrénaline, mais certainement parce que cette gloire est aussi synonyme de reconnaissance sociale. C'est également une façon de sortir de sa petite routine et de rêver à une autre vie : la téléréalité en est bien sûr un exemple depuis quelques années, mais récemment, ce besoin qu'ont des millions de jeunes de publier des vidéos amateurs sur YouTube dans le but de devenir la « saveur de la semaine » le prouve encore plus.

*Est-ce une tare ou un privilège de vivre la gloire ? Ou les deux ?*

Tout dépend pour qui. Prenez par exemple Abdellatif Kechiche, le réalisateur de *La Vie d'Adèle*, qui a remporté la Palme d'or 2013 à Cannes. Il a avoué récemment que, depuis les derniers mois, le succès de son film ne lui a apporté que des ennuis. Il a été critiqué non seulement par les journalistes mais aussi par ses propres actrices. Il a été jusqu'à dire que cette Palme d'or avait été une malédiction, qu'il souhaitait ne jamais l'avoir gagnée. On s'imagine mal Steven Spielberg dire la même chose !

*Est-ce que vous suggéreriez à quiconque de vivre l'expérience de la célébrité ?*

Non. Si le but est de connaître uniquement la célébrité, sans passion ni le moindre effort en amont, la gloire perd tout son charme. Mais dans le cas contraire, si la célébrité est l'aboutissement d'un effort sincère, elle peut devenir une des expériences les plus enivrantes du monde. Encore faut-il réussir à ne pas se laisser emporter.

# SOPHIE DUROCHER
## Chroniqueuse et animatrice

> « **C'est dans la démesure de la gloire** que les humains se brûlent les ailes. »

### QUELLE EST VOTRE DÉFINITION DE LA GLOIRE ?

C'est la reconnaissance publique d'un talent particulier. Parfois, ce talent consiste simplement à être au bon moment au bon endroit. Parfois, ce talent consiste à inventer un produit qui va changer la face du monde ou à créer un monde de toutes pièces. La gloire, c'est tout autant l'insignifiance de Kim Kardashian que la splendeur de Steve Jobs ou le génie de Guy Laliberté.

*D'aussi loin que vous vous souveniez, la gloire faisait-elle partie de vos rêves ?*

Non. Enfant, j'ai voulu être ballerine, puis comédienne. Mais c'était par passion, pas pour devenir quelqu'un de riche et célèbre. Je m'imaginais réussir ma carrière et vivre de mon art, mais la gloire n'a jamais fait partie de l'équation. Alors que tant de jeunes aujourd'hui visent d'abord la gloire, et la passion ensuite.

*Quand vous avez obtenu la gloire, vous a-t-elle paru différente de l'image que vous en aviez ?*

Je ne me perçois pas du tout comme quelqu'un de célèbre. Pour moi, c'est une catégorie réservée aux grands noms, connus de tous.

*Par votre métier, vous côtoyez la gloire des autres. Est-ce que ça vous donne un autre point de vue du phénomène ? Une meilleure vue d'ensemble ?*

Comme intervieweuse, je côtoie des gens célèbres, tout en restant en coulisse. Personnellement, je n'envie pas leur vie. Le prix à payer pour la très grande célébrité (absence de vie privée, angoisse de la défaite, précarité de l'amour du public) n'est pas compensé par ses côtés positifs (valorisation de soi, sentiment de dépassement, reconnaissance).

*Selon vous, quel profil faut-il à un individu pour atteindre les hauts sommets et vivre la consécration, la gloire ?*

La grande majorité des gens célèbres que j'ai côtoyés avaient une blessure à panser. On se lance rarement vers les plus hauts sommets si on n'a pas connu les bas-fonds. L'ambition des plus grands est très souvent motivée par un manque à gagner, un vide à remplir, un besoin à combler.

*Pourquoi les gens ont-ils tant besoin de vivre leurs quinze minutes de gloire ?*

Ils vivent dans l'illusion que l'on peut vivre de l'amour d'inconnus. Alors qu'il n'y a que l'amour de ses proches qui compte vraiment. Jamais être acclamé par une foule de cinquante mille personnes ne se comparera à un « Je t'aime » lancé par un enfant, un conjoint ou un ami sincère.

*Est-ce une tare ou un privilège de vivre la gloire ? Ou les deux ?*

C'est un privilège et un piège. Mais rien ne m'horripile plus que d'entendre des gens célèbres se plaindre de leur notoriété. Un plombier ne se fait jamais arrêter dans la rue par des gens qui le félicitent pour son dernier tuyau. Un infirmier de nuit ne se fait pas applaudir par des milliers de gens quand il rentre chez lui, épuisé, à huit heures du matin après avoir soigné des mourants. Les gens célèbres ne devraient jamais se plaindre le ventre plein.

*Est-ce que vous suggéreriez à quiconque de vivre l'expérience de la célébrité ?*

Il faut faire une différence entre la petite célébrité et la grande gloire. Un peu de reconnaissance et de notoriété, une certaine aisance financière, ça se gère bien. Mais c'est dans la démesure de la gloire que les humains se brûlent les ailes. On peut compter sur les doigts d'une main ceux qui ont gardé toute leur tête. Et ceux qui l'ont fait doivent remercier leur famille et leurs proches qui leur ont gardé les deux pieds sur terre. À ce titre, le cas de Céline Dion est particulièrement exemplaire.

# JEAN-LUC MONGRAIN

Animateur et commentateur d'affaires publiques

**" Courir après la gloire, c'est risquer de se perdre sur les chemins de la vie. "**

**QUELLE EST VOTRE DÉFINITION DE LA GLOIRE ?**

Pour moi, la gloire est un état qui appartient au monde de la grâce, c'est une consécration qui va au-delà de la popularité et du matérialisme. La gloire est le fruit d'une vie au service des autres, une plénitude dont le sens dépasse ce que nous sommes. La gloire est dans son essence fragile, elle n'appartient pas à la personne qui en est l'objet. C'est souvent un piège pour ceux et celles qui en font un objectif de vie ; courir après la gloire, c'est risquer de se perdre sur les chemins de la vie. Il arrive que l'on prenne la gloire pour une grande popularité, de grands succès qui entraînent une reconnaissance unanime de ses pairs. La gloire transcende tout cela, elle se situe hors du temps. Inscrite dans l'économie du monde, elle a un prix pour la personne qui en est auréolée et elle satisfait souvent davantage ceux qui l'attribuent à quelqu'un que ceux qui sont glorifiés.

*D'aussi loin que vous vous souveniez, la gloire faisait-elle partie de vos rêves ?*

Je ne crois pas que l'on rêve à la gloire si on nomme ainsi un rêve de popularité, de reconnaissance, de succès et de performance… On confond le dépassement, la réussite, la notoriété, une certaine consécration avec la gloire.

*Quand vous avez obtenu la gloire, vous a-t-elle paru différente de l'image que vous en aviez ?*

Si on croit avoir atteint la gloire, c'est qu'on a gravi de faux sommets, on s'est laissé séduire par le chant des sirènes et les mirages de la popularité.

*Par votre métier, vous côtoyez la gloire des autres. Est-ce que ça vous donne un autre point de vue du phénomène ? Une meilleure vue d'ensemble ?*

Au fil des ans, j'ai eu à rencontrer et à côtoyer des gens de différentes sphères de l'activité humaine et je n'ai jamais croisé la gloire, je n'ai jamais même senti que des gens croyaient en être drapés… Oui, j'ai rencontré des gens du monde des arts, des sciences et de la politique dont la notoriété et l'influence ont marqué et marqueront le monde à jamais, mais la gloire n'était pas présente. Il y avait devant moi des hommes et des femmes qui se passionnent pour leur métier ou leur art ou qui jugent que ce qu'ils accomplissent fait partie de leur nature et emplit leur vie au point de s'oublier eux-mêmes, mais jamais l'idée même de la gloire n'était présente. Les vrais ne courent pas après la gloire.

*Pourquoi les gens ont-ils tant besoin de vivre leurs quinze minutes de gloire ?*

Dans un monde de rapidité, de communication instantanée, où l'on ressent tout de même une profonde solitude, certaines personnes éprouvent un besoin de reconnaissance pour se démarquer de la masse… Une démarche souvent décevante qui s'appuie sur la superficialité et l'artifice ! L'anonymat devient plus difficile à supporter après s'être laissé séduire par l'illusion.

# RICHARD MARTINEAU

Animateur et chroniqueur

**" Soyez célèbre pour ce que vous FAITES, pas pour qui vous êtes. "**

**QUELLE EST VOTRE DÉFINITION DE LA GLOIRE ?**

Comme celle que vivent les stars ? Un cadeau, mais surtout une malédiction. Vous ne vous appartenez plus, on vous assigne une personnalité et paf ! plus moyen d'en sortir, vous êtes prisonnier à vie de l'image que les autres se sont faite de vous… Vous devenez un objet, une marque, des gens qui ne vous ont jamais rencontré ont une opinion à votre sujet. Comme l'écrivait Sartre : « L'enfer, c'est les autres. » Et si vous tentez de briser l'image que les gens ont de vous, on vous immolera.

*D'aussi loin que vous vous souveniez, la gloire faisait-elle partie de vos rêves ?*

Absolument pas. Jeune, mon rêve était de gagner ma vie en écrivant et d'avoir tellement de plaisir à faire mon travail que la frontière entre le travail et la vie disparaîtrait. Mon souhait a été exaucé. Je suis le plus chanceux des hommes. Je n'ai pas besoin de mettre ma vie entre parenthèses huit heures par jour. Un luxe inestimable.

*Quand vous avez obtenu la gloire, vous a-t-elle paru différente de l'image que vous en aviez?*

Du jour au lendemain, des filles qui ne m'auraient jamais donné l'heure voulaient avoir mon numéro de téléphone. C'était au-delà de mes espérances, bien sûr... Cela dit, il faut relativiser mon niveau de notoriété! J'anime deux émissions de télé assez pointues sur des chaînes spécialisées. Je ne connais pas la gloire et à peine la célébrité. Disons que je suis connu, c'est plus juste.

*Par votre métier, vous côtoyez la gloire des autres. Est-ce que ça vous donne un autre point de vue du phénomène? Une meilleure vue d'ensemble?*

Oui, bien sûr. Je vois à quel point il est difficile pour les gens très célèbres de faire la différence entre ce qu'ils sont et ce que les gens ont décrété qu'ils sont. Qui est le personnage, qui est le vrai moi? Pas facile... Vous vivez avec un jumeau qui ne vous quitte pas d'une semelle, qui vous ressemble comme deux gouttes d'eau, mais qui n'est pas tout à fait vous.

*Est-ce que ça vous permet de vous distancier de votre propre gloire et d'éviter ainsi certains pièges inhérents au phénomène?*

Oh que oui! Je me dis que je suis une petite vedette et que c'est bien comme ça. C'est cliché, mais ça t'apprend à quel point ta famille, tes parents, ta blonde, tes enfants sont importants. Ils t'empêchent de partir au vent comme un ballon. C'est ce qui permet à Céline Dion de rester saine d'esprit...

*Selon vous, quel profil faut-il à un individu pour atteindre les hauts sommets et vivre la consécration, la gloire?*

Avoir besoin d'amour. Avoir une faille, un manque... Croire que les applaudissements combleront le vide qui te ronge au creux du ventre... Demander aux gens de te définir, parce que tu n'es pas capable de le faire toi-même... Remettre ta vie entre les mains des autres...

*Pourquoi les gens ont-ils tant besoin de vivre leurs quinze minutes de gloire?*

Ils n'ont plus de vie intérieure. Tout doit être extériorisé. Maintenant, les gens vont à l'épicerie du coin et prennent plus de photos que Neil Armstrong n'en a prises quand il est allé sur la Lune! Et ils les partagent avec des inconnus... On vit par procuration. Si tu me dis que ma blonde est belle, je vais la trouver belle. J'ai besoin de ton regard, de ton approbation... Triste... Surtout pour les jeunes filles, qui ont tellement de mal à se sentir bien dans leur peau.

*Est-ce une tare ou un privilège de vivre la gloire? Ou les deux?*

Pour tout ce qui est superficiel (une table au resto, des billets gratuits, un *one-night stand*): un privilège. Pour le reste, ce n'est pas vraiment une tare, disons plutôt un obstacle encombrant. Si tu le laisses t'encombrer.

*Est-ce que vous suggéreriez à quiconque de vivre l'expérience de la célébrité?*

Certes, mais avec un bémol: soyez célèbre pour ce que vous FAITES, pas pour qui vous êtes. C'est plus facile à supporter.

# JANETTE BERTRAND

Romancière, dramaturge, animatrice et professeur d'écriture dramatique

## " Ce n'est pas nous qui faisons notre popularité, c'est le public, alors il faut beaucoup d'humilité. "

**QUELLE EST VOTRE DÉFINITION DE LA GLOIRE?**

J'apparente la gloire à Jules César, Napoléon, Pasteur et aux gens du même acabit. Tu obtiens une certaine gloire éphémère quand tu as réalisé quelque chose que personne d'autre n'a fait. Celui qui a réussi le plus grand saut ou qui a nagé le plus vite va connaître la gloire le temps de recevoir une médaille.

*D'aussi loin que vous vous souveniez, la gloire faisait-elle partie de vos rêves?*

Petite, je ne rêvais pas du tout à la gloire. Mon avenir m'apparaissait complètement bouché.

*À quoi rêviez-vous?*

Je rêvais d'écrire. Je voulais être journaliste mais sans penser même être reconnue.

*Quand vous avez obtenu la gloire, vous a-t-elle paru différente de l'image que vous en aviez?*

Je ne connais pas la gloire. Je ne l'ai jamais connue. J'ai une renommée, une certaine célébrité dans le sens que je suis connue et reconnue par mes concitoyens. Je n'y suis pour rien. La célébrité, c'est le public qui choisit de te la donner, pas toi. Parfois, c'est très agréable à vivre et parfois c'est très embêtant. En ce moment, dans ma vie, c'est agréable. Des femmes et beaucoup d'hommes viennent me voir pour me dire : « Vous m'avez aidé personnellement. » Ça, c'est la plus grande reconnaissance. Tout le monde est en quête d'une certaine reconnaissance. Dans mon cas, je voulais être aimée de ma mère et je voulais que mon père convienne qu'une fille, ça vaut quelque chose. C'est un moteur extraordinaire. Ça devient même une obsession. Mon père est mort depuis des années et je veux encore lui prouver la valeur que peut avoir une fille. Par moments, j'aimerais qu'il voie ce que j'ai fait, mais peut-être qu'il ne serait pas du tout d'accord avec mes choix, mon parcours. Je pense qu'on est marqué pour la vie par la reconnaissance qu'on n'a pas eue dans sa prime jeunesse. On en guérit, mais on fait des rechutes. Moi, je fais constamment des rechutes. Quand je reçois un prix, je me dis : « Pourquoi me l'ont-ils donné à moi ? Il y en a tant d'autres meilleurs que moi. »

*Par votre métier, vous côtoyez la gloire des autres. Est-ce que ça vous donne un autre point de vue du phénomène ? Une meilleure vue d'ensemble ?*
Je me sens très près des gens qui sont dans ce métier. J'aime les comédiens pour leur vulnérabilité parce qu'ils ont besoin, pour la plupart, de plus d'amour que celui qu'ils reçoivent des leurs. Je me sens proche aussi des animateurs et des interviewers. En fait, je me sens dans une confrérie de gens qui ont besoin d'amour.

*Est-ce que ça vous permet de vous distancier de votre propre gloire et d'éviter ainsi certains pièges inhérents au phénomène ?*
J'ai été tellement rabaissée que je ne peux pas avoir la grosse tête. Et puis j'ai une grande famille. Pour eux, je ne suis pas Janette Bertrand mais mon amour, maman, mamie, grand-mamie. Des gens d'un certain milieu, ce que l'on appelle l'intelligentsia, m'ont toujours snobée. Ça me blesse encore mais ça ne me démolit pas. J'ai quatre-vingt-huit ans ; peut-être pense-t-on que je vais m'asseoir et me bercer. Non, je vais continuer d'écrire.

*Selon vous, quel profil faut-il à un individu pour atteindre les hauts sommets et vivre la consécration, la gloire ?*
Je n'en ai pas la moindre idée parce que je n'ai jamais voulu atteindre les hauts sommets et connaître la gloire. Jamais. Je voulais juste être utile, un peu, à ma façon. Un jour, on a demandé à Hemingway ce qu'il fallait selon lui pour être un grand écrivain, et il a répondu : « Une enfance malheureuse. » Je ne suis pas loin de le croire. Quand on a eu une enfance malheureuse, on veut donner aux autres ce que l'on n'a pas reçu. En ce qui me concerne, ce sera ainsi jusqu'à ma mort.

*Pourquoi les gens ont-ils tant besoin de vivre leurs quinze minutes de gloire ?*
Pour avoir un grand moment de reconnaissance dans leur vie. Je pense que tout être humain cherche la reconnaissance et veut se distinguer des autres.

*Est-ce une tare ou un privilège de vivre la gloire ? Ou les deux ?*
Il y a un prix à payer sûrement, mais il y a un prix à payer pour tout dans la vie.

*Suggéreriez-vous à quiconque de vivre l'expérience de la célébrité ?*
Pour exercer un métier public, il faut faire preuve de passion, de patience, de persévérance et de résilience, et se dire que, si ça ne marche pas, on tentera autre chose. Il faut mettre des sous de côté et se préparer à changer de métier, au cas où ça ne durerait pas. C'est un métier difficile, parce que ce n'est pas nous qui faisons notre popularité, c'est le public, alors il faut beaucoup d'humilité. Je pense qu'il est très important de faire le chemin à deux. Le regard de l'être aimé, c'est tout ce qui compte au fond. Le regard de Donald, mon amoureux, c'est tout ce qui compte pour moi.

*Est-ce que la célébrité apporte une forme d'amour ?*
Oui, l'amour du public, que j'ai ressenti très fort lors de la marche des Janette. Vingt mille femmes et hommes scandaient « Janette ». C'était très émouvant. Mais le lendemain, rues Sainte-Catherine et Peel, personne ne me reconnaissait sur la rue. C'est un bon équilibre.

*Comble-t-il une partie du vide causé par le manque de reconnaissance des parents ?*
Tout à fait. J'ai été très aimée par mon père, mais comme j'étais une fille il avait beaucoup de difficulté à parler de mon succès. Il se vantait d'être le père de Janette Bertrand, mais il ne m'a jamais dit que ce que je faisais était bon. C'étaient ses fils qui devaient réaliser cette forme d'accomplissement. C'était un homme de son temps. Hélas, il existe encore des parents qui pensent élever leurs enfants en les rabaissant.

*À quatre-vingt-huit ans, êtes-vous rassasiée ?*
Je ne suis pas rassasiée. On n'a jamais assez d'amour.

*Y a-t-il quelque chose, sur le plan professionnel, dont vous êtes fière ?*
L'évolution des femmes, mais il faut être vigilante parce que tout n'est pas gagné. Il y a toujours des religions qui veulent ramener les femmes où elles étaient avant : sous les hommes.

*Quelle est votre plus grande gloire personnelle ?*
J'ai une famille unie dont je suis le chef. Ça, c'est un succès dont je suis le plus fière.

*Qu'est-ce que vous voulez laisser comme héritage ?*
Je suis une femme. Je ne rêve pas de laisser des traces dans la mémoire collective. La pérennité, c'est une affaire d'hommes. Mais je voudrais que l'on dise de moi que j'ai été une femme qui disait ce qu'elle pensait réellement – même si elle allait se faire des ennemis au passage –, et que je me suis battue pour que les femmes soient les égales des hommes.

# Êtes-vous fait pour connaître la gloire, VIVRE AVEC ELLE et la faire durer ?

Si vous avez un talent hors du commun, peu importe la discipline, vous croyez peut-être que vous possédez des dispositions pour réussir. Voici un aperçu de ce qui vous sera nécessaire dans la tête et dans le cœur pour atteindre vos objectifs, aperçu inspiré de l'ensemble des témoignages cités dans *La Gloire démystifiée*. Chacune des trente questions est accompagnée d'une citation que j'ai retenue après un survol des entrevues. En regardant vos résultats, vous saurez quelles sont vos prédispositions à l'égard de la gloire. Si vous répondez affirmativement à toutes les questions, vous pourrez en conclure que vous remplissez les critères qui favorisent le succès. Il ne vous restera plus qu'à mesurer votre talent dans votre sphère d'activité et à travailler, travailler, travailler...

## 1

Est-ce que la quête de la gloire vous habite depuis votre enfance ? Est-ce que vous vous voyiez en haut de l'affiche, en plein triomphe, lorsque vous étiez jeune ?

OUI ☐ NON ☐

**ANNIE PELLETIER** — *« Je rêvais d'être connue depuis que j'étais toute jeune. Quand j'étais au secondaire, je pratiquais déjà la signature que j'allais faire pour mes autographes. »*

## 2

Croyez-vous être capable d'être fidèle à vos racines, de ne pas oublier d'où vous venez, quand le succès frappera à votre porte ?

OUI ☐ NON ☐

**VÉRONIC DICAIRE** — *« Ce qui est toujours présent, ce sont mes racines. Pour moi, c'est fondamental. Je vais toujours avoir la petite fille d'Embrun en moi. »*

## 3

Croyez-vous avoir une famille et des amis autour de vous pour éviter de basculer quand la gloire vous tombera dessus ?

OUI ☐ NON ☐

**GUYLAINE TREMBLAY** — *« C'est une grande force d'avoir une famille et des amis qui te tiennent, parce que c'est vrai que ça peut être tentant de partir en peur. »*

## 4

Seriez-vous prêt à mettre une partie de votre vie personnelle en veilleuse pour réussir ?

OUI ☐ NON ☐

**MICHEL LOUVAIN** — *« J'ai trop mis ma carrière au premier plan, je n'ai pas assez pensé à moi, côté cœur. »*

## 5

Seriez-vous prêt à perdre une partie de votre liberté pour réussir et toucher à la gloire ?

OUI ☐ NON ☐

**ÉRIC LAPOINTE** — *« Tu ne peux pas sortir. Tu ne peux pas puncher out. Tu restes la personnalité publique qu'ils connaissent. Tu leur appartiens d'une certaine façon. »*

## 6

Seriez-vous prêt à perdre votre anonymat ? À être constamment dans l'œil du public ?

OUI ☐ NON ☐

**WILFRED LEBOUTHILLIER** — *« D'avoir participé à une forme de téléréalité, je me suis rendu compte que je n'avais plus de vie privée. Le petit peu qui me restait de privé, les gens voulaient le connaître. »*

## 7

Croyez-vous être prêt et assez solide pour être confronté au jugement des autres ?

OUI ☐ NON ☐

**CŒUR DE PIRATE** — *« Ce qui m'énerve le plus, ce sont ceux qui m'insultent directement sur Twitter et sur Instagram. Ça reste de l'intimidation. »*

## 8

Croyez-vous être en mesure de vivre avec le regard des critiques porté sur vous et sur votre travail ?

OUI ☐ NON ☐

**JUSTIN TRUDEAU** — *« C'est important de pouvoir tasser autant les louanges que les critiques quand les unes et les autres ne sont basées sur rien. »*

## 9

Pensez-vous être en mesure de gérer la perception que les gens ont de vous et ce que vous savez réellement de vous ?

OUI ☐ NON ☐

**DANIEL BÉLANGER** — *« C'est le résultat de mon travail, le résultat de mes idées, c'est le résultat de moi que vous aimez, mais ce n'est pas moi. »*

## 10

Croyez-vous être prêt à supporter le fait que les gens pourraient changer autour de vous ? Et changer leur regard sur vous ?

OUI ☐ NON ☐

**PATRICE L'ÉCUYER** — *« Trop de gens sont* phoney *parce qu'ils sont aveuglés par le mythe entourant la célébrité, ce qui fait que la vérité et la sincérité n'existent plus. »*

## 11
**Est-ce que vous avez une foi inébranlable en vous, en ce que vous voulez ou pouvez réaliser?**

OUI ☐  NON ☐

CORNO
*« L'essentiel, c'est ton énergie, ta foi, ta croyance et ta vibration. Si tu te lèves le matin et que tu n'y crois pas, tu es fini! Tu es mort! »*

## 12
**Êtes-vous quelqu'un d'entêté, qui avance même si on lui met des bâtons dans les roues?**

OUI ☐  NON ☐

MARIO PELCHAT
*« Il faut être travaillant et ne pas vouloir se voir ailleurs que dans ce métier. Il faut avoir une tête de cochon. »*

## 13
**Êtes-vous prêt à fournir tous les efforts nécessaires et tout le travail requis pour arriver au résultat et obtenir la gloire?**

OUI ☐  NON ☐

ÉRIC SALVAIL
*« C'est beaucoup, beaucoup et beaucoup de travail, de temps et d'énergie, plus que j'avais même imaginé. »*

## 14
**Seriez-vous prêt à vous dépasser chaque jour pour atteindre votre but, faire le kilomètre de plus, comme disait l'auteur à succès Og Mandino? Le kilomètre qui peut faire toute la différence...**

OUI ☐  NON ☐

LUC LANGEVIN
*« Il faut se dépasser chaque jour. Ce n'est pas un plus, c'est normal. »*

## 15
**Êtes-vous quelqu'un qui a une obsession et qui n'en démord pas même si on tente de le convaincre du contraire?**

OUI ☐  NON ☐

MARIO TESSIER
*« Je suis un obsédé, c'est sûr. Si j'ai un but dans la tête, tu as beau me dire n'importe quoi, dans la langue que tu veux, si je ne veux pas l'entendre, je ne l'entendrai pas. »*

## 16
**Êtes-vous quelqu'un de persévérant?**

OUI ☐  NON ☐

GILBERT ROZON
*« Il faut être prêt à se renouveler continuellement. Il faut de la volonté et de la persévérance. Il faut être capable d'endurer des cycles baissiers. »*

## 17
**Croyez-vous être prêt à vous engager, à vous investir totalement pour atteindre votre but?**

OUI ☐  NON ☐

ANNIE PELLETIER
*« Il faut croire en soi, mais il faut s'engager. S'engager à cent pour cent dans un projet, dans un rêve à court, à moyen ou à long terme. S'il y a cinquante pour cent de toi qui ne s'est pas engagé, tu enlèves cinquante pour cent de chances de réussir. »*

## 18
**Êtes-vous capable d'être rigoureux dans tout ce que vous allez entreprendre?**

OUI ☐  NON ☐

MARIO TESSIER
*« Avant le Gala Artis, je travaille pendant six mois. Il se peut que je me plante, mais je me serai préparé. »*

## 19
**Croyez-vous être prêt à prendre la pression qu'exige une réussite de haut niveau?**

OUI ☐  NON ☐

MARIE-MAI
*« Tu ne veux pas décevoir les gens, tu veux qu'ils continuent de te trouver originale, d'aimer ce que tu fais. Je la sens, cette pression. »*

## 20
**Croyez-vous être en mesure de gérer ce nouveau statut de célébrité sans abuser du pouvoir qui vient avec?**

OUI ☐  NON ☐

KARINE VANASSE
*« Mon professeur me répète souvent qu'il faut avoir de grandes qualités humaines quand tu as beaucoup d'argent, mais aussi quand tu as beaucoup de succès. Plus tu avances dans le succès, dans cette espèce de pouvoir qu'on te donne, et plus c'est difficile de développer les qualités humaines. »*

## 21

Croyez-vous être capable de dompter votre ego quand il voudra s'affoler, se rebeller et prendre toute la place ?

OUI ☐ NON ☐

GUYLAINE TREMBLAY

« Tous les problèmes de la vie viennent de l'ego. Il en faut, pour faire ce qu'on fait, sinon on aurait peur. Mais une surdimension de l'ego, c'est ma mort. »

## 22

Êtes-vous prêt à être grandement disponible pour satisfaire vos fans ?

OUI ☐ NON ☐

SÉBASTIEN LEFEBVRE (SIMPLE PLAN)

« On comprend que c'est important pour eux que l'on soit disponibles, et c'est important pour nous d'avoir ce contact parce que c'est grâce à eux si on est là. »

## 23

Croyez-vous avoir la bonne intention dans cette quête de la gloire, vouloir le faire pour les bonnes raisons ?

OUI ☐ NON ☐

JEAN-MARC PARENT

« Si tu fais ça pour être connu ou pour être riche, il y a peu de chances que ça fonctionne. Si tu fais ce métier parce que tu aimes ça profondément, tu ne t'en rends même pas compte, tout le reste et les sous vont arriver. »

## 24

Croyez-vous pouvoir assumer la responsabilité qui vient systématiquement avec la gloire ?

OUI ☐ NON ☐

RICARDO

« Il y a des obligations qui viennent avec la renommée. Quand je vois quelqu'un qui est un modèle dans la société faire une bévue, surtout d'ordre moral, ça me blesse chaque fois. Cette personne a oublié son rôle, ce qu'elle représentait pour autrui. »

## 25

Croyez-vous être capable de contrôler certaines émotions inhérentes au fait de réussir et de toucher à la gloire ?

OUI ☐ NON ☐

CHUCK COMEAU (SIMPLE PLAN)

« J'ai réalisé que si tu ne contrôles pas tes émotions, si tu n'es pas rationnel, si tu n'es pas capable de faire des compromis, tu peux perdre la chose la plus précieuse pour toi. »

## 26

Seriez-vous prêt à vivre avec le côté éphémère de la gloire, dans la mesure où elle peut disparaître à tout moment ?

OUI ☐ NON ☐

MARIO PELCHAT

« La petite gloire personnelle que l'on recherche tous, moi y compris, c'est totalement humain, mais ce n'est que du vent et c'est éphémère. »

## 27

Pensez-vous être capable de surmonter l'échec qui vient inévitablement sur le parcours de la réussite ?

OUI ☐ NON ☐

GREGORY CHARLES

« Je pense qu'échouer, ça s'apprend, comme réussir. Il faut apprendre à échouer. »

## 28

Seriez-vous prêt à accepter les avis et les conseils de personnes compétentes dans le métier pour vous aider à atteindre les sommets ?

OUI ☐ NON ☐

MARIO PELCHAT

« Le talent de l'artiste est capital, mais le management est tellement important pour parvenir à une grande réussite. »

## 29

Croyez-vous pouvoir gérer une certaine forme de solitude qui vient avec la gloire ?

OUI ☐ NON ☐

DENISE BOMBARDIER

« Il y a une solitude liée à la réussite. Ça complexifie les rapports avec des gens que tu crois être tes amis. »

## 30

Est-ce que vous croyez que le succès répare les injustices de la vie ?

OUI ☐ NON ☐

GUY A. LEPAGE

« Pour faire face à la maladie, aux problèmes conjugaux, aux faillites, ça ne te donne pas un avantage d'être une personnalité connue. »

# MIROIR, MIROIR

Assez tôt dans la vie, on devient conscient de l'image que l'on projette. On établit alors un certain rapport avec le miroir. On se contemple pour apprivoiser l'image qu'il nous renvoie. Certains d'entre nous ont même animé ou chanté devant le miroir pour voir l'effet que nous aurions si nous étions chanteurs ou animateurs. C'est un rapport normal et sain avec l'objet.

Quand on devient une personnalité publique, on doit se regarder plus souvent pour voir si l'image nous convient. Je me suis rendu compte de ce phénomène quand j'étais animateur du talk-show de fin de soirée à TVA. J'étais constamment obligé de m'observer pour évaluer si tout allait bien, je visionnais mes émissions pour corriger certaines manies, certains tics ou la façon dont je posais mes questions. Je trouvais cet exercice d'un narcissisme absolu. On finit par ne regarder que soi et par être obsédé par des questions d'apparence. N'importe qui le serait. C'est un métier où l'image compte.

En préparant ce livre, j'ai lu beaucoup d'ouvrages portant sur le destin de grandes célébrités mondiales et j'en suis arrivé à un constat : lorsque l'on parvient à une telle notoriété, l'effet du miroir peut vraiment tout changer. Ces personnes se retrouvent seules devant lui, avec l'image qu'elles ont d'elles-mêmes, l'image que les fans ont d'elles et l'image que leur miroir leur renvoie. Parfois, une distorsion s'installe entre toutes ces réalités.

Je m'explique. Quand on atteint les hautes sphères de la gloire, inévitablement, un entourage se forme. Un entourage qui a pour but d'empêcher le public d'avoir accès trop facilement à la star. Ces personnes s'assurent de la protéger contre toute agression possible. Plus la star est dans sa tour d'ivoire, coupée du reste du monde, plus elle perd contact avec la réalité extérieure et s'éloigne des émotions véritables. Il faut maintenir cette célébrité à son paroxysme parce que, une fois que l'ego a goûté à la sensation que procure une gloire pareille, il en veut encore. Il en redemande. Il va parfois jusqu'à l'exiger. Dans le monde de l'alpinisme, ça s'appelle l'ivresse des sommets.

L'entourage commence à mentir à la star sur ce qui se passe réellement en dehors de sa tour d'ivoire. On veut la ménager en omettant des détails qui pourraient la perturber et nuire à la performance du soir. Tout le monde y perdrait. Car beaucoup de gens dépendent désormais du succès de la star. Mais celle-ci a de plus en plus peur de décevoir. Elle ne se préoccupe que de la performance parce qu'elle craint d'être supplantée. Ce serait mal vu qu'elle ne soit plus au sommet, le temps de reprendre son souffle pour monter jusqu'au prochain palier. Son entourage lui dit que la nature a horreur du vide et que, si elle s'arrête, une autre fera tout pour prendre sa place. Elle s'isole davantage. Elle ne sort pas de son personnage. Même sa famille n'a plus accès à elle aussi facilement. La star n'a plus ses repères. Elle est entourée d'inconnus qui lui disent ce qu'elle veut entendre. Ainsi, ils deviennent indispensables. Jusqu'au jour où elle commence à ressentir la solitude. En voulant la protéger des autres en l'isolant, on a oublié de dire à la star qu'elle devait se protéger d'elle-même. On l'a laissée seule dans sa tour avec sa pire ennemie.

Elle est seule devant la glace et l'image réfléchie ne lui ressemble plus. L'âme s'est peu à peu échappée. La star se retrouve isolée avec les mêmes problèmes qu'elle avait avant de connaître la consécration. Comme elle était occupée à devenir une star, elle n'avait plus le temps de regarder ses problèmes en face. La pression de l'extérieur est immense. D'une chanson à une autre, d'un rôle à l'autre, il faut « performer », se surpasser, quoi qu'il arrive. Pendant ce temps, d'autres font leur apparition et sont prêts à tout pour que la gloire leur sourie aussi. Pour calmer les angoisses et l'anxiété, la prise d'un petit cachet s'impose. C'est le début d'une spirale. Comme la solitude est grande, rien de mieux qu'un bon verre d'alcool pour célébrer cette vie faite de sacrifices. Pour bien dormir, un somnifère sera nécessaire puisque, pour exceller le lendemain, il faut être au sommet de sa forme. Un cercle vicieux s'installe. C'est la chronique d'une déchéance annoncée. La détresse la gagne, mais la star ne peut l'exprimer parce qu'il y a tellement de gens qui dépendent d'elle, et son public pourrait être déçu.

Quand il existe une souffrance au départ, la gloire ne pourra jamais la guérir. Elle va plutôt détourner sa lumière de la blessure pour s'attarder sur ce qui brille. La gloire éclaire l'illusion jusqu'au jour où la star se regarde dans la glace et constate que, malgré tous les évitements, la blessure ne demande qu'à guérir. Parfois, il est trop tard.

Les dernières années ont été riches en événements tragiques chez nos stars adulées. Des jeunes célébrités, comme Britney Spears, Justin Bieber et Miley Cyrus, ont connu leur lot de frasques. Beaucoup d'artistes sont décédés de causes intimement liées à la surconsommation de médicaments, de drogues ou d'alcool. Parfois, c'est le mélange des trois. On n'a qu'à penser à Elvis, mort d'une surdose de médicaments le 16 août 1977, à l'âge de quarante-deux ans. Le 22 janvier 2008, à vingt-huit ans, l'acteur Heath Ledger a été trouvé sans vie chez lui à cause d'une intoxication de médicaments. Le 25 juin 2009, Michael Jackson est mort dans sa maison de Los Angeles avec un taux élevé de Propofol dans le sang à l'âge de cinquante ans, à l'aube de son retour tant attendu. En février 2012, la chanteuse de quarante-huit ans Whitney Houston a été trouvée

morte dans sa baignoire avec de la cocaïne dans le sang. Le 13 juillet 2013, Cory Monteith, cet acteur et chanteur canadien de trente et un ans qui s'est fait connaître dans la série *Glee*, est mort d'une surdose d'héroïne et d'alcool à Vancouver. Et plus récemment, le 2 février 2014, l'acteur Philip Seymour Hoffman a connu le même destin à l'âge de quarante-six ans. Un mélange d'alcool et de drogues serait à l'origine de sa mort.

Dans l'histoire du rock, il existe le Club des 27, appelé Forever 27, nom donné à un groupe d'artistes influents du rock et du blues tous morts à vingt-sept ans. Le club a été créé à la suite des décès rapprochés de Brian Jones, Jimi Hendrix, Janis Joplin et Jim Morrison entre juillet 1969 et juillet 1971. Kurt Cobain a par la suite été ajouté à la liste à sa mort en 1994. Amy Winehouse a rejoint le Club des 27 parce qu'elle est morte à cet âge en juillet 2011.

Fort heureusement, tous ceux et celles qui vivent la gloire ne connaissent pas une fin aussi tragique. La célébrité, ici au Québec, n'est pas à ce point dommageable. Elle reste à une dimension humaine. C'est tant mieux.

À l'échelle internationale, Céline Dion est un exemple. Elle est l'une des plus grandes chanteuses du monde, avec ses deux cents millions de disques vendus, ses milliers de concerts à guichets fermés et ses nombreux honneurs et récompenses. René Angélil est le grand maître protecteur. Elle et lui ont toujours conservé les mêmes gens autour d'eux, comme des repères. La mère de Céline est un rempart à toute forme de contaminations. Ce qu'il y a de plus impressionnant dans leur réussite, c'est que Céline a toujours gardé son équilibre dans toute cette quête de gloire.

Je crois qu'il faut valoriser le dépassement, le travail soutenu, l'envie d'atteindre un but, mais sans jamais perdre de vue l'essentiel : la vie. Quel que soit le métier qu'on exerce, l'important est de sentir qu'on a donné le meilleur de soi. Dans son village, la boulangère peut connaître la gloire parce qu'elle fait le meilleur pain. La mère qui prend soin de son enfant trouve elle aussi ses gloires personnelles au quotidien dans le sourire des siens.

Ce que je pense avoir tiré comme leçon sur la gloire que quiconque peut obtenir, c'est qu'il ne faut jamais s'abandonner, jamais se perdre de vue. On ne doit pas regarder dans le rétroviseur et se préoccuper de ce qu'on laisse derrière soi. On doit plutôt s'efforcer de regarder devant, là où la vue est vaste et illimitée. Il faut malgré tout apprendre à savourer le moment présent. À se laisser séduire par ce qui est là et qui ne se représentera pas la seconde suivante parce que nous serons déjà ailleurs. Le chemin parcouru doit être aussi satisfaisant que l'atteinte du but recherché, qui vient parfois trop tard ou jamais. Raison de plus pour apprécier à sa juste valeur l'itinéraire.

Chacun a sa gloire, comme chacun a son Everest à gravir.

# REMERCIEMENTS

Un immense merci à chacun d'entre vous, les glorieuses et les glorieux de ce livre, pour vous être prêtés au jeu de l'interview avec autant de générosité et d'authenticité. Par vos témoignages, vous avez apporté un éclairage profondément humain sur un sujet qui nous concerne tous. Je vous suis très reconnaissant.

À André Bastien, mon éditeur, merci d'avoir cru dès le départ en cette aventure hors des sentiers battus et d'y avoir apporté ta riche expérience, celle qui est plus que nécessaire au moment des grandes quêtes et des conquêtes. Merci, cher partenaire de route.

À Sébastien Toupin, mon ami et mon infographiste, merci d'avoir posé ton regard et ton talent exceptionnel sur ces pages. Ton apport a été indispensable pour que nous puissions arriver à bon port. Merci pour ces grandes réflexions sur la vie qui ont habité tous ces jours passés ensemble sur ce projet.

Merci à toi Shantal Bourdelais, mon amie, pour avoir été aux premières loges de ces rencontres en retranscrivant chacun des mots de ces nombreuses heures d'entrevues. Merci pour tes encouragements qui m'ont permis de faire la route jusqu'au bout.

Merci à toi mon amie Sophie Thibault, je te dois mon incursion dans le monde de la photographie. Par ton grand talent de photographe, tu m'as transmis ta passion au moment même où ce livre prenait naissance. Tu as vu un potentiel en moi. Sans le savoir, tu m'as lancé un défi, celui de faire toutes les photos de ce livre. Tu as été l'étincelle et tu as allumé le feu en moi pour me lancer innocemment dans cette expédition. Merci.

Un merci gros comme l'Everest à tous ces glorieux et glorieuses de l'ombre : Marie Labrecque, Pascale Jeanpierre, Marike Paradis, Clémence Beaudoin, Catherine Fournier, Jean Baril et Jean-Paul Malisani, qui avez été si précieux dans l'ascension de cette nouvelle montagne. Libre Expression est bien chanceux de vous avoir et moi aussi.

Un certain soir de novembre 2013, Marie-Mai s'est emparée littéralement de la scène du centre Bell, avec fougue et passion. Elle a conquis des milliers de cœurs, dont ceux de ma fille, Yasmeena, et de sa petite amie Charlie.

Merci à toi, Marie-Mai, de m'avoir laissé entrer dans ton monde, le temps que je prenne ce cliché pour la une de ce livre. C'est un privilège et un honneur que, dix ans après notre rencontre à *Star Académie*, nous soyons réunis dans une nouvelle aventure. Merci à ma belle Marianik et à Shannie, des Productions J, d'avoir fait le nécessaire pour y parvenir.

Merci au complexe sportif Claude-Robillard de Montréal pour m'avoir donné l'opportunité de prendre des photos d'Annie Pelletier en plein plongeon.

Merci à Ali Nestor, entraîneur, et à l'Académie Ness Martial pour nous avoir donné la permission d'assister à l'entraînement privé de Corneille et de prendre des clichés de vous et de vos lieux.

Merci aux cosmétiques Marcelle de nous avoir laissés prendre quelques images de Karine Vanasse, votre porte-parole, lors de l'enregistrement d'une nouvelle campagne télévisuelle.

Merci à mes anges gardiens, François-Marie Pépin, Liette Doré.

Merci à mon amour, Véronique, pour m'avoir tant donné afin que ce livre se rende à sa destination finale. Je t'aime.

Cet ouvrage a été composé en Minion Pro 9,8/10,3
et achevé d'imprimer le cinq mars 2014 sur les presses
de Marquis imprimeur, Québec, Canada.